浩志文博 坤舆甲骨

吴浩坤先生纪念文集

傅德华 周桂发 主编

复旦大学出版社

编委会

(以姓氏笔画为序)

石建邦　刘金华　杜朝霞　杨志刚
李春博　吴　军　吴　靓　陆建松
周桂发　黄　洋　傅德华

吴浩坤（1930.12.20—2017.11.12）

宜兴县高中青年杯篮球赛获胜后合影。后排右起第二人为吴浩坤（1950）

由陈望道校长签发的本科毕业证书（1956）

在复旦大学历史系攻读副博士（硕士）
学位时与柏明同学（左）合影（1957）

攻读副博士（硕士）学位时的指导老师、
著名经学史专家周予同教授（1957）

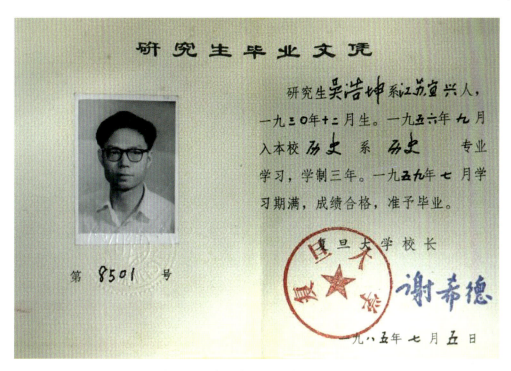

由谢希德校长补发的研究生毕业证书（1985）

在浙江海宁参加王国维故居落成典礼时合影。右起为吴浩坤、蔡尚思等（1982）

在南宁出席全国文博干部培训点工作会议时合影。前排右起第四人为吴浩坤（1985）

担任文博教研室主任期间荣获学校颁发的记大功证书（1986）

在安阳参加中国殷商文化国际讨论会纪念（1987）

与参加首届国际中国文化学术讨论会代表合影。第五排左起第八人为吴浩坤（1986）

陪同时任复旦大学副校长、文博学院院长庄锡昌（左三）接待日本九州文学部著名博物馆学专家鹤田总一郎教授（左二）。左起第一人为吴浩坤（1988）

80年代在某地沙漠中的留影

80年代吴浩坤、潘悠夫妇与中国科学院院士、复旦大学历史地理研究所原所长、著名历史地理学家谭其骧教授（左二），以及中国著名的甲骨学宗师、史学家胡厚宣先生（右二）合影

在青岛与出席全国文博教育工作会议的代表合影。第二排右起第八人为吴浩坤（1988）

复旦大学文博学院成立时与部分专家学者在东苑专家楼合影。前排左第二人起：庄锡昌、马自树、方行（时任上海市文化局副局长）、马承源（时任上海博物馆馆长）、胡道静（古文献学家）、吴浩坤等（1989）

与文博系师生合影。左起：张持平、陈克伦、胡志祥、赵魁东、牟元珪、徐纯中、吴浩坤、许志正、丁言伟、石建邦、马新华、唐静娟、周春林合影（1990）

在敦煌与出席全国文物系统岗位培训工作会议的代表合影。第二排右起第三人为吴浩坤（1990）

吴浩坤、潘悠夫妇在家与小女儿吴军合影（1991）

吴浩坤、潘悠夫妇与小姨子潘文美（著名外科医生）、连襟荣亚英先生（加拿大前华人医学会主席)合影(1992）

享受国务院颁发的政府特殊津贴的证书（1992）

应邀到韩国讲学时,与韩国学者在奥林匹克广场合影(1992)

吴浩坤、潘悠夫妇在寓所探讨甲骨学(1993)

与复旦大学文博学院1993届研究生合影。前排左起:葛剑雄、周振鹤、姜义华、牟元珪、杨立强、庄锡昌、吴浩坤、邹逸麟、许道勋、刘其奎、钱林书、顾云深(1993)

在家挥毫作画（1994）

与复旦大学文博学院1992级史地班毕业同学合影。前排左起：戴鞍钢、张修桂、周源和、杨立强、邹逸麟、吴浩坤、庄锡昌、钱林书、满志敏、顾云深、黄洋、金光耀、冯玮（1994）

与原历史系资料室同仁在校门口合影。左起：后智钢、傅德华、吴浩坤、柏明、王明根、沈丰荪（1995）

与出席纪念南通博物苑建苑九十周年学术研讨会的代表合影。第二排右起第十五人为吴浩坤（1995）

与复旦大学文博学院1995届本科毕业生合影。前排左起：袁樾方、张广智、许道勋、刘文龙、沈渭滨、金重远、庄锡昌（副校长）、施岳群（副校长）、钱冬生（党委书记）、吴浩坤（文博学院副院长）、朱维铮、樊树志、汪熙、袁传伟、黄瑞章（1995）

在书房与指导的中韩博士生合影。右起：权东五（韩国）、吴浩坤、杨志刚（1997）

与出席《善斋吉金录》重印本首发式的代表合影。第二排左起第五人为吴浩坤（1998）

与参加薛明扬博士论文答辩的评委及学生合影。前排右起：谢维扬、吴浩坤、樊树志、刘修明；后排右起：薛明扬、沃兴华、姚大力、杨志刚等（1998）

与同仁及指导的研究生合影。前排左起：杨志刚、吴浩坤、周桂发、陈彩琴；后排左起：刘朝晖、陆建松、朱顺龙、薛明扬、蔡达峰、陈宏京（1999）

与1999届博士生答辩委员会的评委合影。前排左起：周振鹤、吴浩坤、李华明、王家范；后排左起：谢维扬、葛剑雄、严耀中、李朝远等（1999）

与同窗好友合影。前排左起：朱新素、王文楚、徐佩珍；后排右起：庄锡昌、吴浩坤、邱其彬（1999）

在武夷山留影（2000）

在上海外滩留影（2001）

与外孙女谢凯瑟琳（Catherine）合影（2000）

与历史系徐连达教授以及复旦附中的黄老师等在金华旅游时合影（2001）

复旦大学历史系1978级同学毕业20周年纪念活动时合影。第一排右起：吴浩坤、李春元、徐连达、姜义华、陈绛、汪熙、庄锡昌、李华兴、汤纲、朱维铮、汪瑞祥、樊树志、刘其奎、余子道、陈匡时、曹增寿（2002）

在金陵东路新开元酒店与1952级部分同学聚会时合影。前排左起：徐佩珍、朱新素、陈守球（庄锡昌夫人）、贺卓君、高妙珍、顾孝先（王文楚夫人）；后排左起：邱其彬、吴浩坤、庄锡昌、王文楚（2002）

与出席"中国文化遗产事业的现状与前瞻"学术研讨会代表合影。第二排右起：吕静、胡志祥、潘文华、张鸣环、杨志刚、陈佩芬、胡建中、吴浩坤等（2005）

与同仁张鸣环(中)等合影(2005)

在澳大利亚墨尔本大洋路留影(2010)

应邀出席"复旦大学博物馆藏甲骨整理出版"项目启动会并与参会者合影。前排左起:周桂发、杨植震、吴浩坤、傅德华、吕静(2014)

篤行

為發掘文博事業而篤行

與文博班全體同志共勉

题词及书法作品

部分读书笔记

部分代表性著作及编著书影

部分代表性学术论文及手稿

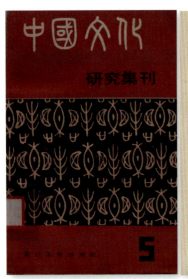

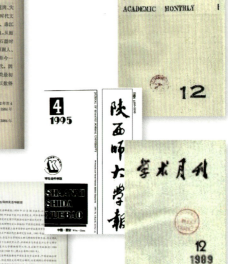

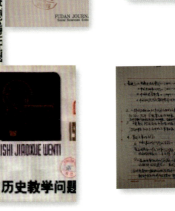

序

蔡达峰*

复旦大学历史系分党委书记刘金华老师真是有心人,她把吴浩坤先生的讣告发给了已到北京工作的我,使我可以在追悼会上献上一个花圈,表达深切的哀思。我很久没有见过吴浩坤先生,惊悉噩耗,倍感愕然,实在想象不出他晚年的样子。我记忆中的他,还是20多年前的风采,身材挺拔清瘦,神情和蔼平静,说话慢条斯理。音容笑貌犹在眼前,真情往事竟成了深切缅怀的内容,令人唏嘘不已。

我听说复旦大学文博学院,大概是在1986年前后,当时我在上海市文物管理委员会工作。1992年下半年,我开始向文博学院申请入职,承蒙时任历史系副主任顾云深先生引荐,我有幸得到了文博学院党总支书记牟元珪先生、副院长杨立强先生、党总支副书记薛明扬先生等领导的耐心接待和指教。就是在这个过程中,我得见了文博学院副院长、文博系主任吴浩坤先生,他专门跟我谈了一次话,介绍了学科和院系的情况,说到了国家文物局与复旦大学的合作关系,说到了学科创建的目的和任务,说到了学院的建制,说到了专科、本科和研究生培养以及博物馆工作,说到了"中国古建筑史"课程需要任课教师,也说到了学院需要创收等,叙事析理,视野广阔,思路缜密,言语平和,娓娓道来,富有理性和情怀,堪称儒雅稳健的学者风范。我如沐春风,专心倾听,印象深刻,既领悟了文博学院创建的不易,更被一种处事待人的领导作风所感染和吸引。我以为,这就是复旦大学的风气和魅力,是可以使我健康成长的精神力量。

1993年,我进入文博系工作,在吴浩坤先生处报到。以后再见到他,大多是在周二下午政治学习的时候。当时文博系有一个很宽大会议室(后来改为教室),周边一圈大沙发,全系二十几个教职员工就在这里开会。吴浩坤先生总是坐在靠近门口的位置,给大家讲学校

---

* 蔡达峰,曾任复旦大学文博系主任、教务处处长、副校长,现任民进中央主席、全国人大常务委员会副委员长。本序是蔡达峰同志为追思吴浩坤先生撰写的纪念文章。原标题为《纪念吴浩坤先生》。

和学院的情况和任务,没有主持词、书面稿,没有长篇大论,还是平日里他的讲话方式,大家倒是听得挺认真。他讲完以后,大家可以自由发言,或者协调上课、调课、实习等教学上的事情,然后就自动散会了。时过境迁,回想起这样开会的情形,倒是别有一番趣味。

未曾想到,我后来被任命为文博系副主任,成了他的助手,但实际做的事情很少,我们的工作联系并不很多,因为系里的事务本身不多,他又不喜欢轻易发指令、派任务,他的领导风格更像是导师风格。1996年我被任命为文博系主任,成了他的后任,这时他专门跟我谈过一次话,交接了工作,讲了系的情况和困难,也提了一些希望和建议。不久以后,他退休赋闲,我们只是在系里的退休教师聚会、年底教职员工聚餐、暑假教职员工休养时相见,在居住区路上也有过几次偶遇。

这样算来,我们同事相处,也就是三年的时间。尽管很短暂,但我却受益良多。吴浩坤先生为人宽厚,尊重同事,爱护学生。那时的他,是知名的古文字学专家,是复旦大学资深的教授、系里第一个教授和博士生导师,是文博学院的创建者和领导者。他给予我这样一个青年教师和助手的,全是指导、鼓励和温暖,丝毫没有居高临下的态度,从不责备和挑剔,不让人紧张和难堪,即便是指派任务或询问情况,也总是耐心温和、深入细致地道明缘由、分析问题。复旦大学是我职业生涯的第三站,也是历时最长、变化最多的一站,而文博系是这一站的起点。在我初入复旦、初涉管理工作的时候,能遇到吴浩坤先生,能得到领导和同事们的热情鼓励,实在是我的福分和幸运。正是因为他们,我能勤奋而快乐地工作,能在工作中获得快乐。我非常怀念那段美好的时光,由衷感念他们让我体会了复旦的知遇之恩。

文以人传,人以文传。历史系领导想得真是周到,吴浩坤先生追悼会以后,便着手编辑纪念文集,这是一种有情有用的纪念方式,为大家表达心意、为吴浩坤先生事迹的记载和传播,提供了帮助,创造了机会。晚辈如我,对吴浩坤先生的了解也极为有限,说不出他更多的生平事迹,更没有资格说他的学术成就和教育成就,但缅怀之情是深切的,我应该纪念他,也希望这些纪念的文字,能保存和流传于文博系中,以告慰吴浩坤先生,丰富文博系的历史资料和精神财富。

吴浩坤先生与蔡达峰先生合影

目　　录

博士生导师吴浩坤先生　/　001

上编：追忆斯人

徐连达　我印象中的吴浩坤先生　/　005
朱永嘉　祭吴浩坤文
　　　　——读《中国甲骨学史》兼论商周之间　/　008
王文楚　悼念浩坤兄　/　036
邹逸麟　记老友吴浩坤　/　038
王庆余　纪念吴浩坤老师　/　040
傅德华　吴浩坤教授与《文史工具书的源流和使用》　/　042
陆建松　纪念复旦大学文博系的创始人吴浩坤先生　/　050

马新华　润物细无声　风范世长存
　　　　——纪念吴浩坤老师的几件事　/　052
沈振辉　吴老师和我聊天话教育　/　055
杨志刚　树木·树人·树业
　　　　——追思吴浩坤老师　/　060
吕　静　追忆吴浩坤先生及其对甲骨学研究的贡献　/　071
杨　华　待其从容，然后尽其声
　　　　——回忆我的导师吴浩坤教授　/　076
朱顺龙　深恩永志
　　　　——怀念宁静、宽厚、谦逊的先师吴浩坤先生　/　082
周桂发　回忆吴浩坤老师二三事　/　085
陈　江　高山仰止　师恩永怀　/　089

陈克伦　记吴浩坤先生在筹建复旦大学文博学院的日子里　／　093

薛明扬　为人、为师、为长的真实写照
　　　　——记浩坤先生二三事　／　096

石建邦　燕园徘徊忆吾师
　　　　——怀念吴浩坤先生　／　098

沈亚洲　朴实的吴浩坤老师　／　105

隋立新　点滴的回忆　终生的感念
　　　　——我与吴浩坤老师的二三事　／　107

［日］井上聪　悼念勤勉严肃的吴浩坤老师　／　109

刘朝晖　有幸遇到像吴老师这样的师长　／　111

顾灵智　悠悠师生情
　　　　——难忘吴浩坤教授之恩　／　114

高庆正　永远的恩师
　　　　——怀念吴浩坤先生　／　117

曹　峰　谦谦君子吴老师　／　119

姚一青　有趣的长者　／　122

曹永玓　怀念吾师吴浩坤　／　125

李仲谋　怀念恩师吴浩坤先生　／　128

寸云激　学术为本　创新为体
　　　　——怀念吴浩坤老师　／　133

孔令远　饮水思源　受益终生
　　　　——回忆吴浩坤老师　／　136

蔡路武　遥寄不尽的哀思
　　　　——记吴浩坤先生二三事　／　138

张雅斐　傅德华　吴浩坤与柏明、王明根的情谊　／　142

戎舜雨　家事暖暖真性情　／　145

吴　靓　父亲的教诲重于泰山　／　148

吴　军　永远的父女情　／　152

宗敏俊 纪念舅公 / 155
朱 燕 我的外公 / 157

朱永嘉整理 吴浩坤画史 / 160

下编：斯人文存

古文字学研究
从青铜器铭文看西周的战争 / 195
甲骨文所见商代的水上交通工具 / 205
中国古代文明的基石——殷商文化述略 / 210
敬爱的厚宣师，您将永远活在我们心中 / 226

古代史研究
商朝王位继承制度论略 / 231
"太伯奔吴说"不宜轻易否定 / 241
周处生卒年及事迹考辨 / 247
吴越的崛兴和对长江下游的开发 / 253
西周和春秋时代宗法制度的几个问题 / 265
孔子论三代礼制浅析 / 274
《竹书纪年》的发现年代及其学术价值 / 285
吴国的改革与崛兴——读《学术走向民间，研究面对现实》 / 300
周厉王事迹及其评价 / 304

文物与博物馆学研究
建设有中国特色的博物馆学 / 305

治学方法
谈谈古代用干支纪年月日的问题 / 309

如何查考中国古代的人名地名 / 315

文科学生必须重视工具书 / 321

附录一

郑诗亮　吴浩坤谈复旦历史文博系师友 / 335

附录二

傅德华编　吴浩坤先生学术著述目录系年 / 349

编后记 / 353

博士生导师吴浩坤先生

吴浩坤教授,1930年12月20日出生,江苏宜兴人。1956年本科毕业于复旦大学历史系。同年考取复旦大学历史系研究生,师从著名历史学家周予同教授攻读中国古代史。1960年起曾在中国历史地理研究室从事编绘《中国历史地图集》的资料工作十余年(该图集获上海市哲学社会科学优秀成果奖特等奖)。1978年调历史系中国古代史教研究室任教。1983年接受国家文物局委托,在复旦大学创设文物与博物馆学新专业,为文博战线培养了大批优秀人才,并积极参与筹建复旦大学文博学院和复旦大学博物馆等工作,先后被评为副教授(1985年)、教授(1988年)、博士生导师(1993年)。

吴浩坤教授兼任中国先秦史学会理事、中国徐福会理事、上海文物博物馆学会副理事长、阳羡历史文化研究会顾问、白莲洞洞穴科学博物馆荣誉顾问、江苏无锡吴学研究所研究员、徐州师院徐福研究中心特约研究员、上海投资咨询公司专家人才库专家。

吴浩坤教授为历史系、文博系干部专修科、本科生和研究生开设中国古代史、先秦史、商周史、文献目录学、中国古代史史料学、先秦文献要读、古文字学、训诂学、金文研究等课程(古文字学获1989年校级优秀成果二等奖)。1992年在香港中文大学讲学,所作"考古学与先秦史研究"等学术报告深受该校历史系、中文系师生欢迎。又自1981年开始协助杨宽教授的中国古代史博士点招收和培养研究生,迄今为止由吴浩坤教授直接指导的学生,计硕士生26名、博士生8名、国外高级进修生2名。

吴浩坤教授长期从事先秦史、文献学和古文字学方面的教学研究工作,承担国家教委博士点社会科学基金和出版委托项目"先秦民俗文化研究"、"战国会要"等多种。发表学术论文《商朝王位继承制度论略》、《从青铜器铭文看西周的战争》(获上海市哲学社会科学优秀成果奖三等奖)等数十篇。出版专著(包括合著)《古史探索与古籍研究》、《中国甲骨学史》、《中国通史》、《文史工具书的源流和使用》、《文博研究论集》等多种,其中《中国甲骨学史》另有台湾繁体字版,并在韩国出版韩文版,《中国通史》韩文版已出至第七版,受到国内外学术界的重视。又与王明根、柏明等合作主编的《中国古代史论文资料索引》、《中国近代史论著目》、《五十二种文史资料篇目分类索引》于1989年荣获中华人民共和国成立四十周年、中国图书馆学会成立十周年二次文献优秀成果奖。

(原载《复旦学报》1996年第5期)

上 编

追忆斯人

我印象中的吴浩坤先生

徐连达口述　李元祥整理*

我与吴浩坤是同龄人,但是我进复旦大学比他早,所以毕业也比他早。我毕业当了老师以后,那个时候就开始招"副博士"研究生,他就报名参加了,毕业以后也就留在了历史系。但是在学校的时候,我和他交往很少,为什么呢?因为当时,系里认为他政治上有问题,他被打成了右派,分配到系里的资料室搞资料工作,每天查阅资料。后来谭其骧老师的中国历史地理研究室成立了以后,他就到历史地理资料室去管资料工作了。

"文化大革命"以后,他右派的帽子摘掉了,就不愿意再在历史地理资料室工作了,他想来中国古代史教研室工作,就来同我说,因为我那个时候是教研室主任。我当然很同意的,我们小组多增加一个人也蛮好的,当然这个还是系里的领导说了算的。他到我们小组之后,我和他就有所接触了,过去是我知道你,你也知道我,但是我不谈你,你也不谈我,彼此之间还是有很大的距离,毕竟当时他是右派,也是学生,我是老师,两个人之间当然是有距离的。他调到我们组里以后,就是我们组的一员了。这段时间主要就是让他去给学生上课,将古代的文献资料研究方法教授给学生,他每天都在积极备课。

我和他还一起编过一本书,就是《中国通史》①。当时杨宽先生由上海博物馆副馆长,调来我们复旦大学历史系当教授。那个时候学校要求系里编一册本科中国通史的历史教材,本来说是由杨宽先生来主编的,但是没多久杨宽先生就去了美国,短时间内回不来。于是这个任务就由我、吴浩坤和赵克尧三个人接手了。第一部分由吴浩坤写,我写第二部分,第三部分赵克尧写,最后就由我统编成了这本《中国通史》。此外,他还参加由我主编的《中国历代官制词典》②中先秦史的部分条目的撰稿,认真负责。

---

*　徐连达,复旦大学历史系教授;李元祥,复旦大学新闻学院 2014 级本科生。
①　复旦大学出版社 1986 年出版。
②　安徽教育出版社 1991 年出版。

20世纪80年代,复旦要成立一个文博学院,他就被调过去搞筹备工作。因为他是搞历史文献的,又是搞先秦古代史方面的,所以就把他调过去担任主任。在我这里的话,待了几年,时间不长。去了之后他就是领导了,也开始招研究生,从讲师到教授到博士生导师,就这么上去了。他到了文博学院以后,我们还是保持着联系,比如他的研究生毕业了,我就去一下,参加他们的论文答辩会,因为我也是搞古代史的,所以我也会去参加评审,同他的关系就是这样。

他退休以后,我们的接触就比较多了,我是1993年退休的,他比我退休晚,退休了以后我家就搬到了同济绿园(在杨浦区本溪路)。在学校的时候我是住第四宿舍,他是住第二宿舍,两个宿舍相距很近,有空的时候,他会过来找我聊聊天,我们也喜欢下棋,有时候他到我这里下围棋,有时候我空下来也会去他那里去下围棋。因为这个围棋,水平高低差距不能太大,太大的话,两个人就不会再下了,就是要两个下得差不多的人,有时候你赢一盘,有时候我赢一盘,这样才能长久。所以我们就是通过围棋这个共同的兴趣爱好,一直保持着交往,这也是退休以后我们两人交往的一个部分吧。下围棋基本上一下就是半天,午觉醒来以后,没事干了就下棋,一杯茶,一盘棋,两三个钟头一会儿工夫就过去了。

他给我的最深的印象是他这个人比较老实。那时候他为什么被打成右派呢?这事情也有意思。他是放假回了趟乡下,回来学校后,系里要求大家汇报假期的所见所闻。他就讲那个乡下的"肃反"工作,"肃清"反革命工作扩大化。那么党小组开会最后的结果,他就成了右派。说明他这个人心直口快,看到了不好的现象了,他就一定要说出来,当然这反过来也说明他政治敏感性不够,他不讲就完全没有事的。所以我认为,这个人是比较老实的。对人方面呢,他是个特别真诚的人,没有任何想要去害人家的想法,坦坦荡荡。但是,被打成右派这个事也影响到了他自己。本来他也是那种头上有角的人,年轻人都是一样的,自我感觉都很不错,但是他政治上犯错误了以后,这角就渐渐地被磨平了,所以他的话慢慢地就收住了,讲话就不多了,尤其是在政治方面的问题,他就闭口不谈了,这说明他还是比较老实。

在学术方面,比较勤奋。他在资料室工作的时候,就已经把学术的基础打好了,平时没有事情做就去看书,帮老师搞科研工作的时候,老师会叫他去翻资料,他都很积极,翻资料就是为学术打基础,随着年月的积累,他的基础也就渐渐地稳固了。

此外,他还是一个特别能吃苦的人。他被打成右派后,系里经常搞上山下乡劳动,每次上山下乡劳动都有他的份。去了以后,他都是去干高强度劳动,如挑担挑石头都得他搞,但是他的态度非常好,从来没抱怨。但是他这个人性格也是有一点内向的,可能是被打成右派这件事影响了他,他的话不多,不善言谈,经常我们下棋的时候都不怎么讲话,当然这也有可能是业务不同的原因。当时的历史系各部门之间串门是很少的,基本上是各管各的,甚至同一个组的老师也是一样的,来往很少。但是我自退休以后,我们经常往来。有时一个星期就要来个两三次,关系还是挺好的。因为彼此从事的工作不一样,他要做的事情跟我做的事情是两码事情,所以就只管下棋。毕竟下棋是我们俩的共同爱好。

此外,他的夫人潘悠也是给我留下了很深印象的。本科的时候他们在班上就谈恋爱了。不像现在,那个时候在班上公开谈恋爱的人很少的。潘悠与他是共患难的。当时他被戴上右派的帽子后,潘悠就很为他抱不平。当时系里针对潘悠,还开了会,说她立场不对,想叫她过来开会纠正她,结果她躲在自己家里不来,系里就说她是顽固地站在了反动立场上,所以她也被打成了右派。

在家庭关系的处理上,我觉得他处理得蛮好的,夫妻共患难,相濡以沫,互相照顾,两口子相处得非常融洽,后来他的夫人生病去世了,他就请了个保姆来照顾他。他跟这个保姆相处得也很不错,也没有换来换去的,这个保姆一直跟着他十几年。他到我这里来的时候保姆也跟着来回跑。吴浩坤对人很大方的,每个月的退休工资虽然不多,但是他都会拿出来用,比较放得开,总的来说是一个很好的人。

吴浩坤先生与徐连达对弈围棋

祭吴浩坤文
——读《中国甲骨学史》兼论商周之间

朱永嘉*

前　言

吴浩坤君,于2017年11月12日19时39分,在上海新华医院逝世,享年87岁。我是1950年考入复旦大学历史系的,他是1952年考入复旦大学历史系的。1956年,吴浩坤在本科毕业后,跟随胡厚宣先生攻读研究生,1985年,他与夫人潘悠合著的《中国甲骨学史》出版,这是为了配合胡厚宣先生那部《甲骨文合集》所作的一本导读,是帮助青年人学习如何进入甲骨学研究领域的入门书。为了吊祭吴浩坤夫妇,我重读了他们这部代表作。

早在1949年,郭沫若就任中国科学院院长时,就有考虑如何编纂一本集著录所见甲骨文大成的巨著。1956年,在制定《十二年科学技术发展远景规划纲要》时,编纂一本甲骨文合集便被列为重大项目。当时胡厚宣在复旦历史系任教,为此,中国科学院几次发文,调胡厚宣入京,配合郭沫若主持这项工作。当时复旦几次拒绝,最终是郭请周恩来总理下文,在这种情况下,复旦不得不放人了。胡厚宣培养的两个研究生,一个是1951年进复旦的裘锡圭,当时便跟随胡厚宣赴京了,另一个研究生就是吴浩坤,仍留在复旦,为复旦保留了一个研究甲骨文的人。

《甲骨文合集》由郭沫若任主编,胡厚宣任总编辑,从1961年正式开始编纂,对95家收藏单位和44位私人收藏家手中的9万多片甲骨进行鉴别、精选和拓印,然后对80多年来汇集的甲骨文字进行辨伪、校对、缀合、分期、分类的工作,编成合集十三大册,于1978年至

---

* 朱永嘉,复旦大学历史系教师。

1982年间,陆续由中华书局出版。与合集配套的《甲骨文合集释文》四册,《甲骨文合集材料来源表》三册,一直到1999年才全部出版。当《甲骨文合集》出版以后,就有一个需要,那就是如何帮助后人能比较方便地进入甲骨学研究领域,这就需要一本导读,帮助读者了解甲骨文字出土的历史,甲骨学研究80年发展的历程,甲骨文字的释读,甲骨片的分期,古文字学的基本知识,甲骨学与商周时期的历史,《史记》之殷商本纪和商周之间历史的基本知识,以及需要进一步研究和思考的问题。吴浩坤与潘悠合著的《中国甲骨学史》便是应这一需要而产生的。这本书也是在胡厚宣、戴家祥两位老师指导下写成的,胡厚宣先后两次读了书稿,并提出具体的修改意见,潘悠长期在戴家祥身边任助手,戴家祥更是具体指导作者撰写此书,胡、戴二位还为此书写了序言。胡厚宣在序言中说:"对于初学者来说,要读通《合集》和掌握第一手珍贵史料,非要先认识甲骨文字和具备必要的甲骨学知识不可。现在要想学甲骨文的青年是那么多,就是苦于没有适当的参考书。""吴浩坤、潘悠两同志编写的'甲骨文引论',我看正可应青年学习甲骨文的急需。"该书胡厚宣原本题名为《甲骨学引论》,后来作者接受丛书编者的建议,改为《中国甲骨学史》。戴家祥在序言中也介绍了这本书出版的历史背景及其编撰经过,他说:"《甲骨文合集》这部书是经过当代专家去伪存真和精心筛选的结果,为学者提供了既丰富而集中又可靠的资料。但年轻的一代如何利用《合集》仍有一定的困难,这就需要甲骨学概论或甲骨学目录学方面的著作为提要、向导,首先帮助他们如何了解这门学科,如何由浅入深、登堂入室加入我们甲骨学的研究行列中去。吴浩坤、潘悠同志《中国甲骨学史》一书正是为此目的而编写的……阅读了之后,可以得到甲骨学方面的系统知识,也可以根据书中所介绍的重要线索,进一步找到有关材料作深入的学习研究。"这是两位导师对《中国甲骨学史》的介绍。2016年5月17日,习近平同志在哲学社会科学工作座谈会上的讲话,提出:"一些学科事关文化传承的问题,如甲骨学等古文字研究等,要重视这些学科,确保有人做、有传承。"如今又提出要编《甲骨文大系》。从80年代到现在,又过了30多年,新发现的甲骨文字的研究,以及大量简帛文字的发现、大量古籍的出现,还有两岸学术文化交流的加深,为商周历史研究提供了不少新的线索,吴浩坤、潘悠合著的《中国甲骨学史》,更有承上启下,为后学提供方便和入门的指导意义,今特作此文,既是通俗地介绍吴浩坤夫妇之学术成果,也是纪念他们夫妇的不懈努力,同时这也是后人因此而在这个领域迈步从头越。下面分为九小节简要介绍该书各章的内容及相关的思考。

历版《中国甲骨学史》封面插图

一

　　要进入甲骨学的领域,总要先知道一下甲骨文字是怎么发现和流传的,该书第一章介绍了甲骨文的发现、搜集与流传的经过。

　　清光绪二十五年(1899年),山东福山人王懿荣在北京为官时,因患疟疾而服中药,其中有味药被称作"龙骨",是从菜市口药店买回来的,他打开药包审视时,发现龙骨上刻有文字,王氏本来就是金石学家,对金文、石刻文字有一定素养,从此甲骨文字重见天日,王氏更进一步开始搜集甲骨。那年秋天,山东潍县的古董商人范维卿搜集了12片刻有文字的甲骨片,售予王氏,每片价银二两。次年春,又带了800多片甲骨售予王氏,约得二百金,于是原本作为药材的龙骨成了国宝。义和团运动时,王氏殉难,其收藏的千余片甲骨由其子售予《老残游记》之作者刘鹗。刘鹗先后收集了甲骨5 000余片,选其中精品1 058片,编为《铁云藏龟》刊刻出版,由此古文字学除了金石文字以外,又开辟了龟甲古文。刘氏去世以后,所藏甲骨文便流散了,那时英籍犹太人哈同夫人,在上海也收集了一批。

　　刘鹗之后继续从事甲骨文研究的是罗振玉,他曾在刘鹗家当过家庭教师,而且与刘家是儿女亲家,刘氏《铁云藏龟》也是在他的鼓励下编印的,他还代为撰写序言。1906年罗振玉任学部参事官,开始在北京搜集甲骨文,1911年又派其弟去河南安阳采掘,1916年还亲自去安阳小屯探访。罗氏以一人之力先后获甲骨30 000余片,还搜集到与甲骨片同时出土的器物,先后编印了《殷虚书契考释》、《殷虚古器物图录》等多部重要著作,在甲骨文的搜集、拓印和流传方面作出了巨大的贡献。

实际上最早发掘甲骨的还是河南安阳小屯的农民,在小屯村东北刘家的二十亩地的中段最先发掘,王懿荣、端方、刘鹗以及王襄所得的甲骨,就是从那里出土的,经古董商到了他们手上。从19世纪末到20世纪20年代末,在小屯地区,农民自发挖掘出土的甲骨有80 000片之多,从此对甲骨文字的研究成了专门的学问。《中国甲骨学史》的第一章便介绍了甲骨文字出土的经历。

本书的第二章,介绍了对殷墟系统发掘的经历,包括殷墟系统发掘之前的准备工作及发掘的过程。首先要确定作为殷代王朝之遗物,究竟是哪个时期的遗物。殷墟其实是殷帝武乙之墟,罗振玉根据卜辞的内容判断,安阳的小屯村殷墟的年代,包括武乙、文丁、帝乙三世,下面便是帝辛,也就是殷纣王了。实际上盘庚以后,殷的都城都在这个地区。这个位置确定以后,才能进行比较系统的考古发掘。民国时期,从1928年10月到1937年3月,在中央研究院历史语言研究所主持下,先后进行了15次考古发掘。本书介绍了这15次考古发掘的情况,先后主持发掘的负责人有董作宾、李济、夏鼐等,15次发掘共得甲骨24 918片,有文字的甲骨2 102片,古器物甚多,还发现了殷代王宫建筑的遗址、墓葬、殷人居住的地穴等,在陶器残片上发现了毛笔墨书的字迹,发现了人殉的头颅。抗战胜利以后,大家忙于出土材料的编印和出版。中华人民共和国成立以后,在中国科学院考古研究所主持下,自1950年到1976年,先后进行了12次大规模的考古发掘,发现了大量人殉的墓葬,其中一墓殉葬者多至三四百人,殉葬者往往身首异处,俯身而无首,首级则集中在一处,说明殉葬者是被杀而殉。此外还分别发现了冶铜、制陶、制骨的场所。胡厚宣从甲骨中找出有人祭记载的甲骨1 350片,卜辞1 992条,共计用牲13 052人,每次用牲少则数人,多则数十人,最多达三五百人,以武丁时期杀伐最多,用作人牲的当是奴隶与战俘为主。在殷墟最重大的发现,是1976年在小屯村发掘出武丁时期保存最完好的贵族墓"妇好"墓,墓穴未遭破坏,随葬的器物1 600余件,按铭文可分为七组,其中妇好与后母辛二组是判断墓主身份和年代的关键。在殷墟周围,也有商代聚落和平民的墓葬,显示了那个时期社会等级有着悬殊区分。殷墟之外,在河南、河北、山西、陕西等地区,亦发现了不少商代的遗址,有商代早期文化的遗存。此外在陕西周原有西周早期文化遗存的发现,在岐山凤雏村甲组的建筑遗址,发现了甲骨17 000余片,大部分是龟腹甲,300余片为牛肩胛骨,那儿就是当时岐邑的中心。周原的甲骨有祭祀殷王文武帝乙、成唐,并求太甲保佑周室的文字,文武帝乙为纣王之父,成唐即建立殷商的成汤,这反映了武王灭商前,周确实是殷商的附属国,周人的祭祀中包括其宗主国的先祖。在卜辞中,亦有用人牲的记录。以上的内容是本书的第二章,主要是介绍殷墟和其他地区考古中有关甲骨文的一些发现,借助于系统的科学考古发掘,从各个方面印证了甲骨文字及相关器物的历史地位。

本书第三章介绍了卜甲和卜骨用材的相关情况,商代早期卜祀用材主要是卜骨,多为牛、羊、猪、鹿之肩胛骨,到了晚期主要用龟甲,把龟视为通神灵之物,有腹甲、背甲。用龟甲主要是在武丁以后,大概那时打通了荆楚的通道,大量的龟甲是南方的贡物。卜用龟甲以腹甲为主,背甲也用。《史记·龟策列传》称:"灼龟观兆,变化无穷,是以择贤而用占焉,可谓圣人重事者乎!"褚少孙曰:"神龟出于江水中。庐江郡常岁时生龟长尺二寸者二十枚输太卜官,太卜官因以吉日剔取其腹下甲。龟千岁乃满尺二寸。王者发军行将,必钻龟庙堂之上,以决吉凶。今高庙中有龟室,藏内以为神宝。"殷代卜用的兽骨,则以牛的肩胛骨为主,也有用牛肋骨的。甲骨上的刻辞,一般都只有几个字,五六十字已经是长的了。胡厚宣见到于省吾所藏甲骨中,有一片牛骨上的记事,其反面是干支表,正面有一百七十八十个字,这是甲骨文字中,在一片骨正面刻字最多的,记载的是帝乙、帝辛打仗俘虏的卒帅车马盾矢和用俘首祭祀祖先的事情,这是一段记载战争的文献。从甲骨的文字可以知道,殷商不仅有在甲、骨、金、石等材料上进行刀刻的工具,也已有毛笔了,在甲骨上已有用朱或墨以毛笔书写的尚未契刻的文字。已发现之最大的一块龟腹甲,长44厘米,宽35厘米,这样的大龟,与现在马来半岛的巨龟是同种,可见那是南方进贡之龟。卜辞中记有贡龟者之地名、人名、官名、方国名,贡龟的数目,少则一龟,多的达五百,最多的一次达一千。祭祀中用牛骨的数量亦极多,胡厚宣根据20种已出版的甲骨材料作统计,以牛骨祭祀的达967次,共用牛达8210头之多。

本书第四章,叙述卜法。甲骨作为材料,先要整治,使其平整,然后是钻孔,皆为钝圆形。钻孔的工具是青铜钻,钻孔的排列大多比较密集,亦有稀疏不规则的。然后是烧灼,一般是在钻孔内以燃烧炽烈的圆木烫灼,然后在其正面显示出兆干兆枝,呈卜字形。据《周礼·春官》记载,执掌占卜的官吏进行卜事的程序,先是由龟人取龟、攻龟,然后是太卜命龟,告以所卜之事,然后举燋以灼,由卜师扬火以灼龟,最后由占人视兆坼以定吉凶,然后由卜人书写卜辞,最后有人负责刻辞。一条完整的卜辞,大体上包括这四个部分:叙辞,叙述占卜的时间、地点、占卜者的姓名;命辞,向龟陈述要贞问的事;占词,即因兆而定吉凶;验辞,记录占卜后应验的事实。实际情况则每次占卜的卜辞不一定都完整无缺。至于贞卜的事项,罗振玉称占卜之文辞大体上分为八项,包括祭祀、告示、出入、田猎、征伐、年成、风雨等,当然各家的分类都有不同,而以罗振玉所列较为简明。接下来还有刻辞行文的方式问题,殷人在铜器及甲骨等器物上纪事的方式,一般都是自上而下、自右而左的行文方式,而卜辞的书写方式,则自上而下,下行而由右向左的行文方式,这大概受卜兆走向的影响,是为了迎兆而刻。

二

第五章是从文字学的角度,分析甲骨、金文在中国古文字学上的地位。中国古代讲文字学比较系统的著作,当推许慎的《说文解字》,如今随着甲骨文的发现,此外尚有陶文、玉石文和金文,而甲骨文与金文在汉文字形成过程中,处于举足轻重的地位。甲骨文是中国文字创始阶段的末期,在甲骨文之前,汉文字还应该有一个创始阶段,有待今后考古发掘新的发现。汉字,有"六书",即象形、指事、假借、形声、会意、转注,造字是自发性的,普遍应用之后,才归纳出这六条规律。汉代刘歆在《七略》中,便曾提到"六书"。可见早在汉代,就已概括出汉字的造字规律了。事实上,甲骨文已具备"六书"的特征。今简要转述如下:

《说文解字》封面

1. 象形:《说文》序云:"象形者,画成其物,随体诘诎,日、月是也。"甲骨文之象形字比例甚高,若日(⊙)、月(☽)、田(田)、木(木)、禾(禾)、人(人)、羊(羊)、龟(龟),甲骨文的象形,已非原始的图画,把事物简化为一种语言符号。

2. 指事:《说文解字》序云:"指事者,视而可识,察而见意,上、下是也。"甲骨文上作⊐,下作⊏,天作吴,元即首也,作兀,末作木谓树梢在哪里,本(木)指树根在哪里。

3. 假借:《说文解字》序云:"假借者,本无其字,依声托事,令、长是也。"即语言中有些词有音无字,借用同音字来表示。汉代大县的长官称令,小县的长官称长,而借用发号施令之令,年龄大者为长作官名,也就是依声托事。父,甲骨文作父,谓斧拿手中,借斧以为父,说明那时父已经居于一家之长的权威地位了,子女的生杀大权皆在其手。

4. 形声:《说文解字》序云:"形声者,以事为名,取譬相成,江、河是也。"由于通假多了,同声字弄不清了,于是加偏旁作为符号,有形符、声符。若以工为注音,旁从水为江,从系为红。甲骨文中形声字约占20%。《说文解字》中10 516字,形声字有8 407字。形声字在文字中的比例,一定程度上也说明社会进化之程度,而象形、指事、会意仅一千有奇,汉字中十分之九属于声系,故治文字必须通音韵。

5. 会意:《说文解字》序云:"会意者,比类合谊,以见指㧑,武、信是也。"指两个字合起来成一个字。若"止戈为武",甲骨文武作 ![图], 谓荷戈而行,无停止之意,借以显示威武雄壮。明字,甲骨文作 ![图], 以日月相照代表光明,又作 ![图] 谓月光照在窗上,均为会意字,后者更富于诗意。

6. 转注:《说文解字》序云:"转注者,建类一首,同意相受,考、老是也。"即谓"老"是一类字之首义,同义词若耄、耋。

甲骨文的发现为研究六书理论提供了更为古老的资料,说明汉字发源于象形,与语言相结合,亦即与声音结合,形声字成了汉字的主体。世界各个古文明的文字,从起源上都是从象形文字开始,以后逐渐转变为以表声为主,进而演变成拼音文字,唯独汉字始终保留着象形这一部分,"六书"实际上反映汉字自身由低向高发展的历程。从文字学的发展讲,从甲骨文以来的汉字,是世界文字学发展的顶峰。五四运动以来,提倡汉字拉丁化,实际上是对中国文字发展之历程的无知,也是为了一时方便而倒退的现象,这条路走不得,也走不通,是数典忘祖的表现。让大家知道一点汉字发展的历史,更可以提高民族的自信。

作者从汉字历史发展的历程,叙述如何释读甲骨文、金文等古文字的问题。其如是说:考释甲骨、金文等古文字,不能就字论字,而需要联系史事与制度文物,以深刻了解当时的社会状况,参照《诗》、《书》等古文献,古代的韵书及铜器铭文,从形、音、义三方面作比较研究和综合分析,这是释读或考释古文字的基本方法。还指出应当实事求是,知之为知之,不知为不知,凡不识之字"阙疑待问","此乃学者必须遵循的治学态度,若任意穿凿附会,则必将古文字研究引入歧途"。作者列举了王国维、唐兰、于省吾、徐中舒诸前辈释读古文字的经验之谈,和他们研究古文字的方法。

作者还选摹了《甲骨文编》中五百余字,大略分为干支、数字、天象、地理、人事、器用、动植物等,酌取一至三种甲骨文字形列表,并注明甲骨字形的出处。这份表格共12页,大大方便后学释读甲骨片上的文字,为后人学习如何释读甲骨文字提供了起步阶段的入门途径,不少古文字研究初学者因此受益匪浅。

作者在第六章介绍了甲骨文字的语法结构,作为词类总还有名词、代词、数词、量词、动词、形容词、副词、关系词、语气词之类的区分。作为句型,总还有主语、谓语、宾语的区分。

吴浩坤在《中国甲骨学史》中选摹的甲骨文字形

在记时上则有天干地支。在甲骨文字的造句结构上,这些要素也都已具备了。由此可知,甲骨文字不仅已具备了后来汉字结构的基本形式,而卜辞的文法也已奠定了汉语法结构的基本形式,卜辞有自己严谨的结构规律。作者在这一章列举了大量甲骨文辞的案例,当然甲骨文辞中也有一些与后代不一致的地方,而这些差异也正可用来说明汉语发展变化的历程,书中的大量例句,不在这儿一一列举了。

第七章是介绍甲骨文字断代的研究,这也是释读甲骨文字必须知道并弄清楚的问题。断代,也就是甲骨文字、卜辞之时间顺序,弄清了甲骨文字的时序,才能把文字的内容与当时的社会历史事件和背景联系起来,才能使那时的人和事立体地呈现在后人面前。如何确定甲骨文字的断代,大体上有十项标准:1. 世系;2. 称谓;3. 贞

《中国甲骨学史》所刊图版

人；4. 坑位；5. 方国；6. 人物；7. 事类；8. 文法；9. 字形；10. 书体。作者逐一列举相关的案例，当然，这十项标准是互相联系的。

1. 世系。从甲骨文中所见先公先王的名字，与《史记·殷本纪》所列的世次，大体不误。王国维有《殷卜辞中所见先公先王考》，有《殷世数异同表》，把《殷本纪》的记载，与卜辞中所见之世系逐一对照。殷代自汤至帝辛共二十九帝，其中以弟继兄者凡十四帝，以子承父者十五帝，以弟之子承父位，而非兄之子，凡十五帝。

2. 称谓。董作宾有言："殷人祭祀，于近亲属的称谓，一以主祭的王为主，兄称兄某，父称父某，母称母某，祖父祖母以上则称祖某妣某，辈次较远则称名谥，秩然有序，丝毫不紊，以称谓定卜辞应在某王时代，这是断代研究的绝好标准。"

3. 贞人。贞人即具体卜辞的史官，通过贞人确定某王时代，便能确定卜辞的具体时代。

4. 坑位。指出土的地点与甲骨的时代有紧密联系，若前五次发掘出土的甲骨文字分为五区，如第二区出土的甲骨大都是武丁到祖甲时期的遗存。

5. 方国。指甲骨文辞中涉及王室与周边方国的关系，若舌方、土方，是武丁时期西北的强敌，祖庚、祖甲以后不再入侵。羌方位于西北方，是早期即被征服的民族，武丁时有"师获羌"的甲骨文辞。人方，在帝辛时期有许多征人方的卜辞，人方位于黄河以南、淮河两岸。

6. 人物。若小臣，是掌车马者，亦有奉祭祀者，若武丁时有小臣古、小臣从、小臣中，各个时期有不同小臣之名称，此外还有诸侯之名，若帝辛时有攸侯喜、囂侯。

7. 事类。如祭祀，从所祭先祖的称谓可以对卜辞进行分期，此外若田猎、征伐等事类，也能借以推定卜辞所处的时代。

8. 文法。卜辞的文法虽极简单，但各个时期亦有变化，如贞人名字，有系月和不系月两种，亦有省去贞人名的，各个时期都略有变化。各时期又有不同的习惯用语，亦为后人断代提供了线索。

9. 字形。各个时期字形亦有差异，如武丁在位时间最长，有五十余年，这个时期的卜辞数量最多，占全数的三分之一，也是殷代比较强盛的时期，在文风上显出豪放的精神。

10. 书体。从各时期文字、书法的不同上，可以看出殷代二百余年间文风的盛衰。武丁时期不但贞卜及所记的事项重要，且当时史官所留下的字迹也显示出壮伟而又豪放的精神。到了帝乙、帝辛时，书契文字极为严密整齐，别作一新，功业不可掩没。

董作宾曾把盘庚以迄帝辛这八世十二王在位的年代，配上王公纪年和干支，使甲骨文字在时间区划上更加细密。后人在董作宾分期标准的基础上,也作了不少修正补充的意见。胡厚宣曾表示,"甲骨断代,自王国维、王襄开其端,董作宾发其例,时代先后,略可究明。惟精密分辨,则尚待研讨"。如陈梦家对甲骨断代研究颇多创获,订正董氏之失误最多,曾写过《甲骨断代学》四篇,他认为董作宾十项标准中,以世系、称谓、占卜者为论定断代的首要条件,称之为第一标准,而三者中,占卜者尤为重要。然后把不同时期的字体、词汇、文例作为断代的第二标准,根据这两个标准,把卜辞的事类分为六类:

1. 对祖先与自然神祇的祭祀或求告等。
2. 风雨启水及天变等。
3. 年成及农业等。
4. 对外战争与边鄙的侵犯等。
5. 王之田猎、游止、疾病、梦、生子等。
6. 来旬、今夕的卜问。

这样以分期的办法,对各事类的卜辞加以研究,即可综合成某一时期的祀典、历法、史实及相关制度,反之亦可以各种制度的差异,作为判别时代的方法。这样陈梦家把卜辞分为早、中、晚三期,细分则为七世,以便于综合分析和断代。

(1)	武丁卜辞		1	一世	早期
(2)	庚、甲卜辞	祖庚卜辞	2	二世	
		祖甲卜辞	3		
(3)	廪、康卜辞	廪辛卜辞	4	三世	
		康丁卜辞	5		
(4)	武、文卜辞	武乙卜辞	6	四世	中期
		文丁卜辞	7	五世	
(5)	乙、辛卜辞	帝乙卜辞	8	六世	晚期
		帝辛卜辞	9	七世	

其中一世、二世、三世为早期,四世、五世为中期,六世、七世为晚期。

三

作者在第八章讲辨伪和缀合,甲骨文辞为什么会出现伪品,因为收购的价格高,有利可图,于是便有人造假。甲骨片出土以后,有的有刻字,有的没有刻字,有刻字的价高。董作宾说起过有一个河北人蓝葆光,董在1928年见过此人,那时他才三十多岁,此人不务正业,自幼染上抽大烟的恶习,但他心灵手巧,善刻字,他能在铜器和甲骨上刻字。古董商把殷墟出土没有文字的甲骨,廉价买来,请他刻字,材料是旧的,文字是新的。他又造了许多奇奇怪怪之形状的东西,雕上花纹,刻上甲骨文。他刻工细致,可以乱真。这些赝品都是光绪末年和民国初年所作,因而早期的藏品中,难免混杂有赝品,所以就有辨伪的工作要做。

缀合是把破碎的甲骨片缀合成完整的文字,《甲骨文合集》中,属于缀合的甲骨片多达1600余版,这是一项需要耐心和细致的工作,要博闻强识和善于发现问题,才能把两片甚至多片残片缀合在一起,要看清甲骨的部位、色泽、裂纹和卜辞的书体,以及所卜之事类,才能缀合成一完整的甲骨片,如果仅用拓片,则易出差错。

作者在第九章讲了甲骨文字与古文字学的关系,《说文解字》是古文字学的权威,甲骨文出现以后,可以订正汉人许慎《说文解字》中的失误,王国维、郭沫若、唐兰、于省吾等,在考释甲骨文时,便曾纠正《说文解字》中的不少错误。

若"王"字,《说文》:"天下所归往也。"董仲舒曰,古之造文者,三画而连其中谓之王,三者,天地人也,而参通之者,王也。孔子曰,一贯三为王。清人俞樾则说:王字从二从十,二者,天地也;十者,四方也。故其字从二从十,而天地四方无不具矣。

以上这些解释,都是为帝王制度作说辞,徐中舒认为,在早期甲骨文里,王字作 ,像一个人站在正当中,端拱而立,以朝见群臣之形;后期的甲骨文作 ,《说文》古文作 ,金文作 ,近人吴大澂谓:"王,大也,盛也,从二,从 , 古火字,地中有火,其气盛也。火盛曰王,德盛亦曰王。"(吴大澂《说古文籀补》)比较起来,还是徐中舒根据甲骨文的解析比较靠谱一些。

再以"示"为例,示,《说文》:"天垂象见吉凶,所以示人也。从二,三垂日月星也,观乎天文,以察时变,示神事也。"

甲骨文"示"作 、 ,实为神主牌,卜辞有大示、小示,神主置于房中成为宗( )。另如祭司在神主前仰天祷告,则成祝( );口带流的酒瓶,将酒倒在神主前请其赐福,即成为福( );以手持肉于神主之前为祭( )。从卜辞中可以看出许多字之间有联系,由此可知《说文解字》对示字的解释受当时时代思潮的局限。

新中国考古工作者,为了追溯殷墟文化的来源,在黄河中下游南北两岸和淮河、长江流域进行了大量考古调查的发掘工作,先后在河南省的辉县、安阳、郑州、新密、荥阳、偃师、洛阳、伊川、临汝、巩县、登封、陕县、新郑、永城,河北省的磁县、邯郸、武安、邢台、藁城、石家庄,山东省的济南、益都、昌乐、寿光、曲阜、胶南,陕西省的华县、扶风,山西省的夏县、闻喜、永济、芮城、运城、翼城,湖北省的江陵、黄陂,以及安徽省等地,都发现了早商文化的遗址,其中郑州二里岗遗址的发掘,可以证明那儿是盘庚以前商代的都城。这些遗址的发掘,使我们对商代自成汤至盘庚那段历史有了新的了解,自商汤起到殷纣王灭亡,商王朝至少有四百年到六百年的文明发展史,殷墟使我们掌握了商代后期二百多年的社会历史情况。

从横向看,殷商遗址的地址之地层文化堆积,有的可以上溯到夏文化,郑州二里岗商文化的下层,还压有三种不同的文化层,河南龙山文化层、二里头文化层、南关外类型文化层,它应该包括了先商文化,或是早商文化的早期阶段,以及夏文化,只有把早商文化作为基础,才有可能辨认出夏文化。从文献记载看,班固之《汉书·地理志》谓河南郡偃师县尸乡为成汤所都,郑玄《周书·立政》注亦谓商汤所居之亳在河南偃师之尸乡,汤之都城也许有几个地点,迁徙不定,以亳为地名的,亦有好几个地点。

四

作者在第十章讲了甲骨文卜辞与古文献记载之间的相互关系,既有印证古籍的作用,又有纠正古籍舛误的地方。

甲骨文的记载证实了《史记·殷本纪》所载商代世系基本可信,亦订正和补充了商汤以前的世系。《史记·殷本纪》所列汤以前的世系为:

帝喾—契—昭明—相土—昌若—曹圉—冥—振—微—报丁—报乙—报丙—主壬—主癸。

依卜辞重订汤以前的王室世系:

帝喾—契—昭明—相土—昌若—曹圉—季—王恒—上甲—报乙—报丙—报丁—示壬—王亥—示癸。

二者相比增加了王亥、王恒、上甲,报乙、报丙、报丁次序有异,主壬、主癸为示壬、示癸之误。

成汤至帝辛三十一世,甲骨之世系与殷本纪之世系基本一致,只有个别字有误。今列《史记·殷本纪》之世系于下:

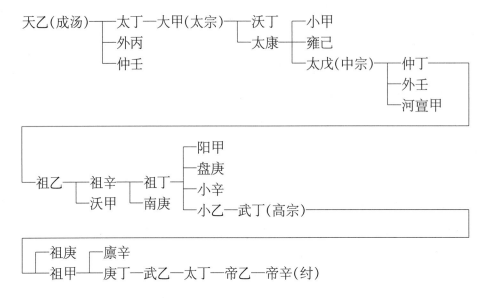

甲骨文的世系,中宗为祖乙,太丁为文丁,其他都是一致的。

《国语·周语下》称:"玄王勤商,十有四世而兴。"今契至汤立国,恰好十四世。《晋语四》称:"商之飨国,三十一王。"韦昭注:"自汤至纣。"前后共传十七世三十一王,其中多数先公先王的名号位次得到卜辞的证明,说明这一世系基本可靠。既然《史记·殷本纪》是可靠的,那么《世本》的史料价值也是可信的。

《今文尚书》之《尧典》有四仲中星(鸟、火、虚、昴)的天文记录,竺可桢证明那是殷末周初的天文记录,法国人卑奥根据马融对四仲中星的解释,推断为公元前2357年的二分(春分、秋分)二至(夏至、冬至)的所在点,从而认为应是帝尧时期的天文记录。郭沫若认为甲骨文"日之出入有祭,足证《尧典》寅宾出日及寅饯入日之为殷礼。"胡厚宣也说祖庚、祖甲已见祭日之卜辞,廪辛、康丁时最多。《尚书·高宗肜日》记武丁祭成汤时之事,甲骨文中有许多肜祭的案例。

《山海经》中的文字,如今亦能得到甲骨文的印证。如《大荒东经》:"有人曰王亥。"卜辞世系中有王亥,王国维《殷卜辞中所见先公先王考》称:"卜辞多记祭王亥事,《殷虚书契前编》有二事……曰'贞,之于王亥,卅牛,辛亥用'。《后编》中有七事,曰'贞,于王亥求年'……曰'贞,之于王亥,口三百牛'。"可见王亥在殷人祭祀中之地位甚高。

《竹书纪年》系晋武帝太康二年,因汲郡人盗墓,在魏襄王墓发现魏国的史记,记夏以来至三家分晋以后魏襄王时的历史,纪年所记殷商自盘庚迁殷,至纣之亡,二百七十三年更不迁都,与卜辞所记一致。关于殷王名号与世次,《纪年》所记亦与卜辞合。

《易经》之"既济"九三:"高宗伐鬼方,三年克之,小人勿用。"高宗即武丁,与卜辞合。"未济"九四:"震用伐鬼方,三年,有赏于大国。"震用为周之先人,武丁用周人击鬼方,三年胜之,故殷王赏之。《易》所言殷商之事,亦可与甲骨文之记载相印证。

此外,《诗经》、《周礼》及其他古籍中关于殷商的记载,有不少也能在甲骨文字中得到印证,当然,甲骨文字也补充和纠正了古籍疏漏和舛误。

于省吾为此著有《群经新证》,其中包括《尚书新证》、《诗经新证》、《易经新证》三种,此外,《诸子新证》,包括《管子新证》、《晏子春秋新证》、《墨子新证》、《荀子新证》、《老子新证》、《庄子新证》、《韩非子新证》、《吕氏春秋新证》、《淮南子新证》、《法言新证》十种,那就是把古文字资料与文献资料互相印证,为古史研究开辟了新的天地。

这几十年来,甲骨文字的研究,亦为后人研究殷商历史开辟了新的天地,《论语·为政》孔子有言:"殷因于夏礼,所损益,可知也;周因于殷礼,所损益,可知也。其或继周者,虽百世可知也。"不仅礼乐制度,包括行政和司法制度,前朝与后朝之间都有因袭和变革的关系。以职官制度而言,卜辞中有卿事,《诗》、《书》中亦有卿士,为殷周的最高执政官。《说文》:"士,事也。"卜辞中的卿事,即文献的卿士。《尚书·洪范》:"王省惟岁,卿士惟月,师尹惟日。"《诗·小雅·十月之交》有"皇父卿士",西周之毛公鼎的铭文:"伋(及)兹卿事寮、大史寮,于父即尹。"卿事寮的职掌,分管"三事"、"四方",三事是指王畿内的政务,四方指王畿以外分封四方诸侯的政务。其地位在司徒、太宰、膳夫、内史之上,当为执政大臣。甲骨文中未见卿事寮的记载,但有大史和大史寮。除大史、大史寮,还有六史、四史、三史、御史、西史、北史、女史等名称。西周职官有太史寮,其长官为太史,掌管册命、制禄、图籍、祭祀、占卜、礼制、时令、天文、历法、耕作等事务。太史可以说是周王的办公厅主任或秘书长,同时又是历史学家、天文学家、宗教领袖,既是文职人员,又是神职人员。殷周时期,"国之大事,在祀与戎"。殷王及王妃和大臣均参与占卜和祭祀的活动,而且天文、历算亦与占卜的日期相关,故太史作为史官的首长,不仅分管国王身边言与事的记录,还要管理天文、历算及占卜,故其最高长官与卿事并列。到了汉代,太史的地位不如殷周之时,故司马迁在《报任少卿书》中称:"文史星历,近乎卜祝之间,固主上所戏弄,倡优畜之,流俗所轻也。"这是司马迁在任安面前讲的牢骚话。

从卿士寮与太史寮这两个机构发展的轨迹,可以看到从殷商经西周,到春秋战国至秦汉,从制度层面看,既有因,亦有革,孔子这个话还是有道理的,行政系统的架构,其名称会有各种变化,而其基本管理功能古今是相通的,它不会有大的变化。

在军事管理方面,卜辞有多马、多亚、射卫等,此外有牧(中牧、左牧、右牧),是驻扎在边防的武官。卜辞中的自(师)是较高级的军事长官,军队仍在卿士寮掌管之下,出征则临时派遣指挥官,如前举"震用伐鬼方"的例子,殷王武丁时讨伐鬼方,震用被派遣为指挥官。在正常情况下,卿士则是军政合一的最高长官。在古代,无论游牧生活还是农耕生活,其牧人和农民乡里的编制,都是兵民合一的,这在商鞅变法时亦能看到。因而在行政管理制度上,是兵农合一,或兵牧合一,往往是军政合一。卿事既是行政长官,也是最高的军事长官。武王伐殷时,太公望任卿士,同时也是太师。《逸周书·世俘解》讲武王取胜后,献俘祭祖时,由武王、大师、师、司徒、司马依次杀俘献祭,大师杀殷的高级贵族,师氏杀殷的诸侯四十人,司徒、司马则另外在郊室杀一批俘虏,从军出征有功者,可以与大师、师氏一起参与献俘礼,以杀俘作为祭祀的仪式。我们在殷代墓穴中发现的人殉,大都是战俘,在祭献礼中作为祭品被杀。商代作战方式,除了步兵、骑兵以外,已有车战,甲骨文中已有记载车战的文字。殷墟发掘中,已有战车殉葬的现象,而且规模很大,发现的五车一组,二十五车为一大组,每车驾马二匹,车上甲士三人,一人御车,一人持戈矛,一人操弓箭,战车之后有步卒相随。可见商代后期车战已在战争中占重要地位。《尚书·牧誓》讲到武王伐纣时,"戎车三百两,虎贲三百人,与受战于牧野,作《牧誓》"。《史记·周本纪》称:"诸侯兵会者,车四千乘,陈师牧野。"当然是否真有那么多兵车,也许有夸张的地方,但交战双方都以兵车显示自己的军事实力,当是事实。虎贲是随在兵车后面的士卒,《史记》称三千人,《孟子·尽心》:"武王之伐殷也,革车三百两,虎贲三千人。"那么一辆兵车后面相随的勇士是十人。由此可知,从商周到春秋战国的军事冲突,车战占了重要地位,兵车数量常被用来显示军事实力的强弱。武王那里还有甲士四万五千人,那就是步卒了。纣王发兵数量,《史记·周本纪》称有七十万人,不一定有如是之多,也应动员了几万人以上了。从这些记载,可以知道当时战争的规模了。

从商代卜辞的记载看,战争的记录仅次于祭祀,陈梦家据《殷虚卜辞综述》统计武丁时期讨伐的方国有四十多个,若土方、鬼方、舌方、亘方、羌方、龙方、御方、马方、大方、井方、周方、虎方等,其中尤以北方及西方地区的土方、舌方、鬼方、羌方为主要用兵的对象。在帝乙及帝辛时期,大规模征伐的对象是人方、盂方、林方等,对东南江淮地区不断用兵,特别是人方之役用兵时间最长。陈梦家排列了帝辛时期讨伐人方的一次战役,起于帝辛十祀九月甲午,终于次年五月癸丑,中间还有一个闰九月,历时二百六十日,从商大邑出发,中经亳,及于淮水,卜辞记曰:"王来征人方。"在卜辞中,不仅有商人讨伐方国的记录,亦记有"方出"、"方来"、"方出作祸"、"方出祸我"、"方来入邑"、"舌方亦戋我西鄙田"等记录,这些战争实际上是殷商与周边各部落联盟之间的纷争。李学勤曾仔细整理卜辞中商与方国的关系,大体上土方与舌方为一组,其地望在山西中部,与商人接触的规模不大,不过侵若干田邑、俘十余人而已。危方、鬼方与微方是另一组方国,危方在山西西南部,与商的关系时叛时服,有一次战役,俘获的人数以千计。鬼方是商在北方的劲敌,王国维考证鬼方与狎狁同为北方的游牧民族,商人与鬼方的冲突,是农耕与游牧族之间的冲突和战争,这是中国历史上长期的矛盾和冲突。商人在西方主要是与羌方的冲突,战争的规模可大到动员数千人,商人俘获羌方的人口则沦为农奴,或作为战俘而在祭祀时用作牺牲。董作宾认为人方是东方的方国,大体上是今天山东、江苏一带的农业人口为主的部落联盟。商人的势力,向南则延伸到江汉之间,这是商人卜龟的重要来源。后来对商人威胁最大的还是西边的周人,《左传》昭公十一年:"纣克东夷而陨其身。"帝辛先后二次用兵于人方,帝辛十五年第二次出兵征人方。纣伐东夷,开发了淮河流域,不断对东南用兵的结果,造成西部和中央地区的极度空虚,为周人灭商提供了机会。

五

关于周人的起源及其与殷商的关系,考古上发现的先周文化遗址遍及陕西泾渭流域的宝鸡、凤翔、岐山、扶风、眉县、周至等处。周的始祖有两个,即姬姓与姜姓二族世代联姻的产物。周的建国是从公刘迁豳开始的,《史记·周本纪》说:"公刘虽在戎狄之间,复修后稷之业,多耕种,行地宜。"公刘原来居住在邰,是从邰迁到豳的,先周建国是从迁到豳开始的。豳在汉代属右扶风栒邑梁,即今陕西旬邑。先周从公刘迁豳,到古公亶父,中间有八世到十世,这个时期或相当于殷武丁时期,那个时期的卜辞中,多次提及商对周的征伐,把周称为周方或周侯,在卜辞中有关心"周方弗其有祸"(《殷虚文字缀合》片一八一),有"贞周氐(致)巫"(《殷虚文字乙编》片七八〇一),氐,是致送的意思,是周方向殷纳贡的文字,周以"巫"和美女作为贡物送给商。"辛卯卜贞,令周从行止,八月"(《龟甲兽骨文字》卷一页二七片十六)这是命令周的行动。这些文字,说明在商代武丁时期,周是商的属国,周的封号,也许就是武丁给予的。古公亶父率周人从豳迁到岐下,迁都的原因是"犬戎寇边"。《后汉书·西羌传》:"及殷室中衰,诸夷皆叛……及武乙暴虐,犬戎寇边,周古公逾梁山而避于岐下。"岐下今址在陕西扶风北,岐山东北六十里京当、法门黄堆这些地区,周人在那里建立了新的都城周原,其遗址的面积大体上有十五平方公里,曾出土大量青铜器,在其宗庙遗址还出土了大量占卜的甲骨。周不仅祭祀自己的祖先,也祭祀商人的祖先。周开拓领土是从季历开始,季历奉命讨伐鬼方,如《易"未济"》九四:"震用伐鬼方,三年有赏于大国。"《尚书·大诰》中,周公自称为"小邦周",称殷人则相对而言便是"大国殷"了。伐鬼方,便是在山西地区开拓自己的影响和地盘,那时周在山西已建立有虞国作为前进的基地,而季历主要开拓的则是在今山西地区,对殷人在北方形成包围的态势。①

  殷周更迭之际,需要了解一下武丁以后殷周之间的相互关系。《后汉书·西羌传》:"成汤既兴,伐而攘之。及殷室中衰,诸夷皆叛。至于武丁,征西戎、鬼方,三年乃克。故其诗曰:'自彼氐羌,莫敢不来王。'"武丁,即殷之高宗,征西戎、鬼方之事亦见于《周易》"既济"之九三:"高宗伐鬼方,三年克之,小人勿用。""未济"之九四:"震用伐鬼方,三年,有赏于大国。"这个"震用"是指周人,前面有"小人勿用",当是指伐鬼方的过程。用周人,为周人的发展提供了机会,为殷人留下了后患。其《诗》是指《诗经·商颂·殷武》中的一句:"维女荆楚,居国南乡。昔有成汤,自彼氐羌,莫敢不来享,莫敢不来王。曰商是常。"说明西边氐羌的区域,自成汤以来,便是商人控制的区域,此后这个地区一度成为氐羌的天下,殷商的统治处于失控的状态,让周人去讨伐这个地区。《后汉书·西羌传》续云:"及武乙暴虐,犬戎寇边,周古公逾梁山而避于岐下。及子季历,遂伐西落鬼戎。太丁(当是文丁)之时,季历复伐燕京之戎,戎人大败周师。后二年,周人克余无之戎,于是太丁(当是文丁)命季历为牧师。"自武丁至文丁,中间经历祖庚、祖甲、廪辛、康丁、武乙。据《史记·周本纪》,先周是古公亶父带了部落民,"逾梁山,止于岐下。豳人举国扶老携弱,尽复归古公于岐下。及他旁国闻古公仁,亦多归之。"周人定居于岐山,这个地区原来是属于殷商的地盘,周人到了那儿,只能从属于殷商,成为商之属国,分离时称其为周方。那个阶段殷人武丁以后的世系,为武丁之子祖庚,祖庚崩,弟祖甲立,祖甲之后其子廪辛立,然后是其弟庚丁,庚丁崩,子武乙立。关于武乙这个时期,《史记·殷本纪》:"帝武乙无道,为偶人,谓之天神。与之博,令人为行。天神不胜,乃僇辱之。为革囊,盛血,卬而射之,命曰'射天'。武乙猎于河渭之间,暴雷,武乙震死。子帝太丁(即文丁)立。"这时周人古公亶父之少子季历在主政,因其讨伐

---
① 摘自杨宽《西周史》。

西戎有功,《后汉书·西羌传》称:"太丁(即文丁)命季历为牧师。"然而《晋书·束晳传》提到《竹书纪年》则称"文丁杀季历",这不是完全没有可能,其父武乙在河渭之间死于暴雷,死得不明不白,或有隐情,他不能坐视周在这个地区坐大,故而杀季历,既是为父报仇,也是为了抑制周人坐大的趋势。文丁死后,子帝乙立,殷益衰,帝乙不得不对周人采取安抚的方针,《周易》"归妹":"帝乙归妹。"帝乙把其少女嫁给周文王,而以其姊作为陪嫁。一般情况,都以其妹为陪嫁,帝乙反以大女儿陪嫁,因妹是帝乙之嫡女,故处于正位,以嫡女之贵而往嫁也,其姊则是帝乙之庶女,故为媵妾,这就违反了先秦贵族嫁女一般以姊为正、妹为陪嫁的情况,故《象》曰:"归妹以须,未当也。"然而这件事,总是帝乙为了笼络周人,故把女儿姐妹两个一起嫁给了季历之子周文王姬昌。先秦贵族婚配,有不少是以姊妹俩嫁给同一丈夫,比较典型的案例,如《史记·五帝本纪》讲到尧以二女妻舜这个传说,屈原《九歌·湘君》便是歌颂尧的两个女儿娥皇与女英,在洞庭湖的君山闻讯虞舜巡视南方时死于苍梧,葬在九嶷,她们便投水殉节,化为湘水之女神。《史记·秦始皇本纪》:"上问博士曰:湘君何神?博士对曰:闻之,尧女,舜之妻。"韩愈《黄陵庙碑》以湘君为娥皇,湘夫人为女英。

纣王帝辛是帝乙之子,而文王昌则是帝乙之婿,故殷周二家是亲属关系,因而殷人封文王为西伯,代表殷人在西方的霸主。帝辛与周武王发,实际上是甥舅关系。《后汉书·西羌传》还讲到文王为西伯以后,如何帮助殷商在西方和北方讨伐不服殷商的方国,其云:"文王为西伯,西有昆夷之患,北有猃狁之难,遂攘戎狄而戍之,莫不宾服。乃率西戎,征殷之叛国以事纣。"可见那个时期商周之间的关系非常亲密。纣即帝辛,是帝乙之少子,辛母为正后,帝乙长子为微子启,启母贱,故微不得继位,可见子以母贵的宗法关系,在殷商早已存在了。后来的牧野之战,实际上是外甥打娘舅了,即使仰仗于姻亲关系建立的联盟,由于利害冲突,也会转化为敌我关系。

六

周与殷商之对立,也有一个发展过程,西伯是商纣王封文王姬昌的,昌在位前后有五十年的时间,《吕氏春秋·顺民》:"文王处岐,事纣,冤侮雅逊,朝夕必时,上贡必适,祭祀必敬,纣喜,命文王称西伯。"这一段文字译成语体文:"文王在岐山之下,臣事殷纣王,虽遭到纣王的冤枉和侮慢,却依然对纣王谨守诸侯之礼,雅正而恭顺,早晚按时朝拜,每次上贡无不适中,祭祀时必然恭恭敬敬。纣王对此很高兴,命令文王可以称西伯。"这一段文字,反映了当时殷周之间的关系，实际上文王借助西伯的名义，在征伐中不断扩大自己的地盘。《史记·周本纪》："明年，伐犬戎。明年，伐密须。明年，败耆国。殷之祖伊闻之，惧，以告帝纣。纣曰：'不有天命乎？是何能为！'明年，伐邘。明年，伐崇侯虎，而作丰邑，自岐下而徙都丰。"从这个过程可知，文王姬昌是默默地扩大自己的地盘，祖伊是殷之忠臣，《尚书·商书》有一篇文章的题目便是《西伯戡黎》："殷始咎周，周人乘黎。祖伊恐，奔告于受，作《西伯戡黎》。"黎是殷的侯国，在山西上党的西北，位于今天山西的长治县。《诗·大雅·绵》的最后一章："虞芮质厥成，文王蹶厥生。予曰有疏附，予曰有先后。予曰有奔奏，予曰有御侮！"《史记·周本纪》有一段话，可以帮助我们理解这一章诗文，其云："西伯阴行善，诸侯皆来决平。于是虞、芮之人有狱不能决，乃如周。入界，耕者皆让畔，民俗皆让长。虞、芮之人未见西伯，皆惭，相谓曰：'吾所争，周人所耻，何往为，只取辱耳。'遂还，俱让而去。"这说明文王西伯对周边邻国的文化和伦理影响非常广泛。这首诗的本意无非说明虞国与芮国不再相争，周的教化感化了他们的本性，对文王而言，处理国与国之间的矛盾，也要分清亲疏和先后，我有好的官吏为你们奔走效力，我有良将帮助你们克敌制胜，不受外敌的欺侮。一个国家对周边国家的关系，文化的交往，保持友好的发展很重要，这也是国力强盛的一个重要标志。对于密国的讨伐，亦见于《诗·大雅·皇矣》之第五章，其云："密人不恭，敢距大邦，侵阮徂共。王赫斯怒，爰整其旅，以按徂旅。以笃于周祜，以对于天下。"其意为：密人态度不恭顺，竟敢抗拒周大邦，侵犯阮国和袭击共国太猖狂，文王赫然大震怒，整顿军队去打仗，阻止敌人乱猖狂，周族的幸福生活才有保障，民心安稳才有保障。文王对自身周边环境的稳定，采取的是文武两手，而这两手借助于西伯的地位。密国的地理位置在今甘肃之灵台，阮、共二小国的位置在今泾川县。接下来是败耆国，《殷本纪》作"伐饥国"，在《尚书》里便是前面讲的"西伯戡黎"，此即引起祖伊提醒纣王警惕西伯之事，陈梦家认为耆是卜辞中的旨方。接下来是讨伐邘，邘即盂，《韩非子·难二》有云：

> 昔者文王侵盂、克莒、举酆，三举事而纣恶之。文王乃惧，请入洛西之地、赤壤之国，方千里，以请解炮烙之刑。天下皆说。仲尼闻之，曰："仁哉文王！轻千里之国而请解炮烙之刑。智哉文王！出千里之地而得天下之心。"

这个"盂"在今河南沁阳西北二十多里的邢台，那时属于商王狩猎的地区。莒的今址不明，而酆当在今陕西之山阳。这反映了周的势力已从北到南，在西面对殷商呈包围的态势，

所以会引起殷纣王的震惊,崇的部落主在纣王面前告状,《殷本纪》称:

> 崇侯虎知之,以告纣,纣囚西伯羑里。西伯之臣闳夭之徒,求美女奇物善马以献纣,纣乃赦西伯。西伯出而献洛西之地,以请除炮格之刑。纣乃许之,赐弓矢斧钺,使得征伐,为西伯。

《后汉书·西羌传》有这么一段话:"文王为西伯,西有昆夷之患,北有猃狁之难,遂攘戎狄而成之,莫不宾服。乃率西戎,征殷之叛国以事纣。"文王是打着殷商的招牌,在讨伐殷之叛国的过程,扩大自己的实力和地盘,反映了这个时候,文王对纣双重的态度,一方面似乎抱着委曲求全的办法,实际上周在西边的疆域已超过了殷在河南的地盘了。故《论语·泰伯》有孔子之言:"三分天下有其二,以服事殷。周之德,其可谓至德也已矣。"实际上那个时候,在军事上周还不是殷的对手,文王采取委曲求全的手段,还是高明的,力量需要积聚,要先剪除其羽翼才行。接下来便是伐崇的问题,殷周之际崇国的地理位置应在今河南嵩县附近,清人王念孙认为"古无嵩字",以"崇"为之,故《说文解字》有"崇"无"嵩"。《国语·周语上》:"昔夏之兴也,鲧(指祝融)降于崇。"韦注:"崇,崇高山也。夏居阳城,崇高所近。"故从地理位置上,周要伐殷,必先取崇,而崇亦有自知之明,所以崇侯虎在纣王面前告文王的状,这样周讨伐崇的事,势在必行。

《诗·大雅·皇矣》第八章之后半部都是讲如何讨伐崇国的,今录其文,并译成语体文,便于大家理解:

> 帝谓文王:询尔仇方,同尔兄弟。以尔钩援,与尔临冲,以伐崇墉。
> 临冲闲闲,崇墉言言。执讯连连,攸馘安安。是类是禡,是致是附,四方以无侮。临冲茀茀,崇墉仡仡。是伐是肆,是绝是忽。四方以无拂。

翻译成语体文如下:

> 上帝告诉文王,团结友邦多商量,联合同姓各邦国,用上你们的钩梯,带上你们的临车、冲车上战场。临车、冲车声势那么浩大,崇国的城墙高又长。抓来的俘虏连连成串。祭祀天神庆胜利,招安残敌劝他们投降。四方各国从此不敢再欺侮周邦。临车、

冲车的威力是那么强大,崇国的城墙高又广。战士们冲锋陷阵意气旺。消灭崇军有威望,四方各国从此不敢再违抗。

文王克崇之后一年便去世了,为武王克商扫清了前进的障碍。据《史记·周本纪》,武王伐殷是在武王九年,会师于孟津,有八百诸侯不期而会者,"诸侯皆曰:'纣可伐矣。'武王曰:'女未知天命,未可也。'乃还师归"。"居二年,闻纣昏乱暴虐滋甚,杀王子比干,囚箕子。太师疵、少师彊抱其乐器而犇周"。于是东伐商,为什么? 殷内部矛盾尖锐了,微子启是帝乙之长子,帝纣之庶兄,连微子启都感到纣的统治难以维持了,去请教太师、少师,他们都劝他不如离去,他就离开殷商逃亡他乡。《史记·宋微子世家》称:"微子曰:'父子有骨肉,而臣主以义属。故父有过,子三谏不听,则随而号之;人臣三谏不听,则其义可以去矣。'于是太师、少师乃劝微子去,遂行。"十一年,武王再次会师孟津,武王作《泰誓》,其中有这样一句话:"受有亿兆夷人,离心离德。予有乱臣十人,同心同德。"这里的"亿兆夷人",可能指的是东夷,纣那些年忙着与东夷的战争,纣在征伐东夷上是取得胜利的,而西边他就全部交给文王西伯了。《后汉书·东夷列传》有一句话:"武乙衰敝,东夷浸盛,遂分迁淮、岱,渐居中土。"在纣王父亲的时期,夷人已经接近中原,山东与河南、苏北淮水流域已是东夷的天下,纣征伐东夷是取得胜利的,故春秋时人说:"纣之百克而卒无后。"(《左传·宣公十二年》记栾武子语)"纣克东夷而殒其身。"(《左传·昭公十一年》叔向语)晚商的青铜器《小臣艅犀尊》、《作册般甗》亦记纣王东征人方,这已是纣王第二次东征人方了。

《史记·周本纪》所记载牧野之战的情况是:

  帝纣闻武王来,亦发兵七十万人距武王。武王使师尚父与百夫致师,以大卒驰帝纣师。纣师虽众,皆无战之心,心欲武王亟入。纣师皆倒兵以战,以开武王。武王驰之,纣兵皆崩畔纣。纣走,反入登于鹿台之上,蒙衣其殊玉,自燔于火而死。

《尚书·泰誓》讲的"纣有亿兆夷人",说明纣用来应对武王军师的,是以夷人为主,夷人当然不愿为纣王去送命,他们的临阵倒戈,几乎使周人不战而胜。纣失败的一个重要教训就是两面作战,那就非败不可。在中国历史上这方面的教训非常多,项羽的失败,根本的原因是他四面树敌,两面作战,西边与刘邦军作战,东面与齐作战,结果是兵败垓下。明王朝的灭亡,也是两面作战,东北与满人作战,西面与农民军李自成、张献忠作战,崇祯皇帝最终吊死在煤山。当然,明朝灭亡的另一个原因,内部的阉党与东林党之争的内耗,使权力结构自身处于瘫痪的状态,无法集中意志和力量去与敌人对抗,实际上重蹈了殷商纣王所以覆灭的老路。当代的两次世界大战,失败者的一个重要原因也是两面作战,如德国失败,在于两面作战,日本之败,也是太平洋战争使它处于两面作战的困局。毛泽东在1972年7月24日与周恩来,以及外交部姬鹏飞、乔冠华、王殊谈道:"在两个超级大国之间可以利用矛盾,就是我们的政策。两霸我们总要争取一霸,不两面作战。"(《毛泽东年谱》)在这一点上,古今的经验教训是一致的,这也是我们今天处理国际关系的原则,不能四面树敌,任何一方四面树敌、两面作战,都只能是强于一时,历时久了,必败无疑,再强的霸主,也难以四面应战,这是历史的宿命。记得当年毛泽东为曹操翻案时,也说过纣王非如是之恶,郭沫若也说过要为殷纣王翻案,我想这还是有道理的。

其实最早提出要给纣王翻案的是子贡,《论语·子张》中记载,子贡曰:"纣之不善,不如是之甚也。是以君子恶居下流,天下之恶皆归焉。"历史著作大多是胜利者书写的,妖魔化失败者的做法,历来如此,这也只能收一时之效,历史上那么多翻案文章,问题就出在胜利者书写自己之所以胜利,总是以丑化对立面来突出自己的伟大,这大概也是客观规律了。读史的人都懂,对这类文字也不足为奇了,它反衬了胜利者内心虚弱的一面。

《尚书·牧誓》是武王讨伐纣王的一篇宣言,其中有一句话:"古人有言曰:'牝鸡无晨;牝鸡之晨,惟家之索。'今商王受惟妇言是用。"把女人看作祸水,这样的观念显然不能成立,而且文王在羑里被囚时,是他让人把美女献给纣王的,这事在殷本纪有记载,武王在《牧誓》的这句话,岂不是把巴掌打在文王的脸上吗?至于《史记·殷本纪》所言纣王"戏于沙丘,以酒为池,县肉为林,使男女倮相逐其间,为长夜之饮",这些话太不靠谱了,一个人的荒唐,也不至于到这个程度,这些胜利者对失败者之种种不实之词皆难以凭信,如文王那样表面上对纣王如是恭顺,背地里却是挖殷商的墙角,发展自己的地盘,从伦理上讲,反而是一种缺德的反映,故当年毛泽东与郭沫若主张应为殷纣王翻案是有一定的道理。殷纣王的失败,是他同时对东西两面作战,顾了东面丢了西面,当回过头来再面对西周的势力作战时,用的是东面夷人,是战俘,加上内部的不稳和分裂,断送了殷王朝的前途,这是商朝灭亡的根本原因。武王打败了纣王以后,对殷人采取安抚的办法,封纣子武庚、禄父以续殷祀,释箕子之囚,《尚书·洪范》便是武王与箕子讨论如何管理国家的问题,把微子封于宋及急于营建洛邑,这些都是周人借助殷人统治商地的方略,正是胜利者聪明的地方。

七

作者在书中通过甲骨文还介绍了殷商的农业、手工业、商业的发展状况,人的生活,特别是农业生产,离不开水,甲骨文记载的河流之名称有150处以上,有名的湖泊和泽薮有16个以上,除了长江流域的太湖、鄱阳湖、云梦泽之外,其余13个皆在黄河流域,说明那时黄河流域的水文条件比现在好,那时华北的气候条件比现在要温暖,商代在河南这个地区多产蚕桑稻竹,相当于目前江南的气候,由于气候温暖,所以雨量也比较充沛,甲骨文中求雨和止雨的卜辞甚多,受年、求年与农事有关的卜辞也很多。徐中舒先生有一篇《耒耜考》,介绍了殷商时代的农具,耒是木制的曲柄农具,下端有木叉,木叉上贯以一小横木,用以脚踏起土。甲骨文之"男"从田从力,而力与耒字同声,甲骨文力作力,或作力、力,类似起土的农具。甲骨文黎字作犂,从牛从力,应是以牛拉犁的现象。商人农具中仍有石器、骨器、蚌器,如石镰、石铲、石刀。商代的农业生产者主要是"众"和"众人",众作易,三人代表多数,意谓多人在太阳底下操持农业生产,可见那时农业生产带有集体的性质,当是氏族公社的农民,是有官吏监督下的集体的劳动操作,在农田监督农民劳动的有畯、小臣等。从甲骨文字可以知道,那时人们已经知道肥田,有相当丰富的施肥知识,象人把便的形状。那时的人们已懂得水利是农田的根本,甲骨文有田字作田、田、田等形,说明商人已知水利灌溉和排水的技术。那时农作物的品种已有黍子(即今之黍子,叫大黄米)、稷(小米)、麦(大麦)、秾(小麦)、稻等,甲骨文中"禾"是谷物的总称,商人已知酿酒的方式,有饮酒的习惯,在考古发掘中,不仅有那时青铜的酒器,还有三千年前的剩酒发现。除了农业以外,商代的田猎和畜牧业也很发达,甲骨文中已是马、牛、羊、鸡、犬、豕六畜齐全,而且有写、牢、家等字,是圈养的家畜。甲骨文中有牧字,牧、敉,象人以手执鞭驱赶牛羊。殷墟祭牲坑中牲畜之种类与数量甚多,这从一个侧面反映了那时狩猎和畜养业已很发达。

商代的手工业和商业也很发达,武王克商以后,分康叔以殷民七族:陶氏、施氏、繁氏、锜氏、樊氏、饥氏、终葵氏,这七族大都是从事手工业生产之氏族。分给鲁公以殷民六族:条氏、徐氏、萧氏、索氏、长勺氏、尾勺氏,索氏为绳索工,长勺氏、尾勺氏为酒器工,陶氏为陶工,西周的手工业便是在商人大批手工业技术人员的基础上发展起来的。商代冶铸业,特别是青铜冶铸的工业已很发达,在商代遗址的发掘中,不仅出现大量青铜器还发现大规模炼铜的遗址,在郑州南关外就发现早商大规模炼铜的遗址。商代的纺织业也很发达,主要是麻布和丝织业。殷商的商业也很发达,在遗址中发现大量贝作为货币的殉葬品。商代甲骨文中从"贝"之字甚多,1971年在山西保德林遮峪之商代后期的墓葬中发现109枚铜贝,说明不仅以蚌贝作为货币在市场上交换,而且有金属铸币在市场作为流通和收藏的货币,它反映了那时商业和市场交换已达到较高的水平,它说明了原始的市场经济古已有之。

甲骨文中已出现舟(夕)车(🚗)等字样,说明那时已有舟车作为交通工具,这是商业发展必须的条件,商品的运输要依靠舟车作为交通工具。在考古发掘中,发现了商代殉葬的马车的车辆结构,及殉葬马匹的饰物。再说殷人占卜用的大海龟来自南方,发掘中出现的鲸鱼骨,也都来自沿海。丹砂来自湖南广西一带,铜锡的采集也要来自采矿区,这些原材料在墓葬中出现,反映了为统治者和商业服务的运输业也已具有相当的规模。

商代社会经济的发展,也必须以相应之科学技术的认知和发展为条件,从商代甲骨文的卜辞中,可以知道商代的天文历法已有相当的水平,卜辞中干支纪日,那要有相应之历法和数学的基本知识。董作宾写过一本《殷历谱》,说明商代以月之圆缺一次为月,有大月小月之分,大月30日,小月29日,以一月为正月,以太阳之温凉寒暑嬗变一次为一年。有闰月来调整阴阳之差,又有三年闰,五年再闰,十九年而七闰之法,全年平均为365又1/4天,纪日用干支,白天称日,晚上称夕,日出时称旦或明,午后太阳西落称昃。《尚书·尧典》所言之"期三百有六旬有六日,以闰月定四时成岁"的阴阳合历,在商代的甲骨文中有完整的体现。甲骨文中还有大量日月蚀的记载,还有风、云、雷、雨的记录,还有岁星(今之木星)、火星等行星运行的记载,三千多年前的商代对天文历法有这样的认识和记载是非常了不起的。

卜辞中还有关于人们疾病的记载,胡厚宣根据武丁时期的甲骨文资料,曾撰写《殷人疾病考》,病的种类与当今之分科相差不多,甲骨文中有大量以祈祷占卜的方式寻求治疗和康复的记载。

在宗教信仰方面,甲骨文中还有图腾崇拜的现象,《诗·商颂·玄鸟》开头二句便是:"天命玄鸟,降而生商,宅殷土芒芒。古帝命武汤,正域彼四方。"《史记·殷本纪》:"殷契,母曰简狄,有娀氏之女,为帝喾次妃。三人行浴,见玄鸟堕其卵,简狄取吞之,因孕生契。"玄鸟便是商人崇拜的对象。在甲骨文的卜辞中,对祭祀王亥的记载,往往在亥字的上面加鸟的图形。王亥是殷人特别重视的祖先,《殷虚卜辞综类》收录与王亥相关的记载有九十六条之多,而且祭礼最为隆重,用牲有五牛、三十牛、四十牛,乃至三百牛之多。王国维的《殷卜辞中所见先公先王考》一文中,王亥条称:"卜辞中多见王亥事。""卜辞作王亥,正与《山海经》

同,又祭王亥皆以亥日。"《山海经·大荒东经》称:"有人曰王亥,两手操鸟,方食其头。"在卜辞中王亥之亥上加一鸟作夒,这反映了商人早先的图腾崇拜。卜辞是殷王室的占卜记录,殷王对先公先王和先妣隆重的祭祀仪式,也就是古人祖先崇拜形式的表现,在殷人心目中,祖先能降灾祸或授福佑于时王,他们认为先王先公皆宾于上帝一旁,故殷人在求雨、求年、受年时,都先向祖先祈求,转请求告上帝,而不是直接向上帝求告。除了祖先崇拜以外,还拜日、月、星辰、风雨雷电以及山川土地,全都人格化了,视之为上帝的使臣而加以崇拜和祭祀,这种现象往往还保留在民间的口头传说中。对自然物的崇拜,最终归结为对上天的崇拜和对天帝的崇拜,在周人那儿演化为天命,武乙"射天"的传说,成为无道暴逆的一种表现,故认为武乙是暴雷震死的。人间帝王制度的出现,反映在信仰上,便是对天帝的崇拜,先公先王也是天帝的化身,这样便把对天帝的崇拜与祖先的崇拜统一起来了。

八

作者在第十一章对甲骨文从出土到研究的历史作了回顾,总结了从1899年(清光绪二十八年)到1978年胡厚宣主编的《甲骨文合集》开始陆续出版为止,这八十年甲骨学研究的历程及其成果,并对此作了简明的概括,介绍了在这八十年中,对甲骨学研究有卓越成绩的专家学者,为青年学子阅读和研究《甲骨文合集》作了铺垫。他把这八十年分为二大段落,新中国成立前的五十年和新中国成立后的三十年,把新中国成立前的五十年又分为二个时期,从1899年到1927年为第一个阶段,是甲骨文的发现及其初期阶段,王懿荣是甲骨文之发现者,刘鹗是甲骨文的收集和传播者,他收集了五千多片甲骨,编为《铁云藏龟》,成为第一本把甲骨文字介绍给世人的材料。然后有孙诒让撰写了《契文举例》二卷,成为第一部考释甲骨文字的专著,按卜辞的事例分为十类,开始了甲骨分类研究的先例。接下来在第二个十年为甲骨文研究奠定基础的是罗振玉和王国维。罗振玉不仅为甲骨文的搜集和流传作了不少工作,在考释和研究上也取得一定成就,他的贡献主要反映在他的《殷商贞卜文字考》和《殷虚书契考释》这两部著作中,而《殷虚书契考释》是王国维在1914年为他抄写并为之作后记,正是在这个基础上,王国维撰写了《殷虚卜辞中所见地名考》、《三代地理小记》、《鬼方昆夷猃狁考》,对卜辞中地名的方位作了考释,使得世人对殷商历史的地理空间有了初步了解。王国维主要的贡献是他在1917年所撰《殷卜辞中所见先公先王考》及《续考》,此二文如今收在《观堂集林》,这样便把殷代的世系弄清楚了,使《史记·殷本纪》和《帝王世系》有了地下的物证,殷商史的时间线索清楚了,研究一个时代的历史,总离不开它在时空上的位置吧。接下来是社会制度的研究,那就是他那篇《殷周制度论》,说明了殷周制度,特别是王位继承制度的演化,确立了宗法制度的起源。尽管宗法制度在殷代后期已有眉目,然而这毕竟是王国维首创和思考的从社会制度的演化来研究古代历史,更重要的是他印证了先人留下的古籍如《诗》、《书》、《易》、《春秋》、《左传》、《国语》、《世本》、《竹书纪年》、《战国策》,以及先秦诸子留下的典籍,尽管有不少舛误,但基本还是可信的,他提出甲骨文字与金文二重印证法,把地下发掘的资料与文献资料对应起来,证明古书的某些记录,确为当时之实录,为古史研究开拓了新的道路,打破了疑古学派一味否定古籍的说法。

1927年开始,是从对甲骨文零星的发现,到对殷墟作比较系统的考古发掘的历史时期,这个时期除了大量考古发掘报告发表之外,亦还有许多研究著作,主要以郭沫若为代表,其代表性著作如《中国古代社会研究》、《青铜时代》、《甲骨文字研究》、《卜辞通纂》、《殷契萃编》等。此外还有王国维之弟子及唐兰、于省吾等在文字考释方面的著作。从1899年到1949年这五十年中,在甲骨学研究上有论著的作者多达289人,本国有230人,国外专家学者59人,专著有148种,论文728篇。郭沫若、董作宾、胡厚宣,是这个时期比较有成就的学者,此外有成就的还有陈梦家、唐兰、杨树达、于省吾等,甲骨学书评写得多的有戴家祥、沈海波及陈梦家等。新中国成立以后,除了老的学者在继续发挥作用,后起的青年学者如裘锡圭、李学勤亦有不少研究成果,近三十年出版的甲骨专著有148部,论文261篇,为今后深入开展甲骨学、殷商史的研究开辟了广阔的前进道路。

吴浩坤这本80年代初出版的《中国甲骨学史》,为这八十年甲骨学发展的历程,为殷商史研究的成就作了初步的总结和概括介绍,为后学之青年学子进入甲骨学研究和殷商史研究领域提供了入门的途径和基本的常识,虽然二十多年之后有王宇信所著《中国甲骨学》一书更为详尽地介绍了中国甲骨学研究的发展历程,但吴浩坤、潘悠的《中国甲骨学史》在该研究领域仍然有着重要的参考价值。我这篇文字,也就是对吴浩坤、潘悠所著《中国甲骨学史》所作简要的介绍,欲知详细内容,还应该去读他们28万字的原著。

九

我个人与吴浩坤交往的时间并不多,他是1952年考入复旦大学历史系的,毕业于1956年。我是1950年进入复旦历史系就读,但不久便担任学生会主席,在学生会工作,1952年时,我便提前毕业,先后去物理系、经济系、新闻系任党的工作,1956年秋才回到历史系任教学工作,不久便因病回家休养一年,1957年的"大鸣大放"和反右斗争,我都在家养病,没有参加学校的政治运动,对于他被划为右派,我全不知情。1958年、1959年我在历史系任教学工作,见他在历史系资料室工作,已是他们经历"反右"以后的状况。有一点使我感动的是,他在读研究生期间,与同班的潘悠恋爱结婚,本应1956年毕业的潘悠休学了一年,1957年做毕业鉴定时,班级领导要潘悠对吴浩坤的问题表态,潘悠拒绝了,表示不同意把吴浩坤划为右派,结果受到取消学籍、不予分配工作的处分。这样的处理实在过分,是否同意划吴浩坤为右派与她本人是否是右派不应混为一谈,其实吴浩坤也只是在系里研究生座谈会上,讲了一点他在农村看到的一些情况,对党的基层工作提了一些意见,这也不构成划右派的条件。说到底那时在学生与研究生中划右派,也只是为了完成指标,划右派、定分子、戴帽子这个做法是错误的,地方和基层干部为了邀功,在这个问题上多划几个右派来表示自己的政绩,更是错误的。在夫妻之间,为了丈夫划右派,一定要妻子划清界限,更是错误的。家庭上的夫妇关系,与各自在政治上的观念是二回事嘛,怎么能混淆在一起。这样生硬地要求妻子去同丈夫划清界限,那更是荒唐了。年轻人无知那也难怪,学校领导应有责任。在那种情况下,吴浩坤夫妇二人的生活是艰难的,潘悠只能去街道里弄工作。许多年以后,还是他们的导师胡厚宣先生帮助了他们,让潘悠去华东师大帮助戴家祥做古文字工作,这样夫妇俩才能一起从事专业工作。从为人讲,一个人的经历总有顺境和逆境的不同遭遇,在逆境时,一个人要经得起苦难的煎熬。司马迁在《报任少卿书》中讲到他在遭李陵之祸以后所处的困境,说过"负下未易居,下流多谤议",他说自己:

> 仆以口语遇遭此祸,重为乡党戮笑,污辱先人,亦何面目复上父母之丘墓乎?虽累百世,垢弥甚耳!是以肠一日而九回,居则忽忽若有所亡,出则不知所如往。每念斯耻,汗未尝不发背沾衣也。

这种思想上的痛苦,难以与常人言也,然而为人有志气者,就要在逆境中奋起,司马迁还说:"古者富贵而名摩灭,不可胜记。"事实上也是如此,那些居上位而以富贵名天下者,他们往往经不起历史的检验而消失得无影无踪。如今我们可以看到一些名人在网上的纪念堂,便被百姓指着脊梁骨咒骂,其子孙不得不自动撤销纪念堂上的照片和牌位,这些地方便可见民心之所向。司马迁还讲了:

  盖文王拘而演《周易》；仲尼厄而作《春秋》；屈原放逐，乃赋《离骚》；左丘失明，厥有《国语》；孙子膑脚，《兵法》修列；不韦迁蜀，世传《吕览》；韩非囚秦，《说难》、《孤愤》。《诗》三百篇，大底贤圣发愤之所为作也。此人皆意有所郁结，不得通其道，故述往事，思来者。及如左丘无目，孙子断足，终不可用，退论书策，以舒其愤，思垂空文以自见。

  这也就是司马迁发愤完成《史记》之巨作，"究天人之际，通古今之变，成一家之言"。所以他才能"就极刑而无愠色"。故为人要有那么一股志气，才能成大事业，才能不枉此生之来人世。这本《中国甲骨学史》便是他们夫妇发愤之作，当年曾伤害过他们夫妇俩的朋友，回顾其一生时，反而不如吴浩坤夫妇有这本著作值得后人怀念。得失不在一时，一个人一辈子的处境，大环境固然不是个人的力量所能左右，小环境是自己可以主宰的，顺境时不要忘乎所以，别做那些损人利己，甚至是损人不利己的事，即使猖狂，也是一时之得意，不可能长久。身处逆境时，也不要进退失据，自轻自贱，要敢于堂堂正正做人，充分利用各种有利条件，做自己该做的事。惟其如此，你才能成为"一个高尚的人，一个纯粹的人，一个有道德的人，一个脱离了低级趣味的人，一个有益于人民的人"。谨以此文恭敬为祭！公其歆之。吾视茫茫，发苍苍，老而所言，其然乎？其不然乎？

  呜呼！哀哉！伏惟尚飨！

悼念浩坤兄

王文楚*

2017年秋,浩坤兄因高烧住在新华医院治疗,我多次前往探望,岂料祸不单行,内脏大量出血,继而传来溘逝的噩耗。浩坤兄的离世使我深深地陷入悲恸之中,呜呼,哀哉!因未及时收到讣告,没有前往吊唁,最后一睹兄长的遗容,悲怆之情,终身遗憾。

浩坤兄与潘悠、何卓君及余是1952年复旦大学历史系同班同学,年长三四,博闻强记,熟谙文史,偶尔叙谈,侃侃而论,滔滔不绝,获益匪浅,感情融洽,堪为学兄,回忆当年同学情景,依然历历在目。

最早为我班讲授中国通史基础课"先秦两汉"和"考古通论"的是当代甲骨文专家、殷商史、古文字学及考古学家胡厚宣先生,学识渊博,讲课内容丰富,我等深受其益。浩坤兄及潘悠长期持久追随厚宣先生学习、研讨,耳濡目染,潜移默化,积习尤深,于甲骨文学和先秦史研究打下了扎实和深厚的基础,凝聚了丰硕的学识。

1956年浩坤兄大学毕业留校为研究生。1957年夏,"反右"开始,祸殃及兄,不幸被错划为右派。从此,遭受了不公正待遇,不仅工资七折八扣,经济拮据窘迫,生活困乏,精神受尽挫辱,含垢忍辱长达二十余年。但浩坤兄与潘悠仍泰然处之,冷静应对,继续努力学习。其间曾在历史地理研究室任资料员,工作认真负责,图书资料整理秩序井然,工作之暇,唯书是读。曾收集宋人路振《乘轺录》、王曾《上契丹事》、沈括《熙宁使契丹图抄》、《许亢宗行程录》等多种,合成一编,名称"宋人行记",摘录了宋使至辽、金交通行程所经驿馆、山川等地名,成为《中国历史地图集》宋图编稿参考资料。

"文革"结束,终于度过了十年浩劫艰辛诟辱生活,回系复教师之任,他以积极进取的精神加倍努力,夺回被耽误的宝贵青春,补上被荒废的光阴,在教学之外,努力不倦于学术事

---

* 王文楚,复旦大学历史地理研究中心教授。

业,从事于广泛的学术活动,涉及文史工具、汉史、唐史、古代职官、科举、监察制度诸多方面研究,成果累累,洋洋数十万言,不一而举。尤专于甲骨学与先秦史研究,其论著包括《中国甲骨学史》、《"太伯奔吴说"不宜轻易否定》、《从青铜器铭文看西周的战争》、《孔子论三代礼制浅析》、《〈竹书纪年〉的发现年代及其学术价值》、《甲骨文所见商代的水上交通工具》、《吴国的改革与崛兴》、《周历王事迹及其评价》、《战国会要》等,其中不乏传世之作。

他与夫人潘悠合著的《中国甲骨学史》是学术界公认的重要佳作,搜集国内外已著录的资料,对甲骨发现的历史、流传、著录及其内容研究作一系统综合论述,该书曾译成韩文出版。

《甲骨文所见商代的水上交通工具》一文论证了甲骨文记载的商代水上交通的发达,卜辞中所见之舟是模板船,行驶工具有篙、舵桨和风帆三类,其论述为史学界广泛引用。

史学界于商朝王位继承制度中出现"父死子继"与"兄终弟及"相交替现象,提出不同的解释,众说纷纭,尚无定论。他《商朝王位继承制度论略》一文根据历史记载分析论证商代王位继承制实质是"父子继承制",或以"子继为主"的制度,但亦出现"弟继为辅",分析其历史社会原因:一是母权制的遗迹,二是游牧族的传统,三是争位斗争等因素造成的,其文吸收了前人研究成果,亦具有独到的见解。

《战国会要》上、下二册,原由著名史学家、战国史专家杨宽先生主持编纂,由浩坤兄及钱林书教授等襄赞其事,后因杨先生定居海外,由浩坤兄负责改编,三易其稿,历时二十余年,毕此功役,成为对战国时期的政治、经济、文化及典章制度研究查考的重要文献,功力之巨,其绩至伟。

浩坤兄逝世已过半载,回忆他的往事与业绩,就是缅怀他艰难曲折、不辞辛劳的一生。"文革"期间受尽挫屈,受人折辱,不计个人怨恨,胸怀坦然,光明磊落。治学刻苦勤奋,一丝不苟,旁征博引,钩沉索隐,体现了他治学严谨、言必有据的学术作风,受到史学界广泛的赞誉和尊重。他的品格永留人间,他的治学永世长存。

吴浩坤先生(前排一)与王文楚(后排左一)等合影

记老友吴浩坤

邹逸麟*

我与老吴认识始于20世纪60代初。那时谭其骧师主持的中国历史地理研究室工作办公地点已从100号迁至老工会(后来日本研究中心),人员已增至二十余人。研究所的主要任务是编绘《中国历史地图集》和编写《辞海》条目工作。因研究工作的需要,增设了一个资料室。历史系就派了老吴来参加工作,同时还增加了1959年高中毕业的陆惠鸿。

老吴是复旦大学历史系1956届的毕业生。毕业分配师从胡厚宣先生研究上古史和甲骨文的研究生。1957年"鸣放"时被错划了"右派",就落在系资料室工作。60年代初,我们史地室还是属于历史系管辖,我们需要资料员,老吴就被分配来我室工作。那时我们办公地点在老工会,那里原是一幢私人别墅,底楼一大厅,约有40平方米,靠后有两间耳房,各七八平方米。一间为三个绘图员的工作室,一间即作为资料室。我们大家在大厅里办公。谭师则在楼上一单间工作。资料室虽小,也放下十几个书架。老吴毕竟是50年代复旦历史系本科毕业,根据我们工作需要,他去图书馆调书、整理书架分类,显得十分内行,对我们工作有很大帮助。由于当时的政治环境,我们之间除了工作,很少言语其他。他整天在资料室内整理图书。当我们编绘历史地理图集,除了历代各级政区外,还要绘制历代重要小地名。两宋时期几部出使北国(辽金)的行记,其中途经的一系列小地名十分重要。而我们许多新参加工作的年轻人对此类文献不熟悉。我就请他搞一个目录。他就从宋人文集、类书中取材,编了一本《宋人行记索引提要》,他按时代将各书的著者、篇名、内容提要以及见于何种文集、何种丛类书,等等,再刻蜡纸印了几十份分给我们,对我们的工作大有帮助。所以他对资料工作是十分投入的。直到1966年"文革"开始,我们工作都停了,老吴也就回历史系,不久恐怕就进入"牛棚"劳改队了。

---

* 邹逸麟,复旦大学原中国历史地理研究所所长,教授,博士生导师。

他在"文革"期间吃了不少苦头是可以想象的,因为我们不是在一个部门,具体情况不明。唯知他的同班同学,也是他的妻子潘悠,也被打成右派,两人工资很低,还要抚养三个女儿,其困窘可知。有一段时间他家住在新华一村。开始每天骑自行车上班。后来因经济困难,将自行车卖了。为了省四分钱,他每天步行上班。那时从虹口公园至五角场有3路有轨电车。从新华一村至复旦有大八寺、运光新村、电讯研究所、复旦四站,步行大约需要五十分钟至一小时。我经常在上班电车的玻璃窗外看到他在凛冽寒风中行走,心中很是不忍,因为我知道他那时还患有肺结核,但也无可奈何。

十一届三中全会后,吴浩坤先生获得平反,学校给他评上应有的职称,老吴总算熬过来了。后来复旦成立文博学院,任命他为副院长。于是他重操旧业,把先秦史、甲骨文抓起来。不久他与爱人潘悠合著的《中国甲骨学史》出版,这是我国第一本专讲甲骨学史的专著,在当时影响很大。以后他带硕士生、博士生,写论著。因非一个专业,我就不是很清楚了。退休后,他在溧阳乡下买了房,平时即在乡下休养。总之,他晚年过得还算舒畅。他性情比较开朗、豁达。退休后我们碰在一起,不谈以往不愉快的事。

我与老吴交谊不深。因为是同辈人,在"文革"期间,都有孩子插队,当时在一起都叹过苦经,所以有同感之谊。如今他耄耋仙逝了,也算是善终。老友先后凋零,不免有兔悲之感。略叙几句,以示情念。

吴浩坤先生与邹逸麟(后排左二)等合影

纪念吴浩坤老师

王庆余*

2017年8月初,我在纽约参加有关中美历史的研讨会,碰到几位来自复旦大学历史系的老师。交谈中我获悉吴浩坤老师的近况,甚感欣慰!三个多月后,我从网上读到朱永嘉先生悼念吴浩坤的文章,颇觉突然!12月28日我看到复旦历史系等单位关于《吴浩坤先生纪念文集》的征稿启事,即打电话通知吴老师在美国的同班同学、复旦原副校长庄锡昌教授。今天上午我又与吴老师在美国的另一位同班同学、复旦历史系原副主任黄瑞章教授通了电话。黄老师鼓励我写此短文。

我1974年2月从外单位调入复旦历史系中国古代史教研室任教师。当时吴浩坤老师在中国历史地理研究室资料室工作。在"文革"结束前,这两室老师的政治学习在一组。1978年后吴浩坤老师调回中国古代史教研室任教,当时教研室主任是樊树志老师。1983年秋,中国古代史教研室四位老师:吴浩坤、张鸣环(女)、袁樾方和我另组文物博物馆教研室。吴老师是首任文博教研室主任。不久文博室来了第五位老师彭柯——北京大学考古学系1984届本科毕业生。考古学是北大的强项,彭柯与张鸣环(1955届)、袁樾方(1961届)两位学长组成考古学梯队。考古学是文博专业的基础课之一。

1985年春我赴北京的国家文物局联系工作。临行前吴浩坤主任要我顺便到天津南开大学历史系,物色一位文物博物馆专业应届本科毕业生。南开大学文物博物馆专业于1980年正式成立,在中国大陆是最早的。博物馆学是文博专业的另一门基础课,而它恰恰是老复旦历史系的缺门。在南开我听取了历史系领导的介绍,并赴校档案馆查阅了该校所推荐学生的档案,就接受了该校推荐的人选——陆建松同学(免面试)。复旦与南开是兄弟院校。我相信南开大学历史系一定会推荐好学生支援复旦的。回校后我向吴主任禀报了南

---

* 王庆余,原复旦大学历史系教师。

开之行,获其首肯。陆建松老师在复旦文博专业任教期间继续深造,后获复旦历史系博士学位,现任复旦文物与博物馆学系主任、教授、博士生导师,誉满海内外。

1989年复旦文博专业升格为文博系,吴浩坤顺任系主任,直至1996年(1998年退休)。"海纳百川,有容乃大",80年代后期,复旦文博专业的教师剧增至近20位。人才济济,不拘一格。其中我印象比较深的教师,有后调任上海博物馆副馆长的陈克伦、馆长杨志刚(本系博士毕业生)。此外还有五位来自复旦物理系、化学系的老师,从事文物保护工作。在短短五年间,复旦文博专业培养了五届专修班、一届本科生班毕业生,成绩斐然。90年代后复旦文博专业在全国文博界异军突起,大放光彩。据2017年9月中国大陆五十余家大专院校文物博物馆专业排名,复旦名列首位(南开第二)。饮水思源,作为复旦文博事业的开拓者,吴浩坤老师功不可没!

我与吴浩坤老师相识时,他的右派帽子已摘。或许在某些人眼里他是"摘帽右派",但在我的心目中他一直是我的老师。大约在1984年秋,历史系领导要我去吴老师的家乡——江苏省宜兴县,帮助解决其子女的生活困难。为此我走访了吴浩坤、潘悠夫妇家。由于父母1957年的政治问题,他们的第三个女儿回乡务农,并结婚安家在农村。我听后深表同情!我即与另一位同系年轻教师,持历史系介绍信赴宜兴斡旋。感谢宜兴县有关领导(主管文教、卫生副县长、女、民主党派人士)对此位卓有成就的复旦大学专家的子女的关心!也感谢吴家所在镇的领导大力协助,允诺将吴老师的女儿安排在镇办企业——印刷厂工作!

一晃三十余年过去了,潘老师、吴老师相继离世。不知道他们在老家的女儿一家现在都好吗?《吴浩坤先生纪念文集》出版后,是否可以送宜兴县及相关镇的领导和博物馆(或文化馆),以感谢他们当年对复旦大学落实知识分子政策工作的支持!同时此书也为宜兴地方史提供史料。宜兴物华天宝,人杰地灵!吴浩坤教授在复旦的六十余年间,培养了不知其数的专科生、本科生,十几位硕士生,八位博士生,发表了二十余篇论文,出版了十几部专著。我想他是可以列入宜兴名人录的。

吴浩坤教授与《文史工具书的源流和使用》

傅德华*

吴浩坤教授是笔者1970年进入复旦大学后，到100号资料室看书查阅资料时，每次都遇见的一位所谓的"右派"及"反面教员"，但几无接触。1978年他的错划右派得到平反，从此由资料室调到中国古代史教研组任教。他与时任资料室主任的王明根结下了20多年的情谊，常来看望老友，并一起讨论感兴趣的问题。1981年我由中国近代史教研室毛遂自荐到资料室工作，通过王明根先生与他相识。于是王老师总是让我参与他们的选题讨论与策划，与吴老师便由相识到相知，并对他过去的遭遇有了进一步的了解。与此同时非常钦佩他对中国古文字学、中国古代史史料学、文献目录学方面所作的贡献。本文拟就他与王明根、柏明，即历史系资料室的"三驾马车"合著的《文史工具书的源流和使用》一书的编纂与成书过程、学术价值与特点以及吴先生对此书的贡献作一简述。

一、编纂与成书的过程

王、吴、柏三人中，王明根最幸运。他1955年历史系毕业后，从教研组调到资料室，前后近30年。其间，他一门心思做资料工作，既没有被打成"右派"，"文革"也未受到任何冲击。自吴浩坤及柏明于1957年在历史系攻读研究生时被错划为"右派"，毕业后留校作为"反面教员"被安置资料室工作，直至1978年8月，吴与柏得到彻底平反，前者被安排到本系中国古代史教研组，后者因与爱人分居，调往西北大学历史系。他们三人前后共事长达20余年，结下了深厚的不解情谊。

三人为什么要编写及出版《文史工具书的源流和使用》一书？他们在此书的"后记"中

---

* 傅德华，复旦大学历史系资料室原主任，研究馆员。

曾这样写道:"我们在长期的资料工作中,为适应本系师生质疑问难的需要,逐步积累了不少材料,至1972年整理成文,作为讲授'怎样使用工具书'的专题讲稿。1977年,上海人民出版社要我们把原稿改写成供年轻的文史工作者和高等院校文科学生使用的参考书。通过广泛征求意见和几经增删,才写成《文史工具书的源流和使用》一书。"[①]这段话很完整地回答了编写和出版此书的目的。在这段文字中有"至1972年整理成文,作为讲授'怎样使用工具书'的专题讲稿。"笔者是"文革"中招收的第一届工农兵学员,专业方向为历史学。我曾有幸听过王明根老师代表吴、柏两人为工农兵学员讲授的"专题讲座",受益匪浅,终生难忘。这也促使我1981年决心毛遂自荐到资料室工作,并将他们开创的这门课程,一直延续到2009年我退休,之后又由留校的李春博同志与从校图书馆调到本系资料室工作的于翠艳同志接下去一直讲到2016年为止,这门课程至此前后在历史系课程表上存在长达50余年之久。

那么,这本书在编写过程中,他们三人又是怎么分工的呢?为了搞清楚这个问题,笔者不得不向唯一还健在柏明先生请教。所幸的是虽然柏先生今年已80有余,但身体挺康健。通过他公子询问柏教授这个问题时,他说,他们三人的具体分工记不清了,但最后由王明根统稿。我在柏明公子发来的复旦大学历史系给西北大学历史系的"证明材料"的复印件中,寻找了柏明"在复旦工作时的业务证明"中有这样一句话:"《文史工具书的源流和使用》一书,柏明同志是主编(撰写者)之一,负责编写的章节约占全书的三分之一以上。"由此可见,吴浩坤撰写了全书的将近三分之二。从1972年始,他们将为本系师生答疑解难,逐步积累的材料整理成文,经过五年之久,直至1977年,根据上海人民出版社的要求,在原稿的基础上改写成作为高等院校文科学生使用的参考书,最后由资料室主任王明根,通过广泛征求师生意见,几经增删,最终交上海人民出版社正式出版。可以说,这部被学术界称之为"工具书的工具书"是王明根、吴浩坤和柏明三人,经过多年的积累和探索后共同完成的一部有影响的专著。

二、学术价值与特点

由王、吴、柏三人合著的《文史工具书的源流和使用》是一部具有开创之功的社科文献

[①] 详见王明根、吴浩坤、柏明:《文史工具书的源流和使用》,上海人民出版社1980年版。

检索的专著,又是一部"工具书的工具书"。学术界之所以这么评价它,是因为这部专著从总论到结尾,无不与文史工具书有关,无论是谈"源流",还是讲"使用",都没有离开"工具书"三个字。此书的学术价值主要体现在"源流"部分。正如有的评价文章所指出的那样,"'源流'部分较为详细地介绍了各类文史工具书的产生发展的历史,并结合学术发展史,读来引人入胜。这一部分涉及目录学、年代学、历史地理学、典章制度、音韵训诂等方面,作者以简要的文字,概述了这些学科的源流,指出某些工具书的优劣,颇有见地。如本书结合介绍工具书对中西历法的源流变化,纪传体历史著作发展的概述,历史地理学的发展简史和历史地理学在各项学术研究中的作用进行比较深入的论述,读起来颇有一点学术史味道。"①本书在介绍其他各类工具书的源流时,都相应地叙述了它们在本学科的学术发展史。这就是这本《文史工具书的源流和使用》专著的学术价值所在。本书除"总论"外,共分为11章,详见下表:

表 《文史工具书的源流和使用》章节细目表

总 类			分 类	
章节名称	章节小节			章节名称
总 论	(一)	工具书的名称和作用		
	(二)	我国工具书发展的简况		
	(三)	文史工具书的种类和本书的介绍方式		
	(四)	怎样使用工具书		
一 查考书籍的工具书	(一)	我国书目的编制和图书分类的演变	1	我国书籍的发生和发展
			2	书目的产生和图书六分法
			3	书目的发展和四部分类法
			4	近代以来的目录学
	(二)	怎样查找书籍	1	按时代顺序查考古今著述
			2	如何查找现存古籍
			3	查古籍的版本、内容及其评价
			4	查禁书、伪书
			5	查地方文献
			6	按专科查找书籍
			7	按作者查考其著述

---

① 详见刘伯涵、谈维《评介〈文史工具书的源流和使用〉》,《学术月刊》1981年第2期,第37页。

续表

总 类			分 类	
章 节 名 称		章 节 小 节		章 节 名 称
二	查考字词的工具书	（一）| 汉字的形体演变和查考字词的工具书的源流	1	汉字的形体演变
				2	《说文解字》和《康熙字典》等古代字书的发展
				3	《尔雅》等训诂书的兴衰
				4	《广韵》到《音韵阐微》的变化
				5	近代、现代字典和词典的编纂
		（二）| 查考字词的途径	1	查考常用字和冷僻字
				2	查考虚字、避讳字
				3	查考古文字
				4	查考语词
				5	查考成语、典故、方言、俗语
				6	查考文艺作品的惯用语词
三	查找专书中字、词和句子出处的工具书	（一）| 专书引得、通检、索引的编制		
		（二）| 怎样查找专书中字、词或文句的出处	1	哲学、政治思想著作
				2	关于文学著作
				3	关于史地及其他著作
四	查找古诗文的工具书	（一）| 古诗文集的产生、发展及其索引的编制		
		（二）| 怎样查找古诗文	1	查找古代一般诗文
				2	查找上古至隋代诗文
				3	查唐至元代诗文
				4	查明代诗文
				5	查清代诗文
五	查考年代、月份、日期和大事的工具书	（一）| 历法和年表、历表、大事表的源流	1	历法的产生和发展
				2	年表、历表、大事表的编制
				3	年、月、日的别称及其记录方法的变化
		（二）| 怎样查考年代、月份、日期和大事	1	年代的查考、换算
				2	中西回日、月、年代的查考、换算
				3	儒略历与格里历的换算
				4	查考大事的途径
六	查考人物的工具书	（一）| 查考人物工具书的源流	1	正史和地方志中关于人物列传的编纂
				2	独立成书的人物传记资料汇编
				3	专传和年谱的产生与发展

续表

总　　类			分　类	
章节名称	章节小节			章节名称
六	查考人物的工具书	（一）	查考人物工具书的源流	4	家谱和姓氏书籍的兴衰
				5	人名索引与人名辞典的编制
		（二）	怎样查考人物	1	查几种最常用的工具书
				2	按时代或地域查考人物
				3	按身份、职业查考人物
				4	从字号、笔名等专查人物本名
				5	查外国人
七	查考地名的工具书	（一）	查考地名的工具书之源流	1	地图发展小史
				2	沿革地理浅说
				3	古代方志的演变
				4	地理沿革表和地名辞典的编制
		（二）	怎样查考地名	1	两种查考古今中外地名的辞典
				2	中国古代地名的查考方法
				3	中国近现代地名的查考方法
				4	查考外国地名的中文工具书
八	查考古代典章制度的工具书	（一）	记载历代典章制度专史的产生和发展	1	从《史记》八书到《通典》的编撰
				2	《通典》以后的续作
				3	会要、会典的纂修
		（二）	怎样查考古代典章制度	1	利用《十通》查历代制度
				2	利用会要、会典查一代制度
				3	参考其他有关专著
九	查考古代事物的工具书	（一）	类书的产生和发展		
		（二）	怎样利用类书查考古代事物	1	按门类查百科性类书
				2	查专科性类书
				3	查以字、韵编制的类书
十	查找报刊和论文资料的工具书	（一）	报刊源流及其目录、索引的编制	1	古代"邸报"的产生和流传
				2	近代报刊的发展
				3	报刊目录和论文资料索引的编制
		（二）	怎样查找报刊和论文资料	1	查找图书馆收藏报刊
				2	专题报刊目录的应用
				3	查找报刊的出版情况
				4	按时间查找论文资料
				5	按专题查找论文资料
				6	按报刊查找论文资料

续表

总 类			分 类	
章节名称	章节小节		章节名称	
十一 查找文物图象的工具书	（一）	历代文物的不断发现和文物图录的编制		
	（二）	怎样查找文物图象	1	从综合性的文物图录查找文物图象
			2	查找各时代的文物图象
			3	查找各地区的文物图象
			4	查找各类器物图像
			5	查找版刻、绘画、雕塑
			6	查找外国文物图象
后 记				

本书自 1980 年出版后,得到社会和学术界的很高评价,有多篇关于它的评价文章。1981 年曾再版一次。同时也是作为复旦历史系本科生"怎样查找文史工具书"课程的教材。笔者在本科生时即读过多遍,并放在案头,碰到疑难问题就翻阅,将它作为看书作文的工具。诸多过去不曾查阅到的资料,通过此书指点迷津,一检即得。笔者以为,本书有以下几个特点:

以读者查考问题性质的工具书予以编排,这样读者可根据自己遇到的疑难查找有关部分,既简便又容易。如此书将查阅人物辞典与查阅地名辞典放在"查考人物的工具书"与"查考地名的工具书"两章之中,即突破了一般工具书的分类方法,读者通过本书的"怎样查找书籍"、"怎样查找古诗文"、"怎样查考古代典章制度"、"怎样查找报刊和论文资料"等 11 大类工具书,即可检索到看书作文中所需查找的资料线索,真可谓达到"寻本探目,轻车熟路"的境界。这是其一。

本书所要介绍的工具书能做到与时俱进,凡同类性工具书已被新出版的书替代了的,就不再收录介绍了。如在查找"怎样查找报刊和论文资料"一节中的"按专题查找论文资料",将由中国科学院历史研究所编,中华书局 1979 年出版的《中国史学论文索引》第二编(上、下册)作为最新研究成果介绍给读者。同时,将由他们三人共同编纂的《中国古代史论文资料索引》(上、中、下、附共四册),一并收录本书,从而填补了查找 1949 年后学术界研究中国古代史论文资料的空白。这种有选择地介绍工具书的方法,既可满足初学读者及时使用最新研究成果的需要,又避免繁琐冗长的弊端。全书所收录的八百余种常用的、重要的工具书基本可以满足文史研究者和高等院校师生的需求。这是其二。

本书的"使用"部分的内容都是三位作者教学科研的经验之谈。长期以来,他们利用自己所在岗位,将历史系师生在教学科研中遇到的疑点和难点作为研究对象,并加以总结与归纳,因此所谓如何"使用"各类工具书,实际上是他们三人长期积累资料的经验之谈。每一章都分为"源流"与"使用"两节,节下再标若干细目。"有时还结合具体情况穿插一些实例,以启发思考和提高读者使用工具书的能力和兴趣。"① 这就是本书与其他同类型工具书最大的不同之处。

三、吴浩坤对《文史工具书的源流和使用》的贡献

写到这里,必然要回答这样一个问题,即吴浩坤先生对于此书的贡献。前面虽然提到根据柏明先生公子对他父亲的咨询和帮助拍摄过来的复旦大学历史系对柏明在复旦的科研情况的"证明材料",以此推测,吴浩坤先生对此书的贡献最大,一个人承担了将近三分之二的撰稿重任。为证实此推测的准确性,在编辑吴浩坤先生的纪念文集时,在他女儿和外甥女的陪同下,笔者与周桂发先生将吴老师生前留下的手稿、笔记簿(30册)、工作手册(10册)、卡片、信函、晋升职称的表格、培养研究生的方案和照片,包括几册专著,全部拿到历史系资料室,利用寒假请学生全部扫描进入电脑。此次虽然未找到30余年前他撰写本书的手稿,但在笔记簿中发现不少与此有关的文字。如"文献学要略"和"文献目录学"的讲义,还有在《历史教学问题》等出版物上发表的《谈谈古代用干支纪年月日的问题》(《历史教学问题》1981年第4期;收入《中文工具书参考资料选辑》1983年版)、《如何查考中国古代的人名地名》(《历史教学问题》1982年第4期)和《文科学生必须重视工具书》(收入郭绍虞、周谷城等著《怎样学好大学文科:专家学者治学经验谈》,复旦大学出版社1982年版),这些文章都是与《文史工具书的源流和使用》一书密切相关的。因此我们有理由相信,柏明说的话是可信的。

---

① 王明根、吴浩坤、柏明:《文史工具书的源流和使用》,上海人民出版社1980年版,第11页。

《文史工具书的源流和使用》一书，柏明同志是主编之一，负责编写的章节约占全书三分之一以上。本书于1980年10月由上海人民出版社出版发行，受到学术界的重视和赞许。1981年10月再版重印。国内报纸、期刊和书籍发表评论和推荐文章约十余篇，被称为同类书中较好的一种。

柏明同志在复旦工作时的业务证明部分内容

由此笔者以为，吴浩坤先生应是这本书的主要撰稿人，并为此作出过很大的贡献，功不可没。据本书"后记"中记载，其在正式出版前，他们曾得到周谷城、周予同、谭其骧、胡厚宣诸位业师的支持和鼓励，又承吴杰先生提供过宝贵意见。

吴浩坤先生与傅德华合影

纪念复旦大学文博系的创始人吴浩坤先生

陆建松*

各位亲友,各位来宾:

今天,我们怀着十分沉痛的心情,深切悼念复旦大学文物与博物馆学系原系主任吴浩坤教授。吴浩坤教授因病医治无效,于 2017 年 11 月 12 日 19 时 39 分在上海新华医院逝世,享年 87 岁。

吴浩坤教授 1930 年 12 月生于江苏宜兴官林镇,1952 年考入复旦大学历史系学习,1956 年复旦大学历史系研究生学业深造,1958 年 6 月进入复旦大学图书馆编目室工作,1959 年 6 月—1978 年 7 月先后在复旦大学历史系资料室、复旦大学中国历史地理研究室资料室工作,1978 年 8 月进入复旦大学历史系中国古代史教研组任教,同年晋升讲师,1983 年担任复旦大学历史系文博教研室主任,1985 年晋升副教授,1988 年晋升教授,1989 年担任复旦大学文物与博物馆学系系主任,1991 年担任文博学院副院长,1996 年 1 月退休。

吴浩坤教授热爱祖国,热爱教学工作,热爱他为之奉献了一生的复旦大学。他的专业和研究专长是中国古代史、古文字学、先秦史、文献学、文献目录学,曾参加上海史学会、中国博物馆学会、中国先秦史学会、殷商文化研究会。他工作期间勤勤恳恳,任劳任怨,无论是在教学科研第一线,还是在院系管理岗位上,都全身心投入教育事业,爱岗敬业,默默奉献。他历年来曾先后在复旦大学开设"中国通史(先秦西汉部分)"、"商周史"、"古文字学"、"甲骨金文概论"、"文献学"、"文献目录学"、"中国古代史史料学"、"版本目录学"、"文物学专题"、"文物鉴赏与古文字学"等课程,深受学生好评。在科研方面,他承担了《战国会要》、《西周史》、《文物学与博物馆管理学》等科研项目,担任主编。他出版专著《中国甲骨学史》,合作撰写《中国通史》、《文史工具书的源流与使用》,并参与编辑《中国近代史论著目录》

---

* 陆建松,复旦大学文物与博物馆学系主任、教授、博士生导师。本文是陆建松教授在吴浩坤先生遗体告别会上的发言。

(1949—1979)、《五十二种文史资料篇目分类索引》、《中国古代史论文资料索引》(1949.10—1979.9),在学术界有着重要的影响。其中《中国甲骨学史》是我国古文字学界第一部系统讲述甲骨卜辞知识及其研究状况的专著,它承前启后,对于甲骨学和殷商史研究卓有贡献。他数十年来在《复旦学报》、《中国文化研究集刊》、《中国文物报》等刊物上发表论文数十篇,均获学术界重视。此外,在党和国家急需培养文博专业人才的号召下,在学校领导的支持下,吴浩坤教授倾其所有精力创建文博专业,分别在1986年复旦大学记大功一次,1987年获"复旦大学先进工作者"称号,为我国文物与博物馆事业的发展作出开拓性贡献。

吴浩坤教授为人正直,待人谦和,提携后辈,关爱学生,凡事以身作则,一丝不苟,深得同仁们的好评和学生们的爱戴。他生活简朴,艰苦朴素,家庭和睦,邻里团结,他对子女从严要求,鼓励他们努力进取。

吴浩坤教授的逝世,使我们失去了一位好领导、好同志、好老师。他虽离我们而去,但他那种勤勤恳恳、忘我工作的奉献精神,那种艰苦朴素、勤俭节约的优良作风,那种为人正派、严于律己、宽以待人的高尚品德,仍值得我们怀念和学习。我们要继续发扬吴老师不讲名利、甘于奉献的精神,努力献身于中国的教育事业,以慰吴浩坤教授在天之灵。

吴浩坤教授安息吧!

吴浩坤先生与陆建松合影

润物细无声　风范世长存
——纪念吴浩坤老师的几件事

马新华[*]

2017年11月回国省亲期间,惊悉恩师吴浩坤老师仙逝的消息,顿感悲痛与遗憾。悲痛的是在复旦大学求学与工作期间,深得恩师的各方面照顾与提携,感激之情,无以回报;遗憾的是出国二十余年之间仅见过恩师一面。去年曾经多次和同学商议去探望退休隐居茅山的吴老师,因电话联系未果,一直未能成行,甚为遗憾。

恩师已逝,音容宛在。回想三十多年前有缘在吴老师麾下从事文博事业,亲受恩师的耳提面命,谆谆教诲,点点滴滴,言犹在耳,感恩备至,难以言表。

与吴老师的紧密接触是在1984年读中国首届文博研究生班开始。作为复旦文博学院的拓荒者和创始人之一,吴老师可谓是筚路蓝缕,艰辛创业,为中国的文博事业贡献颇多。作为50年代的复旦历史系高才生,吴老师留校任教,1957年被错打成右派,"文革"期间接受劳改,荒废了人生极为宝贵的时光岁月。80年代初,国家拨乱反正,百废待兴,吴老师完全可以将自己所有身心投入到科研与教学工作,但他主动承担起复旦文博学院的筹建重任。从学科建设、课程设置,到聘请专家,联系国家文物局与各方历史文物专家学者来复旦授课,同时进行自己在古文字学领域的科研与教学,等等,事无巨细,亲力亲为,为复旦文博专业的建立与中国文博事业无私奉献,令人敬仰。记忆中那时吴老师在复旦第二宿舍的家就成为我们几个研究生经常汇聚的地方,学业上的疑难困惑,生活中的烦恼琐事,对前途的迷茫担忧,各种繁琐杂事都向吴老师倾诉。吴老师和师母潘悠老师从未嫌弃,热情招待,耐心劝解,师生关系紧密融洽,吴老师也自然成为我们的主心骨与导师。为了提高我们的专业研究能力,吴老师积极帮助我们落实国内文物界一流专家名师进行专业指导,最终让每

---

[*] 马新华,复旦大学原文博学院1987级班主任。

位同学都找到了自己满意的专业导师。他为管理与指导我们这届文博研究生,劳心费神,也牺牲了自己宝贵的科研时间。

1986年毕业我留校任教,非常有缘有幸在吴老师的亲自指导与帮助下参与到复旦文博专业的建设。记得留校工作不久,吴老师亲自找我谈话,一方面期望我要做学问要认认真真,踏实严谨,不断加强与提高自己的专业水平,搞好科研与教学,同时也要求我积极参与到复旦文博学院博物馆的筹建工作。我记得第一个任务就是派我到河南与山西等地征集文物。当时感觉自己是一个新手,对文物的征集工作有些畏难情绪。记得那时晚上经常跑到吴老师家中汇报与请教他,吴老师总是不厌其烦地指导我如何开展工作,并介绍自己在当地的关系,让我在文物征集过程中学到不少专业知识,锻炼了自己。吴老师那种平易近人,循循善诱的领导与处世为人风格,确实令人钦佩。

复旦文博学院筹备与创立之初就肩负着全国文博干部教育培训的重任,从1984年起每年招收一届文博干部大专班,但远远不能满足市场的需求。1986年秋天,吴老师与院系领导让我负责对全国中小博物馆从业人员的专业教育培训需求做一个市场调研,以市场问卷形式发往全国数百个中小博物馆,收到100多个急需培训的需求。从调研问卷的设计到跑国家文物局报备,吴老师全部放权,指导我形成书面报告,几番跑北京国家文物局申请批文与经费,尽量减轻中小博物馆的负担,终于在最短时间内于1987年秋招收40余名全国文博干部进修班,并委任我担任班主任。整个过程,吴老师百忙之中亲自过问具体细节,放权放责,充分信任,锻炼了我的处事能力。吴老师提携后生,乐于为年轻人创造学习与锻炼的机会,学生受益匪浅,终生难忘。

文博干部进修班的教学与管理也倾注了吴老师的大量心血。1987级文博干部进修班由于年龄结构悬殊,文化水平参差不齐,教学工作挑战较大。吴老师总是不胜其烦地接待每一位学生,花费了宝贵的时间和精力,让我这位班主任都深感惭愧。文博干部进修班部分同学提出希望通过两年的学习,获得文博大专文凭。但这在当时是一件非常困难的事,因为必须要遵守国家教委的规定参加全国成人高考录取后才能获得相关文凭。面对这个非常棘手的问题,当时有些领导选择回避,但吴老师非常同情理解学生的诉求。记得吴老师曾反复关照我说,这帮学生不容易,"文革"耽误了他们学习的机会,要尽可能在国家政策允许的范围内帮他们解决问题。在吴老师的关怀指导和院校领导的支持下,统一组织文博班同学进行外语和基础课的辅导,参加全国成人高考,最终解决了部分同学的文凭问题。通过此事,同学们对吴老师宽容仁厚,理解同情,关注学生的人品与师德印象深刻。当30年后文博班同学聚会在呼伦贝尔大草原时,还清晰记忆起吴老师的恩德。桃李不言,下自成蹊,吴老师呵护学生、乐于帮助学生的风范品德在学生心中留下了永久的记忆。

文博班有一位来自嘉定博物馆的顾灵智同学,她的养父因参加抗美援朝终身残疾,生活需照顾,生父响应党的号召赴外地参与建设,母亲患病,女儿还小,家庭较困难。吴老师知道后非常同情理解,如同对待女儿一般给予她学习和生活上的照顾和关怀。每当顾灵智登门造访,吴老师都会亲自嘱咐保姆多做几个菜,让她改善伙食,保证营养,并进行心理疏导,让她全心投入学习。每每听她目含泪光说起吴老师的点点滴滴,令人肃然起敬。吴老师同情与关爱弱者,心中有学生,在授道解惑的同时,用春风沐心的爱唤醒学生的迷惘,哺育学生的自信,给学生带来温暖与希望。

浪迹异域无所寄,唯有师恩伴风雨。虽然远隔重洋,但每每回想起与吴老师在一起的时光岁月,往事历历在目,吴老师的平和仁厚的形象清晰呈现眼前,弥久不忘。他的人格魅力应该来源于逆境中的自我修炼。逆境铸造了他朴实低调,宽厚仁慈,平易近人和富有同情心的师德风范。他的道德文章赢得了师生的一致爱戴与敬仰,也教会我和学生们无论身处何地,无论贫贱富贵,无论世界多么虚浮烦躁,都应该要坦荡平实地去处事做人,追求自己心中的那片宁静与踏实。我想这也就是恩师吴浩坤老师留给我们的弥足珍贵的精神遗产吧。

吴浩坤先生与马新华(左一)、陈克伦(左二)、牟元珪(左三)、张持平(左五)在复旦大学校门口合影

吴老师和我聊天话教育

沈振辉[*]

吴浩坤老师是我的授业恩师,20世纪80年代初,我在复旦大学历史系本科学习时,曾选读吴老师的商周史等课程,后来毕业留校工作,又跟随吴老师读了研究生。三十多年来,吴老师和我关系极为融洽,他不仅是我学业上的导师,更是我精神上的导师。

吴老师年轻时有过坎坷的经历,他1952年考入复旦历史系,本科毕业后又考取周予同的研究生。然而在1957年反右运动中,他被错误地打为右派分子,此后被安排到资料室工作,不让他教学,直至1978年平反后,吴老师才开始站上讲台。我们入学时,吴老师刚平反不久,但是他的讲课内容精湛,条理清晰,在学生中享有很高的声望。后来,吴老师负责筹建文博专业、文博学院,开始招收文博专业和古代史专业的硕士、博士研究生,并在1989年起担任文博系主任达八年之久。我跟随吴老师读研究生就是在复旦200号文博系的那幢楼,记得吴老师上课总是带来事先准备好的成沓的讲稿,他的讲授资料详瞻,旁征博引,注重培养学生搜集史料,阅读史料,提炼观点的能力。吴老师言传身教,他坚持笔耕不辍,白天忙于教学,晚上挤出时间著述,二十多年间撰写了十多部学术专著及二十多篇重要的学术论文,给学生树立了勤奋刻苦、严谨治学的良好榜样。在吴老师的引领下,包括我在内的吴老师的一批又一批学生得以步入学术的殿堂,成长起来。

吴老师不仅认真地向学生传授学术知识,培养学生的学业技能,而且还十分亲近和关爱学生。他为人谦和,平易近人,在学生面前从不摆架子,学生乐于和他交往。我在复旦任教,与吴老师的交往机会较多。吴老师晚年得了癌症,我常去他家探望。一次,当他得知我也查出肿瘤时,他执意把自己珍藏的野生灵芝送给了我,令我感动不已。吴老师退休后,师母离世,他一人居住,很是孤独,因此在乡下的女儿常接他回乡下居住,但他为治病等需要,

---

[*] 沈振辉,复旦大学国际文化交流学院副教授。

也时常回到复旦。我听说吴老师回来了,总要去看他,吴老师也喜欢在家里和我聊天。我与吴老师聊天的话题很广,家庭、社会、健康、游历,几乎无话不谈,然而身为教师的我们谈得最多的还是学校和教育的问题。在和吴老师的谈话中,他的经验、睿智和对事物的洞察力使我得到课堂之外的许多教益。以下三例记忆尤深。

一次我和吴老师谈到我一个邻家女孩在学校的遭遇。这个孩子读小学四年级,遇到一个师德欠缺的老师。她在课堂上经常斥骂学生瘟鸡、猪猡,用粉笔头投掷学生,把学生赶出教室,甚至还当着全班同学的面用胶布把一个上课乱讲话的学生的嘴巴给封住。邻家女孩是个遵守课堂纪律的孩子,女教师的行为不是针对她的,但她回家给父母讲了课堂上发生的事。我那位邻居夫妇也是教师,他们觉得应该纠正师德欠缺教师的行为,以利孩子的成长。于是,女孩的父亲把此事向小学校长反映了。然而令他想不到的是,几天后,事情的结局不是那个师德欠缺的老师受到处罚,而是他的孩子在课堂上痛哭了一场。那天女孩班级的班主任召开班会,对全班同学说,以后不许回家向家长断章取义地反映学校的现象。与此同时,女孩原本应该得到的中队长职务被他人取代了。这事给邻家女孩的心理发展投下严重的阴影。她的父母把这事讲给我听,我又向吴老师转述了。吴老师听罢此事,脸色顿时凝重。他低首不语,沉默半响,说了"投鼠忌器"四个字。是啊,身为教师的我们太知道教师的不当行为会对学生产生何等样的影响了。在教育界师德师风的重要,身正为范的典训可谓人人皆知。邻家女孩的家长让校方纠正违反师德教师的行为实属正当。然而,邻家女孩的家长忽略了"投鼠忌器"的古训,反使自己的孩子遭了殃。吴老师说他见到遇到类似的颠倒黑白的事多了,语气之愤懑使我想起他曾经遭受的冤屈伤痛。吴老师还对我说了许多,原话记不清了,大意是公道和正义虽然是人之所向,但现实有时却是骨感的,因为阳光毕竟照射不到所有的角落。

第二个事例是我在教学中遇到的。我开设有一门中国文化的研究生课程,某学期一位外系的在读研究生选修了我这门课。学期结束时,该生向我递交了一篇期末考核的课程论文。我批改时发现文章中有许多错别字,如把女娲写成了"女蜗",把土家族写成了"上家族",把周穆王写成了"世穆王",把云南的沧源县写成了"伦源县",把哀牢山写成了"哀守山",把广袤写成了"广裹",诸如此类的错误多达十几处。我的学生中有外国留学生,我想这些错别字如出现在留学生的文章中是不奇怪的,然而作为一个中国人,还是就读文科专业的硕士生,文章中出现那么多的错别字,至少反映出该生的学习态度有问题。我要找那个学生谈谈,让他改正。于是我打电话给该生所在系的办公室找他,但得知他已放假回外地老家了,联系不上。此时研究生院要求上报成绩,我考虑到该生是外系学生来选课,又一时没找到他纠错等因素,还是比较客气地给这篇文章打了个成绩:C—,交给教务员上报了。不料下学期开学时,那学生找到我,说我给他的成绩打低了,要求改判。我问他为什么,他说他要硕博连读,按照学校的规定,硕博连读的必要条件是每门课的成绩都要在 B 以上。他说他愿意重新写一篇论文交给我。我没有同意他重写论文,但是他仍然交来了。我看后大为摇头,原来新交论文中和原交论文一样的错别字都没有改正。况且按照学校的规定已经上报的成绩非特殊原因是不能修改的。我对学生讲明了这些情况,但这个学生仍然纠缠不已。他先是表示愿意送礼给我,被我拒绝了。他又通过该系我熟悉的一位老师给我打电话要求我修改成绩,也被我拒绝。后来他竟绕过我,让该系管理研究生成绩的教务员亲自打电话给我们学院的教务员,指导她在网上哪个地方进入可以修改成绩。我院教务员告诉我此事,我向院领导报告了,院领导说不要理睬他。过了一段日子,校门口张贴出硕博连读人员的名单,我看到上面没有该生的名字,以为这件事了结了。谁想到几年之后,当该系的一位领导调到我院担任领导时,我向她提起那件事,她惊讶地说该生后来是硕博连读晋读博士了呀!他还担任了本科学生的政治辅导员学工职务呢。然而他自己不争气,最后由于挪用学生工作的钱款被人发现而自行离开了学校。我把这些事讲给吴老师听,吴老师感慨道:大学是学术重镇,但不是道德高地。近年来社会上的不正之风愈演愈烈,大学也深受其害。似这一个案在复旦虽然很少,但传出去"一粒老鼠屎坏了一锅汤",是要败坏复旦名声的啊!吴老师还和我谈到北京大学钱理群教授提出的"大学正在培养一些精致的利己主义者"的看法,认为从这个事例看,钱理群的看法确实是有道理的。

第三个事例发生在学校的食堂。我在校的教学任务很多,因此饭食多在食堂完成。令我看不惯的一个现象是食堂的地上经常可以看到掉落的筷子,我看到后总是把它们捡起来放到回收碗筷的地方。然而我看到有许多来食堂吃饭的人并不在意地上的筷子,他们用脚在上面践踏,前面的人踏过了,后面的人继续踏。这种情况不仅发生在旦苑本部食堂,北区食堂、南区食堂和医学院食堂也是那样,且几乎每天可以见到。在学校食堂吃饭的大多数是学生,接受高等教育的人竟然不懂地上的筷子不能用脚去踩踏这样一个粗浅的道理,这是为什么?我非常困惑并看不惯,便用手机悄悄地拍摄下来。一次和吴老师聊天时,我把这一现象告诉他。他连连摇头,给我讲起三年困难时期大学食堂的事。那时大家吃不饱,都非常珍惜盘碗里的饭菜,哪怕是一粒米饭、一片菜叶,也要把它扒拉进嘴,有的人吃完了还要吮吸一下筷子盘碗。在那个时代,谁会胡乱把吃饭家伙丢在地上踩?对于这件事,吴老师和我的共同感受是作为一个教育者的痛心。掉落在地上的筷子应该拾起来本该是孩提时期就应懂得的道理，但我们的学生进入大学了却好似不明白这一简单的道理。我对吴老师说，学生是真不明白孩提时期就应明白的事理，还是不屑做此事？吴老师说，应该是不屑吧。他说，问题在于一个人两个人不屑也就罢了，大家都不屑就真成问题了。我们的家庭教育、学校教育、社会教育在哪个环节上出的问题？吴老师和我分析，三个环节都有问题。从家庭和学校来看，很多家长和教师从幼儿园、小学开始就把眼睛死死地盯在考试成绩和升学上，对孩子生活规矩的要求，生活能力的培养是不大在意的；从社会来看，对"文革"等运动造成的传统文化破坏缺乏反思，以粗鄙为荣的恶俗、假大空两面人的做派、漠视社会公德的行为还相当有市场。这些因素合在一起，就是造成当今的学生虽已进入大学深造，却对脚下被践踏的筷子无动于衷的原因。吴老师忧虑地说：大学食堂里落在地上的筷子遭人践踏真叫斯文扫地！大学是培养人才的地方，现在在校的大学生二三十年后将是社会的中坚，那些看到落地的筷子视而不见，不愿俯身去拾一下的人将来怎么可以承担社会的重任？

在吴老师的启发下，我到学校宣传部反映了这一问题。宣传部长很重视，表示在适当的时候应该在校报上发起讨论，以警觉和杜绝这一现象。讨论虽然没有进行，但是我发现食堂的筷笼悄悄地做了改进，原先横放的筷子被竖放了。筷笼经改进后拿筷子时筷子掉落地上的机率减少了。后来，学校又新设了机器传动的回收碗筷设施，原先回收碗筷处地上

吴浩坤先生与沈振辉合影

常见的散落筷子现象也随之减少。设施改进虽然好,然而,存在于不愿捡拾落地筷子的人的头脑中的症结是否解决了呢?由不愿捡拾地上筷子暴露出的教育和社会的深层问题是否依然存在呢?这些想法在我脑子里盘旋,我很想和吴老师再聊聊,但是他已去了天国,我已再没有机会到吴老师家安静的小客厅和吴老师聊天了。

人的一生中会遇到很多老师,能让人愿敞开心扉与之倾谈的老师必是毫无骄矜之气、富有人格魅力之人,吴老师就是那样的老师。我在和吴老师的谈话中真切地感受到他的正直,他的善良,他对复旦发展的关心,对学生晚辈的爱护,对学术事业的追求,对丑陋现象的憎恶和谴责……如今,吴老师虽已远行,但是他说话的语气和神态,他的音容笑貌,还经常出现在我眼前。

树木·树人·树业
——追思吴浩坤老师

杨志刚[*]

在复旦大学求学与工作的三十多年里,我听闻了,也曾参与传颂过无数母校名人的趣闻轶事。其中有一些,堪称"经典",并且伴随时日的穿梭而愈显光彩,例如下面这则:

20世纪五六十年代,有三位历史系的师生因"反右"等政治运动被划入另册。他们一边在图书资料室做脑力工作,一边担负起校园绿化植树的体力活。今日邯郸校区满目的绿荫,有不少就是他们一锹、一铲用劳动汗水栽培出来的。

本文追思的吴浩坤老师,就是这个特殊年代"前人栽树"故事主人公中的一位。

一、蹉跎岁月 淬炼出"工具书中的工具书"

吴浩坤老师于1952年考入复旦大学历史系,1956年跟随胡厚宣先生攻读研究生(据复旦大学历史系文博系《吴浩坤教授生平》,2017年11月)。其间也拜师受教于周予同先生,这是吴老师反复跟我说起过的。1957年"反右"运动中,吴老师被错划成右派,于是次年6月,他进入复旦大学图书馆编目室工作,此后从1959年6月至1978年7月先后在历史系资料室、历史地理研究室资料室工作。在那个动荡岁月,安排去资料室既是给予"劳动"的机会,也是接受一种"规训",具有很强的时代特征。我求学时听说学校有一批专家是从资料室回到教学岗位的,包括像中文系的章培恒教授。

1978年吴老师的右派问题获平反,同年8月进入历史系中国古代史教研组任教,随后晋升讲师。这一年他已48岁。蹉跎岁月,在老师们的这辈人(其实包含了两三代人,大略可

---

[*] 杨志刚,复旦大学文博系原主任、复旦大学文史研究院原院长,上海博物馆馆长。

以 1949 年前已经工作甚至成名、1949 年后学习成长、"文化大革命"之后留校来划分)身上,留下太多的印记。不过由吴老师来说过往,真有点云淡风轻的味道:无论是他被打成右派,还是生活中遭遇的艰难琐事,抑或和姜义华老师、柏明老师推车、挥锹在校内遍植树木,他的口气都是轻松自在的,语调不急不慢。记忆中没有吴老师"抱怨"什么的情景!这种平淡中见从容、素朴中显优雅,经常反躬自问,不轻易苛责他人的特点及境界,自我认识吴老师,那是几十年里一以贯之的,令人起敬、肃然、向往。也只有和老师走近了,长时间近距离受其濡染、熏陶,我等才能生出这真切的体会,并从中汲取精神的养分。

1980 年,吴老师与王明根、柏明共同编著出版了《文史工具书的源流与使用》[①],这是他们长年耕耘在图书资料领域的成果结晶之一。是年,我正好考进复旦大学历史系攻读本科。注重基本功训练,是当时历史系教学的一大特点。掌握文史工具书并熟练地加以使用,又是基本功中突出的一项内容。课堂上曾有多位老师强调,研究历史(一般特指中国史)一定要掌握好几把"钥匙",最重要的是:目录学、年代学、官制史、历史地理。其中目录学一定排位第一,可见不学目录学就无法步入历史研究的境域。所以清人王鸣盛《十七史商榷》中的那句话,不少同学都曾熟悉的:"目录之学,学中第一紧要事。必从此问途,方能得其门而入。然此事非苦学精究,质之良师,未易明也。"而当时的实际情况是,因为"文化大革命"等长期的政治动荡,学术及其传承受到严重摧残,造成很多断层和空白。这本《文史工具书的源流与使用》的出版,对文史类学生就犹如"久旱的秧苗遇甘霖",立即成为学习目录学的优选入门书。记得我班同学纷纷购买,几近人手一册,视其为王鸣盛所言之"良师"。

此书比较全面、系统地介绍了中国文史工具书的源流和使用,但没有按照一般工具书著作常用的类别分类法,将文史工具书分为书目、索引、字典、辞典、年鉴、年表、图录、政书、类书等,分门别类逐一论述。而是以读者需要查考的问题,如书籍、字词、诗文、年代、人物、地名、典章制度、事物等进行介绍,如将人名辞典和地名辞典放在"查考人物的工具书"与"查考地名的工具书"两章之中。这个体例便于利用者依其读书中遇到的疑难点,去书中查阅对应的章节与内容,指导性强,针对性也强,易学、易用。时人评其为"工具书中的工具书"。三位作者多年扎根于图书馆、资料室,经常为师生释疑解惑,这本著作浓缩了他们的

[①] 王明根、吴浩坤、柏明:《文史工具书的源流与使用》,上海人民出版社 1980 年版。王明根老师一直在资料室、图书馆工作,历任历史系资料室主任、校图书馆副馆长。柏明老师后调往西安西北大学工作,1983 年我班赴西安实习,曾登门请益。

学识和来自实际工作的宝贵经验。它甫一面世,即深受欢迎,非常畅销,几个月后出版社就加印了。

在资料整理及目录学方面,吴老师和王明根、柏明还有多项合作成果。1980年到1985年,上海人民出版社先后出版了三位先生共同主编的《中国近代史论著目录》(1949—1979)、《五十二种文史资料篇目分类索引》、《中国古代史论文资料索引》(1949.10—1979.9)。在改革开放初期,这三本目录与索引的编印出版,委实不易,记录了三位先生多少年的持之不懈,见证了在动乱年代的逆境中他们如何心系学术,安之若素,埋首工作的感人历史,也昭告了学术春天的到来。三位学者之间的友情穿越岁月历久弥新,同样让人感佩。为了加强学术训练,当时系内的不少学生都在案头或个人的"藏书"中配上其中的一两部,经常翻阅、检索。

针对80年代初高校文科学生的特定情况,复旦大学出版社组织了校内21位文科各领域的专家,撰文介绍求学门径与治学心得,于1982年结集出版《怎样学好大学文科:专家学者治学经验谈》。薄薄的一册书,荟萃了郭绍虞、朱东润、周谷城、杨宽等大家宿儒及金重远、朱维铮、吴浩坤等中年名师的文章,为莘莘学子指点路径、拓展视野、提升境界。吴老师撰写了《文科学生必须重视工具书》一文,殷殷告诫后生:把工具书看成"良师益友",养成勤翻工具书的习惯,这是培养自己利用工具书进行独立工作能力的必由之路。吴老师这些工具书方面的著述,为初涉史海、期待登堂入室的晚学后生发挥了引路作用。

二、承前启后 甲骨学与先秦史研究的一代中坚

与吴老师发生交集,始于我选修他的"商周史"的课。

1980年9月开始的本科四年,我班同学有过三次专业方向上的选择。一是刚入学不久,本届历史系招收的72名新生按个人意愿分成"历史"和"历史地理"两个小班,我选了前者。其二是结束了"中国"和"世界"两门通史及一些基础性课程后,需要细化选课和主修的方向,这又大体可分为三类大方向:中国古代史,中国近现代史,世界史。我归在了中国古代史。第三次是报考研究生,我选择了"专门史"硕士点下的"中国思想文化史"。

因为已确定了中国古代史方向,"商周史"就成为自己计划中必须修读的课目。其时应该已进入了大三。初识吴老师,见其高个,温和俊朗,待人平易。授课不疾不徐,缓缓道来,

说话带有家乡宜兴的口音。内容翔实,富有条理,因为离不开引用典籍,就需要在黑板上大量书写板书。吴老师的字端庄又略带飘逸,好看、耐看,字如其人。斯文,儒雅,有涵养,是吴老师留给学生的第一印象。后来课间交流,吴老师说起他年轻时喜欢体育,尤热爱篮球,我们又想见其作为运动员"骁勇"的一面,也似乎透过其高大的身躯领略到"灌篮"的风采。后来获知吴老师头戴右派帽子,充当校园绿化植树的生力军,才将智力/体力、命运/机遇、民族/个体等关系组合在一起作进一步思考,加深了对老师辈的理解。那时读到阿·托尔斯泰《苦难的历程》第二部《一九一八年》的题记"在清水中泡三次,在血水中浴三次,在灰水中煮三次",真的饶有感触。

1984年春季学期,我又选读了吴老师的另一门课"古文字学"。最近为了撰写这篇怀念吴老师的文章,我翻检了本人昔日存留的资料,找到了当年上"古文字学"的听课笔记及吴老师所发的教学大纲。可惜,没寻见"商周史"的相关笔记资料。这里谨录吴老师《古文字学教学大纲》(1984年春季用),以作纪念。本课程共分五章。

第一章 绪论:一、古文字学的范围,二、学习古文字学的目的和意义,三、学习古文字学的方法或途径。

第二章 中国文字的起源及其演变:一、汉字的起源,二、商和西周时代的甲骨金文及其他文字,三、春秋战国时代文字发展的特点,四、秦汉时代小篆、隶书的推行与古文字的终结。

第三章 甲骨文识读:一、甲骨的发现与著录,二、甲骨文常用字举例,三、甲骨文与"六书",四、甲骨文的字体变化,五、甲骨文选读。

第四章 金文识读:一、关于金文的著录与研究,二、近年来重要金文资料的发现,三、金文选读。

第五章 考释古文字的方法。

大纲后面还附有参考书目,收录孙诒让、罗振玉、王国维等14位学人的三十余种著述。在我保存的听课资料中,有一份吴老师题签(油印)的《甲骨学参考资料》,署"复旦大学历史系一九八三年二月",应该是配合"古文字学"课程下发的阅读材料。收入119片甲骨卜辞,按征伐、生育、疾病、畋猎、干支、农业、求年、受年、四土受年、卜年、帝疪年、卜雨、天象、卜旬、卜夕分类编排,印在纸上,共25页,用订书机装订成册。

1987年夏,我硕士毕业留校任教,先在历史系中国思想文化史教研室工作,同时协助系主任汤纲老师筹建旅游专业;两年后调入文博专业(文博系)。1989年春国家文物局与复旦大学签署共建复旦大学文博学院的协议,吴老师从文博教研室主任转为文博系主任。原本学院成立之初我就应到文博系报到,由于春夏间的那场"风波",拖到了秋天开学时分。此后,与吴老师就有了经常性的工作交往。

经院系的同意,1993年我报考了由杨宽先生领衔、吴老师具体指导的"中国古代史"博士点"先秦史"方向的博士生。就像我报考硕士生时,领衔的导师是方行先生,具体指导的老师朱维铮因为职称仍是讲师而不能挂名,这次读博又遇到老问题——吴老师虽然于1988年晋升教授,也已具体指导博士生(如先我毕业的现任教于武汉大学的杨华兄就是跟从吴老师求学),却还没有评上博士生导师,故而未在招生目录上署名。这是那个特殊年代造成的特殊现象。由于杨宽先生已长期旅居国外,读博期间我们师生之间未曾见面也没有通讯往来,吴老师才是真正的导师。所幸,我博士毕业时,吴老师已经成为博导(就像我硕士毕业时,朱维铮老师已获副教授名衔),他的名字和杨宽一起,署在我的博士论文的封面上。不过,吴老师对此依然是平静相对,淡然处之。

在职读博让我有机会跟随吴老师深入地读书、治学。在校内200号文博系办公楼内,吴老师以授课和交谈并用的方式指导、培养博士生(有时我们前后几届的学生一起听课),在内容安排和学术训练上从严要求,在交往中又给人以春风拂面的亲和。因为资料散佚,我已不能确切说出吴老师给博士生上课的具体课名,印象里一门是先秦"史料学"方面的,另一门有关于金文的释读,是直接以一篇一篇的青铜铭文作为学习研读的材料。博士毕业后,我在博士论文、硕士论文的基础上加以扩展,完成了《中国礼仪制度研究》书稿,于2001年出版。拙著送呈吴老师的时候,吴老师已经退休多年,但仍在史学领域辛勤耕耘,也十分关注学生们、同事们的业务情况,为我们取得的进步、收获的成果由衷喜悦。

吴老师一生教学、科研的重点集中在:1. 历史文献学与工具书的编纂;2. 先秦两汉史与古文字学;3. 文物与博物馆学。接续前文,此处再谈谈吴老师的古文字与先秦史研究。

吴老师、潘悠老师夫妇于1985年出版的《中国甲骨学史》(又名《甲骨学引论》)奠定了他们在这个领域的突出地位。吴老师受业于古文字研究大家胡厚宣,基础坚实、熟悉前沿,可是极"左"思潮扭曲了他的人生轨迹,也改变了他的治学方向。胡厚宣先生曾在他为《中国甲骨学史》所撰序中说,作者"是我的学生,曾经在复旦大学历史系从我攻读《先秦两汉史》、

《考古学》、《古文字学》、《甲骨学商代史》"。这说的是胡先生50年代在复旦执教时的情况。如果没有受到反右运动的冲击,推测吴老师一定会沿着这个先秦史与古文字学方向不断精进。然而,吴老师是到"文化大革命"结束以后,尤其是从资料室进入教研室,开始讲授商周史和古文字学课程,才重新回到早先的研究领域。① 这种"变故"当然对其学问的积累和突破带来影响。吴老师是凭其聪颖的才智、超常的勤奋还有良好的体力与毅力,攀登上了这座学术高峰,成为一代中坚。

胡厚宣先生在为吴老师《中国甲骨学史》所撰序中称赞:"这是一部材料丰富而又比较全面系统的参考书,是通读《甲骨文合集》之前必须首先阅读的很有用的入门书。……是引导初学进入甲骨学研究领域的一本好书。"同为该书作序的华东师范大学古文字学家戴家祥也指出:"年轻的一代如何利用《合集》仍有一定的困难,这就需要甲骨学概论或甲骨学目录学方面的著作为提要、向导,……《中国甲骨学史》一书正是为此目的而编写的,……阅读了之后,可以得到甲骨学方面的系统知识,也可以根据书中所介绍的重要线索,进一步找到有关材料作深入的学习研究。"此著收入周谷城先生主编的"中国文化史丛书",作为其中最早问世的三本专著之一,由上海人民出版社于1985年12月推出。次年1月上旬,复旦大学主办的首届国际中国文化学术讨论会在上海龙柏饭店举行,会议即以《中国甲骨学史》等三本新书赠送与会代表,深得好评,也为"中国文化史丛书"率先打出了一发漂亮的"响炮"。本人曾全程参与这次研讨会的会务工作,亲眼目睹国内外专家捧读、摩挲《中国甲骨学史》等新著的喜悦之情,从中强烈感受到人文学术之春开启的温煦与激动。吴老师出席了这次研讨会,并发表了《中国古代文明的基石——殷商文化述略》②。现在回想起来,走过艰难坎坷,那个时刻吴老师一定身处春风鼓荡之中,壮怀激越。

立足于文字学和古文献的厚实功底,吴老师的先秦史研究终于厚积薄发,其成果沉稳扎实,富有新见,屡次为"中国人民大学报刊复印资料"等转载或摘引。试举几例。《商朝王位继承制度论略》通过传世文献与出土文献的参证,并结合民族学资料,对商朝王位继承制度中出现的"父死子继"、"兄终弟及"相交替的现象进行分析解释,将其重新概括为"子继为主,弟继为辅",或"子继为常,弟及为变",深化了相关认识。③《从青铜器铭文看西周的战

---

① 吴老师夫妇在《中国甲骨学史》"后记"中叙述该书的缘起时就说:"近年来因讲授'甲骨学'课,我们编了二十多万字的教材。"见该书第406页,上海人民出版社1985年版。
② 吴浩坤:《中国古代文明的基石:殷商文化述略》,收入《中国传统文化的再估计:首届国际中国文化学术讨论会(1986)文集》,上海人民出版社1987年版。
③ 吴浩坤:《商朝王位继承制度论略》,载《学术月刊》1989年第12期。

争》一文,针对历史文献中有关西周战争的记载较少,转而从青铜器铭文入手爬梳,总结出"西周某些时期战争极为频繁,其规模之大和战争的激烈程度也令人瞩目"的结论;进而又就西周兵制及西周战争的演变趋势提出观点。① 论文《甲骨文所见商代的水上交通工具》论述了在商代气候温暖、黄河中下游河流湖泊纵横交错的环境下,水上交通十分发达的状况。具体指出,从卜辞所见之舟非独木舟,而是像首尾上翘、平底、用木板拼接而成的木板船;商代舟船行驶工具有篙、舵桨和风帆三类。②

三、筚路蓝缕 复旦文博专业的开创者与奠基人

改革开放后,中国进入了拨乱反正,同时也是万物复苏的新时期。借着政治体制改革的东风,学术界风云舒卷、波澜渐起,新视野、新方法、新领域层出不穷。在高校的历史专业,思想解放带来了新的问题意识,首先冲破了原先"五朵金花"③的旧格局,课程设置及学科面貌逐步发生变化。在此过程中,回应社会发展的需要,一些新的专业(学科)悄然孕生。最具有代表性的,应该就是文博专业(学科)的出现和在以后不断的发展。

复旦大学以"文博"专业招收学生,始于1984年春季。那个春季学期,由国家文物局委托复旦大学举办的两年制全国文博系统干部专科进修班起航了,当年秋季又招收了第二届。以后每年一届,至1999年招录最后一批,前后共招生17届。1984年秋季,招收了两年制的文博研究生班。次年,在本科开设文博专业。短短几年间,包括本科、研究生和专科多个层次的文博教学体系初步形成,复旦大学的文博专业很快走到了全国的最前沿,确立其优势地位。吴老师作为文博专业的负责人,在第一线亲力亲为,张罗人才,耗费巨大心力,推进课程建设和业务发展。为此,1986年吴老师获复旦大学记大功一次,1987年又荣获"复旦大学先进工作者"称号。

1989年文博学院成立,下设历史系、文物与博物馆学系、文物保护科学技术系和历史地理研究所。文物与博物馆学系、文物保护科学技术系都在200号楼办公,对外简称"文博系",实行一体化的运行管理。吴老师是系主任、总负责,同时还肩负文博学院副院长之责。文博系内,文物保护科学技术系的赵魁东老师担任系副主任,分管文保专业,他退休后由许

---

① 吴浩坤:《从青铜器铭文看西周的战争》,载《学术月刊》1991年第12期。
② 吴浩坤:《甲骨文所见商代的水上交通工具》,载《陕西师范大学学报》(哲学社会科学版)1995年第4期。
③ 史学界的"五朵金花"是指中国古代史分期问题、中国封建土地所有制形式问题、中国封建社会农民战争问题、中国资本主义萌芽问题、汉民族形成问题。

志正老师接任系副主任。那时已初步建立了一支学科交叉的文博教学、科研的师资队伍，同时依托校内外专家的力量共同办学。系内老教师中，来自历史系的有袁樾芳、彭神保等老师，来自理科（化学系、物理系、测试中心）的除了赵魁东、许志正，还有杨植震、唐静娟等老师。一批中青年也相继加入教师队伍，如1984年入学的文博硕士班，毕业时其中的三位才俊就留在系里任教。在全国高校的文博专业中，复旦大学是比较早地拥有了一支相对独立、稳定的专业师资队伍。

整合校内外资源，实行跨学科的交叉、融合，一直是复旦大学文博专业发展的一大特点，也是重要的亮点。当然这也给管理带来难度，因为需要投入时间、精力进行种种协调。记得每周五下午，吴老师总会按学校制度召集系内的老师开会。其时还叫"政治学习"，在一定程度上实际也是内部的行政会议，传达、布置学校和学院的要求与工作，商议、研究一些重要的业务事项，交流、沟通相关信息。吴老师一直自称是搞"业务"的，不谙于管理，但他以其特有的管理方式，团结队伍，谋划和推动事业发展，为学校文博专业的创办和成长作出了突出的贡献。

从80年代中叶起，复旦大学的文博专业为国家培养了大量急需的文博人才。以第一届干部专修班为例，学员们毕业回到工作单位，都很快挑起了更重的任务，或晋级到更高的岗位。最为业内津津乐道的，是陕西的"三大馆"即陕西历史博物馆、秦始皇兵马俑博物馆、西安碑林博物馆的馆长，一度全出自这个班。该班还赢得了"黄埔一期"的美誉，复旦大学的文博干部专修班成了文博界向往深造的优选之地。稍后创建的文博专业研究生、本科生教学，学生更是全面开花，因其系统的学术训练和进入社会更多更广的专业领域，而显示出别样的后劲和拓展能力。作为复旦大学新时期文博专业的开创者和奠基人，面对桃李遍天下，吴老师是幸福的。吴老师退休后，我曾多次陪同毕业的系友去拜访吴老师，感受到师生情谊所带来的巨大幸福感。

如果仅从1984年春算起，到1996年1月退休，十余年的时间，吴老师奋力开辟新的领域并投身其中，教学、科研、管理（服务）一肩挑，忘我工作，在付出的同时也收获了人生的辉煌。

四、树木、树人、树业，风范长存恰似山高水长

1998年潘悠老师去世后，吴老师的身体状况逐步发生变化，几次生病住院。他很感慨

地跟我说,以前他的身体可是很好的啊!他还经常提及年轻时和同班同学裘锡圭(裘先生于十多年前从北京大学回到母校任教)一起打篮球,向往无病无恙的日子,可以继续全身心做研究。尽管吴老师健康状况不断发生一些问题,还患上前列腺癌,可他依然笔耕不辍,包括完成了牵挂多年的《战国会要》[①]。吴老师逝世以后,历史系傅德华老师等整理其遗物时,还发现了一批吴老师晚年用500格大稿子抄写的自己已刊论文,可能是想用于个人学术文集的编纂。这正可谓"老骥伏枥,壮心不已"。

为了有利于康复修养,吴老师后来常回老家居住。他描述那里山清水秀,空气清新,食物新鲜,是老年人宜居之所。我没有到那里看望过吴老师,一般是在春节期间他回到上海时,去给他拜年。在复旦第二宿舍7号201室,整洁而已显老旧的吴老师居处,我们开心地天南地北地聊。晚近的一次拜年,吴老师谈到"他们"几位经常相处的老人,包括徐连达老师、朱永嘉老师,越来越腿脚不便、体力下降。吴老师特别举朱永嘉为例,说他现在晚饭后散步也只能行走从前路程的一小段了。而在我脑海里,自见到朱永嘉老师起,就对他外观上显示的"身板硬朗"、"壮实"、说话声音"洪亮",留下深刻印象。岁月无情,也令人无奈。可是,吴老师对生活的达观,和不愿意麻烦别人,一点没变,是其保持终身的个性和原则。

2017年夏秋,吴老师因肺部感染和胃出血入住新华医院——这是吴老师"红卡"医保的定点医院。他一度发烧失去知觉,经抢救脱离危险。我去探望时,吴老师已非常瘦削虚弱。经向医生和正在陪护的吴老师女儿吴靓了解,出血的病因尚不明,胃镜检查结论是糜烂性胃炎,肠镜则还需静养一段时间才能做。因为伴有心衰,情况显得不乐观,因为止血需要使用凝血药,然而这又会对心脏产生副作用。当时还遇到一个难题,医院在连续供血方面有不小困难,所以大家都在想办法争取。

11月12日晚,在收到文博系同事的短消息后,我赶紧奔赴新华医院。吴老师已在一个小时前遽归道山,安详睡去,身上余温尚热。家属和保姆希望等等,再等等,等到吴老师身上的余热散去。夜深时,我们向吴老师鞠躬送别,陪伴他走到生命的终点。

五天后的18日上午十点,在上海龙华殡仪馆归源厅,举行吴浩坤老师告别仪式。受家属嘱托,我最后致答词。在此我抄录答词,以表达对吴老师的深深思念。

---

① 杨宽、吴浩坤主编:《战国会要》(上、下),上海古籍出版社2005年版。

各位亲朋好友,各位来宾:

今天我们在这里怀着无比悲痛的心情送别吴浩坤老师,送别一位慈父,一位好老师,一位好领导、好同事。受家属委托,我代家属致答词。感谢吴靓大姐、姐夫对我的信任。

吴老师于20世纪50年代初就读复旦大学历史系,从本科到研究生,师从名家,英姿勃发,奋进有为。随后留校工作,到1996年退休,把一辈子的生命都交给了学校,奉献给了祖国的教育事业。吴老师治学严谨,诲人不倦,桃李满天下,学术著述蜚声海内外。特别是从20世纪80年代初开始,他积极投身于创建复旦大学的文博专业,勤奋执着地耕耘在文博教学领域,是复旦文博教育的重要开创人和奠基人,功勋卓著。他培养的学生遍及并活跃在整个中国的文博界,很多都成为国家或地方文物工作的栋梁。

今天大家在这里送别吴老师,感念吴老师。对于家庭而言,吴老师是一位好丈夫,他与潘悠老师相扶相携,渡尽劫难终于迎来改革开放的春天,共同著书立说,共享患难与欢乐;他是一位慈父,对孩子既严又爱,充满柔情,让其放飞自由成长。对于学生而言,他是一位好老师,在严格的教学要求之外,还体现出宽厚仁慈的博大胸怀,对学生给予呵护、关爱和提携。对于单位而言,他是一位好领导、好同事,正直、谦逊,严于律己,以身作则,带领大家艰苦创业,取得丰硕成果,开辟了一片灿烂的复旦文博天地。吴老师献身的事业正在延续光大,吴老师的音容笑貌宛然就在眼前,这令大家听闻噩耗,难抑悲从中来。吴老师您走得太匆忙了。

吴老师生病住院期间,复旦历史学系分党委、历史学系退管会、文博系有关领导、老师,先后去医院探望了吴老师。吴老师去世以后,历史学系分党委、历史学系退管会、文博系有关领导、老师到吴老师家中进行了吊唁,并积极协助家属处理后事。北京、上海及各地的领导、师友、学生,用各种形式纷纷表达哀思。复旦大学退管会常务副主任周桂发老师到家中进行了吊唁,还和历史系傅德华、李春博老师一起搜集整理吴老师的有关遗物,帮助落实挽联撰写等事项。今天这么多的亲朋好友和学生代表,前来吊唁、缅怀和送别,情真意切! 在此一并表示深深的谢意!

最后我要说,吴老师,您的风范长存,您永远活在大家的心中!

吴老师,您一路走好,在天国安享快乐的生活!

吴老师一生克己奉公,光明磊落。树木(绿化校园),树人(教书育人),树业(创办文博专业),平凡中蕴含着高尚和超凡,成就了百年大业,显示出一代中国知识分子的优秀风骨。

吴浩坤先生与杨志刚博士合影

追忆吴浩坤先生及其对甲骨学研究的贡献

吕 静*

吴浩坤先生1952年考入复旦大学历史系,在此之前,据吴先生2017年11月的自述①,解放初期曾经在南京孝陵卫三野办的军政大学和东北师范大学中文系就学过。

由于吴先生不太适应东北寒冷的气候和饮食,他离开东北,1952进入复旦大学历史系,是为1952级。这一班级有40人,像王文楚,以及后来在华东师范大学历史系任教的贺卓君,与他都是同班同学。笔者硕士研究生毕业的论文答辩评审老师,除了导师邓廷爵先生、上海社科院历史所所长方诗铭先生,还有吴浩坤先生、许道勋先生和华师大的贺卓君先生。

80年代初,吴浩坤先生基本不给本科生上古文字学、商周史等先生擅长的专业课程。我们有机会听到吴先生的课,是考入了研究生以后。但是,吴老师却是一个"传说"中的人物。传说一,吴老师现如今貌似温文低调,可在他读书时候,确是叱咤一时的青年才士。他可以一气呵成,将司马迁的《报任安书》背诵下来,气势不凡,令人回肠荡气。传说二,吴老师与其夫人华师大的潘悠老师是相得益彰,又比翼双飞。据说某日潘先生因病不能去上古文字的课,作为老公的吴先生赶到华师大,自告奋勇救场为华师大学生上了一课,一时成为佳话。传说三,都知道吴老师是胡厚宣先生高足,却迟迟上不了他的古文字课和甲骨金文课。而对于我们历史系的学生来说,吴老师的存在又是如此强烈。因为每个刚入历史系的新生,都必须阅读王明根、吴浩坤、柏明先生出版的《文史工具书的源流和使用》一书②,因为"工欲善其事,必先利其器",史学研究首先必须掌握最基本和最重要工具书的用法。所以,我们学生对吴老师的期待和仰望,犹如苏州评弹里早就交代了楼梯响,却迟迟不见人下楼的"戏剧"性效果。

---

* 吕静,复旦大学文物与博物馆学系副主任、教授、博士生导师。
① 郑诗亮在"二代之家"2017年11月14日采访。
② 关于80年代,王明根、吴浩坤等先生编著的《文史工具书的源流和使用》,本集中有傅德华老师的纪念文章。

笔者是考入杨宽先生门下的硕士研究生，不过那时杨先生已经不在国内，因此除了担当我们指导老师的邓廷爵先生外，其时吴浩坤先生对我们先秦史方向的学生，给予了极其热情的关怀和指导。当时吴先生给历史系的古代史硕士研究生开设了"古文字学"、"甲骨金文概论"、"春秋左传研读"、"先秦文献阅读"等课程。尤其令人难忘的是，吴先生把他的老师，中国科学院历史研究所、国际著名的甲骨研究大家胡厚宣先生请来历史系，专门给我们几个殷商史、先秦史的研究生上"甲骨学和商周史"课程。胡厚宣先生的课都是在他所下榻的国福路专家楼胡先生的客房里。胡先生谈锋甚健，对于甲骨研究中的精髓玄机，不时吐露一二。最令我们惊奇的是胡厚宣先生对于当时全国各地各机构，甚至国外的机构和私人收藏家手里拥有和收藏甲骨材料的信息，了如指掌，给我们这些后生学子如数家珍、娓娓道来。虽然胡先生对甲骨材料流传和收藏的掌握，以《八十五年来甲骨文材料之再统计》①、《大陆现藏之甲骨文字》②等文予以刊布，但是能够挤在胡先生身边，领受精彩的学术飨宴，让我们这些初生学子，颇感骄傲。而吴浩坤先生能够延请到国内甲骨学界"图腾"式的人物，跟吴、胡二先生之间亲密的师生情谊，实在有太大的关系。

吴浩坤先生曾经多次谈起，他入学后，听胡厚宣先生"中国通史第一段"（先秦两汉史）、"考古学通论"两门基础课，又修读了胡先生的"古文字学"和"甲骨学商代史"两门专业课。"班上像裘锡圭、贺卓君、王文楚、崔恒升、施勇云，还有我都喜欢听他的课，他和我们接触最多，感情也最融洽。这几门课我成绩都很好。"1957年吴浩坤先生被错划为右派，受到处分。而胡厚宣先生对这个爱徒"一点不避嫌，人家都怕受到牵连，他却始终如一……胡厚宣先生一直跟我们通信。每次只要他一到上海来，总是以打电报或写信的方式第一个告诉我，让我去火车站接送他、陪伴他。"吴先生常常说，他与胡厚宣先生既有师生情谊，又是忘年交的关系。

吴浩坤先生自己谈及，在吴先生学术生涯中具有里程碑意义的、与夫人潘悠先生合著的《中国甲骨学史》，也是在1981年由胡厚宣先生动议促成的。

关于吴浩坤先生的甲骨学研究，以及他们夫妇合著《中国甲骨学史》一书，作为"文革"结束不久问世的、具有极强的学术性、专业性和一定普及作用的甲骨学书籍，其对中国甲骨学启蒙、甲骨学推广宣传的意义和价值，尤其值得关注。

"文革"刚结束，学术上百废待兴，作为国际显学的甲骨学，尚有众多问题亟待深入探

---

① 胡厚宣：《八十五年来甲骨文材料之再统计》，《史学月刊》1984年第5期。
② 胡厚宣：《大陆现藏之甲骨文字》，《"中央"研究院历史语言研究所集刊》第37本，1996年12月。

究。但是,从事这一专业研究的队伍不够壮大、人员稀缺,按照胡厚宣先生的观察,还有很多"青年们视甲骨文若畏途而不敢轻易问津"[①]。胡厚宣先生1981年春到上海参加中国史学会理事会之际,建议吴浩坤先生写一本甲骨学引论之类的书,并立即打电话约见了当时上海人民出版社的编辑、复旦大学历史系1950年毕业的刘伯涵,一同前来约谈的还有顾孟武。因为吴浩坤先生一直跟随胡厚宣先生专研商周史、先秦两汉史,其时又在学校讲授"甲骨学",有很深厚的基础积累,当时已经编了20万字的教材。因此吴先生他们受命后,在当年的暑假就完成了初稿。初稿得到华东师范大学古文字大家戴家祥先生,以及胡厚宣先生等的审阅和批点。又经过两次修改,花费了整整三年的时间,于1984年完稿提交上海人民出版社。

当时正是中国文化史研究再兴起步的时候,上海人民出版社正在朱维铮等先生的筹划下准备出版"中国文化史丛书"。上海人民出版社的编辑把吴先生的《甲骨学引论》书稿给朱维铮先生看,朱先生希望这本关于甲骨学的书,放在丛书里作为第一辑出版,并改名为《中国甲骨学史》。虽然吴浩坤先生自认为"史"书名太大,踌躇不定。但是在朱维铮先生的坚持下,终于以《中国甲骨学史》之名,于1985年12月出版。

该书出版后,好评如潮,短短几年连印三版。该书不仅在境内收获佳誉,在境外也同样引起了极大的反响。1990年该书由台湾贯雅文化出版社出版了台湾版。韩国学界也有出版的呼声。经胡厚宣先生穿针引线,韩国淑明大学中文系主任梁东淑将其译成韩文,2002年在韩国出版。

该书在日本同样引起甲骨研究者的关注。笔者曾经与太老师,东京大学教授松丸道雄先生言及吴浩坤先生和他的《中国甲骨学史》。松丸先生当然熟悉此书,不过当得知吴先生的年龄,还是颇感意外。他还一直以为该书出自更年长的研究者呢。他说:"吴浩坤先生跟我是同辈之人,很意外啊。"

2013年,笔者有机会从事我们复旦大学所藏300余件甲骨的整理、著录和出版工作,这项学术工作得到学校领导、国家文物局、上海博物馆等部门的大力支持,也得到了吴浩坤先生极大的鼓励和帮助。

复旦大学现收藏了352件甲骨,缀合后得320余片。这批珍贵的甲骨入藏复旦大学,也是跟胡厚宣先生奔波购藏不无关系。抗战时期的40年代,胡厚宣先生被时在成都齐鲁大学

---

① 胡厚宣:《中国甲骨学史》序,上海人民出版社1985年版。

的顾颉刚先生邀聘担任该校的教授。抗战胜利后,齐鲁大学回归济南,顾先生又被校方受命在上海、南京等地为学校购买甲骨。1946年,因为国共战事,上海至济南的铁路中断不通,胡先生只好滞留上海。当时的复旦大学历史系主任周谷城先生挽留胡厚宣先生,并聘任为历史系教授和教研室主任。胡先生在这段时间里,持续调查摸清地方上甲骨的存在情况。据1947年4、5月间上海的《申报》记载,1947年的5月5日,复旦大学在"五五校友节"上举办过一次珍贵的文物展,文物展中的甲骨展,由胡厚宣先生组织筹划和征集。胡厚宣先生在复旦期间一直在为复旦大学四处购藏甲骨。1951年暨南大学并入复旦,原束世澂出售给暨南大学的百余篇甲骨,也一同归于复旦。大约到1955年左右,复旦大学的甲骨收藏规模终于形成,直至今日仍然是上海位居第二的甲骨收藏机构。

1956年,胡厚宣先生被转调到北京的中国科学院历史研究所,承担《甲骨文合集》编纂这一国家工程,但是这批甲骨仍然留在复旦大学。据吴浩坤先生回忆,1956年至反右期间,胡先生曾两次带着夫人回到复旦,与夫人一起制作甲骨拓片,这些拓片被收录在《甲骨文合集》中。吴先生自己在1960年前后,在200号的书库中见到了这批甲骨。

首先,我校所收藏的甲骨,约有2/3的甲骨文已被各种书籍著录。但是那个时代受到摄影器材和摄影技术、印刷条件的多方面局限,于今日的研究和鉴赏,存在着很大的距离。其次,我校所藏甲骨,尚有80余片从未公布于世。文化遗产乃社会公器,人类文明结晶的甲骨文,作为全人类共有的文化遗产,及时公布于世,提供学者研究和民众的学习和欣赏,乃收藏机构应有的社会责任。再次,正如晚清收藏大家陈介祺早就说过的,"古器出世即有终毁之期,不可不早传其文字"。文物这种有形的物质性实体不可逆转,终有毁灭和消失的一天。尤其甲骨是一种有机质物,其脆化、粉化直至消失的命运不可避免。利用今日最精密、优良的摄影设备,以新的文物保护和展示的理念及手段,将甲骨全方位的信息完整采录下来,建立一套该甲骨立体形态、色彩、字迹的全息档案,使之成为"第二文物",也是一种新形式的文物抢救工作。鉴于上述各种因素,笔者率领一批有志同仁,以新的文物保护理念和新的摄录技术、手段,开始对校藏甲骨重新进行整理、著录和出版的工作。

当我们向吴浩坤先生汇报此事时,得到先生的极大肯定和鼓励。事实上吴先生早就想重新整理,因为"腾不出手来做,也没有经费。还需要跟文物局、教委等一个一个部门打交道,很遗憾一直没有展开"。在该项目展开的前期调研中,吴浩坤先生为我们的调研采访做了不少准备,提供了很多复旦甲骨来源、胡厚宣先生购藏甲骨等方面的信息。在"复旦大学所藏甲骨整理出版"项目的启动会上,吴先生鼓励我们,"这是一个非常值得做的文化事业",希望我们坚持下去,在实践中建立一种新的甲骨著录范式,倡导新形式的文物抢救和文物保护理念。

复旦大学所藏甲骨的整理出版工作,已经进入尾声,待付梓出版,定向先生汇报,告慰吴先生。

吴浩坤先生(前左三)与"复旦大学所藏甲骨整理出版"
项目启动会成员合影。前左五为吕静

待其从容,然后尽其声
——回忆我的导师吴浩坤教授

杨 华*

2017年10月28日,是复旦大学历史系1983级同学毕业30周年的再聚之日。回复旦前,我就打算去看望吴老师,已经有好多年没见到他了。27日上午,全班同学到相辉堂前的草坪怀旧。草坪的西侧,就是我念博士期间经常去查资料的200号——文物与博物馆学系。当我们经过物理楼前的广场时,竟然偶遇师弟周桂发兄。他刚上完党课,风尘仆仆。我马上向阿桂兄打听吴老师的近况,他说吴老师平时不住在复旦,家中电话常常无人接。这与此前吕静师姐的说法大致相同。于是,我只好悻悻放弃。孰料半个月后,吴老师竟然遽归道山!现在回想,那天吴老师或许就住在复旦,我与他失之交臂,没有见上最后一面,留下无尽的遗憾!

如果说我与吴老师无缘,也不尽然。吴老师去世当天,杨志刚师兄第一时间打来电话,转述吴靓师姐的话。说吴老师病危时,突然接到武汉大学出版社的电话,要重印他与师母潘悠教授合著的《中国甲骨学史》。吴师姐后来告诉我,这可能是他临终前接到的最后一通电话,也是他临终前最快慰的一件事。他说,自己的学生在武大"出息了",要推扬老师的学术,他非常高兴。其实,武大出版社的"专门史文库"将吴老师的《中国甲骨学史》收入其中,完全是因为这部著作的学术水平,是再自然不过的事情,很惭愧我没尽什么力。况且,能够让自己的学生帮助复印资料、校对样稿,本来就是绍述学脉的幸事和义务。

回想我与吴老师的师生缘分,其实并不算短。大学三年级时,我就上过他"古文字学"和"文献目录学"两门课。但是,我们毕业的1987年,他没有招生。我随邓廷爵老师攻读先秦史专业的硕士。虽然吴老师也是指导小组的成员,但是并没有太多交往。1988年9月,

---

* 杨华,武汉大学历史学院教授、博士生导师,教育部高等学校人文社会科学重点研究基地中国传统文化研究中心主任。

邓老师以副教授身份退休了,系里通知我与井上聪、曹峰三名同学,改由吴浩坤老师指导。从此我们便成了吴老师的硕士生。我记得硕士期间,他为我们上过"商周史"课程。1988年10月,商周史课堂上他要求每次每人准备一个小专题进行讨论。我被布置的题目是"殷代地理问题",后来自己讲得怎么样,已完全没有印象了。

他那时非常忙,大部分很多时间都花在复旦大学文博系的创建,以及全国文博干训班的领导工作上,所以对我们的学术指导,抓得并不紧。只记得1989年1月,也就是放寒假前,吴老师让我们次年夏天交出毕业论文的提纲。过年后,我和曹峰师兄想利用系里给每位硕士生的500元调研费,到云南转转。这是前几届师兄师姐早就开辟的线路。听到我们的要求,吴老师非常爽快地答应:"听说四月份车票要涨价了,是真的吗?你们赶快提前去吧。"于是,在上海社科院一位曾经在云南插过队的老知青的帮助下,我们用这500块考察费,从3月31日到5月12日,在云南转了一个多月。

硕士毕业前,吴老师为我们安排了教学实习。我在彭神保老师的"中国通史"课堂上讲了三节课,对象是文博学院88级新生,具体内容已非常模糊,只记得是讲的商代历史,对"天命玄鸟"做了一番发挥。我们写完硕士论文,吴老师也没提太多意见。答辩时,他为我们邀请了华东师大的吴泽教授和桂遵义教授,上海人民出版社的资深编辑顾孟武先生,加上本教研室的邓廷爵老师和许道勋老师,共同组成答辩委员会。井上聪兄要到华东师大念博士,曹峰兄要到上海人民出版社就职,外请这几位答辩专家是情理中事。

硕士毕业后,我没地方可去,回到武汉临时工作了一年。重回上海念博士时,按照硕士答辩时与吴泽先生的约定,我报考了华东师大,而且确实也考取了。但就在这时,潘师母告诉我,复旦的博士点也要招生。90年代初,正是商品经济大潮席卷中国的时候,全民下海经商,几乎没什么人想读书。教育部规定,如果一个博士点连续三年招不到学生,该点就会面临停招。复旦这个点连续两年没招到博士生了,吴老师和潘师母就动员我回去读。当时复旦的中国古代史教研室,研究上古史的老师青黄不接,潘师母劝我回母校读书然后寻求留校。经过轻松的面试,我又被复旦录取了。这样,我拿到复旦和华东师大两份录取通知书,最后还是选择了返回母校。在复旦念博士,导师是杨宽先生和吴老师二人,但杨先生在美国,只是挂名,全程都由吴老师指导。

读博士学位期间的第一次学术活动,就是1991年冬天随吴老师参加的国际吴文化学术研讨会。吴老师是江苏宜兴人,研究吴文化实际上就是研究他的乡梓文化。会上他熟人极多,我虽没有提交论文,但吴老师正式地将我介绍给其他学者。当时他名下的在读博士生,大概惟我一人。在我博士学习阶段，吴老师更忙了，除了兼任文博学院的领导，他那时还在筹建复旦博物馆。他对我的指导，仍是"放养"模式，任由我自己发展。记得他给我们上过"金文释读"课程，读过《大盂鼎》、《师兑簋》等铭文，但印象中次数并不多，他太忙了。他那篇获奖的大作《从青铜铭文看西周的战争》大概就形成于这一时期。记得有两门专题课程，一门是"文物学专题"，一门是"考古学专题"，他请了彭神保、袁樾方等老师给我们授课，前来听课的有时也就是两三个研究生。另外，他还请上海博物馆的陈佩芬先生来讲"青铜器概论"，这也列入培养方案中。我从这门课程中受益匪浅，后来到武大工作，所担任的第一门课程，便是"中国古代青铜器"。1992年，他到香港中文大学讲学，所作的演讲是"考古学与先秦史研究"，后来饶宗颐先生和张光裕先生都曾到复旦讲学，便是这段因缘。

我的博士论文写作，从选题到结体成文，吴老师都一直尊重我的意见。因为选题是硕士论文的深化和延续，进展得还算顺利。完稿后，我怀着惴惴不安的心情把一叠草稿呈送给他，他基本没有修改。但并非没有审阅，记得我有一个词写作"轻颖"，他用红笔改成"轻盈"。写作过程中，他给我最大的教诲是："论文，就是要论啊！"大概他觉得我的写作叙述太过平淡，讨论和分析不够。现在自己从事古史研究也有二十多年了，深深体会到写作一篇有分量的文章是多么艰难。

为了把我这个不成器的学生送出门，吴老师花费了不少心血。答辩前夕，我对相关程序一无所知。请教了朱顺龙师兄，他建议我多送些外审评委。结果我竟以四万多字的提纲和缩写形式寄了二十几份出去，几乎把当时先秦史领域的泰山北斗都寄了个遍，包括胡厚宣、吴泽、赵光贤、李学勤、蒋孔阳、刘家和、方诗铭、王玉哲、李民、唐嘉弘、苏渊雷、朱凤瀚、蒋赞初、吴荣曾、杨升南、杨宝成、邹逸麟、徐连达、桂遵义、许道勋、简修炜、罗其湘、曹锦炎、陈成国等学者。吴老师可能对我这种先斩后奏的做法不太满意，但也并没有严厉批评。他只是让我再给马曜先生寄去全稿，请马先生提提意见。马先生曾是云南民族学院的院长，是著名的历史学家和民族学家，朱师兄和我绝对不会想到请他来评阅论文。大概吴老师觉得我研究上古礼乐、祭祀等内容，在论文中又引用了一些少数民族史料，可以请马先生把把关，从少数民族礼俗的角度进行旁证。后来马先生果然非常认真，寄回一份四页纸的评阅意见。这二十多位学界名宿的评阅意见我都做了复印，一直保存在身边。今天，他们大都已经辞世，但他们的评阅意见都非常中肯，对将来修改拙作仍有重要参考价值。后来，吴泽、方诗铭、蒋孔阳、桂遵义、邹逸麟、徐连达这几位老师参加了答辩。蒋先生是复旦中文系的美学研究名家，其专业并非历史学，但我在文中多次引用他的大著《先秦音乐美学思想论稿》。吴老师说,他刚刚帮过蒋先生一个小忙,可以打电话去请蒋先生参加答辩,我当然求之不得。记得蒋先生那时好像刚刚中过风,不良于行,吴老师让我答辩那天早点去接他。那时没有车,我扶着蒋先生慢慢走向200号的情形,至今仍然清晰如昨。

在我的毕业推荐表上,吴老师写道:"杨华同学在攻读博士学位期间,学习努力,所修专业基础课及学位课成绩优良,于先秦民俗及礼乐文化的研究尤见功力,曾发表译著和论文多种,外语亦好,宜分配在高校或有关学术机构从事教学研究工作。"在关于研究生工作分配的建议这一栏,他填的是本校社会学系或法律系、上海博物馆、上海人民出版社、武汉大学历史系。其间,他也曾提到过上海师范大学。不过那时我已结婚生子,便没有再去努力。后来,我果然到了武汉大学历史系工作。

我毕业前一年,吴老师受上海人民出版社之约,开始筹划《春秋史》的写作。他约了顾德融先生(顾颉刚先生侄子)、朱顺龙兄和我三人撰写此书,并为之拟定了写作大纲,全书分为九章。围绕这份大纲,我们开过一两次会。从我保存的这份提纲来看,我们当时做了分工,吴老师撰写绪论,我撰写七、八、九章,分别是"生产力的发展和封建生产关系的成长"、"阶级矛盾及新旧势力的斗争"、"春秋时期的科学思想与文化艺术"。在第二、三章旁,他特意加了一个批注:"另加风俗礼仪。"遗憾的是,我毕业至武大工作之后,便推辞掉了这项写作任务,吴老师后来还曾来信催问稿子进展。从最后出版的成书来看,吴老师似也没有参与此书的写作,而是成于顾、朱二位之手,顾先生在"后记"中提到了吴老师。

大概是拜他长期的"右派"生涯所赐,在我们印象中,吴老师总是谨言慎行,很少在我们这些后辈面前开怀畅谈。记得有一年暑假,我借助杨伯峻先生的译注,把《左传》翻了一遍,收集其中与乐舞相关的史料。当秋天开学回去向他复命,交上一些摘抄和札记时,他也只是轻轻地微笑颔首,并无过多褒扬。当时他承担了一项教育部博士点社科基金课题,名为"先秦民俗文化研究"。大约在博士一年级的下学期,他命我们写一些先秦社会生活方面的文字,说要编一本《先秦民俗论文集》。我写的是蹴鞠、秋千、投壶、弈棋等娱乐方面的内容,成文后大概有两万字。他接过稿子后,也只是微笑着点了点头,没有多说什么。我毕业多年后去看他,奉上自己发表的论著,他也只是报以浅浅的微笑,看不出满意还是不满意。

微笑和沉默,是吴老师谨慎的一面,同时也是他宽厚豁达的一面。记得刚念博士时,跟他一起去参加国际吴文化学术研讨会,自然是他为我支付会务费和交通费之类。出差之前,我到数学楼背后的财务处去请了200元款子,出差回来自然要去报销清账。可是,性格懒散的拖延症和对财务会计的恐惧症，使我一直拖到毕业之前才去报销。这期间，他对我的"不靠谱"从未说过一句催促之辞。有一次，吴老师把复旦外事处下达的一个小任务交给我，让我去接待一位德国学者。不想那位洋教授从火车站见面伊始，便极端挑剔，盛气凌人，我把他接到招待所之后，转身拂袖而去，既没向外事处交差，也没向吴老师复命。现在想来，自己的意气用事肯定让吴老师在外事处那边非常尴尬。博士毕业答辩结束，按常理要请答辩委员们吃一顿饭，但他看我经济拮据，吩咐秘书从课题经费中开销了。事后多年，自己仍然觉得殊为失礼，懊悔不已。我虽然没有完成他布置的《春秋史》写作任务，他也不以为忤，我的博士论文出版时，还热情洋溢地为我作了一篇序言，加以褒扬。虽然他在给我的书序和毕业评语中客气地说，"作为导师之一，我与杨华有多年的接触，他给我总的印象是：资质聪颖，读书勤奋，生活简朴"，但是关于怎样做人，他从来没有直接教诲过我，倒是潘师母有时还说过"要用功"之类的话，吴老师留给我的都是身教。

我没见过吴老师写毛笔字，但他的钢笔字我相当熟悉，多次看他摘下眼镜阅读文稿、填表签字。他的字挺拔硬朗，运笔流畅，这与他颀长庄正的外表气质非常吻合，完全内外自洽。虽然历经风霜，人生坎坷，但其笔力并无沧桑之感，足见他在内心深处仍然充满着希望和活力，并不曾有"心死"之哀。关于这一点，读过"澎湃新闻"在他晚年的那篇采访后，我更加深信不疑。

吴老师的学术成就，学术界自有公论，无须我过多置喙。作为受业的生徒后辈，我只想再补充一两个他的凡人细节，以资纪念。有一次，我去他家中取某份表格，这是前几天就呈交给他并请他填写意见的表格。但在满桌的书籍、文件中，他怎么也找不到了。于是他用上海话对潘老师吼了起来："叫侬不要乱动，现在到啥地方去找？"这是我所见到他仅有的一次发脾气。他欢快的样子我也仅见过两次。一次是我刚念博士不久，因为某件情要找他，他约我到徐连达老师家中见面。我敲开门一看，吴、徐两位老师正在下围棋。徐老师虽然也曾给我们上过课，但对我并不熟悉，看我穿着肥大的军裤，一副邋遢的样子，不免有些诧异。吴老师倒是非常热情，笑嘻嘻地向徐老师介绍我。我想，他当时一定是手谈获胜、枰上春风之时吧。另有一次，1993年底，犬子满月后，我满身疲惫地返校，首先去向吴老师报到。当我把犬子的照片给他看时，他连连用上海话向屋内的潘老师喊道："快来看呀，大胖儿子！"那种高兴的神态，至今仍然深深地印在我的脑海之中。

《礼记·学记》言及"进学之道"："善待问者如撞钟，叩之以小者则小鸣，叩之以大者则大鸣。待其从容，然后尽其声。"吴老师属于那种需要"大叩"才能"大鸣"的老师。而学生时代的我,却年少简慢,根柢浅薄,没有学力"从容叩问",吴老师也远未"尽其声",致使我错失了很多进学良机。如今毕业多年,自己也忝为人师,每念及此,常常追悔不已。在吴老师的小祥祭日,谨以此文燃作心香一炷,虔烧恭拜,以寄哀思。

吴浩坤先生与杨华(后排左二)合影

深 恩 永 志
——怀念宁静、宽厚、谦逊的先师吴浩坤先生

朱顺龙*

1984年4月的一个下午,初春料峭,校园宁静,我正在复旦大学历史系资料室查阅书刊,不久从门口进来一位身材魁梧、神情静默的中年老师,他熟悉地从琳琅满目的书架上取下几本厚重的书籍,坐在角落开始翻阅,并不时做着记录。我用余光扫视了一下书名,那是一套由郭沫若任主编、胡厚宣任总编辑的甲骨学巨著——《甲骨文合集》。这位中年男子便是我后来的恩师,吴浩坤先生,这也是我第一次遇见老师,那时,他刚从"牛棚"中获得解放。

在随后的时间里,我只要去资料室,就会不自觉地去翻阅一下那套《甲骨文合集》,也尝试着用软笔来临摹拓片上的甲骨文字。我自小喜欢写字,在外祖父的鞭策下对书法略有感悟,初中开始研习篆刻,较早地接触到了中国最早的字典《说文解字》,当时对于其中的字义解释虽然一知半解,但对于古代文字结构之精妙十分着迷。1981年进入大学后,我对书法绘画依然兴趣不减,只是成绩乏善可陈。四年大学将近尾声,同学们对于未来各有打算,我虽然明确要进一步求学读研,但是对研究方向非常迷茫。随着时间的推移,心目中对语言文字有某种挥之不去的感觉,虽然概念模糊,但潜意识强烈。这次在资料室与恩师的邂逅,以及对《甲骨文合集》的初步翻阅,犹如醍醐灌顶,困惑顿解,我的读研方向随之确定。

经过初步的酝酿以及简单的功课,我鼓起勇气找到老师,明确表达了我要追随他从事古文字研究的想法,浩坤师与我进行了较长时间的交流,简明扼要地介绍了古文字研究的基本背景、研究方法以及可能面临的挑战,既肯定了我的选择,同时也提醒我将要面对的道

---

* 朱顺龙,复旦大学文物与博物馆学系副主任、教授、博士生导师。

路不会一马平川。在老师的拳拳勉励和自己的发奋努力下，我最终通过了研究生考试，正式成为老师的门生，引以为豪的是，我也是恩师的第一位硕士研究生，与恩师长达六年的缘分从此奠定。

浩坤师的研究涉猎广泛，他由经学史入手，上探先秦史，旁及版本目录学和古文字学，对于甲骨学、殷商史以及春秋史的研究尤为深入，成果丰硕。我在他的严格教导下，主要研究方向也放在了甲骨文领域，实现了我最初的梦想。浩坤师除了对我精心指教，还把我推荐给了他的恩师，中国甲骨学泰斗胡厚宣先生，使我成为胡先生的学生，从此我的研究视野进一步得以打开。三年后，在两位先生的栽培下，我以《甲骨文雨辞考》一文通过硕士论文答辩，成功取得了复旦大学历史学硕士学位，完成了我继续求学的第一个目标。此时的我，在恩师的鼓励下，我的学术研究之路变得清晰而坚决，一个新的目标已经在我心中形成，那就是，攻读博士研究生。上天眷顾，半年后，我又荣幸地成为浩坤师第一个博士研究生，与恩师的学术缘分得以延续。

在博士研究生阶段，浩坤师给我制定了继续以甲骨文为基础材料，重点研究商代史的相关问题。在他的悉心引导下，最终我确定了以商代祭祀为研究题目。殷商是一个神性至尊的时代，从已有的文献资料可以看出，殷人最重要的神事活动就是祭祀典礼，即所谓"国之大事，在祀与戎……神之大节也"。祭祀鬼神已成为一种社会制度并指导着国家所有的日常活动。《尚书·洪范》篇作为追述殷商官方政治文化方面的原始资料，向我们展示了殷人一切都要通过占卜预决吉凶的事实。由此可见，研究商代祭祀制度的意义十分重大。

研究对象确定以后，浩坤师指导我开始进行浩繁的史料准备工作，除了重点利用《甲骨文合集》的著录以外，流散海外的资料还有很多，例如：饶宗颐《巴黎所见甲骨录》，贝冢茂树《京都大学人文科学研究所藏甲骨文字》，松丸道雄《日本散见甲骨文字搜汇》，许进雄《加拿大皇家安大略博物馆藏明义士旧藏甲骨文字》，周鸿翔《美国所藏甲骨录》，许进雄《加拿大皇家安大略博物馆藏怀特氏等收藏甲骨文集》，松丸道雄《东京大学东洋文化研究所藏甲骨文字》，雷焕章《法国所藏甲骨录》，李学勤、齐文心、艾兰《英国所藏甲骨集》等，这些材料也要一一加以研读。前期工作繁杂而艰苦，每当困难时刻，浩坤师都会谆谆教诲，耐心解惑，有时还会喊我到他家里，做顿好吃的加以鼓励……今天回忆起来，仍历历在目，犹如昨天。

1991年6月，在浩坤师的指导下，我的博士论文《殷代祭礼研究》通过审核和答辩，我获得了复旦大学历史学博士学位，完成了我的求学生涯。回顾六年的研究生学习阶段，感慨万千。可以说,在我最为重要的人生阶段,是浩坤师的引领、扶持和鼓励,帮助我克服困难,勇往直前,实现人生的价值。如今恩师已然仙逝,离我们而去,但他的宁静、宽厚、谦逊等知识分子的高尚气质会永远伴随着我们以及我们的学生。斯人虽去,浩气长存!山高水长,怀念恩师!

吴浩坤先生与朱顺龙合影

回忆吴浩坤老师二三事

周桂发*

我是1984年9月考入复旦大学历史系的,在大一的时候,我们都必修"中国古代史"这门课。本来这门课应该是邓廷爵副教授上的,但因为邓先生身体欠佳,系里安排还是讲师的吴浩坤老师来顶替上夏商周部分,我就这样认识了吴老师。他的讲课内容大都忘了,唯独对他的带有宜兴口音的"甲骨文就是在乌龟(居)壳上刻的字"一句话印象深刻。到了大三、大四时候,我开始对中国古代史感兴趣,于是就选修了吴老师的"古文字学"和袁樾方老师的"中国古代建筑史"等课程,还购买了吴老师和潘悠老师合著的《中国甲骨学史》一书。我有一阵子对"在乌龟(居)壳上刻的字"——甲骨文着迷,到图书馆查找大部头的《甲骨文合集》,那时没有复印条件,我找了一些透明薄膜纸,用圆珠笔勾摹了一些较大的甲骨片文字。到大四做毕业论文时,吴老师指导我写《试论先周族的起源》一文,尽管论文写得很幼稚,蒙吴老师厚爱,居然给了优秀的成绩。1988年考研究生,我和一些同学因各种原因,以保留一到三年的学籍资格,暂时分配留在学校档案馆,从事两年校史编写工作。

安排我在博物馆值三年夜班苦练书法

1990年9月,我从档案馆回到历史系开始读吴老师的研究生,那时他已经担任文博学院副院长兼文博系主任,办公地点在200号。200号楼当时是文博系、博物馆所在地,底楼有教室、教研室、资料室、文物库房,二楼是文物陈列室和台湾高山族博物馆。作为独立的一幢楼,为安全起见,还聘请两位退休师傅轮流值夜班。有一天,吴老师找我到他办公室聊天,问起我家庭情况,了解到我来自嘉定桃浦农村,于是说:"你也可以在博物馆值夜班,作

---

* 周桂发,复旦大学退管会常务副主任。

为勤工助学,给你一些贴补。"这样,我的值班室就搭在教研室里,用隔板辟了一个可以睡觉的小空间,一直延续了近三年时间。在博物馆值夜班三年期间,我如鱼得水,我可以安静地看书写字。我的书法就是在那三年,心无旁骛地埋头苦练,隶、楷、行书等水平,得到了很大提高。

吴老师总是为别人考虑,自己的事从不麻烦别人。记得有一次吴老师有几天没出现在学院里了,我到他家去看看,结果发现他身边多了一副拐杖,我问他怎么回事,他说擦窗时不小心掉下来,将脚给扭伤了。我心疼地说:"您为什么不叫我们学生来干呢?"潘悠老师说,吴老师说学生主要任务是学习,时间很宝贵,他从来不会让学生来干家务事,更不会像其他老师让学生来做查资料、抄写书稿等事情,他都是自己亲力亲为。

那时,文博系的张鸣环、袁樾方等老师即将退休,为培养接班人,吴老师有意让我接袁樾方老师的中国古代建筑史等方面的课程,于是请中国社科院考古研究所的杨鸿勋先生来指导我研究生毕业论文,给定论文题目《试论汉明器所反映的建筑形制》。等到1993年7月临近毕业时,我听说有一位从同济大学建筑系毕业的博士调过来了,是著名古建园林专家陈从周先生的弟子,叫蔡达峰。那时,历史系刚开办旅游专业,时任历史系总支书记牟元珪老师找我谈话,把我留在旅游专业,并担任1993级第一届旅游专业的学生辅导员。

晚年编撰完成《战国会要》

尽管阴差阳错,我从文博专业转岗旅游专业,后来1997年又从历史系调到学校机关,从事文科科研管理工作,但与文博系,与吴老师还有着千丝万缕的联系。

2003年9月复旦大学文科科研处设立了"三金计划"项目:资助年轻人学术的"金苗计划"、中年人的"金穗计划"、退休老先生的"金秋计划"。我时任文科科研处副处长,有一天,我去第二宿舍看望吴老师。我看到他书桌上堆了许多书和一大摞书稿,我问他退休了还在忙啥?他说在整理《战国会要》,然后跟我简单介绍《战国会要》的来龙去脉,所以我就动员他申报"金秋"项目。没过多久,他就申报了当年的"金秋计划"项目。2004年5月,我从文科科研处调到宣传部工作。2006年3月开学后的一天,吴老师亲自来到我办公室,拿来两大本深红封面的《战国会要》(上、下册),扉页上已经给我题签好了:桂发惠存　浩坤　零六年三月。

他一再向我表示感谢文科科研处对他这本书整理编撰的经费资助。他小坐一会儿,就跟我告辞了。我粗粗翻阅了这厚重的两大册,在出版说明和后记中才第一次了解到吴老师等为编撰《战国会要》竟然花了二十多年时间。

亲书挽联祭吾师

2010年初,我从校党委宣传部调任档案馆馆长。2014年1月22日,我应邀参加在200号楼举行的"复旦大学博物馆藏甲骨整理出版"项目启动会,那天吴老师也出席了,在会上他深情地回忆了他的老师胡厚宣先生当年收集博物馆馆藏三百多片甲骨的艰辛过程,长达二十多分钟的叙述,令在场的嘉宾师生感动不已。会议结束后,我交给吴老师我从档案馆找出的他当年填写的四张学生登记表复印件,他看了以后激动地说虽吉光片羽,亦弥足珍贵。在去旦苑餐厅的路上,他一边走,一边跟我讲述他和潘悠老师合著的《中国甲骨学史》,从出版上海人民版,再出版台湾繁体字版,一直到出版和韩文版的详细过程。因为从事档案工作的关系,我那天有意识地对研讨会和路上谈话做了全程录音,留下了吴老师珍贵的口述资料。如今静下听来,吴老师的音容笑貌,宛在眼前。

记得最后一次见到吴老师是在2017年上半年,有一天中午我路过旦苑餐厅三楼食堂,历史系退休教师正在聚餐,我被傅德华老师拖过来与老师们一起吃饭,我见到了吴老师,好久不见,吴老师竟面容清癯,比以前消瘦了许多,我问他怎么回事?他淡淡地一笑,只说是最近胃口不太好,老来瘦嘛。2017年10月底,我在校园里碰到历史系83级的赵立行、杨华等毕业30周年的师兄师姐,已是武汉大学历史系教授博导的杨华向我问起吴老师的近况,说武大出版社拟重新再版吴老师的《中国甲骨学史》,希望得到吴老师的允准,并要去了吴老师的联系方式。

半个多月后,我从傅德华老师那边得到噩耗,吴老师已于11月12日溘然长逝矣,不禁悲从中来。三天后,我去第二宿舍吴老师家吊唁。我与吴靓大姐和老朱商量后事办理情况,我们找出吴老师80年代补发的研究生毕业文凭、国务院特殊津贴证书等以及一些照片,请系里李春博老师扫描后制成PPT,拟在龙华殡仪馆大厅里循环播放。在谈到要写一副巨幅挽联时,我与杨志刚师兄商议,恭请老法师郑宝恒撰写。郑老师费心琢磨了两天,终于拟就了一对藏头挽联:

浩志文博桃李遍南北　　坤舆甲骨述著传西东

联语高度概括了吴老师在文博教育,在历史地理、甲骨学研究等方面的杰出贡献。我主动请缨书写挽联,吴大姐特地从殡仪馆买来两副空白长联交给我。那天傍晚下班后,外面下着大雨,我在会议室里,将长联摊在桌子上,手握大笔,饱含深情,写下挽联,一副写后不满意,再写一副,挑选其中较为满意的一副,交给吴大姐。

周桂发为吴浩坤先生书写挽联

第二天,在龙华殡仪馆大厅里,吴老师的遗像两旁,悬挂着由郑宝恒老师撰写和我书写的巨幅藏头挽联,引来现场参加告别式的师友们的啧啧赞许。我仰望着吴老师微笑的遗像,心中默默地说,吴老师,您对我的恩情无以回报,唯有这副亲书挽联,寄托着我无限的哀思!

吴老师,您一路走好!

吴浩坤先生与周桂发合影

高山仰止　师恩永怀

陈　江[*]

人到了一定的年龄,许多往事犹如过眼云烟,随着时光的流逝而被悄然淡忘,不复留存于记忆之中,但也有一些经历却时时萦绕于脑海,历久弥新,永不忘怀,我考取复旦大学历史系文物与博物馆学专业的硕士研究生,师从吴浩坤先生后的点点滴滴就属于后者。

我在少年时代曾热衷于研习书画、篆刻,在临摹各体书法和古代玺印的过程中,接触了大量的碑刻、法帖、画册、印谱,包括甲骨文、金文的拓片,由此激起对金石书画的浓郁兴趣。十年动乱结束后,我考入历史学本科学习,虽接触的基本史料为传世文献,但尤醉心于王国维的"二重证据法",故本科期间曾以战国中山国遗址、新出土居延汉简等考古发现为研究对象,证以文献,撰写过几篇习作。本科毕业后,见复旦大学历史系杨宽先生首次招收文博专业的研究生,正切合我的兴趣,心向往之,于是全力以赴复习备考,终于如愿以偿。然而,1984年9月入学时,杨宽先生已赴美寓居,历史系只能指派其他老师代为带教。当时,系里负责文博专业筹办以及该专业首批研究生日常管理的是文博教研室主任吴浩坤先生,因此,我们这一届的数名同学,虽挂名于杨先生门下,实际上都有幸成为吴老师的学生。

复旦历史系对首届文博专业的研究生是非常重视的,先后参与我们课程教学的除吴老师,还有朱维铮、张鸣环、袁樾方等老师。学程的后半段,从培养文物博物馆学的专业素养考虑,历史系还聘请了诸多文博界、学术界大师级的著名学者担任我们的兼职教授,如书画鉴定专家谢稚柳、青铜器专家马承源、陶瓷器专家汪庆正、考古学专家黄宣佩、目录版本学专家顾廷龙、科技史专家胡道静等。我在上海博物馆书画部实习期间,即师从谢老学习书画史和书画鉴定。

---

[*] 陈江,华东师范大学历史系教授。

当然,为我们的学业操心操劳,付出最多的是吴老师。从入学后的专业课程设置、个性化研究方向确定到教学实习的部署、专业考察的实行、学位论文的指导等,都由吴老师为我们一个一个悉心安排,一步一步循序推进。尤令人感动的是,吴老师对待学生始终展现出一种温良敦厚的长者风范,循循善诱,和颜悦色,即便是批评,也是语重心长,委婉而平和。在我与吴老师的接触中,时时刻刻都感受到他对我们真真切切的关心、爱护、体谅和宽容,因此,每每在吴老师身旁,聆听他的教诲时,真令人有如临煦日、如沐春风之感。

在师从吴老师的日子里,有件琐事一直记忆犹新。我在研究生后期撰写学位论文时,仍出于对历史学和文博学的双重兴趣,选择的论题是宋代金石学研究,试图在梳理宋代金石学发展状况的基础上,从学术史、古器物学、艺术学等多个角度进行考察与论述。此前,我曾用一年的时间作了比较充实的资料准备工作,所以信心满满,自我感觉良好。我到吴老师府上汇报和请教时,吴老师对我的选题给予了肯定,并就论文的构思与章节的安排作了细致的指导。当时,吴老师不仅承担着繁重的教学、科研工作,而且为文博专业的筹建殚精竭虑,事事操劳,再加上师母潘老师身患疾病,需要照顾,因此忙得不可开交。在听取指教的过程中,我也在老师的眉宇间看出了几丝疲惫。出于对老师的敬重,怕他过于操劳而影响健康,当然,潜意识中的过度自信也在作祟,告辞之际我脱口而出:"老师,您如果忙不过来,不必为我操心,我自己可以把论文初稿写出来。"事后回想,这句话是何等的轻慢、骄狂,但当时吴老师却无半句批评之语,送我出门时仍是鼓励有加。几天以后,吴老师托同学给我带话,嘱我千万不要低估论文选题的难度,理论、史料、分析、论述等各方面都须仔细下功夫。吴老师的指教让我警醒,其间的良苦用心也令我深深感动,老师既不愿意伤害我的自信心和自尊心,同时又以恰当的方式适时给予我指点和提醒。由此,我更加努力,遇有问题及时向吴老师请教,初稿完成后呈交老师,老师又予以肯定并提出许多切中要害的修改意见。论文答辩时,我与另外两名同学的论文都顺利通过。会后聚餐,吴老师很为我们高兴,师生围坐一席,欢声笑语,其乐融融的情景,至今历历在目。

毕业离校后,我的专业道路,包括后来的读博以及在华东师范大学历史系任教,虽以传统历史学为主,但始终没有放弃文物博物馆学的研究方向。我长期为本科生开设"考古与文博"的专业基础课,科研中以金石书画作为研究对象的论著也占有一定比例,并且多年承担华东师大古钱币博物馆和历史文物博物馆馆长的工作。这些都与我在复旦大学文博专业的求学经历密切相关,其中,吴老师对我的学术影响尤为深刻。三十余年,我与吴老师一直保持联系,延续着深厚的师生情谊。每隔一段时间,我总要去拜访一下吴老师,在流行短信拜年之前,每逢春节,我都会给吴老师寄上一张贺卡,致以问候,恭贺新年,而吴老师也总要给我一个回音,"贺卡收到了,谢谢"。我与吴老师见面,每次都聊得非常开心,吴老师一如既往地以长者的宽厚与慈祥,给予我谆谆教诲和无私的关爱,甚至在他住院刚动完手术之时,仍非常关心我的工作与生活,而对自己的病情却很少谈及。尤其令我感动的是,我们毕业多年后,吴老师依然视学生的事为自己的事,不遗余力地给我们以帮助。有一次,我到吴老师府上拜访,而在此之前我恰与一位同行发生了一些误会,心中有些纠结。吴老师与我交谈时,觉察到我似有心事,于是再三询问,我不好意思地将事情的缘由讲了一遍。吴老师当即抄起电话,对我说,不要烦恼,我来出面打个招呼,帮你们疏通一下。那位同行也曾受惠于吴老师,所以吴老师的疏通立竿见影,自此,我与那位同行尽释前嫌,相处得十分融洽,成为很好的朋友。

  吴老师不仅以言传身教培养了一代一代的学子,而且以其论著蜚声史林,嘉惠后人。吴老师是1949年以来复旦大学历史系培养的最早的研究生,虽生平坎坷,但仍在学术上作出杰出贡献。他的学风以史料见长,实证为主,所撰《古史探索与古籍研究》、《中国甲骨学史》、《战国会要》等十余部专著,以及数十篇论文,皆为学界中人激赏称道。不过,从我本科、硕士、博士的经历,以及从教三十余年的经验看,对本科高年级、硕士生和部分博士生而言,直接受益最大的还是吴老师撰写的为后学指点门径的著作。例如,从事传统文史研究,必备的基本功是古籍的阅读和史料的运用,由此涉及文字、音韵、训诂、目录、版本、校勘等文献学的基础学科,以及天文、地理、年代、职官等古代文化的专门之学。这些不可能全由老师来教授,必须自己通过各类工具书找到门径,逐渐提升阅读和运用史料的能力。吴老师与王明根、柏明两位老师合著的《文史工具书的源流和使用》是介绍并指导如何使用工具书的专门之作。该书出版于1980年,我本人在读本科和研究生时就从这部著作中深获教益,后来虽有不少同类著作出版,但我至今依然认为,吴、王、柏三位老师的这部著作是最好的。书中对各类文史工具书源流的梳理和叙述简洁明了,清晰精准,而使用方法的介绍更是来自亲身体验,具有极高的实用性。为此,我一直对自己的学生极力推荐这部著作,将其列为入门的必读书。吴老师与师母潘悠老师合著的《中国甲骨学史》也是一部指点后学入门的上佳之作。甲骨文自发现以来,有关的传闻极多,甲骨学作为国际性的显学虽已取得很大成果,但也留下不少问题。吴老师、潘老师的著作篇幅适当,而信息量极大。书中对甲骨文的发现和甲骨学形成、发展的历史进程作了清晰明了的叙述,并对不少传闻作了考辨;对甲骨学涉及的各个方面,包括至本世纪初的进展以及留存的问题,也都有翔实的介绍与分析。有志于研习殷商史和甲骨学的,完全可以借此摸到正确的门径,少走许多弯路。所以,也是我向学生极力推荐的著作。

吴老师虽离我们而去,但他的音容笑貌和谆谆教诲却深深印在我们的心底,永远不会忘怀。他的著作也将陪伴着一代一代的学子,指点他们顺利走上正确的求学途径。

陈江近影

记吴浩坤先生在筹建复旦大学文博学院的日子里

陈克伦*

1983年冬,复旦大学与国家文物局协议共同创办第一届两年制文博干部专修班。当时积极筹办此事的有国家文物局顾问谢辰生先生、庄敏副局长、教育处冯平处长等,复旦大学参与此事的主要是历史系姜义华、朱维铮、吴浩坤等几位先生。尽管复旦有很强的历史学科基础,但是缺乏考古、文物、博物馆方面的专业基础,复旦培训文博干部一事在外界引起一些质疑。当时正处改革开放初期,"文化大革命"结束以后,全国文博界专业人员青黄不接,从业者普遍缺乏学历培训,因此报名者非常踊跃。考试由复旦组织,在全国设立几个考点,最终从上千报名者中录取了59名学员,在1984年春季入学。学员中大多是省级以上文博单位的业务骨干,毕业以后在各自的岗位上发挥了非常好的作用,几年以后一些学员纷纷担任单位的领导,如陕西省三大博物馆——陕西省历史博物馆、临潼博物馆和西安碑林博物馆的馆长都来自复旦首届文博干部专修班。这是全国第一个文博干部专修班,也是复旦大学文博专业的起点,是成功的开端。

与此同时,复旦大学文博专业研究生的招生方案也随之出台,招收的学生主要是文物和考古方向的,基础课师资依靠复旦大学,专业课师资来自博物馆(青铜、陶瓷、书画、钱币、碑帖、考古学方向)、图书馆(版本学方向)和社科院(上海历史方向),聘请马承源、汪庆正、黄宣佩、谢稚柳、顾廷龙、胡道静等资深文博专家为导师。首届研究生招收了9位同学,大部分是应届本科生,也有本科毕业后在博物馆或者中学工作两年的学生。研究生1984年秋季入学。吴浩坤先生在十分困难的条件下担任历史系文博教研室主任,主持各项教学、科研工作。1985年秋天,复旦大学文博专业首届33名本科生入学。

---

* 陈克伦,上海博物馆副馆长。

干部专修班、研究生和本科生先后开学,但是复旦"文博专业"尚未在国家教委注册,为此,已经担任历史系文物与博物馆学教研室主任的吴浩坤先生不断与我商量,陆续制定了从大专、本科至硕士的教学计划。为了突出复旦的特殊性,我们与物理二系的杨植震和唐静娟两位老师,以及当时刚刚建立的复旦"测试中心"的费伦主任合作,利用现代科技作为文物研究新方法,突出"文理结合"的特色,这在当时是全国未曾有过的、开创先河的一个做法,不仅成为复旦文博的一大特色,为专业的建立奠定了基础,而且得到了国家教委和国家文物局的高度认可。与此同时,吴浩坤先生和他的同事们积极开展各项活动:1986年邀请日本著名博物馆学、动物学专家鹤田总一郎教授来上海,在国内首次举办全国性的"博物馆学培训班",参加者多为各地博物馆的领导。1987年在全国招收首届"文物保护"研究生班,该班学员目前已经成为国内文物保护领域的中坚力量。从1987年开始筹办复旦大学博物馆作为专业的实习基地,为了充实博物馆馆藏,上海博物馆慷慨调拨了整套中国古代钱币和一批陈列橱柜;从生物系借来了20世纪30年代人类学刘咸教授从台湾征集的少数民族文物(这批文物是大陆最重要三大台湾少数民族文物收藏之一,现在已归复旦博物馆)。博物馆选址为复旦200号二楼,面积不大、装修(包括各种设备)花费几十万,虽然比较粗糙,但这就是博物馆的开创期,由吴老师组织,一些老师、同学积极参与其中。博物馆于1988年开放。这些活动大大提升了复旦文博在全国业界的知名度。

为了把复旦文博提升到一个新的高度,吴浩坤先生殚精竭虑,与国家文物局、国家教委领导以及上海市文管会、上海博物馆等单位的专家、领导如方行、马承源、汪庆正先生等积极沟通、商议,筹备成立复旦大学文博学院,筹备工作也得到了复旦大学谢希德校长、庄锡昌副校长等领导的大力支持。1988年5月,由国家教委、国家文物局、复旦大学和上海博物馆四方联合举办的"复旦大学文博学院"正式成立,下辖文物博物馆学系、文物保护科学系和历史学系。这是国内第一家文博学院,从此开创了中国国内文物学、博物馆学、考古学、文物保护学联合教学,人文科学与自然科学相结合的模式,迈出了培养新一代文物、博物馆工作者的第一步。吴浩坤先生在其中发挥了重要的作用。

为庆贺复旦大学文博学院的成立,国内学术及文博界的科学家、老领导、老先生纷纷送来墨宝庆贺,其中有廖井丹、张承宗、苏步青、谢希德、周谷城、袁振、费孝通、胡厚宣、严济慈、王振铎、傅振伦、楚图南、吴泽、杨仁恺、刘九庵、冯先铭、史树青、俞伟超等先生;沪上的一些著名书画家也纷纷送来了他们的作品,其中有谢稚柳、唐云、程十发、刘旦宅、陈佩秋、戴敦邦、曹简楼、钱君匋、林曦明、吴青霞、沈柔坚、应野平、韩天衡等先生。

复旦大学文博学院成立以后,与国家文物局、上海博物馆的关系更加紧密,在教学、科研方面开创了理论与实践相结合的途径,为全国文博界培养了许多人才。据不完全统计,自1984年2月第一届文博干部专修班开学起至1996年1月吴浩坤先生退休止,在吴先生主持下,复旦文博学院一共培养了九届面向全国文博界招生的干部专修班350名学员,培养七届本科生152名学生,由吴先生亲自带教的硕士、博士研究生共36名。这些学生无论在文物博物馆还是在高校等单位都发挥了重要作用,吴先生看到了学生们的成长,也为他们的成就感到骄傲。

吴浩坤先生与陈克伦(左一)、张持平(左三)在复旦大学校门口合影

为人、为师、为长的真实写照
——记浩坤先生二三事

薛明扬[*]

浩坤先生留下的相册里给我印象最深的是那张在田野与耕牛的合影,照片上是我们所熟悉的笑容,从容自信,淳厚朴实,耕牛在旁边的陪伴,平添了些许念想。

记得20世纪复旦大学文物与博物馆学系初创时,大家都戏称为复旦规模最小、人数最少的系。挑起系主任的担子不久,浩坤师就面临着承担国家重大专项任务的压力。当年,为使各地文物管理干部尽快提升业务能力,国家文物局决定委托复旦大学文博系举办文博干部专修科,每年招收地方博物馆等文物管理单位的业务骨干,来学校集中脱产学习。要让来自天南海北的学员学到真本领,浩坤师费尽了心思,数次赴京协商,四处奔走落实,很快配齐了在今天看来都应该是超级豪华的师资队伍。由时任上海博物馆馆长的马承源先生领衔,集聚了青铜、陶瓷、玉器、书画、钱币等领域的顶级专家,专门为这批业务骨干开设课程。同时,为了使本系青年教师教学科研水平能有跨越式的发展,浩坤师还有意识地安排了数位"青椒"跟随上博导师当徒弟。众弟子在教室学专业知识,进库房熟悉藏品,数年间的耳濡目染,有着意想不到的收获。他们后来大部分成为能独当一面的行家里手和所在单位的四梁八柱,先后走上了领导岗位。今天,去西安,去洛阳,去敦煌,都有文博干部专修科的毕业生,甚至在东北,在海南,还可以遇见浩坤师当年亲自教过的学生。而当年跟随"学艺"的青年教师也都成为各自专业领域的学术名家。

不得不提一句,德高望重的马馆长率领专家团队勤勤恳恳任教,而浩坤师代表学校能给的待遇说来实在惭愧。当年市内交通不方便,从中心城区到复旦还要公交换乘,著名专家来上半天课,我们也只能支付区区二三十元的车马费。看看今天大大小小的专家活跃在

---

[*] 薛明扬,复旦大学党办原副主任、上海市教委原主任。

各式各样的讲坛上，动辄几千上万的出场费，我总有一种恍若隔世的感觉。

20世纪80年代高校教师的待遇除了国家工资，几乎没有其他津贴或绩效之类的收入，所谓的年度奖金要靠各单位各部门去"创收"才有着落，还要像生产队记工分那样将上课时数折算才能发放。传统人文学科创收无门，院系集体收入极少，僧多粥少，如何分配成为横亘在当家人面前的难题。有很长一段时期，浩坤师一直为拿不出像样的薪酬给请来的大专家而发愁，同样也为无法提高身边青年教师的收入而苦恼。最终他的选择就是亏待自己。作为系主任，又是文博专业当时唯一的正教授，浩坤师承担的教学任务是极其繁重的，既有本科生和研究生的课程，还有文博干部专修科的课程，再加上日常管理工作，工作量之大可想而知。然而每到年终分配奖金，浩坤师就会主动提出计算工作量的"封顶"概念。其实他比谁都明白，每次封掉"多余"的工作量就是对着他自己。平时自己多干点，年终还要少拿点，"多想点办法关心关心年轻人，让大家更有积极性"。

浩坤师喜欢下棋，与徐连达师是多年的棋友。记得当年就是在徐师家中第一次见到两位先生对弈。双方都擅下快棋，不喜长考，只见棋枰落子如飞，煞是热闹。间或评判几句，间或戏谑数语，下完一盘，接着再下。两位先生从不计较黑子白子间的胜负，不关心得失，弈棋权当休息换脑。今天，我经常会回想起当年的场景，回想起浩坤师弈棋时的快乐。的确，棋品如人品，如此洒脱的棋风，就是看淡了胜负得失取舍，就是浩坤师一生为人，为师，为长的真实写照。

吴浩坤先生与薛明扬合影

燕园徘徊忆吾师
——怀念吴浩坤先生

石建邦[*]

去年暮秋初冬时节,听到吴浩坤先生逝世的消息,震惊痛惜之余,往事历历,曷禁伤感。追悼会那天,天气骤冷,但许多人自发前往,有的学生甚至特地从外地赶来,送吴先生最后一程。那天现场,久别重逢许多复旦大学的师友学长,大家一起默默送别尊敬的吴先生,此情此景,更令我心里百感交集。

一

实在说来,有一件事总让我觉得愧对吴先生。

那是2015年9月,我们历史系8514班回到复旦园,搞了一次入校三十周年同学聚会。事先大家委托我等几个上海同学筹办张罗,由于准备工作匆促,听信某同学的误传,误以为吴先生已不在了。伤感惋惜之余,我们也没有认真核实求证,总以为那位同学所说,应该是"权威的"。

那天聚会,现场气氛热烈融洽。当年的班主任张广智先生及其夫人,辅导员吴根梁老师,负责学生工作的孙锐老师,还有文博系陈克伦老师,包括现在的历史系主任黄洋老师等都来了。聚会上,从全国各地回到母校的同学们兴奋回忆别后种种,师生其乐融融。来自中国国家博物馆的隋立新同学,当场深情回忆起吴浩坤老师当年为了她毕业分配的事情,不辞辛苦,所给予的种种帮助,感念追忆之情溢于言表。陈克伦老师当场打断澄清,说吴先生还健在,住在乡下,好好的呢,哪里听来的误传。隋同学听了惊喜交加,立马破涕为笑。

---

[*] 石建邦,原复旦大学文博系教师。

我在边上听了,心中惶愧不已,深感自责。好比写文章不经求证,引用了错误的史料,犯了学历史的大忌,好汗颜。为此深感自己的工作没有做好,轻信误传,真心对不起吴先生。当时就打定主意,一定要设法找到他。

二

聚会结束不久,我就将此事郑重托付文博系的刘朝晖兄,请他帮忙落实打听。大概过了一两个月,朝晖兄给我找到了吴先生的联络方式。我欣喜不已,当即拨通了电话。电话那头传来吴先生亲切平和的声音,虽然睽违好多年,老师还记得我。我说同学们都很想念他,有机会的话想来看看他,现在交通方便,到溧阳来去也很容易。吴老师说他不久就会回上海小住,到时候再见面。

转眼是2016年年头,我终于得知吴先生回到复旦,于是怀着忐忑起伏的心情,来到复旦教工第二宿舍熟悉的小区。吴先生给我开门,丝毫不见老态,还是那么干干净净,温文儒雅。这位大学时代的系篮球队员,依旧腰板挺直。我在沙发上坐定,刚要赞美几句先生身体健朗,但他摇了摇头,却说自己前面六七年可是受尽折磨,各种疾病缠身。有好几次躺在新华医院的病房里,可谓九死一生。我听了心里不胜感触,想到先生一辈子所遭受的坎坷蹭蹬,特别是早年被打为"右派"的经历,觉得应该用个什么方式让大家知晓。而且,复旦历史系当年老一辈的世事沧桑,我们现在所知甚少,也应该让后面的人有所了解。当时心念一动,我就和吴先生说,我和《东方早报》有关栏目的编辑记者还算熟稔,老师要是有兴趣,我请他们过来,随便聊聊您这半个世纪多走过的路,顺便讲讲以前复旦历史系的故事。以史为鉴,这对我们后辈也是一种宝贵的启迪和教育。吴先生听了我的话,起初不置可否,沉吟不语,似乎有所顾忌。我怕他一贯谨慎,就说只是随便聊聊,完全不用担心。最后,先生似乎心有所动,总算答应了。

得到允许,我于是马上通知《东方早报·上海书评》的郑诗亮,第二个礼拜就和他再次来到吴先生府上,做专题采访。那天上午,吴先生兴致很高,娓娓道来,如数家珍,一口气讲了近三个小时,回忆得非常好。我还从来没有听到过吴先生一下子说这么多,关于他的过去经历,以前他很少提起。结束后老师还要坚持留我们吃饭,可惜我和小郑实在因为各自有事,只得婉言谢绝。小郑也是复旦毕业,对文史掌故非常专业,历史系陈绛老师的《陈绛谈螺洲陈家》等访问就是他做的。他也非常认真敬业,后来还把稿件做好让吴先生订正修改了两次。不久,在 2016 年的 4 月 17 日,《东方早报·上海书评》以两个整版的文字内容,加上一整版的封面题图,共计三个整版专题发表了《吴浩坤谈复旦历史文博系师友》一文,披露了当年许多鲜为人知的故事,有声有色。这一专访引起很大反响,各大网站随即有许多转载。尤其是在复旦历史、文博两系,大家反应热烈。报纸出来当天,我第一时间打电话向已回乡下的吴先生报告,并兴冲冲跑了我家附近四五个书报亭,方始凑齐近三十份报纸,立即快递了一大半给他。

这件事情的促成,也算聊补我心中对吴先生的歉疚。如今,《东方早报》和吴先生一样都已不在了,但吴先生生前留下的这份鲜活回忆却永驻人间,更显得弥足珍贵。

三

师恩难忘,回想起来,我内心深处对吴先生的抱愧歉疚,不止这些。

我是 1985 年考入复旦大学历史系文物与博物馆专业的,也是该专业招收的首届本科生。前面几届招收的都是来自全国各地文博系统的干部专修生,学制两年。好像当时有这么一个说法,时任国家文物局副局长的庄敏,是上海人,和上博马承源馆长是大夏大学时的同学,俩人一起搞学生运动,是地下工作者,关系非常好。他们有意要打破北大考古系一家独大的局面,希望在南方寻找一个学术机构,为全国文博系统培养文物研究、保护以及博物馆管理人才。复旦大学得天独厚,正好具备这样的条件,历史系之外,物理二系对文物保护素有研究,而且设备先进,条件优越。其实,这也是时代所趋,改革开放以后,文博事业飞速发展,培养文物与博物馆人才成为当务之急,而原来的考古专业设置已经远远不能满足这种需要了。

所以复旦文物与博物馆专业的筹备和建立,与国家文物局、上海市文管会和上海博物馆等方面的支持配合关系甚大。记得我们读书的时候,也曾见到过庄敏副局长来复旦,好像有次举办讲座,他就站在 3108 教室外的走廊里,一位和蔼可亲的瘦小老人,丝毫没有官架子。听一位老师说,在我刚进校的前一年,国家文物局财大气粗,一下子划拨好几十万经费。那时历史系的负责人真实诚,觉得用不了,主动退了回去。到了第二年,他们脑子转过来了想要,却又要不到了。当然,当时为筹办这个专业,历史系很多人竞相奔走出力,但具体负责出力最多的则是吴先生。

当时我们这个文博专业仅有十七位学员,来自天南海北。甫入校,我们就知道了吴先生的大名,知道他是文博专业的具体负责人,是著名的甲骨学专家。但由于大学本科四年,前两年是和历史专业的同学一起上的,接受的都是以通史为主的基础课教育。所以开始时,我们和吴先生接触得并不算多,反倒是陈克伦老师,因为负责这个专业的许多具体事务,和我们走得最近。

当时的基础教学,给我们配备的师资力量真是雄厚,今天想来都是有真本事的,而且各有风采。记得本系有,许道勋老师给我们上"历史文选",朱维铮老师讲"中国史学史",赵克尧老师讲"唐代史",姜义华老师上"史学概论"。讲"近代史"的陈绛教授乃名门之后,出身近代有名的"螺洲陈家"。还有精通五门外语的金重远教授,为我们讲"法国大革命"和"西方二次大战史",那真是幽默风趣,深入浅出。不唯如此,我们的"中国文学史"课是请中文系的陈尚君老师上的,"西方文学史"课是请外文系的教授讲的,其中"俄罗斯文学"记得是翁义钦先生上的。凡此种种,当年真可谓群贤毕至,名师荟萃。

尽管开始的前两年,我们和吴先生的接触并不多。但在有些重要的讲座活动等场合,我们也经常有机会看到吴先生忙前忙后的身影。我们都知道他和他夫人都是著名甲骨学专家胡厚宣先生的得意弟子,我们刚进大学时,他们夫妇合著的《中国甲骨学史》正好刚刚出版。有一次,吴先生还专门把他的老师胡厚宣先生请来,为我们做了一次别开生面的甲骨学讲座,至今记忆犹新。

四

前面讲过,当初我们这个文博专业,真可谓是开门办学,三、四年级上专业课时,有半数以上的老师都是从外面请来的。当时上海博物馆的马承源、汪庆正、费钦生、陈佩芬、黄宣佩、孙仲汇、张明华,南京博物院的梁白泉、张浦生,国家文物局的朱启新等都是我们的兼职教授或兼任教师。许多老师给我们上课的情景历历在目,丰富多彩。此外,系里还不时聘请外籍专家给我们举办讲座,内容也十分多元丰富。临毕业实习时,我们又在南京博物院待了两个多月,还去常州、扬州以及北京等地做实地考察。

应该是1989年初吧,复旦文博学院在今天的燕园宾馆隆重成立,我和班上的几位同学参与了筹备接待工作。记得成立大会的横幅,就是由我遵负责老师之命勉为书就的,也不管漂亮不漂亮,就挂了起来。那次大会,让我们见识了许多社会各界有名的"大咖"。会前我和文博干训班的钱浚(后任常熟博物馆馆长)一起专程去虹桥机场迎接来自沈阳辽宁省博物馆的杨仁恺先生。老先生一路乐呵呵,丝毫没有架子。后来他还给我写了好几封信,为我解疑答惑。记得开会那天早上,第一个前来签到的是个中等身材的小胡子,貌不惊人。他拿起毛笔来,二话不说,"唰唰唰"签上自己的大名。我一看,原来是画家刘旦宅。吃中饭的时候,我有幸和顾廷龙、胡道静、谢稚柳等老先生坐在一桌。记得和谢老坐在一起的不知是谁,此公一边吃饭一边挥舞着筷子,侃侃而谈,不时"侵犯"谢老的"地盘",逼得老先生一脸无奈,有好几次侧目斜视。当年的热闹盛况,今天想来兀自不胜神往。

吴先生那次全程主持了大会,并且迎来送往,接待方方面面的友好宾朋。记忆中非常深刻的一个细节是,那天上午的会议,汪庆正先生满面愁容,状态非常不安。原来他儿子被医院诊断疑患癌症,正在等待医院确诊结果,因此心事重重。吴先生得知情况后,非常焦急,关切之情溢于言表。下午,汪先生得到消息,确认系医院误诊,马上心情大好,吴先生也像一块石头落了地,表情舒展开来。

五

1989年夏天我毕业,如愿以偿留校,分配在文博系任教。当时按照规定,先下乡南汇支教一年,于翌年再回到复旦述职。记得第二年秋天回到美丽的复旦园,正式开始上班前,学校人事处把我们这批七八位支教的新人和各单位领导召集起来,搞了一次座谈会。吴先生作为我的领导,也来参加了。会上,每个系的领导对自己的新人说了些嘉勉的话。轮到吴先生发言,他不急不慢,一上来就夸奖我聪明能干,随即举了一个具体例子。有一年,四川大学著名考古学家童恩正,也就是当年有名的科幻小说《珊瑚岛上的死光》的作者,来我们系里作讲座。他通过丰富的考古发掘资料,给我们讲古代中国西部存在着一个半月形边地文化传播带。但课堂上缺少一张中国地图,我就自告奋勇,上去随手在黑板上画了一个地图轮廓,基本不差。没有想到,这件小事竟被吴先生记在心里,在座谈会上讲起,弄得我很有"面子",内心很是沾沾自喜。

我对文博系充满感情,留校当老师,也曾憧憬过美好的学术梦想。吴先生先是分派我做北京朱启新老先生"文物学概论"一课的助手,得以亲炙其循循善诱的教诲,获益匪浅。不久吴先生放手让我独立上课,还曾突然袭击,偷偷亲自前来听课,弄得我在讲台上诚惶诚恐。今天回想起来,吴先生当时对我们非常宽容,并时常给予鼓励,系里的很多事情只要你愿意,都会放手让你去做,充满信任。记得我曾经负责为系资料室采购过一批图书,当时凭自己的一时偏好，顺便买了介绍大都会博物馆、艾尔米塔奇博物馆，以及画家凡·高、米罗等的一批豪华精美的进口画册，以及那本台湾最精美的张大千纪念册。吴先生看了书单，沉默不语，但也没有表示明确的反对。现在想来，当年真是年少轻狂，如此行事，不免有点唐突。

吴先生对人最真诚，但也许是早年打成右派的苦难经历，使得他平时话不多，甚至显得有点拘谨。单独和他在一起的时候，经常话很少，气氛有点尴尬。记得本科时他给我们上甲骨学课，虽然内容也很丰富，但总觉得有点一板一眼，不像有些老师上课那么引人入胜。后来有个学期，他给我和学妹曹永玓两个"开小灶"上研究生课程，记得就在他办公室，每周一次，每次讲一篇青铜器铭文，此时我才真正领教先生的学术功力。每篇金文，从识字，析义，到断句，然后通读全篇文字。吴先生引据论典，证史补史，以小见大，从短小的铭文中为我们重新勾勒出一片奇异多彩的古代社会图景。先生对上古典籍了然于胸，博闻强记，分明是"今之古人"，真心让人佩服。这也是第一次，让我切身体会到，这样的学问真了不起，上古史的精彩令人神往。可惜，这样的学问离开今天太遥远，要钻进去也很难，显得那么曲高和寡。

留校期间深感自己的学识浅薄，于是发奋上进，业余修读吴先生的在职研究生。当时外语、政治等许多基础课程都已完成学分，吴先生的金文等课也已修完。我还写了篇有关绘画史的论文，有两万多字，本来想作硕士论文用，后来发表在"朵云：中国画研究"丛刊上。

无奈，世事难预料，汹涌的市场浪潮，勾起我内心深处无限的好奇心和探究心，诱引我要探头去看看"外面的世界"有多精彩。当时我为自己寻找的"借口"是，文物研究迥异于历史研究，是一门实践性很强的学科，不能单单从书本到书本，坐在象牙塔内是搞不清楚一件东西的真假好坏的，必须投身于第一线，与实物面对面。终于耐不住寂寞，于1994年初夏，我离开了心爱的复旦园，也抛下带了一半的93文博干训班同学。临走前，我满怀愧疚来到先生家里，向他告别。我吞吞吐吐，陈述心曲，吴先生虽然表面上没有多说什么，但我很清楚，他心里无疑是很失望的。就这样，我像一个"逃兵"一样离开了复旦，这也是我一直觉得愧对先生，愧对文博系的地方。

六

笔者愚钝，但从小对文字充满敬畏。记得小时候曾听一位乡亲瞎聊，说中国只有郭沫若了不起,能读上古一种写在乌龟壳上的文字,其他人都看不懂。我听了充满好奇,勾起我的无限神往。后来在高中,我买到姜亮夫的《古文字学》和顾颉刚的《中国史学入门》来读,虽然似懂非懂,但益发对文字和历史充满兴趣。进入复旦就读,可谓得偿夙愿。记得入校不久,我就迫不及待,好几次旷课躲在老图书馆的阅览室里,偷偷描摹徐中舒《殷周金文集录》里面的钟鼎字形……

时光飞逝,如今我亦将近与吴先生初识时吴先生的年纪。回首前尘,一事无成,委实愧对师尊。这两年收敛好奇,捐赠处理了数千册图书,但手边有关文字学的书则一本也舍不得丢弃。看着这些书,常常让我想起吴先生,想起我儿时的梦想,以及我的种种辜负和愧疚。在我的私心深处,还保留着一个小小的愿望,希望有朝一日,能重新抚摸这些古文字,凭吊这些古文字。就像金宇澄笔下的那位老人,晚年天天拿着放大镜在《二十四史》密密麻麻的字林里寻来找去。这个场景真好,哪怕只是做个意思,也好。

拉杂写来,惭愧平生。谨以此文,深切缅怀吴浩坤先生,兼以追悔我那半途而废的燕园岁月。

石建邦近影

朴实的吴浩坤老师

沈亚洲[*]

复旦,给我印象最深的就是历史系文博专业负责人——吴浩坤老师,一位忠厚睿智的长者,尤其是他的教诲,至今受用。

我是该专业第二届干修生,初见吴老师,就感觉到"朴实"二字,他每天骑自行车上下班,与我们朝夕相处,没有架子,平易近人。听他的讲课,几乎是一种享受。他将深奥艰涩的甲骨文课、枯燥乏味的文献目录学课,讲得深入浅出,明明白白。他的授课,与他的为人一样,很实在、很实用,所以同学们都很尊崇他。

我是1972年进上海博物馆的,一直在博物馆从事传统的书画摹制与书画修复工作,归文物修复部。当时上海博物馆的文物修复部叫"工场",而北京故宫博物院修复部门也叫作"修复厂",名称都比较"土",绝对没有现在的这么"高大上"。慢慢,"工场"改称作"某某修复研究室","工厂"变名为"某某修复研究所";裱画也不叫裱画了,改成了书画修复。特别是随着《我在故宫修文物》纪录片的播放,社会上对文物修复普遍有一种神秘的高高在上的印象,从事文物修复的人也越来越被人们所尊重。

在我们的师傅那一代,从事文物修复行当,与街上的剃头挑子和摆脚踏车摊等没有什么两样,仅仅是为了吃饭生计而学的一门手艺,就这么简单。所以他们的文化程度一般都比较低,小学文化占大多数,有的根本不识字。到了我们这一代,从事文物修复的也只要求初中文化程度就可以了,如果有高中文化程度的,一般都可以去到博物馆的各个文物研究部了。当然社会在进步,要求在提高,现在是只有本科生、研究生,甚至是博士生,方能进得了博物馆从事文物修复。

在博物馆,传统文物修复部门虽然很重要,也实实在在为文物保护作了很大的贡献,但是,过去从事传统文物修复的部门人员,因为普遍文化程度低,虽然动手修复文物的能力

---

[*] 沈亚洲,上海博物馆研究馆员。

强,但是文字能力差,没有高学历,也没有论文,到了职称评定时,这个部门的职称普遍偏低。所以在那个年代,传统文物修复部门在博物馆内的地位是比较低的,这是实情。于是我想继续读书拿文凭,改变一下自己。

吴老师知道我的这个想法后,语重心长地说:千万不要小看了文物修复这种技术工作。我们大学老师,搞理论的,这个学期原本讲中国史,如果需要,让我改开其他新课。只要给我半年一年时间,我去图书馆,看一些相关的书籍,查一些资料,归纳一下这个问题张三是这样说的,李四是那样说的,基本就可以了。如果通过看书查资料加上总结,在张三李四的基础上,有新发现,悟出一个属于我的独立观点,那就更好了,我完全就可以开课了。这些从书本到书本的整理工作,我还可以。但是让我用一年时间由理论课改讲你们这种技术课,对我来讲,是不可能的,一般人也是不可能的。你们搞文物修复技艺的,靠的就是动手,实践积累,裱画就是裱画,修青铜器的就是修青铜器,隔行如隔山。一门技术的熟练掌握,至少需要三五年吧,甚至更长,一辈子,所以不要轻易放弃。

我毕业了,有了文凭,有许多跳槽的好机会,但是因为我感悟吴老师话语,一直不为所动,坚持到现在,而且得益匪浅。退休了,还在一些大学授课,讲授的还是传统的文物修复课程。我带过好多学生,有的去了海内外著名博物馆,有学历,有理论,受人羡慕。看到他们在各自岗位上不断地取得进步,作为老师、作为这个行业的前辈,我也是蛮欣慰的。如果这算是我成绩的话,应该归功于吴老师。

在此,谨以此小文纪念我们的吴浩坤老师和他朴实的教诲!

沈亚洲近影

点滴的回忆　终生的感念
——我与吴浩坤老师的二三事

隋立新[*]

自 1989 年从复旦大学历史系文博专业毕业后,弹指间,近三十个年头过去了。然而,复旦校园的四载美好时光,却常常浮现在脑际,回忆往事,师恩难忘。在此,记述与吴浩坤老师的二三事,以表达对恩师的深深感激和缕缕哀思。

复旦是国内最早创设文物与博物馆学专业的高校。1985 年至 1989 年就读该专业时,我们的古文字学、青铜器学、古钱币学、中国陶瓷史、中国书画史、中国建筑史、博物馆学等课程,几乎都没有正式出版的教科书,上课主要靠记录老师的教学讲义,观看老师放映的实物幻灯片等方式获取知识信息。

在我的记忆中,教授古文字学课程的吴浩坤老师,是一位和蔼可亲,真诚朴实,如春雨般润物无声的好老师。古文字学主要是以各种古代遗留下来的实物上的古文字资料为对象进行释读,以弄清其内容、体例和时代。为了让大家不仅能够读懂,并且时常可以复习这些神秘深奥的远古文字,吴老师不辞辛苦,精心挑选出极具代表性的甲骨卜辞、铜器铭文等拓片,复印后发给我们(在 20 世纪 80 年代,复印件曾是十分稀缺的珍贵材料)。在课上,吴老师循循善诱,一字一字悉心讲解,耐心地把自己的知识毫无保留地传授给我们。不多久,那些神秘难懂的甲骨文或金文的形体、结构及其演变等渐渐为同学们所掌握。在吴老师的带领下,我们有时甚至还能完整地读出一片甲骨上的文字。

曾经对我而言,吴老师就是一位普通的任课教师。像其他老师一样,上课来下课走,向我们传授专业知识,或者在学生提出要求时予以帮助关心。然而,在我毕业行将离校之际,是吴老师的热情相助,为我提供了良好机遇,成就了我日后的职业轨迹,他的授业之恩、关

---

[*] 隋立新,中国国家博物馆研究员。

怀之恩，令我终生铭记。

我是来自北京的学生。1989年毕业时，正逢大学生就业分配首次实行双向选择政策。几个月来，跑了很多个单位，递交了很多份简历，虽已是心力交瘁，可我的就业单位却依然没有着落。吴老师就是这样一个人，他有如家长一般，把学生当作自己的孩子，无私地给予关心和帮助。就在我惆怅茫然，收拾行囊准备回京时，吴老师主动找到我，关切地询问了我的想法后，提出为我引荐他的学生——时任国际友谊博物馆筹备处副主任的顾伯平老师，拜托他帮我在北京联系接收工作单位。很快，在我离沪前，吴老师亲自写好一封推荐信，让我抵京后去找顾伯平老师。

九月，我有机会再回上海。这次到上海，不像此前读书时的寒暑假返校，我的身份已不再是学生了，然而，吴老师对我关心依旧。在电话中，他热情地邀请我到他家里去做客。到大学教授家做客，还是平生第一次，这既令我惊喜又让我惴惴不安。

记得是一个休息日，我如约来到吴老师家。那天，吴老师的夫人潘悠老师也在家。此前，我曾在吴老师和潘老师合著的《中国甲骨学史》一书中，看到过潘悠老师的照片，这次能见到潘老师，自然是分外激动。至今，我仍能清晰地记得师母是那样的端庄温婉，脸上的笑意和蔼而温暖，给我留下了难以忘却的深刻印象。更让我没想到的是，知道我要来，潘老师一大早就赶到菜场，特意采购了好多新鲜的食材，准备留我在家吃午饭。在和潘老师一起做饭时，能干的师母一边将百叶打成一个个百叶结，一边像慈母一样和我交谈着。看到我是一个性格内敛，又不善言辞之人，师母眼神中流露出深深的关爱之情，对进入社会工作面临的各种复杂事项，潘老师的坦诚相告至今我仍记忆犹新……

在吴老师和顾老师的帮助下，最终，我如愿进入博物馆，从事自己热爱的文博工作。惭愧的是，后来因家事和工作所累，渐渐与吴老师少了联系，几次去上海出差，也都因故未能见过吴老师。回想三十年前登门到老师家里做客，竟成了与老师的最后一面，然而，又怎能忘却吴老师和师母的深切关爱和谆谆教诲！

在吴浩坤老师逝世周年之际，谨以此文表达对先师恩泽之情的怀念和感戴！

隋立新近影

悼念勤勉严肃的吴浩坤老师

[日]井上聪撰　张晓婷译*

在我研究室书桌旁的书架上,摆放着一本书与三册论文。那本书是《中国甲骨学史》,三册论文则分别是《先秦时期亲缘社会组织对政治形态的影响》、《两周乐舞与先秦礼乐文化》和《商代干名研究》。《中国甲骨学史》系恩师吴浩坤先生与师母潘悠夫人的著作,是在我结束留学归国之际,作为纪念受赠之物。三篇论文是曹峰、杨华与我——当时同届的三名学生——于1990年5月,在吴浩坤老师指导之下完成的硕士论文。时光流逝,曾经鲜亮的蓝色封面也渐渐褪色,如今久违地翻开书页,眼前誊写版印刷的文字令人怀想过去。当时电脑尚未普及,并不能像现在这样方便地修改、打印文章。得请人用打字机在薄薄的特殊蜡纸上刻写文字,若要修改刻写完的文章,则须逐字用铁笔手工改正。我们三个在吴老师门下的学生都专攻中国古代史、先秦史,所以论文中有很多古代文字,用铁笔修改极其麻烦,我至今仍记得为了在提交论文的截止日期之前交稿而辛苦赶工的经历。

我在1986年9月,作为日中友好协会的第14期派遣留学生赴上海复旦大学留学。当时,日本人赴华留学的途径仅限于文部省或日中友好协会的派遣,个人不能自由地前往中国求学,就读的学校也必须由中国国家教育委员会指定。万幸的是,我被派遣前往自己志愿的复旦大学。作为进修生学习一年以后,我参加了大名鼎鼎的"高考",然后以当时十分罕见的正式外国留学生身份,成为历史系硕士班的研究生。我在进修生时代师从邓廷爵老师,成为硕士生以后,则由吴浩坤老师担任导师。想来,我应该是吴老师指导的第一个日本留学生吧。

在我的记忆中,吴老师主要在自己家中指导学生。也许是因为专门研究甲骨文字学的关系,相较而言,老师还是更多地给人留下了沉默寡言、勤勉严肃的印象。有时老师会照顾

---

* [日]井上聪,日本大学教授。张晓婷,复旦大学历史系2017级硕士研究生。

我这个留学生,邀请我到教工宿舍做客。每到那时,师母潘悠夫人总是亲自下厨招待,当时日日在食堂吃饭的我,对这难得的家庭料理实在感激不尽。

为提交报告和修改毕业论文,我经常到老师的住处拜访,接受指导,老师的指导相当严厉。我的毕业论文题为《商代干名研究》,因而每次都在老师这位甲骨文字学的专家这里接受严格的检查。有一次,老师要求我修改文章,我却一筹莫展,最后只好拿着几乎没怎么修改的稿件给老师看。结果,我果然被批评了一顿,那时,老师拿自己学生时代的故事举例,开玩笑似地说:"在我念书的时候,如果拿这样的论文给老师看,可是要被打屁股的。"现在我仍然铭记老师对我说这句话的样子。老师的教导时而严厉、时而温柔,在老师的指引下,我领略到甲骨文字研究的博大精深。

感谢吴老师的教导,我于1990年的夏天在复旦大学顺利取得硕士学位。同届的杨华直接成为吴老师的博士生,曹峰在上海人民出版社就职,而我转到华东师范大学就读,成为吴泽老师的博士生。

后来,杨华成为武汉大学教授;曹峰赴日留学,归国后任中国人民大学教授;我回到日本,在日本大学任教。这样,吴老师竟将同一届的三名学生培养成了三位教授。现在,我在日本大学讲授日中比较文化研究的课程,其中涉及甲骨文字历史的部分,我仍然参考吴老师的《中国甲骨学史》。吴老师的逝世令人万分遗憾和悲伤,但即使在先生逝后的今日,先生的教导也会由我及同届的同学们一直继承下去。

在此深深感谢吴老师的教导之恩,并祈愿先生安息。

1990年夏硕士论文答辩后合影。前排左起吴浩坤、顾孟武、吴泽、邓廷爵、许道勋;后排左起杨华、井上聪、曹峰

有幸遇到像吴老师这样的师长

刘朝晖[*]

去年 11 月我应邀赴日本短期研究,12 日晚上忽然收到同事的微信,告知吴浩坤老师过世的噩耗,闻讯悲伤不已。虽然行前知道吴老师生病,并去医院探望过两次,但觉得情况是在好转,没想到吴老师会走得这么突然。更难过的是因为行程已定,竟无法赶回送恩师最后一程,留下永远的遗憾!

吴老师是我刚踏上工作岗位时的领导,也是我在职攻读硕士学位的研究生导师。他是我们复旦文博的创始人之一,为文博学科的创立和发展作出了重要的贡献。1983 年历史系成立文博教研室,吴老师为教研室主任。从 1984 年起复旦和国家文物局合作,设立两年制的文博干部专修班,为全国文博单位培养了大批人才。之后又于 1985 年开始招收文博专业本科生。1989 年文博学院成立,吴老师是副院长兼文博系首任系主任。作为文博专业的第二届本科生,我们 1987 级正好见证了学院和文博系的创立。本科阶段,吴老师曾给我们上"古文字学"课,但当时的我年少懵懂,只是对吴老师谦和儒雅的风度、他与师母潘悠老师合著的《中国甲骨学史》一书印象深刻,我还买了一本《中国甲骨学史》珍藏。这是 80 年代非常热的"中国文化史丛书"中的一本,前些日子读纪念朱维铮先生的《怀真集》,我还看到有关回忆中朱先生作为这套丛书的主要编委对这部著作的称赞。另外,傅德华老师给我们上"文史工具书使用"课,教材就是吴老师和王明根老师、柏明老师合著的《文史工具书的源流和使用》。这是非常有用的工具书,我也保存至今。

1991 年本科毕业,我有幸留系任教,吴老师成了我的领导。吴老师为人宽厚随和,虽然平时和我们交谈不多,但对年轻人的成长一直很是关心与支持的。由于同住学校宿舍区,我有时候在路上也会碰到吴老师和师母。他们会问问我近况,鼓励我多努力,好好做学问。

---

[*] 刘朝晖,复旦大学文物与博物馆学系教授、博士生导师,复旦大学博物馆执行馆长。

我记得每次都是和师母聊得多些,师母多次提到吴老师很希望系里年轻人能尽快地成长起来。1993年上海博物馆考古部在马桥遗址进行考古发掘,宋建老师告诉了我这个消息并欢迎我去参加。我虽然读的是文博专业,但还没有田野考古的经历,所以很想去体验一下,在实践中提高自己的专业技能。我把自己的想法向吴老师汇报后,他即表示支持。于是我先后参加了马桥遗址的两次考古发掘。正是这两次考古实践,不仅培养了我的考古发掘能力,更坚定了我的专业兴趣和信心。

参加了马桥发掘之后,我留校工作也快三年,已经符合在职攻读硕士学位的工作年限,于是我向系里和学校人事处提出在职读研的申请。吴老师对年轻教师的深造进修也都给予支持。我对古陶瓷有兴趣,希望将来从事文物研究。正好中国陶瓷的重量级专家、上海博物馆汪庆正先生是系里的兼职教授,吴老师和他联合指导研究生,所以我有幸拜两位先生为师。记得当时吴老师是亲笔写信,把我推荐给汪先生。吴老师专长是古文字与先秦史,研究生阶段我曾上过吴老师的"先秦文献学"和"金文研究"等课。我至今还记得"金文研究"课,吴老师把重要的金文拓片复印给我们,指导我们释读一个个文字,并结合史料,讲解其中的内容。金文看上去像天书,但吴老师讲得形象生动,激发了我对金文的兴趣。那段时间,我课后常常会拿着拓片复印件去琢磨里面的文字,记住这些金文,内心因此甚至充满自豪感。去年夏天系里老楼拆迁,我整理办公室时翻到当年的拓片复印件,看到上面的笔记,不禁又想起吴老师给我们上课的情景。我的史学根基,也得益于研究生阶段吴老师的培养指导。还记得硕士论文初稿完成后,送给吴老师审阅,当我去他家取稿子时,不仅看到论文稿上用红笔作的批注,还注意到吴老师书桌上摆着翻开的《中国陶瓷史》。吴老师告诉我,因为他不治陶瓷史,所以读论文时他要查一下相关内容。吴老师就是这么一位认真负责的老师。研究生阶段的训练,让我能真正走上学术研究的道路,我深深地感激两位导师在学术上、专业上给我的指引!

在攻读研究生后,我与吴老师的交往渐渐多起来。当时系里就吴老师一位正教授、博导,他同时又肩负系主任的行政工作,任务非常繁重。他也曾和我感慨行政工作耽误学术研究,但为了文博系这一刚起步的单位,他不得不做出牺牲。为了系的发展,他和国家文物局沟通,和上海博物馆、南京博物院等国内大馆联系,寻求支持。当时系里的专业课程,有一些是请上海博物馆等单位的老专家来主讲的。吴老师是有心人,在每次期末考绩分成时,他总会考虑到这些专家的支持,尽量在有限的经费中多给一点酬劳。他也多次和我提到,要感谢这些单位、这些专家对我们的帮助。

吴老师退休以后,我偶尔会去他家探望,聊聊天,感觉像家人般亲切。吴老师也会问问系里的近况和发展,但只是关心。吴老师除了专业研究,也有自己的兴趣爱好。他年轻时喜欢打篮球,还是学校篮球队队员。后来喜欢下棋,退休后常和老友徐连达教授一起对弈,我去他家时也会碰到。他的退休生活不乏乐趣。记得有次去吴老师家,他拿出新出版的《战国会要》,签名送给我,并说他年纪大了,再要做学问精力也不够,这是他最后的著作。听了虽然有些怅然,但想着吴老师愉快地安度晚年,也挺为他高兴。吴老师后来常住江苏,回上海少,所以碰到的机会并不多。但每次见面,都聊得很愉快。2016年底,我还和师兄吕建昌教授、师姐毛颖研究员一起去看望吴老师,看到他精神矍铄,谈笑风生,完全看不出年近九十,都觉得吴老师的状态很好。吴老师是以乐观的心态对待生活,所以健康快乐。

吴老师培养的学生很多,可谓桃李满天下,但从没有什么师门的概念和门派之见,我们也没什么师门聚会。虽然吴老师不一定和学生走动很多,但很多学生都会惦记他。学长华林甫教授是历史系1982级本科生,吴老师是他们这届的班主任。林甫兄在人大任教,几本大作出版后都曾托我转送给吴老师,表达对吴老师的谢意。

吴老师为人处事,总是为他人着想,从不愿意麻烦别人,包括自己的学生。吴老师指导的研究生中,有好几位后来都担任了领导,但吴老师从不会为了自己的事去麻烦他们。像生病住院,他也不会主动跟我们说。他几次住院,我都是辗转得知消息,才去探望的。像去年吴老师住院,一开始也没和系里联系,后来是因为几次大出血,个人的用血指标已用完,需要单位帮助,不得不联系系里,我们才知道情况。我们去医院看望时,吴老师总是说你们都挺忙的,不要耽误你们时间,劝我们早点回去。

在吴老师身上,我能领悟到宽厚待人、淡泊处世的人生境界。这是当下日渐稀缺的美好品质。我也深感幸运,在年轻时、在人生最紧要的时候,有幸遇到像吴老师这样的师长。

刘朝晖近影

悠悠师生情
——难忘吴浩坤教授之恩

顾灵智*

按语：2017年11月12日，惊悉复旦大学历史系教授、原文博学院吴浩坤院长在上海新华医院溘然长逝，噩耗传来，我悲痛欲绝。2016年教师节前，我怀着对吴教授的深情厚谊，撰写了《悠悠师生情——难忘吴浩坤教授之恩》一文，9月10日教师节，我在微信朋友圈和87级复旦大学文博班群中上传了此文，引起了强烈的反响，收到了很好的效果。当年，此文曾在《嘉定新城报》上发表，但遗憾的是吴浩坤教授生前没有看到此文。后来得知，吴教授当时已患病住院治疗，今天，获悉复旦大学历史系分党委要征集出版《吴浩坤先生纪念文集》，我感慨万千，一股缅怀之情油然而生，特将原文略作修改，以飨读者。

1987年初秋，出身寒门的我，来到了魂牵梦绕的复旦大学深造。踏进美丽的校园，在导师的引领下遨游在知识的海洋里。在众多导师中，我有幸结识了知识渊博的文博学院院长、博士生导师、古文字专家吴浩坤教授。他和蔼可亲的笑容、治学严谨的教育理念、事必躬亲的工作作风深深地感染着我。因我们这个班是来自全国各地的文博工作者，属定向培养对象。当时，单位和我签订合同，部分学费需自己承担。那时，我每月工资仅70多元，第一年东拼西凑交齐了学费，可到了第二年，学杂费增加了，而孩子要上学了，加之，生父响应党的号召，支援外地建设——远赴江西工作，母患病、弟妹未成家，孤独的养父因抗美援朝而残疾，生活也需要照顾。

正当我焦虑、惆怅、彷徨之时，吴教授获悉了我的困惑。他便立即与文博学院的其他领

---

* 顾灵智，上海嘉定博物馆馆员，上海科学技术职业学院辅导员。

导一起商讨,同意为我减免部分学费,解决了我燃眉之急,这真是雪中送炭,让我感激不尽啊!经过严冬的人最知春天的温暖,吴教授的人格魅力也深深影响着我。

记得有一次,他患病住进上海新华医院。我携爱女前去医院探望时,他不顾自己病痛的折磨,深情地对我说:"小顾,要把女儿培养好啊!"临走时,我送上红包,略表心意,可说什么他也不肯收,还拉着我的手说:"小顾,我知道你也不容易,你们母女俩来看望我,已经十分感谢了……"

有一年春节,我也是带着女儿来到吴教授家恭贺新年,他热情地硬是拉着我母女俩共进午餐,吴教授的夫人潘悠老师还塞给了我女儿压岁钱。

每逢佳节倍思亲。每到传统节日,我常去吴教授家探望。他和家人总是热菜、热饭,似亲人般热情招待,让我深感大家庭的温暖和浓浓的师生情,这亦师亦父之情难以用语言来表达。记得当年沪嘉高速公路还未开通,到吴教授家,要从嘉定乘车到吴淞码头再转数辆车到复旦,路上要三个小时左右。那天,吴教授和夫人一直等到下午一点多,等我到了再开饭。多么真诚的情谊啊!

记得有一年,我身体欠佳,吴教授知道后,不顾自己八十多岁高龄,一早从五角场乘公交车至嘉定来看我,路上花了足足两个多小时。我凝望着他满头银发,疲惫不堪的身躯,紧握着他的手,顿时热泪盈眶。记得在2005年复旦大学百年校庆活动结束时,已很晚了,吴教授走到我身边,亲切地说:"小顾,现已无末班车到嘉定了,你今天住我家去吧!"

还记得,有一次,我向吴教授请教"伊人"的解释,想不到他不但不厌其烦地传授学业,而且轻轻地吟唱起来……

又记得在我落寞、黯然神伤时,曾写下小诗一首:"初春夜仍寒,灯火阑珊;独自望苍穹,往事如烟;形单孤影肠百转,忧思一片与谁言。"吴教授知道后,鼓励我要争做生活的强者。

吴教授对我的关爱,一件件、一桩桩,不胜枚举,虽然波澜不惊,却平淡见真情。为感谢他二十九年如一日对我们母女俩的关怀,我特制作了一幅立轴,并请书法家写下了遒劲有力的四个大字"难忘恩师"深情地赠送与他。

吴教授啊!我不是您最出色的学生,而您却是我最崇敬的老师,您对学生润物无声,爱若琼浆。我是一棵小树,沐浴着您温暖的阳光,在您知识的土壤里生根、发芽、开花、结果。

二十九载匆匆过,恍若弹指一挥间,最隽永的风景是师魂,最动人的感情是师生情。尊敬的吴教授啊!您是一坛酒,醇香馥郁,味无穷;您是一杯茶,清香扑鼻,意无尽;您是一本书,让我品读渊博,增长知识,终身受益。

"天意怜幽草,人间重晚晴。"无论我走到天之涯、海之角,永远难忘恩师给我的温暖和关怀!如今,您带着对学生的无比依恋去了那个遥远的天堂,但您高尚的品德,亲力亲为的工作作风,为教育事业呕心沥血的革命精神,将永远激励着我奋发,鼓舞着我前进!愿蓝天、白云捎去我深深的缅怀。敬爱的吴教授啊!您的风范留人间,浩气永长存!

吴浩坤先生与顾灵智合影

永远的恩师
——怀念吴浩坤先生

高庆正*

1978年秋季,我从景德镇陶瓷历史博物馆来到复旦燕园历史系文博专业进修班学习。这次学习机会是我人生中最大的幸事,也让我遇到了许多可爱可敬的老师。其中吴浩坤先生给我印象最深刻,当时他是文博教研室主任,1987届有大专班和进修班,合并上课。我是进修班的班长,马新华老师是班主任,因此同学们的学习事项、生活问题等须经常向吴浩坤老师反映,我与吴浩坤老师的接触颇多,几乎天天见面,我们成了忘年之交,无话不说。他年长我十六岁,是我的长辈,更是我的恩师。

从我们到校学习开始,宣布进修时间为三个学期,大家感到美中不足,三个学期是一年半时间,不到两年进修时间,按当时规定不算大专学历。我们班集体向系里反映要求增加一个学期,我亦单独向吴浩坤老师叙述了这一要求。这是我第一次面对面同吴老师交谈,给我留下了难忘印象,他是那么和蔼可亲,知识渊博,令人景仰!从此我们成了忘年之交。记得吴老师住在复旦第二教师宿舍,每周我至少到他家两到三次,每次都是热情的招待,就连吴老师的夫人潘悠也成了师长,教授古文字。两年学习时间,吴老师不仅在文博专业知识方面,给了我颇多教诲,而且在做人上的人格魅力也给我留下很深刻的印象。

传说吴老师是紫砂之乡——宜兴人,早年在家种过田,进入复旦曾经是学生会干部,1957年被错划为右派,在文科图书馆、中国历史地理研究室资料室等劳动改造了二十二年,他本来有更好的前程,更雄厚的学识。但平反后他仍认认真真做学术,认认真真教古文字。我从未听过吴老师对那段岁月有怨言。他反倒告诉我那段岁月锻炼了人,看到了许多好心人保护了他,帮助了他。我也更加尊敬潘悠老师,吴老师遭遇不幸时,她不离不弃,始终陪

---

* 高庆正,景德镇陶瓷历史博物馆陈列部原主任。

伴在吴老师身边,这是何等的爱啊!我无法用文字形容。

　　文博系的教学全由吴浩坤统一安排管理,课程设定、教师聘请都亲力亲为,记得包括请上海博物馆馆长马承源先生教青铜器学,副馆长汪庆正先生教古钱币学,都是吴老师亲自上门办成的,使得文博系的教学活动有声有色,因此,给国家文物局留下了很好印象。吴老师多次北上京城与国家文物局商讨,终于1989年在复旦成立了文博学院。我们这届学员被定为文物与博物馆学专业。更使我们这一届进修班的学员终生难忘的是由于吴老师及汤纲老师、牟元珪老师、庄锡昌老师及复旦校领导的关心支持,我们在上海参加了成人高考。我班有二十几位同学考上了大专,最终领取了大专毕业证书。1988年夏季,我班赴敦煌进行教学考察,又是吴老师与敦煌研究院院长樊锦诗联系,使我们圆满完成考察,从甘肃返回校园。两年学习期间,我与吴浩坤先生结下了深厚的师生情谊。因此我回景德镇后,只要到上海出差,必定前往吴先生府上去看望他。他每出一本新书,都事先签上字送给我。

　　人生如梦,不料2017年吴先生以八十八岁高寿驾鹤西去,噩耗传来,掩面痛泣,永远的恩师走了。我永远怀念恩师!

吴浩坤先生与高庆正(左一)合影

谦谦君子吴老师

曹　峰[*]

我是复旦大学文博学院历史系1987级的硕士研究生,师从吴浩坤老师读了两年书,同级的还有现为日本大学教授的日本留学生井上聪和武汉大学教授的杨华。之所以只师从吴老师读了两年,是因为我们最初的导师并不是他。我们考研那年,好像吴老师不招生,所以我们考到了邓廷爵先生门下,专攻先秦史。邓廷爵先生是很值得尊敬的人,他有雄心做大学问,我至今记得,他微微仰着头,眼里泛着光,用四川话激励我们"开创先秦史研究新局面"时的庄严神情。可惜老天爷不支持他,他是多年的老肺病,身体极为虚弱,脸色总是有些泛红,音量特别小,给我们上课的时间不多,我记得我们几个研究生常常得用自行车驮着他去复旦大学西侧的肺病医院打针,所以上课的印象不深,看病的印象反而更深一些。

邓先生只带了我们一年就过世了,我们失去了导师。系里就商量着把我们几个转到吴浩坤老师门下。那时吴老师是古文字学专业的导师,但当时杨宽先生已经去了美国,另一位青年教师还没有资格带研究生,而吴老师在先秦史研究领域已经有很多建树,所以由他来指导我们是非常合适的。听说吴老师能够做我们导师,我们几个都很高兴,因为终于有了比较稳定的指导老师,而且出版过《中国甲骨学史》的吴老师在学界已经成名,能够跟着名师学习,是每一位学生都渴望的事。

吴老师是一位非常宽厚、仁爱的老师。其实我在进入复旦两年前就已经认识他。1985年夏天我从上海大学毕业,因为读的是考古学与博物馆学专业,上大又曾延请北大名师高明来教过我们一个学期的古文字学,所以对古文字很有兴趣。高考时我的考分勉强达到录取分数线,所以对于能够考取复旦的学生充满羡慕加敬畏之心,对于能够在复旦执教的老师更是崇拜,特别期待有机会去复旦读几年书。于是大学毕业前我报考了复旦大学历史系

---

[*] 曹峰,中国人民大学哲学院教授、教育部长江学者。

古文字学专业,导师就是吴浩坤老师。记得考前我临时凑了一篇关于"六书"的论文,斗胆给吴老师送去。吴老师个子高高的、长得很端正,一看就是那种非常儒雅的书生。他是宜兴人,说一口带吴方言口音的普通话,声调不高,但很慈祥。我记得他那天非常亲切地接待了我,给我了很多鼓励。一点不像有的老师,喜欢端个架子,装腔作势。可惜那年我辜负了他的期望,专业和外语分数虽然不低,政治却不及格,考了个要命的59分,被塞进了调剂的行列。我拿着分数赶紧去找吴老师,请他想想办法。记得吴老师那天陪我走了不少部门,我们俩甚至在他所住小区的门前站了很久,商量各种变通的方法。虽然最终还是未能如愿,但我内心对吴老师充满了感激之情,觉得这位老师实在太好了。因此,当我三年后又有机会成为他的学生时,我是特别高兴的。

吴老师早年被打成右派,吃过很多苦,身体也不是很好,所以养成了他为人处世谦恭、低调的风格。复旦历史系人事关系复杂,有一些比较得势的导师,那些得势导师的学生也多少显得强势。能感觉得到,吴老师很平淡,他跟各方面的势力都保持距离,没有见他和谁走得更近,也不主动为我们争取什么,所以我们做学生的不能指望从他那里得到好处或者机会。就读期间,吴老师升任文博学院副院长,我们向他表示祝贺,他腼腆地笑笑,说这没有实质性的意义。看得出,他内心对此并没有什么过多的期待。吴老师不仅在政治上没有"追求",在学术上似乎也没有大干一番的雄心。不像邓廷爵先生身患重病,还在不切实际地想着"开创先秦史研究新局面"。吴老师永远是不温不火的样子,在出版《中国甲骨学史》后,吴老师好像没有再写过什么有分量的著作,论文也不多。指导我们读研期间,我们几乎从来没有被他严厉地训斥过,相反,他爱人潘悠老师倒是结结实实训过我们几次。我想,这未必是潘老师个人对我们不满,很有可能正是吴老师想说的话,但他就是不会那样强硬地说出来。做学生的其实不怕老师批评,因为不经过严格的约束和调教,学生是不会成才的。所以今天反倒有几分责怨,吴老师当年待我们太宽松了。退休之后,吴老师很快就淡出学界,不像有些学者不管是否退休,丝毫不减学术的热情。这多少有点让我们这些步他后尘进入学界的弟子失望。

这样的行事方式、处世风格或许是吴老师温厚善良的性格使然,也有可能是他早年悲惨的命运使然。被打成右派之后,长年的压抑和精神的苦闷,造成了他谨小慎微的处事方式,也熄灭了他政治上、学术上的热情。从吴老师一些回忆文章看,其实他早年也很有激情,很有抱负,但命运毁了一大批像他这样的知识分子,时代的悲剧正好被他碰上,也被我们做学生的深刻感受到了。有时候想,吴老师如果生活在其他时代,其他地区,或许是个风流倜傥、意气风发的人,学术成就也远远不止现在这些吧。

吴老师虽然非常谦恭、低调、与世无争,但他不是一个没有爱心的人,据我的观察,他会对弱者、会对没有直接利害关系的人表达出超乎常人的同情、爱护之心。当年我第一次考研落榜时,他用那么多时间陪伴我这个小小的考生,这就是爱心、同情心的体现,我至今感铭在心。

说老实话,吴老师当年教给我们的知识我已经记不得多少。学术成长过程中,思维方式的养成、研究特色的确立,吴老师似乎也没有对我产生太大的影响。吴老师已经往生了,在这篇纪念文章里,说这样的话显得有些刻薄。但我还是想畅所欲言,吴老师不会怪罪吧。从根本上讲,我对吴老师是感激的。首先,他是我人生第一位学术导师,是我学术道路的第一个引领者,我今天能够成为一名学者,靠做学问糊口,正是当年对儒雅的吴老师发自内心表示倾慕的结果。其次,吴老师是一位有爱心、有同情心的人,当年我就感受到了他强大的爱心,他不会利用职权为别人谋什么利益,并从利益交换中获得好处,所以他生前不是一个强者。但他是个纯净的人,他用谦恭保护自己,他用同情温暖别人,这样的人在今天的社会极为缺乏,甚至越来越缺乏。我们怀念他,就要首先做一个像他这样有爱心的人。在此基础上,如果能够让自己心灵再强大一些,能力再丰富一些,对他人、对社会的帮助再多一些,就更完美了。

曹峰近影

有趣的长者

姚一青[*]

初冬的一天,复旦大学文物与博物馆学系的微信群传出吴浩坤老师过世的噩耗,来不及参加大殓的我始终耿耿于怀。记忆里留下的都是老师点点滴滴的日常欢颜,除了治学以外,吴老师是个多么有趣的人,想拾捡起往日的碎片,缝织起治学严谨以外的另一个吴老师。

第一次见吴浩坤老师,是我的毕业求职面试。1992年4月末,正是相辉堂前白玉兰盛开的季节。校内200号的灰白色小楼前,复旦大学文物与博物馆学系的铜牌彼时孤零零地挂在墙上,复旦大学博物馆也才刚刚开幕不久。记得那天我穿了朴素的草绿色手工编织毛衣去应试,因为直接关系到能否留任复旦大学博物馆,心情十分忐忑。

吴老师的办公室在200号进门左手边第一间,正对着系里的大教室,紧挨着二楼的博物馆楼梯一侧。木质楼梯在参观者络绎不绝时,会发出脚步的回响,"砰砰"的,像听到自己紧张的心跳声。就这样,轻轻地,叩响系主任办公室的大门,映入眼帘的是一张儒雅温和、略带笑意的脸。宽大的办公桌后响起沉稳的声音:"坐吧,历史系的老师推荐你过来,能说说你的毕业论文是什么题目吗?"至今记得自己轻若蚊音的回答,因为紧张涨得通红的脸。然而自始至终老师并没任何为难或打断,只是在谈话的最后,微笑着建议:"你本科四年没上过我们文博专业多少课,来了以后可以跟着多听听。"在此后的岁月里,因为这个提点,有幸听了不少专业课,宛如浸润在老鸭汤里多时的豆腐干一样,逐渐识得了文物与博物馆学的一丝真味。而吴老师的甲骨学和古文字学,我虽然始终未真正入门,却着实体会了当年同班同学"八卦"的内容。

作为1992届的历史学专业本科生,在此前的两年中,不时耳闻文博专业同学讲述的各

---

[*] 姚一青,复旦大学文博系讲师。

种趣事：大多集中在上海博物馆的专业老师授课时的知识密集轰炸、考试前突击的兵荒马乱，当然也离不开年轻人关注的"八卦"。像陈佩芬老师的一头长发和上课时不时右手撩动发丝的妩媚；像张浦生老师的清癯和他手握青花瓷片时专注痴迷的神情，等等。而作为文博系当家人的吴浩坤老师，是当时的先秦史大家，最清晰的八卦是关于他的眼镜——讲台上一直有两副镜框一模一样的眼镜，每次吴老师看讲稿时戴一副，看台下同学们时换另外一副，看似漫不经心地随手一拿，却从未出错。年少的我们总是担心他哪次把近视眼镜拿成了老花镜，每每在台下心惊肉跳地看他选，等着可能会有的哄堂大笑一刻。然而一学期下来，课程结束了，这样的"机会"却从未出现过。

进入文物与博物馆学系工作后，和吴老师的日常接触多了起来。令我印象深刻的依然是一些"趣事"，因为这几件小事，才知道老一辈学者的生活和兴趣是如此丰富多彩，也约略领会了做学问的人首先是热爱生活的人这样质朴的关键。

一次系工会组织去嘉兴南北湖的郊外活动，吴老师兴致勃勃地参加了。因为平时很少有和他并肩而行的机会，所以从来没感受过老师的身高，站在他身旁才体会一米八以上个子的挺拔姿态。南北湖的面积虽然不大，春日的湖面上柳丝垂绦的景色，在微风里有了些许诗词的意境。大概是因为春暖花开的熏风吹拂，吴老师难得地一路欢笑不断。在听到其他老师说他以前是校篮球队员时，还矫健地做了个带球过人的步伐（当然是假装在拍球），弯曲双腿，微微躬着腰地转身过人，动作多么协调和灵敏，把我们几个后辈都惊呆了。那一刻，六十多岁的吴老师像顽童般得意的欢颜，此刻还浮现在我眼前。

大队人马找了个喝茶的地方休憩，吴老师和他的老棋友徐连达老师就捉对聊天了。因为在本科时选修过徐连达老师的两门课，我期期艾艾地凑到他们桌边站着，吴老师笑眯眯地说："来来，一起坐。"随后徐老师看着我也笑着问："在200号还好吧？"我自然点头称好。那时候，200号是文博系的"小名"。吴老师指着徐老师说："我和他都住在第二宿舍，是多年的围棋棋友了，一个星期不止下一回。"两人遂互相嬉笑嘲弄了一番，我在一旁纵然插不上嘴，倒也丝毫没有局促拘谨，反而有种小辈听掌故的新鲜劲。徐连达老师当年教过史学专业的论文写作课程，谈话时偶尔会掉个书袋子，吴老师总不忘一边简单地替他说个"注释"，一边回应以另一个典故。按现如今的说法，他俩是那种互相接得住对方的梗，棋逢对手的谈话伙伴。宛如宋代文人间来往的信札一般，将春风秋雨化成彼此明了的各种隐喻和指称，且乐在其中。令旁人醍醐灌顶，原来读书人的聊天可以是这样的雅致而风趣。

吴老师七十大寿时，复旦文博系在当时的干训楼（现在校内的卿云宾馆）替他组织了个简朴的仪式,主要是一起聚聚吃个饭。其他的讲话在记忆里已经模糊了,却记得当日吴老师穿了件浅灰色的鸡心领毛衣,里面雪白的衬衣领子耀眼,依然戴着那副我再眼熟不过的近视眼镜,寥寥数语感谢大家对他的厚爱,然后让大家"吃得好!"边上是他身材娇小的伴侣潘悠老师,身着绛红色的毛衣,显出生日大寿该有的一丝喜庆,白皙的脸上也有一副深色边框的眼镜,盈盈伴在左右,还是一对大学同学的美好样子。侧闻吴老师当年在"文革"期间很是吃了点苦,可从未听闻他对此有一丝怨言或辩解。也是历史学学者的潘老师总把我们这些后进当作自己的学生一样关心,言辞间每每叮嘱,要继续好好进修。吴老师却总是笑眯眯地在一旁并不多言,仿佛他就那么放心地看你几眼,你自会努力去做那些该做的事,读那些该读的书。如今斯人已逝,那暖煦而信任的目光依然在眼前晃悠,而吴老师那种特别的,给予每个人兴趣差异足够生长空间的教育理念,也融入了自己的生命中。

能让学生们津津乐道和念念不忘的学者,千姿百态却有共同之处:严于律己的学术追求和宽以待人的尊重兴趣。吴老师,不但学术之树常青,而且是一位鲜活有趣的人。

吴浩坤、潘悠夫妇与姚一青合影

怀念吾师吴浩坤

曹永玓*

吴浩坤教授是我的本科专业课老师,也是我的硕士生导师。2017年11月的一天,从师兄石建邦处得知吴老师因病去世的消息,觉得好突然,一年前曾经想去探望,但由于老师当时不在上海而作罢,没想到竟成了永远的遗憾。一种悲伤而愧疚的情绪在心里逐渐蔓延开来,二十多年前在复旦大学读书时的一件件往事又浮上心头……

1988年我考入复旦大学历史系文博专业,当时这个专业算是冷门,自己也不甚了解,只知道是和博物馆有关的。大一和大二基本是基础课的学习,从大三开始才真正接触到文博专业课。

初识吴浩坤老师是在大学三年级的"古文字学"这门课上。这是我们文博专业的专业课之一。比起那些通史类的基础课程,我更喜欢各具特色的专业课。不过相较于陶瓷、青铜、书画等器物学的多姿多彩,古文字学的内容显得有些单调而枯燥。记得吴老师在讲授这门课的时候,不单单只讲解文字的起源和演变,而是常常引申出文字背后的故事,让一个个单纯的文字幻化成有血有肉的历史人物与事件故事,这样大大增加了课程内容的生动性和趣味性。那段时间,对文字的起源和演变产生了一些兴趣,尤其喜欢小篆那种线条之美,还曾经尝试用橡皮进行篆刻,然后用印泥印出来,在寝室里和室友分享。现在想起来那种快乐和趣味仿佛就在眼前……

本科毕业时,我选择了报考本系本专业的研究生。当时吴浩坤老师是文博系的系主任。或许因为吴老师平素不苟言笑的性格,让人莫名地有几分惧怕,除了上课之外并无太多接触。由于专业课没有任何复习资料,考前我便壮着胆子去他的办公室找过吴老师一次,咨询有关考研的事情。当时他正忙着打电话,我进去后,他示意我坐沙发上等一会儿。

---

* 曹永玓,上海交通大学董浩云航运博物馆馆长。

他打完电话后,先是笑着说了声:"抱歉啊!让你久等了。"这句话一下子就拉近了我们的距离,我在心里暗自感叹老师真是谦谦君子,让学生等一会儿竟然还要表示歉意。随后我咨询了一些关于专业课考试的事情,并说出了自己隐隐的担心,吴老师耐心地一一解答,最后还特别叮嘱我不用太紧张,只要把大学期间所学的各科专业知识融会贯通,灵活应对就可以了,一定要有信心!后来我如愿考取了研究生,并成为吴老师的门生。

　　读研期间,和吴老师的接触多了起来。除了上课之外,有时候也会去吴老师家里,于是对老师有了更多的了解,渐渐消除了最初的敬畏感,取而代之的是一种亲切的师生情。那时候基本上每个学期都会去老师家一到两次,有时候是请教学业上的问题,有时候就是纯粹的聊天。吴老师住在复旦第二教工宿舍,家里总是那样整洁有序。印象特别深刻的是,吴老师家里到处都是书,师母潘悠是华师大的教授,也是古文字方面的专家,和老师可谓志同道合的贤伉俪。师母性格温婉,说话总是柔柔的,缓缓的,每每总是热情地招呼我喝茶、吃水果,给人一种如沐春风的感觉,这让独在异乡求学的我倍感温暖。

　　读书的日子过得飞快,一转眼就到了研三。开学后不久,硕士论文的开题报告便提上了日程。根据自己的兴趣和积累,我选择了关于彩陶与原始图腾信仰的研究作为论文主旨。吴老师不但尊重我的选题,还认真给出了一些关于论文撰写的意见,并建议我请上海博物馆的陈克伦老师一起做我的指导老师,因为陈老师是陶瓷方面的专家。后来的事实证明吴老师的这一建议是非常明智的,使我在论文撰写的过程中少走了很多弯路,比较顺利地完成了论文。

　　临近毕业,每个人都要面对的问题便来了:择业。在这个人生的重大关头,吴老师再一次像父辈一样,给予我极大的关心和帮助。一开始,吴老师问我是否愿意去上海高等教育学院历史系做老师,在得到肯定的答复后,他欣然亲笔写了一封推荐信给当时的系主任。经过几次面谈后,此事便基本确定了下来。然而谁知寒假后突然有变,那一年由于校舍拆迁等重大原因,高教院领导层面决定严格控制编制,不招新人。面对突如其来的变故,我有点不知所措。吴老师得知情况后,安慰我不要太着急,再想想其他的出路,一定会有办法的。就像之前考研前一样,吴老师的话再次极大地鼓舞了我,使我很快就从不良情绪里走了出来。不久后一次偶然的机会,系里的胡志祥老师告诉我上海交通大学档案馆因要筹建校史博物馆正在招人,于是我前往联系。见面之后,双方相谈甚欢,当即达成了初步意向,档案馆的陈馆长表示想到复旦文博系访问,以便了解情况,并调研有关筹建博物馆的事宜。回校后,我把面谈的大体情况向吴老师作了汇报,吴老师立即应允亲自接待交大的来访。

当时已经是毕业季,身为系主任的吴老师事务繁多,非常忙碌,但关系到学生切身利益的事情,他总是优先考虑,优先解决。这令我非常感动。

1995年7月研究生毕业后,我顺利地进入上海交大档案馆工作,参与了上海交大校史博物馆的筹建,这是全国高校第一个校史博物馆,之后在校史博物馆从事编研、陈展工作。2006年调任董浩云航运博物馆工作。在之后的时间里,经常有机会参与业界的学术和专题活动。有一次到复旦开会,特意提前到达,会前去看望了吴老师。那次见面感觉吴老师几乎还是从前的样子,高高瘦瘦的,眉宇间透着一股特有的睿智。他一边招呼我坐下,一边询问我的近况,当得知我已经调到董浩云航运博物馆担任馆长时,老师非常高兴,情不自禁地说:"好!好!"我将工作生活的方方面面都作了简要的汇报,吴老师听了连连点头,其间还不时地插话提问,俨然一位长者对待自己的孩子一般。最后,吴老师又一次嘱咐我要在工作中踏踏实实,勤于钻研,要为文博事业多作贡献……现在回想起来,那时的情景历历在目,仿佛就在眼前。

古人云:师者,传道授业解惑也。在我心目中,吴浩坤老师就是这样一位用言传身教引领着、影响着自己学生的好老师。在学业上,对学生严格要求,悉心指导;在生活中,对学生关心爱护,无微不至。在复旦求学七年,师从吴老师三年,其间我不仅仅是学到了知识,更重要的是受到了那种孜孜不倦治学精神的熏陶以及坦诚踏实为人之道的教导,这些早已成为我的宝贵财富,在人生的道路上指引我一路前行。我深深地感恩母校和老师,在此我想送上心底最真诚的一句:吴老师,您一路走好!我们怀念您!

曹永玠近影

怀念恩师吴浩坤先生

李仲谋*

一

吴浩坤先生是我在复旦大学文博学院上学时的导师。

1989年,我高中毕业考入复旦文博学院,录取时的专业是"历史和文博"。当时,我们一个班不到三十个人,绝大多数人入学时并没有细分专业,第一年大家都是在一起上课。到大二时根据各自的兴趣分了专业,我不太喜欢看纯文字的文献,加上中学时代对考古挺有兴趣,就选了"文物与博物馆学"。这个专业那时是冷门,选的人很少,在我们班上只有八个人,不到三分之一。

在"文物与博物馆学"专业课里,有一门是"古文字学",授课老师就是文物与博物馆学系主任吴浩坤先生。

文博系的教学楼是在复旦大学博物馆所在地,平常我们习惯上称之为"200号",因为这栋两层小楼从1950年以后一直被命名为复旦大学200号楼,其前身称为"简公堂",1921年由热衷慈善的南洋烟草公司简氏兄弟捐资建成。吴老师的古文字学就是在这里上课的。

说实话,"古文字学"这门课程在那时对于刚入大学不久的我们来说是陌生而新奇的。课程内容主要是讲甲骨文和金文,但没有现成的教材。手边只有一本吴浩坤老师和潘悠师母合著的《中国甲骨学史》作参考,其中并不涉及金文内容。记得吴老师每次上课都发一些甲骨文或金文的拓片复印件,通过对一篇篇文字的释读,来教我们认识这些从来没接触过的古代文字。学习是有些艰难的,吴老师一个字一个字教,从字形字义、起源发展娓娓道来,由易到难,不厌其烦。吴老师的普通话有一些宜兴口音,我们这个小班的八个人里面以

---

* 李仲谋,上海博物馆副馆长。

北方人居多,又来上海不久,所以有时候听起来要略费些劲。好在吴老师好脾气,从来不着急,看我们有时一脸茫然的样子,就反复讲,讲得直到大家明白为止。至今我的古文字基础吃的主要是吴老师教的老本儿,不过因为毕竟不是自己的研究方向,那时所学又忘了大半,现在剩下的东西很是薄弱。

除了古文字学课程,本科期间与吴老师的直接接触并不多,但还有一门课却又间接受益于先生,就是文史工具书的源流和使用。这门课那时是历史系资料室的傅德华老师给我们上的,是文史研究的首要基础。傅老师的课讲得很好,清晰明了,至今回想起上课的情形,傅老师高亢明亮的声音分明就在耳边。关于这门课,傅老师给学生推荐的基本参考书则是由王明根、吴浩坤、柏明三人合著的《文史工具书的源流和使用》。2016年吴老师在接受"澎湃新闻"专访时曾谈到"文革"时编撰这本书的起因,源于他们解答工厂工人查阅资料时的各种问题,实用性非常强。复旦毕业后,我原来使用的教材和参考书大多已经处理或散佚了,但《文史工具书的源流和使用》至今仍保存在我的书柜里醒目之处。

1993年本科毕业,我有幸直升本系研究生,攻读硕士学位。那时正好碰到一个好机会,就是馆校结合共同培养文博方面的硕士研究生,学校提供研究生的基础教育,博物馆提供具体专业导师。复旦大学对口的自然是上海博物馆。但那年从本科直接上来的文博研究生只有我一个人,挂在吴老师名下,而我由于个人兴趣并没有选择古文字作为研究方向,可又不熟悉上海博物馆的专家,这样一下子没了方向。困惑之际,是吴老师给我指了路。他结合我的研究兴趣和基础,建议我去找已经从学校调到上海博物馆的陈克伦老师,跟着他开展中国古陶瓷研究。然而,令我意外而感激的是,陈老师初次应允接受我这个研究生之后不久,又主动放弃带教,为我今后的学习考虑,进而把我引荐给上海博物馆的汪庆正副馆长,直接跟着汪老师研究古陶瓷。由此,我得以从一个很高的起点并带着天然的优势进入古陶瓷研究的专业领域,受益至今。回溯源头,首先要感谢吴老师在关键时刻为我指点迷津。

二

三年的研究生学习生活平静而实在。如今,二十多年过去了,许多事情都已渐渐淡忘。但在我的记忆中,除了在上海博物馆跟着汪老师和陶瓷部前辈研究古陶瓷之外,最为清晰和值得怀念的莫过于那三年在复旦"200号"楼学习、工作和生活的日日夜夜了。而这一切,又是源于吴老师对我的悉心关怀。

吴老师两年前在接受"澎湃新闻"专访时曾谈到他的老师胡厚宣先生对他的照顾,说胡先生从复旦大学被调去北京工作之后,还经常从经济上贴补当时作为"副博士"的吴老师一家。"那真是雪中送炭,我当时生活很困难。"吴老师深情地回忆道。读到这段采访文字的时候,我的心里激起了深深的共鸣。联想起吴老师在我读研期间对我的照顾,才发觉先生是在实实在在地传递着他的老师的精神——对学生的无私的爱。

读大学的时候,我家的经济状况并不宽裕。我在校的生活费全靠父母供给(大学期间有几次不成功的勤工俭学经历)。普通的中学教师家庭,没有多少积蓄;而且因为兄弟姊妹多,条件就更为有限,基础相当薄弱。好在我上大学时,哥哥姐姐们都已工作,不久家中经济条件渐有好转的趋势。因此,我在学校的花费虽说谈不上十分困难,但绝对需要精打细算。读研不久,不知道吴老师如何注意到我的情况,他问我愿不愿意晚上在"200号"为博物馆值夜班,可以每月补助50元。这太让我感到意外和高兴了!当然愿意。那时我本来住在学校的南区研究生宿舍里,三个人合住在一个狭窄局促的空间。这样一来,住宿条件大大改善,而且还有额外的补助,50元在那时可也是一笔经得起用的钱呢!从此,我的三年美好生活开启了。

我的"200号"生活相对于其他同学来说,可以说很幸福了。偌大一栋具有好几十年建筑历史的两层楼博物馆,整个晚上十几个小时由我全权掌握。每个工作日我白天外出上课(有的课程就在馆里),晚上过来值班。下午五六点以后,这里人去楼空,甚是寂静。打开博物馆的铁门走到"200号"前的大草坪上,环顾四周黑黢黢的几幢民国建筑(包括相辉堂),你会感觉似乎拥有了这里的一切;走回博物馆内,锁上大门,长长的楼道就成了我一个人自由活动的空间,甚至有时可以利用这里的教室作为自己在黑板上写背英文单词的舞台。每晚九点,我拿着大大的钥匙板和一根象征性用于防备的木棒,到二楼展厅巡视一周,就算是值夜班的日常工作了。应该说,这个活儿一点不累,如今想来,责任似乎大些,但那时实在并无这样沉重的感受。

"200号"生活的最大优势是可以自己做饭。这对于研究生来说太重要了!自己做饭,既觉得好吃又可以省钱,一举两得。与学生食堂相比,不可以道里计。我的不少研究生同学在南区宿舍里偷偷搞个小电炉,整上一两个荤素搭配的菜,食堂里打碗米饭,自己再泡个紫菜汤,兴致来了隆重一点做个番茄蛋汤,简朴又不失营养。只是这偷拉电炉,不合校规,而且几个炉子一起烧肯定会烧坏电闸的保险丝。于是大家商量好错开时间轮流使用,免得断电。我到了200号,情况就完全不同了。这里有文物保护专业的实验室,用电用火合法合规,借机烧个菜煮个饭是没什么问题的。从此,我的生活质量大为改观,还趁机向博物馆里负责打扫卫生的阿姨学烧了几个符合实际的小菜,比如在红烧鱼的基础上多加些汤水,加些香菇蔬菜之类,一锅炖,什么都有了。偶尔劲头来了,甚至还能约几个同学一起聚聚餐,各人带些小菜来,再一起烧两个。吃完了,到馆外的草坪上聊天散步打牌晒太阳,日子着实生动得很,令我至今回味无穷。

三年中的某一个春节,我没有回老家和父母一起过,而是选择留在学校过新年,也不耽误在复旦博物馆值夜班的工作。放假的日子,学校里很安静,是看书学习的好时候。可真到了除夕那天,一种强烈的寂寞感还是来了。冬天的夜晚来得早,下午五点多钟天就黑了。我一个人待在"200号"楼里,有意把楼道的灯尽量打开,让楼里亮堂堂的,试图营造一点节日的气氛,却更显得空旷。只好又把灯关掉,回到房间百无聊赖地看电视。大概六点多钟,忽然听到大门外有人叫我的名字,赶紧跑到门口,一看原来是吴老师。他一个人来,寒风中瘦瘦高高地站在门口,手里拎着一个瓶子。一见我拉开铁门,吴老师说:"你师母让我来看看你,给你拿瓶烧菜的油,还有什么缺的东西你跟我说。"我心里一热,泪差点掉下来,"我什么都不缺。看您这么冷的天还来看我"。吴老师说他是顺便过来,从第二宿舍到这里很近的。他问我假期里的生活情况,却并不问博物馆值班情况如何。吴老师就是这样一个仁厚的长者,他从来不讲什么大道理,而是把对学生的关心放在行动上,放在事情里。

三

1996年夏,我研究生毕业。此前不久,吴老师从文博系主任的岗位上退了下来,由蔡达峰老师接任。这一年春节后不久,我的工作落实到上海博物馆,吴老师很为我高兴,叮嘱我好好珍惜机会。入职上博正式工作以后,由于工作繁忙,我并不经常回到学校看望吴老师,到第二宿舍看望他的次数扳着手指都算得过来。说来十分惭愧,不少关于吴老师的近况是通过陈克伦老师才得以了解的。偶尔去复旦第二宿舍吴老师的家中探望,看到多年来一直保持那种简朴的学者之家的样子,问起他的退休生活,他总说挺好,说他经常和徐连达老师一起下围棋。潘师母仙逝以后,吴老师经常在上海、宜兴两地轮流住,用他的话说,在"城市"和"乡下"之间来回切换,"乡下"空气好,因此他的气色一直让大家比较放心。

吴老师始终关注着我的工作发展,每次见面(有时陈老师把他请到上海博物馆来,叫上我一起碰头),吴老师都询问我的工作情况,给予很多鼓励和建议。时间过得真快,一晃眼二十年过去了。只看见吴老师也一点点老了,让人开心的是他老得并不快,体型控制得一直很好,变化不大。令我吃惊的只有他去世前一个多月去医院看他的那次情形。

去年9月间,忽然听说吴老师住院了。找个时间匆忙赶到新华医院,按照床号,我找到了病房。一进门看到房间里有三张病床,两张空着,只有靠门的一张床上躺着一位正在睡觉的病人,房间里没有其他陪伴的人。我看了下那位病人,一张非常瘦削的脸,并不认识。疑惑间我走出门,去查看床号是否搞错了。这时正好进来两位医生,问我找谁,我说找"吴浩坤老师",他们说"喏,这不就是吗?"我肯定地说不对,这不是吴老师。听到我们说话的声音,床上的病人醒了,看到我,说了声"仲谋来了?"刹那间,我鼻子一酸,"吴老师,真是您呐!"再看他的样子,眼睛大大的,两颊完全瘪了进去,与我所熟悉的吴老师截然不同。我赶忙坐下来拉着吴老师的手,好在他的手仍然是有力的,声音仍然是洪亮的,吴老师清晰地讲了他的病情,似乎没什么危险,我的心暂时放了下来,感到不会有太大的问题,估计再好好检查、治疗一段时间,吴老师就可以恢复出院了。

然而,出乎意料和无比心痛的是,这次探望竟成了与吴老师的永诀。一个多月后,传来先生去世的噩耗,他再没走出医院。

2005年,恩师汪庆正先生仙逝,十余年后,恩师吴浩坤先生亦往生极乐世界。回想起22年前在我的硕士论文答辩会上两位老师坐在一起谈笑风生的模样儿,不知今天在另一个远离我们的世界里,他们是否也正在把酒言欢,指点人间的文博江山呢?

希望真是那样。

李仲谋近影

学术为本　创新为体
——怀念吴浩坤老师

寸云激*

得知吴浩坤老师驾鹤西去的消息,感到十分地突然。真是不敢相信,复旦大学文博学院二层小楼里的那位高大伟岸的男子,竟然就这样走了。

吴浩坤老师是我在复旦文博学院大专班学习时的副院长。虽说是副院长,但细思长达两年的学习生涯,竟想不起与吴老师有过说话交流的情形,因此,对他的记忆大多数时候都是模糊的。印象中,吴老师是一位很严肃的人,不苟言笑,平日里总是"心事重重"的样子。现在想来,这或许是文博学院有太多的工作需要他去操心的缘故。吴老师没有给我上过一堂课,但总觉得他非常有学问,这种感觉不知从何而来。他人很高,平日里戴一副黑色眼镜,穿一件白色衬衫,非常干净和儒雅,这个形象和小说里、电影里的大学教授没有什么两样,远远望去,总让人有高山仰止的感觉。

记得儿子刚上小学的时候,为激励他努力学习,我将自己在复旦的学习成绩单找出来给他看。学习成绩单上的二十多门课程,除了两门是"良"、一门是"中"外,其余皆为"优秀",说起来还是拿得出手的。原以为儿子看了会满脸钦佩地说:"老爸,您学习真好。"不曾想他先指着吴老师的签字问:"这是谁的签名?"在得到答案后又一本正经地说:"老爸,您老师教得真好。"成绩单上吴老师的签名是蓝色的,字很方正,一笔一画,写得一丝不苟。俗话说字如其人,从吴老师的字也看得出,他是一位胸怀坦荡、为人正直的学者,也是一位诲人不倦、要求严格的老师。虽然很遗憾没有上过吴老师的课,但又有谁能否认文博学院的人才培养离不开他的言传身教呢!

近年来,陆续读了一些有关吴老师数十载风雨人生的文章,这里面有对他的访谈,也有

---

* 寸云激,云南大理大学民族文化研究院院长、云南省宗教学会副会长。

他人的回忆。看得越多,时间越久,吴老师的形象反而愈发地高大清晰了起来。吴老师一生坎坷,戴过右派的帽子,但始终热爱自己为之奋斗的事业,先后参与了《中国历史地图集》的编纂工作和文博专业的创办,为复旦历史学科与文博专业的发展作出了重大的贡献。吴老师是著名史学家胡厚宣先生的弟子,受胡先生的影响,吴老师数十年致力于甲骨学的研究,在中国甲骨学研究领域具有重要的地位。还记得1995年的时候,复旦大学人文学院为迎接教育部关于"211工程"的检查,特意在文科楼的一楼大厅准备了一个学术成果展,我们班的同学由于受过博物馆陈列的训练,就被派去负责布展工作。当时,重要的成果如《中国历史地图集》、《中国历史文选》、《中国学术名著提要·历史卷》、《新英汉词典》等都放置在了显眼的位置,这其中也包括吴老师与师母潘悠合著的《中国甲骨学史》。作为文博学院的学生,自己学院领导的成果得到学校的重视和肯定,心里自然是无比自豪的。

1990年,由于考前患病,我未能参加高考,而是在病愈后进入大理白族自治州博物馆工作。1993年,我参加成人考试,被复旦大学录取,进入文博学院学习。1998年,又考入云南民族学院,师从张金鹏教授,在云南省民族研究所攻读民族学专业硕士学位。2013年,则考回复旦大学,师从蔡达峰教授,在文博系攻读考古学专业博士学位。在各位老师的指导下,我逐渐找到了学术的兴趣,并把社科研究作为自己毕生的事业。通过不懈努力,我从文博青年成为大学教授,并被聘为首批国家民委民族问题研究优秀中青年专家、中国宗教学会理事,云南省宗教学会副会长,担任大理大学民族文化研究院院长,主持云南省A类高原学科"大理大学优势特色重点学科/民族学"的建设工作。究其缘由,则一切皆始于二十五年前在复旦大学文博学院大专班的学习。需要特别说明的是,我不是一个善于读书和学习的人,只靠自己的努力,绝对不会有到复旦大学这样的知名学府学习深造的机会。正是在吴老师等人艰苦卓绝的努力下,复旦文博系、文博学院才得以筹建,并面向全国文博系统招收在职大专班学员,由此我也才得以受教于蔡达峰、陈佩芬、张浦生、陈克伦、孙仲汇、陆建松、陈宏京、朱顺龙、石建邦、刘朝晖、陈刚等诸位老师,从而开启了新的人生。

筚路蓝缕启山林,栉风沐雨砥砺行。经过复旦文博人数十年的艰苦创业和无私奉献,如今的复旦大学文物与博物馆学系已成为中国最有影响的文博教学与科研机构之一,不仅与国外十多个知名高校和文博考古机构建立了合作交流关系,还是教育部和国务院学位办"全国文物与博物馆专业学位研究生教育指导委员会"秘书长单位。在"学术为本,创新为体;倡导实践,注重应用"的办学理念的指导下,复旦文博系先后培养了数以千计的文博考古专业优秀人才,为我国文化事业的发展作出了积极的贡献。终身为之奋斗的事业后继有人,吴老师泉下有知,亦当含笑。

寸云激近影

饮水思源　受益终生
——回忆吴浩坤老师

孔令远*

吴浩坤先生是复旦大学文物与博物馆学系的创始人,首任系主任。

我是复旦文博班1993级学生,记得在开学典礼见到吴浩坤先生,深为其儒雅的气质,睿智的谈吐,和蔼可亲的态度所折服。他在欢迎致辞中指出,同学们来自基层博物馆,有着丰富的考古文博实践经验,现在有两年脱产时间来进行理论学习,机会十分难得,大家要多交流,互相取长补短,利用在校期间多去图书馆查阅专业书籍,专心治学,为将来的研究和工作打好基础。前后届的同学也要加强交流,大家不要死读书,要多参加各项文体活动,体验上海的风土民情,尽量融入上海本地生活中去。他还说大家有困难尽管与辅导员联系。

记得在复旦读书时,班里配的辅导员都非常尽职。我们班第一年的辅导员是石建邦老师,那时他刚留校,在职读吴先生的研究生。他和我们年龄差不多,经常来我们宿舍聊天。第二年石老师去了佳士得,蔡达峰老师担任我们的辅导员,蔡老师那时刚调入复旦,一年给我们开三四门课程。两位辅导员都深受吴浩坤老师的影响,儒雅朴实,勤奋认真。我们班的同学毕业之后还与辅导员和复旦老师保持密切联系。这样融洽的师生关系我认为得益于复旦文博系自建立之初就形成的各项制度和规范,从这个层面来讲,吴先生功莫大焉。

我们文博班的同学大部分专业课程是与本科生甚至研究生一起上的,学习风气很浓,我们班后来有四位同学读了研究生,三位获得博士学位,调入大学任教,都成为教授了。还有不少同学在博物馆或考古所评上正高职称,做了负责人。我当时对古文字学产生兴趣就是上了朱顺龙老师的"甲骨金文"的课程,朱老师就是吴先生的学生,后来我考取四川大学的古文字学博士。吴先生虽然没有直接给我们上过课,但他作为系主任还是在很多方面给

---

* 孔令远,重庆师范大学历史与社会学院教授。

我们一定的帮助和影响。

我们在复旦读书时,有南京博物院的张浦生老师,上海博物馆的马承源、陈佩芬、陈克伦、宋建、孙仲汇、张明华老师等来给我们上课,这些专家都是吴先生的同学与挚友,这些专家既有文博实践又有理论造诣,让我们受益终生。

我读过四五所高校,当别人问起母校时,我第一个想起的是复旦,她的包容,她的绵韧,她的通达,她的雅致让我难以忘怀。我觉得自己在复旦的两年视野得到了开阔,亲身感受大师的言传身教,而这些都得益于吴先生创办的文博系和文博班。饮水思源,深深感谢吴浩坤老师的教诲。

孔令远近影

遥寄不尽的哀思

——记吴浩坤先生二三事

蔡路武*

自1990年吉林大学考古专业毕业在湖北省博物馆工作几年后,1994年至1997年我又到复旦大学读研究生。求学期间,有不少老师给我留下了深刻的印象。

业师汪庆正先生自不待说。汪先生是上海博物馆的副馆长,中国古陶瓷学会的会长,复旦大学的客座教授。汪先生个子不高,衣着十分得体,一头标志性的华发,颇有风度和魅力。汪先生讲话声音洪亮,充满激情,风趣幽默,极富感染力。汪先生特别重视考古新材料,注重出土材料和文献资料的结合,注重解决陶瓷史上的重点和疑难学术问题。比如汪先生和上海博物馆陶瓷部主导的汝窑窑址的发现,在当时引起轰动,取得了突破性的进展,使得关于汝窑的研究更加科学和深入。这种将考古出土新材料和传世文献有机结合以解决学术问题为导向的治学之风,和旧时代古董鉴赏式的做法截然不同,为中国古陶瓷的研究立下了一个很好的标尺。汪先生手把手在库房给我和同门刘朝晖君(现为复旦大学教授)讲解、带我们观摩瓷器的情景,依然宛在眼前。

给我系统讲授中国古陶瓷史的是陈克伦老师,陈老师其时是复旦大学的客座教授。陈老师师从汪先生,是汪先生的大弟子,我们虽是同门,但陈老师要比我早不少,我对陈老师一直执弟子礼,十分尊重。陈老师身材挺拔,讲话和汪先生一样风趣幽默。陈老师课讲得好,善讲,条理十分清晰,详略得当,重点突出。陈老师也敢讲,直面陈规陋习和时弊,不顾情面。记得在一次会议期间,陈老师很不客气地说要把文博界一位为一己私利在社会上昧着良心进行商业鉴定的老先生,开除出古陶瓷学会,这样的话也就陈老师敢讲,由此可见陈老师的为人。陈老师后来任上海博物馆副馆长,有魄力,有担当,敢于直言,在文博界很有

---

* 蔡路武,湖北省博物馆保管部主任、研究馆员。

影响。上陈老师的课,教室里总是坐得满满当当,大家都十分专注,笔记做得很细致很认真。课后,我还会将笔记细心整理一遍,将重点、关键的地方用红笔作各种记号进行标注,并熟记于心。毕业后,我特意将汪先生、陈老师的课堂笔记一字一字打印出来,还时不时将这满满两大本的笔记拿出来翻翻,温习温习,受益匪浅。

汪先生特别嘱咐我们:学习研究中国古陶瓷,不能局限于古陶瓷,知识面要广,视野要开阔。为此,我和刘朝晖君还修了历史、经济、文学、戏曲等方面的课程。樊树志先生给我们讲授明清经济,特别注重村镇经济的研究,从小处着手,精耕细作,以小见大,见微知著。中文系李平先生给我们讲授中国戏曲。其时,李先生已退休,我和朝晖君是到他家里听他讲课的。李先生十分随和,一点架子也没有,讲课讲到高兴处,还给我们唱起了小曲,有滋有味,声情并茂。李先生养了一只可爱的猫,这猫活泼好动,床上床下,桌子椅子沙发上,柜子窗台上,到处乱跑乱跳,还时不时地跳到李先生的身上,和李先生亲热一番,撒撒娇,捣捣乱,弄个小插曲,那情景叫人忍俊不禁。多年后,和朝晖君谈及此事,都十分开心。

前面啰唆了这么多,该收住了,回到本文的主题。

当时,给我们这批研究生讲授古文字和古文献的是吴浩坤先生。吴先生是我不可忘却的老师之一,有几点印象十分深刻,记述如下。

其一,吴先生是一位不苟言笑、严谨律己的学者。吴先生穿着中规中矩,既不随意草率,也不西装革履皮鞋锃亮,典型一副中国传统教书先生的装束。在我印象中,吴先生话不多,也很少开玩笑,专注于教学,杂事不谈,废话、啰唆话没有。吴先生沉得下心,不附和社会的浮躁和世俗,不圆滑,不世故,不趋势,刚正不阿,简单纯粹。不像有的人为了自己的私利,包括官职、职称、项目、经费等,溜须拍马,四处钻营,拉帮结派,弄得乌烟瘴气。吴先生对此是颇为不屑的。吴先生的作息是很有规律的,上课一定是提前或准时来,准时下课,既不迟到也不拖堂,十分有规律。课堂上准备的内容丰富充实,效率高。

其二,上文献课时,吴先生首先从《尚书》入手,特别强调《尚书》的重要性,这是研究中国上古史绕不开的关键性的文献。吴先生特别要求我们看《尚书》原文,一定要先从原文入手,不要先看各种注释本,不要受干扰和束缚,而且一定要多看,一遍不懂,再看一遍、两遍、三遍……自己体会,自己琢磨,自己思考。一篇一篇地看,看完一篇,还要我们写下读书心得、体会。下次上课时要交给吴先生,并由吴先生逐篇进行点评。吴先生这种强调读原文、写心得体会、写思考感悟的方式,一直以来对我有莫大的帮助,让我受益良多。在日后的研究过程中,对于古文献,我尽量找到原文和出处,尽量少辗转摘抄、引用。当然,这种方式,势必会增加工作量,增加难度,增加压力。但这对于严谨的学术研究来说,却是必不可少的,没有捷径。

其三,吴先生上古文字课让我们记忆尤深。80年代在吉林大学读本科时,教我们古文字的是吴振武老师,也姓吴,吴振武老师是著名古文字学家于省吾先生的女婿。其时,吴振武老师还较年轻,有些腼腆,现在已是知名的古文字学专家、教授、副校长了。当时吴振武老师主要是教我们古文字史,并认字,主要是金文、甲骨文,为我们打下了初步的基础。而到了复旦大学,吴先生不仅教我们继续认字,而且还要我们通读、弄懂青铜器上整篇的铭文。通过研读这些铭文,再结合文献记载,来研究商周时期的政治、礼制、经济、文化、军事、外交等诸方面,出土文献和传世文献相互印证,这就到了一个比较高的层次了。上课期间,我们读了大量青铜器的铭文拓片,这些拓片,有些是从上海博物馆馆长马承源先生主编的《中国青铜器》上来的,更多的是来自吴先生长年积累的材料。每次上课,吴先生总是毫无保留地把他的资料无私奉献出来,把他复印的拓片分发给我们辨读,并逐字逐句点评。按说复印这些拓片,应该是我们这些学生干的事,不必劳烦吴先生。但吴先生不厌其烦,亲力亲为,为我们挑选合适的铭文拓片,并亲自复印,让我们深为感动。重视考古新材料,重视出土材料和传世文献的结合,和汪先生一样,两位先生在治学上给我们很多很好的启迪。

蔡路武在复旦大学门口留影

在我求学期间,吴先生已退居二线,虽然在学校和院系不再担任领导职务,但能感觉到,学校、院系里的老师,不管是年轻的,还是年长的,对吴先生都十分敬重。我想这和吴先生严谨的治学,良好的人品是分不开的。于我而言,吴先生是一位严谨律己、不苟言笑的学者,一位让人尊敬的忠厚长者。我对吴先生的印象,主要来自课上,课下的交往并不多,这是一件让我有些遗憾的事。古人云:"师者,所以传道授业解惑也。"我应该主动多和吴先生接触交流,多向吴先生讨教,如何做人,如何治学,如何立业,做一个像他一样简单纯粹的人。

遥望沪上,汪先生已故去十余年,吴先生也故去一载。故地的黄花依旧,美丽的复旦依旧,百年的相辉堂依旧,熟悉的文博楼依旧,但我却永失吾师——尊敬的汪庆正先生和吴浩坤先生。

谨以此文,遥寄不尽哀思。山高水长,追忆先生风范。

吴浩坤与柏明、王明根的情谊

张雅斐* 傅德华

2018年8月26日,我受傅德华老师的委托,利用学校组织本科生到西安考察实习的机会,在傅老师事先与柏明老师的公子柏中澍联系后,专程登门采访了88岁高龄的柏明老师。柏明老师从西北大学宗教研究所退休后,在寓所颐养天年,身体仍很健康,思维能力看不出像近90岁的老人。当我请他谈谈与吴浩坤和王明根二人的交往与情谊时,他感到非常开心,话匣了一下子就打开了。

1952年,吴浩坤与柏明同年被复旦大学历史系录取,成为同班同学。1956年,两人毕业后同时继续攻读副博士研究生。吴浩坤跟随周予同先生,而柏明则成为谭其骧的研究生。在同学期间,两人关系一直很好,还经常一起打篮球。

1958年,吴浩坤因如实反映家乡存在的实际问题被错打成右派,对此柏明感觉吴浩坤很冤,所以竭尽全力为他打抱不平,结果也因所谓的"为右派喊冤叫屈"而被划为右派,与吴浩坤一起蒙受20余年的不白之冤,直至1980年才得以平反昭雪。

1960年初,吴浩坤与柏明被发配到历史系资料室,接受劳动改造。王明根是当时资料室的主任。资料室的工作弹性很大,既有一些机械的日常管理事务,也有为教学科研服务的工作。王明根并没有让两人做借书、还书以及整理书籍等杂活,而是安排他们从事一些为教学科研服务的有关研究。这些工作就包含了编著《文史工具书的源流和使用》、《五十二种文史资料篇目分类索引》、《中国近代史论著目录》等后来颇有影响的文史工具书。据柏明老师回忆,这些书的编撰都是王明根提出,三个人一起完成。但当时王明根工作比较繁忙,因此大部分的编撰工作是由吴浩坤与他两人完成的。在柏明先生的右派问题得到平反后,为解决夫妻分居两地的状况,柏明先生从复旦大学转到西北大学历史系工作,复旦大

---

* 张雅斐,复旦大学经济学院2016级本科生。

学历史系党总支专门为他写了在复旦工作及取得的科研成果的证明材料,详情在傅德华老师撰写的《吴浩坤教授与〈文史工具书的源流和使用〉》一文中已有详细论述,这里就不再重复了。

吴浩坤与柏明关系虽然一直很好,但是涉及工作或编纂工具书时却是毫厘不让。对于编书的内容,两人常有争论,互相提出建议。谁能说服对方,就采取谁的见解。而对于学术上存在着的争议,如果不能彼此说服,就两种说法并存。为了使他们编的书能达到正式出版的水平,两个人几乎无话不说,所有问题都要进行探究。对他俩经常因为工作内容而争吵的现象,有些教师向王明根提出了意见,建议他就吴浩坤与柏明两个右派天天在资料室吵架之事,找他们好好谈一谈。王明根则予以回应说,他们两个人不是吵架,而是相互之间提意见。一段文字,一句话,甚至是一个字用得不当,对方都要批评指出。这样良性的争论有利于提高书的学术水平。吴浩坤与柏明的严谨工作得到王明根的支持与肯定,使得几本书的编纂工作得到顺利推进,在"文革"结束后先后于上海人民出版社和复旦大学出版社出版,所编纂的上述三本工具书同时于1989年荣获中华人民共和国成立四十周年、中国图书馆学会成立十周年二次文献优秀成果奖,这是对他们三人多年来所付出的辛劳最好的奖励。

按照"文革"时期的惯例,作为历史系资料室的工作人员以及右派,吴浩坤和柏明参与编撰的一系列书籍不能冠以他们的名字出版,而是要以复旦大学或者历史系的名义出版。但所幸的是,这些书都是在"文革"结束后出版的,因此最终三位主要参编者都可以名正言顺地予以署名。而对于参编者名字究竟采取何种顺序,三人则是互相谦让。吴浩坤与柏明主张王明根是领导,并且工作都是他抓的,最后由他统稿的,应该把王明根的名字放在前面。但是王明根却予以否定,认为书稿的资料及内容大部分主要是吴浩坤和柏明收集与整理并撰写的,应该把他们两个的名字写在前面。最终,名字的排列选择了折中的方式,按姓氏笔画数排序为王明根、吴浩坤、柏明。

除了工作方面的交往,三人私下的交情也十分好。柏明起初和妻子分居两地。当其妻子前往上海探望时,吴浩坤与王明根都会在家中设宴请柏明夫妇吃饭,而柏明则在餐厅请他们两家吃饭以示敬意。聊天中,王明根还会向柏明的妻子调侃吴浩坤与柏明在资料室的争论。而每次到结账时,三个人都抢着买单,但每次都是吴浩坤"取胜"。据傅德华老师说,吴浩坤的小女儿吴军曾对他说,每次三人在外聚餐回到家里,他父亲都很得意地说,今天又是我买单的,他们(指柏明和王明根)哪里抢得过我。吴浩坤总是将每次三人团聚,看作是一种缘份,是一次回报在过去的岁月里,他们对自己长期以来的关照的最好的表示。

1980年,柏明回到了西北大学,吴浩坤继续从事甲骨文研究,而王明根则调任复旦大学图书馆副馆长。由于大家工作都很忙,三人的联系并不多。所谓"君子之交淡如水",减少的联系并没有影响三人之间的情感。在复旦大学九十年校庆时,柏明从西安回到了复旦,留下了与吴浩坤以及王明根的珍贵合影。

采访结束后,柏明老师对来自复旦的校友,有种格外的情感,一直将我送到门口,有点恋恋不舍。从老人的眼神中,我反复感受到,他似乎又重新回到了他1952年刚进入复旦,直至1980年离开复旦,前后20余年时间在复旦与吴浩坤以及王明根等挚友交往的思念之中。两位老友虽已驾鹤西去,只有他一人健在,但他们之间结下的情谊却是永恒的。相信当吴浩坤与王明根在天之灵,看到、读到这篇回忆文章时,一定感到非常的欣慰。

张雅斐(左一)在柏明(左二)家中采访

家事暖暖真性情

戎舜雨[*]

50年代,浩坤哥住在曲阜路源茂里22号二楼一间不大的后楼里,走到我家用不到五分钟。我清楚地记得他第一次来我家的情形。那天,潘悠姐带着他过来,他穿着白衬衫,带着一副方框架的眼镜,国字脸,高高瘦瘦的个子,隐隐看得出两颊刮得很干净的胡子,儒雅中透着阳刚,说话时微笑着,带着很好听的男中音共鸣,从容谦和,落落大方,没有一点生分感。他俩坐下后,母亲对我说:叫阿哥吧,自己人更亲昵,其实是应该叫姐夫的。母亲请他们吃了午饭。那天潘悠姐穿着白色的连衣裙,他们形影相随,显得很轻松又很开心。

浩坤哥大我22岁,我那时候哪里知道他们正在经受着巨大的压力,他俩被双双戴上了右派的帽子,潘悠姐也被退学了,来到母亲负责的里弄生产组。母亲是个很有性格的人,用她弱小的身躯,尽力呵护着这对备受社会挤压的年轻人,两家因此结下了莫逆之交,以至于潘悠姐对我说过"你们要是对母亲不孝,我一定要管"。

爱情给了他们巨大的勇气,沉重的压力似乎减轻了许多。他俩非常恩爱,在家里经常可以看到这样的情景:潘悠姐坐着拉手风琴,浩坤哥则坐在一个高凳上拉二胡。其实,比较合理的应该是拉手风琴的站着,拉二胡的坐着,但是浩坤哥非常疼爱潘悠姐,总是让她坐着。那时也不知道手风琴和二胡是否相配,我也不懂他们合奏的是什么曲子,只是看着他们俩相互欣赏,回眸顾盼,满满的默契和幸福,真是"琴瑟和鸣"啊,对他们来说,不愉快的事情似乎从来没有发生过。

划成右派以后,生活的压力非常大,他体现了一个男人的担当!每个月就只有三十块生活费了,上有二老在老家,下有儿女要培养,潘悠姐又被退学回到里弄,作为继父的他还要处理好和前三个女儿的关系,他对潘悠姐的经济安排,从来不置一词,也从没有过争吵,

---

[*] 戎舜雨,上海市公安局交警总队宣传处原副处长、上海市交通安全教育学校教务长。

他好像对生活没有什么要求似的,但是却坚持着自己的做人标准,保持着一个读书人的骨气。经济很困难,孩子要上学,街道决定给他补助,但是他礼貌又坚决地拒绝了——"如果自己的孩子都担负不起,还做什么爷娘?"节俭过日、卖旧衣,卖家当,相濡以沫,渡过难关,最终小女儿也考上了复旦大学。

虽然生活拮据,在我眼里,他对自己仪表还是蛮注重的,特别是发式,总是很有型。有一天,我问他在哪儿理的?"我自己剪的呀!"自己给自己理发,这怎么可能?他开心地笑了,露出不无得意的神态,说着,他对着镜子向我做起了示范,不仅他自己,连潘悠姐的头发都是他剪的。嚯,他的能力真让我目瞪口呆了!

潘悠姐的体质较差,家里的事自然浩坤哥会多做一些,一边要做学问,一边放不下他的琴棋书画,还要做家务、做饭,当然他做的饭是绝对比不上母亲的手艺,没什么特点,不过味道还可以吃吃。浩坤哥特别喜欢吃母亲做的菜,酱烧麻油鸭是他最喜欢的,母亲知道他喜欢吃,也就做得格外用心。鸭子,一定要一年左右的两斤多重的散养麻鸭,必亲自站在炉前,调整火候,轻轻翻动鸭身,不断往鸭身淋浇酱汁以免粘锅,没有两个小时,是绝不会出锅的,收汁起锅后还要用麻油刷上一遍。外表油亮,色泽酱紫,入口香嫩,鲜美醇厚,色香味绝对不会输给大饭店。鸭子做好了是要趁热吃的,他们搬到广中四村去后,有一次偏偏下起了大雨,母亲还是命我给他们送去,路上顶着暴雨,快到他家时,路面已经是大水没过了脚踝。潘悠姐心痛地给我倒热水洗刷,浩坤哥拿出他的衬衣和一双棕色的镂空皮鞋让我换上,哈哈,穿上竟然正好。

母亲常对我说:你浩坤哥,为人正派又有学问,稳重、厚道、有信,是个栋梁之材,你们都要学他、敬他!浩坤哥在外,他自谦、不张扬,在家中也从来没有看到过他声严色厉的时候,大家的眼中,他是没有"火气"的人,慈爱而温润。对人不仅大度、宽容,连他说话的声音,也是平和的,缓慢的,体现了他的修养。他谦和、尊重别人,真是没得说,在家里不管辈分大小和学识深浅,只要你在说,他总是静静地、认真地听你说,从不打断你,说完了他会表示或会意,或赞同,或者有不同的看法,以理服人,允许保留。对我们的关心也是很细微,"文革"初期他听到我小哥哥想练钢笔字,苦于没有字帖,他便亲自写了一本让小哥哥临摹,可惜多次搬家,这本珍贵的字帖不知弄到哪里去了。我从东北回来,他叮嘱我赶紧补课读书,当我在警校有留校的机会时他建议我留校,可惜我没有听从他的建议,到现在想起来留校发展会更好。

然而,他也不是没有原则的人。那年,静儿(吴靓)在老家接盘了一家印刷厂,不禁喜形于色,很有一展宏图的抱负,浩坤哥得知后,立即启程赶到老家,反复教谕静儿"做人要以厚实为本,不可轻滑"。厚,处事要公道仁厚;实,踏实做事,诚实为人。静儿确实是实实在在感受到了他的执着和严格。家里最有学问的他,一辈子做事忍辱负重,厚实为本,无怨无悔,在当时的高压氛围下,他仍是笔耕不止,改革后春风劲吹,他全身心地投入写了好几本著作,还参与创办复旦文物与博物馆学专业,并担任系主任,又参与筹建复旦文博学院和博物馆,他的身教言传在家里就是一个榜样!

命运对他是很不公平的,先是二十年的右派帽子,"文革"结束之后迎来了他事业的发展期,但不幸的是,他最钟爱的二女儿英年早逝,之后他的爱妻又病逝。七十岁那年,他被查出患有前列腺恶性肿瘤,当时我们都谈癌色变,非常紧张,但是他却像是在谈一件与他无关的事,他就是有那种淡定的气度,处变不惊。他很坚强,乐观通达一直是他对待生活的态度,对待疾病也是如此。去年十一月,在他人生最后的一段日子里,已经用上生命维持系统了,他仍然非常淡定,每次去看他,都会回忆起给他带来快乐的往事,他还关心我的退休金够不够用。保姆小陶说:看到你来了,他的精神好了许多,说了这么多话都不累……但是所有的努力都没有留住他,想起来便唏嘘不已。

告别会上,看到那么多历史系的师生怀着对他的敬重和赤诚来送别他,那副挽联"浩志文博桃李遍南北,坤舆甲骨著述传西东"是他一生的写照,是复旦造就了他,他的同仁们同样怀着千百年来士大夫们的风范,践行和弘扬着华夏文明的重任,生生不息地传承着中国传统文化的精华!

家庭琐事,平凡无奇,但暖心暖肺。回想起来,在浩坤哥的内心深处是有一个价值目标的:谦和低调的生活方式,目无旁骛埋头学问,脚踏实地勤勉做事,真诚无争厚道待人。历史总会翻过去的,他无疑在历史研究中,留下了他的足迹。

吴浩坤、潘悠夫妇与戎舜雨(左一)合影

父亲的教诲重于泰山

吴 靓[*]

父亲吴浩坤逝世一周年忌日快到了,此时此刻,父亲在家中的音容笑貌、循循教诲常常浮现在我的脑际。我的个人成长、我的殷实家庭都离不开他的教育与导向。值此周年忌日,就我印象最深的二三事记述如下,以作为对父亲的深切缅怀。

父亲的老家在江苏省宜兴市官林镇。官林俗称"官村",因宋代在朝廷为官者众多而得名。镇区原有九条巷弄、六条横街和三条直街,延及清末民初,仅存东南西北四条街道。由于陆路、水路交通便利,这里商贾云集,店肆林立,既是常州、无锡、宁国和广德、武进、金坛、溧阳等货物交流的集散地,也是具有京广南货、棉麻油漆、茶馆饭店、糕坊糖坊、米行茧行、药店文具等300余家商铺店面的农村集镇。官林人虽然经商者较多,但千百年来始终以耕读传家为荣,重商更重教,每家每户都为培养儿孙而不惜家财,我的爷爷和奶奶就是受这种思想熏陶的人。爷爷是位勤劳编织的竹匠,奶奶是心灵手巧的裁缝,他们在官林西街开着一爿草蓬搭就的竹匠铺,靠手工艺谋生。1930年12月20日,爷爷奶奶生下我父亲,他们日夜劳作,省吃俭用,于1939年送我父亲上官林小学,开始读书。其间因家中经济困难,原本不能再让他继续读书了。但由于父亲念书刻苦,读到第四年时,学校便以优异的成绩提前让他毕业了。1944年,父亲入西面邹镇杨巷中学就读,不久又因经济拮据而辍学,一年后父亲来到县城宜兴中学学习。不久,爷爷奶奶借高利贷买下三亩土地,所以一到农忙时节,父亲就要请假回家和奶奶一起帮干农活。1948年,父亲又以高分进入常州中学读高中。不论在宜兴中学还是在常州中学,父亲凭借身材高大和身体壮实,成为学校的篮球队员,并被同学们称作篮球健将。

1951年,父亲考取东北的一所大学,因天气寒冷和饮食不习惯,加之家中经济条件有

---

[*] 吴靓,吴浩坤先生的大女儿。

限,被迫停学回宜。1952年,父亲考入复旦大学历史系,1956年成为经学家周予同的研究生。

"文化大革命"时期,因被错划为右派埋首复旦大学历史系资料室。1978年平反后,历任复旦大学历史系中国古代史教研室主任、文博学院副院长等职,一直在复旦工作。父亲曾对我说,他的一生,同复旦大学,尤其是复旦文博系有着深厚的缘分。谈吐间,父亲对复旦的一片热爱之情,溢于言表。

父亲不仅小时候在家乡读书勤奋,成绩优异,而且工作后十分孝敬爷爷奶奶,是族中人一致赞誉的大孝子。20世纪60年代初,父母亲由于经济条件差,养育孩子困难,就在我9岁那年把我送回官林由爷爷奶奶抚养。为贴补老人和养育小孩,父亲在仅有的几十元工资中省吃俭用、精打细算,每个月都准时寄来10元钱。1966年,奶奶去世,父亲连夜赶回安排奶奶后事,并守孝一月之久,每天还陪伴爷爷抚慰伤痛。60年代末70年代初,长我父亲6岁的姑妈,与父亲同患肺结核,姑妈作为普通的农妇,平时全家连吃饭都很困难,哪里还有钱去买药品呢?父亲总是急人所急,先人后己,宁可自己少吃点,也要尽量省些药来给姑妈。1973年,爷爷已经是72岁高龄了,再也无力下田劳作。为此,父亲硬是戒除烟瘾省出5元钱来,每月能寄给爷爷15元生活费了。

父亲坚守孝道,令我刻骨铭心的一件事是发生在1978年小年夜。以往,过年时父亲常会回老家与老人团聚欢度,但到1978年时,爷爷年老体衰,已经不大会走路了。年前,我把爷爷送到上海,并叫他在上海过年,结果爷爷仅在上海居住月余就催着要回官林,只要一听到轮船的鸣笛声,便急喊回家。因此,小年夜那天,尽管雪花纷飞,父亲也只好同意爷爷回老家。先是半夜从上海乘火车到常州,再是大年夜早晨6点由常州乘轮船到徐舍,趁着大年初一天刚蒙蒙亮就从徐舍出发,迎着大雪,一步一滑,一直艰难地走到官林,中午时分才行至家中吃午饭。沿途,父亲既要小心搀扶爷爷,又要挑稳各种年货,真是辛苦备至。父亲对长辈的孝顺和对家人的挚爱,由此可见一斑。

父亲对孩子的教育,十分注重正面导向,且针对不同的年龄阶段和具

吴浩坤先生的父母

体问题,及时做出相应的严格要求。这一点我深有体会,获益匪浅。我虽然9岁就离开父亲回到官林,上学后又碰上"文化大革命",但父亲每次回宜,都鼓励我要认真学习,明辨事理。不仅送历史、文学类的书给我阅读,而且还讲一些历史上忠义肝胆的故事给我听。因此,我幼小的心灵里,潜移默化便受到了儒家思想的影响,早早就明白了为人处事须积德为善、讲求义气的道理,也懂得了事物的因果报应,就像俗话所说的那样"买面粉还会碰到刮大风的"。只有心存善会、胸怀正义,才会有好的福报,在社会上立住脚,父亲除了告诫我要多加学习外,还一再教育我要踏实苦干。

我13岁小学毕业后,次年便开始做鞋子、衬鞋底,逐渐走向社会了。此时,父亲教育我要像电影《李双双》中的主角那样,勤劳肯做,这样将来才会有出息。我牢记父亲的教诲,不久参加生产队下田劳动挣工分,使劲拼命干,总比同龄人要多拿半折(男人一工10分,女人一工5分,我总拿5.5分)。18岁时,我到村办砖瓦厂工作,整天甩砖头,从不怕苦从不叫累,在做工劳作、种田务农的艰苦环境中,练就出一副不服输、勇争先的坚毅性格。更令我终生难忘的是,1978年父亲错划的右派得以平反,我也重获新生,农村户口转为城镇居民户口,1984年被分配到官林教育印刷厂校办厂工作。经不断拼搏努力,我为工厂创造的经济效益逐年提高,越来越好,随着上级领导经常的表扬和社会影响的不断提升,我有点得意起来。

朱明德、吴靓夫妇与女儿朱燕合影

父亲见状,及时教育我要谦虚谨慎,戒骄戒躁,脚踏实地多创业绩,尤其要在生产经营中始终做到厚道为本。我把父亲的警句作为座右铭牢记在心,决心用老实人的人格魅力,用实实在在的风格去做事。所以,后来我转行从事电线电缆事业,在担任江南电缆厂营销经理过程中,不忘为人为事厚道为本的初心,始终把重质量、讲诚信放在首要位置。在与上钢三厂、宝钢等单位的业务往来中,长年累月,做出了口碑良好的电缆品牌。

抚今追昔,我人生道路上每走出一个脚步,每取得一点成绩,都源于慈父之爱。慈父的教诲,永远萦绕在我的脑际,指引我不断前行。父恩如山。

永远的父女情

吴 军[*]

看着一张张和父亲的合影,我禁不住泪流满面。内心里不相信父亲会老,更不相信有一天他会离开我们,在我脑海里的总是他身着西装领带神气的模样。他对生活充满了憧憬,即使重病缠身的时刻,也在计划着过好每一天。

无论何时想到父亲,心里是满满的温暖和怀念,一幅幅画面在我脑海中展现:有小时候很长一段时间他每天背着我从舅舅家回家,因为舅舅家有大的彩电;每年国庆节他带我去看灯,在拥挤的车厢里把我举起;有半夜里迷迷糊糊醒来吃着他从老家带回来的茶叶蛋;还有他自己动手做的中秋月饼及小年夜通宵在合租的厨房里准备过年的忙碌身影;他还在两餐之间把家里的饭桌变成乒乓台让我玩;在虹口游泳池教会了我游泳;还有很多很多……

父亲和母亲是复旦大学历史系的同班同学,他们不仅在学业上精益求精,溜冰、骑摩托车、跳舞也样样精通,尤其是母亲,因为家境优渥,年轻时有专门的老师教她跳舞。父亲还是复旦篮球队的队员,身体素质好,使他能在以后忙碌的教学、行政、指导研究生,还有家务等等中应付自如,始终处在健康的状态,直到老年。相比父母,我胆子较小,连骑自行车也是在父母双双的指导下才学会的。因为我高中考入了区重点,离家较远,需要骑车,于是在暑假时父亲开始教我,记得有一天父母骑车在我两边,我们从复旦一直骑到华东师范大学,那里是母亲工作的地方,在那里我还把母亲撞倒在地,但从此学会了骑车。

父母亲对复旦充满了感情,尽管他们在那时受到冲击,吃尽苦头,到我出生的时候,家里所有值钱的东西都已经当掉了。但在我高考的1981年,母亲亲手为我填下了第一志愿:复旦大学,尽管我自己是想考华东化工的,在家里母亲是领导,父亲叫她队长,我这个小小兵又有什么立场不听从呢?结果如愿进入复旦,虽然是理科,父母也很满意。记得那天拿

---

[*] 吴军,吴浩坤先生的小女儿。

着录取通知书回家,因为上面没有写系科,父亲还特地去了学校询问,印象中我还以为他并不在乎我的学业,落实政策以后,他们的工作都很繁忙,没空顾到我的学习,这件事后我高兴了很久,因为感觉自己的努力没有白费。

父亲恢复教学工作以后,以前所未有的热情投入了工作,著书立说,经常通宵达旦。父亲本来就有踏实的基础,著名经史学名家周予同老教授就是他的研究生导师。胡厚宣先生给父母亲上的甲骨学课程,很大程度上影响了他们,后来父母亲还联名出版了《中国甲骨学史》,为有基础的爱好者提供了一本有价值的参考书,出版后深受好评,至今已再版了多次。还记得有很长一段时间,我每天是听着那些名家的名字和论述醒来的:今天是郭沫若、罗振玉;明天是王国维、董作宾、李学勤。现在想起来没有学历史还是有些可惜的,毕竟现成的老师就在身边。后来我们搬到复旦大学教工宿舍,我才有了自己的房间,那时也已经进入大学住宿了。

父亲记忆力惊人,这为他教学写作提供了方便。他去教课基本都不带讲稿,我自己也因为好奇去听过他一次大课,梯形教室里座无虚席,靠门口的走道上还有些学生,人人都听得聚精会神;可在我心里他还是那个"万宝全书缺个角",让我开心,宠我的父亲。住校的时候每逢周五他会带我去教工食堂吃小炒改善伙食,周末回家他都是"买、汰、烧",即使在他承担了大量的教学工作还兼任文博系系主任的时候,因为母亲身体不好,他还是承担了大部分家务。不仅如此,因为父亲乐观随和的个性,家里总是充满了欢声笑语,我们一起猜灯谜,母亲总是最快的,她还会电工,上过立信会计,为人又严肃认真,所以我还是更听母亲的话,但却只亲近父亲,和他分享一切。

父亲兴趣广泛,喜欢京剧,拉二胡,也听越剧,高中时他还带我去听过昆曲,是历史系组织的,那次还见到周予同老先生,他很关心地询问了我在学校的学习和生活。那时他已坐着轮椅,精神还不错。父亲平时比较随意,但在谈起他们老师的时候总是用无比尊敬的语气。父母和胡厚宣先生的来往也比较多,虽然胡先生去了中科院,但父亲每次去北京都会去看望,而且胡先生还经常来上海,来过家里,也会让父亲或父母一起去他住的地方聚一聚。胡老先生和著名的古文字学家戴家祥先生是我最熟悉的两位老先生了,戴老是母亲在华东师大参与编纂《金文大字典》的导师,家里却是家徒四壁,平时就在水泥地上的小桌子吃饭,看书。那个时候,连我们家里都铺了碎木地板。但这并不影响他的风趣和健谈,每次去他那里,都会给我说很多名人轶事,完全不是我们想象的那种老学究。

大学毕业以至结婚后我都和父母同住,但后来由于种种原因,我还是来到澳大利亚定居,说起来这是对他们的一大打击,也算是我的大不孝。

父亲将近七十才退休,七十岁和八十岁的时候两次来澳大利亚看我们,第一次来住了三个月,帮我们接送女儿,种菜砍树,那时候女儿还在上学前班,放学后就缠着父亲玩,这样父亲才得以安心住了三个月,其间我们玩遍了悉尼附近的大小海滩,父亲体力极好,总是能游上很久,悉尼周边的小城往南有卧龙岗、基亚马,都有漂亮的海岸风景;往西是蓝山,有著名的三姐妹峰;往北则是号称悉尼后花园的"入口"及史蒂芬港和麦夸里港,有海港还有很多湖,可看海豚及鲸。这三个月父亲还把一本书法大字典练了个够,书法和围棋是他晚年的两大爱好,当然不能漏了足球,他是上海申花队的超级球迷。

第二次他和姐姐吴靓同时申请来澳洲还遭遇了一番挫折,因为血压偏高,移民部驳回了他的申请,因为父亲说要来悉尼过他的八十岁生日,我一怒之下写了一封信去控诉移民部,说他们否定了一位老人的心愿。没想到的是两天后竟然收到了签证。我们一起过了一个愉快的生日,一个大足球是生日蛋糕!父亲还去了墨尔本、黄金海岸、塔斯马尼亚等地旅游,跨年的时候我们在情人港看焰火直到半夜,父亲还兴致勃勃地说可以玩通宵,真是童心未泯。

说起父亲,我的话题永远不会枯竭,对父亲的爱带着血缘相通的奇妙,对养育之恩的感激,将伴随我的一生,超越生死,直到永远。

吴浩坤、潘悠夫妇在小女儿吴军婚礼上的合影(后排左一为女婿谢慧海,左二为小女儿吴军)

纪 念 舅 公

宗敏俊[*]

不写的话,以我现在的记忆,我可能将已经剩下不多的回忆通通遗留在了细胞老化里。

十一年前夏天的某个清晨,忽然从睡梦醒来,就开始惧怕死亡,与其说是死亡,不如说是永不再会的告别。死亡,是生物上的名词,听起来冷漠无比,细胞一个个衰老,自由基一个个脱落,器官衰竭……没有一个词与死亡真正的恐怖相联系。然而,醒来后,病床前明明白白放着的是医生出具的手术检验报告——非霍奇金恶性淋巴瘤。

不错,就在梦醒前的一个月。上腹突然的剧痛让我晚上完全无法睡着,虽然一个月后我已经被手术确诊为淋巴瘤,但那个时候的我完全没有想到后面我会命悬一线。是舅公及时为我打开了生命的通道。

说来惭愧,这么多年来,舅公在我的印象里一直是一个坚持原则,略带清高的高级知识分子。而他十多年前为我做的一切,却些许违反了他一直坚持的东西。舅公为我做的太多,对我的恩情太深,以至于我所有的语言都显得苍白,以至于我无数次打开电脑,却写不出什么字来,所有的语言都无法表达我对舅公的怀念与感激。

吴浩坤教授——也就是我的舅公,因为是我父亲的舅舅,所以从小称呼这位慈祥的老人为舅公。在我的记忆里,舅公一直是我心中的传奇人物,从江南小镇走出来的大知识分子、大学教授。每年过年的时候,舅公一般都会回到老家,这个时候我才能见到这位心中崇敬但又有些陌生的老人。我会羞涩地躲在父亲背后向舅公拜年,而舅公总是笑笑,问问我书读得怎么样,告诫我走路要抬头挺胸,之后就是再过一年的相见。所以一直到读大学前,舅公在我的印象里一直是模糊而和蔼的。

和舅公发生更多交集则是从我去上海读大学开始。读大学前,舅公已从复旦大学退

---

[*] 宗敏俊,吴浩坤先生的曾外甥。

休,还记得高考前,打电话给舅公咨询投档意见,从电话里就能感觉到舅公的开心与对我的关心。是啊,老家的晚辈,还是姐姐家的孙子,能到上海来读书,怎么会不开心,怎么会不关心呢?从考前的志愿填报,关心地问我能不能考上复旦大学,实在不行去同济大学也行;到考后去复旦招生办看有没有我的名字,直到最后知道我报考的学校后,略带失望的表情,我知道舅公对我的关心,知道他对一个喜欢学习的孩子的欣赏与欣喜。

大学四年,偶尔就去舅公家里蹭饭,和他聊聊天。我终于有了了解舅公的机会。他是个性情极为豁达的人,虽然因为他的正直,在80年代前受过很多的不公正的遭遇,在他精力最好,最能出成果的阶段被深深地压抑,但是他从没有提过他的这些经历。相反他总是提到他求学时的趣事,和"文革"时期学习的围棋、桥牌。这个阶段舅公在我心中的形象逐渐清晰起来:正直、风趣、略带清高,用他自己的话说,他这一辈子从不弄虚作假,说违心的话,做违心的事,从不去求人办事,靠自己的能力做学问,做人。

生活的转折发生在毕业两年后,突然的病痛让我手足无措,初步的检查很不乐观,而上海的知名医院检查和手术排队时间很长。这时候是舅公破例联系了他的学生,为我打开绿色通道,检查、手术、术后方案在一个多礼拜的时间内全部完成。事实证明这真的挽救了我的生命,第一时间的手术和化疗及时控制住了病情。十一年后的今天,我仍然深深地感恩舅公,使我还能健康地工作、生活。

宗敏俊近影

病愈后,舅公十分关心我的身体健康,看到我恢复如初非常高兴,因为恢复期间的修养,我无法工作,经济紧张。舅公总是悄悄地塞给我钱,让我安心地休息。

舅公走了,八十八岁。走前有家人陪伴身边,逝者已矣。我十分怀念我的舅公,愿舅公在天堂安好,愿天堂不再有病痛。

我 的 外 公

朱 燕[*]

我的外公吴浩坤先生去世半年多了,虽然复旦大学老师很早就建议我们家属写些纪念的文字,我却一直不敢写,许是不想回忆,也怕回忆,那里有最柔软的东西,不能触碰。

外公一生坎坷,颇为跌宕起伏,年轻时候因为说真话,如实反映家乡"反右"扩大化被打为右派,母亲跟着被下放至农村老家。从记事开始每年的寒暑假都是来上海度过的。那时候的交通还没有现在这么快捷,要颠簸四五个小时才能到复旦宿舍,记得我小时候还一直晕车,支持我每年都这样往返的应该是外公外婆的爱吧。那些农村没吃过的,还有那些漂亮衣服,让我每每都很期盼寒暑假,最最重要的是每年寒假的压岁钱,从我懂事开始,外公的压岁钱都是五百元。在90年代初我小学的时候五百元是巨款,以至于我一直有外公外婆很有钱这样的错觉。那时候总是想着要买什么自己认为贵重父母不肯或者舍不得的东西,等着寒暑假和外公说。记得刚刚上初中那年,想买手表,外公带着我来到南京路,在亨得利给我买了一块手表。记得当时激动了很久,遗憾的是那块手表没有多久就遗失了。直到很多年以后才知道,外公外婆自己一直过得很清贫,因为我们长年在外地,他们能表达对我的关爱的方式就是给我买我想买的东西。

因为高考要到上海来参加全国卷的考试,所以高考那年,应该是1999年,妈妈带着我提前住在外公家备考,那时候外婆已经去世,妈妈把我托给了外公。那段时间是我和外公接触时间最长的时光了,因为不是很用功,总是喜欢看小说,那时候书房里面那些小说几乎全部看过,因为是偷偷看的,所以被抓的次数也很多,以至于有一段时间因为看小说和外公怄气不说话,准确地说是外公每天去超市买好我要吃的零食水果,我吃喝照常,但互相不说

---

[*] 朱燕,吴浩坤先生的外孙女。

话。那时候也许外公也是气我不努力吧,大约持续一个星期的样子,后来高考我果然考得不理想,外公倒是觉得意料之中,没有再责备我,因高考发挥不好,有些失落。那年夏天,每天吃西瓜吹空调,也是在那段时间,我觉得外公和我更像是朋友,他告诉我他和外婆的恋爱史,他们如何认识,如何结婚生活的,谈恋爱应该是什么样子的。也是直到很多年以后我才知道,其实那时候有几个男同学打电话到外公家找我,都被外公挡住了。

回忆的匣子不能打开,里面的东西太多。这些年因为工作还有自己的小家,很少再去关心外公的生活,总是觉得外公还没有老,每次见面,保姆总说外公知道我们哪天要来,一早就起床了,穿戴整齐,坐在那里等我们,他是不想让我们觉得他老了,总是以最好的状态出现在我们面前,以至于给我们他还没有老的错觉。直到去年刚刚住院的时候,我和母亲还很乐观,觉得应该很快能够出院回家,却没承想,这一住院再也没有能够出院,大约住院三个月的时间,母亲几乎日日陪伴,最后索性也住在医院,那段时间我想外公也是开心的,和母亲几乎日日相处。

外公的离世,我们从心里面一度难以接受,虽然医生早就暗示我们,时间不长了,我们还一直抱着有奇迹发生的心理。离世那天,最后外公昏迷情况下,我和老公赶到医院,医生说已经深度昏迷了,保姆在边上说:"吴老师,小燕子来了,你听到的话就张开眼睛看看握握她的手。"我站在床边,外公忽然张开了眼睛,紧跟着是握住我的手,捏了两下,之后就一直

吴浩坤先生与朱燕(中)小时候的合影

处于无意识状态直到最后。我想还是赶到了,至少他知道我们来了,外公走得很安详,没有吃太多的苦。最后的时光有母亲亲力亲为的照料,他也觉得安慰了。

很多时候我们总说尽量不要让自己的人生后悔,不要有遗憾,但对于外公,不管我们做到什么样,总是觉得不够好。

有些人有些事,总是觉得做得差了那么一点点。

吴浩坤画史

朱永嘉整理

序　言

这部画史中的照片是小陶提供的,许多生活细节,在农村生活的情况也是她提供的。有了这些照片,我们就可以通过这些具体的形象来更加活泼地呈现他各种生活场景。在新中国成长的青年学者,是幸福的,但也都经历过一些磨难和曲折,这些磨难和曲折有时也锻炼了他们的意志,造就他们坚强的性格。人也只有经历过曲折,才显示出人性之可贵。

我整理这部画史,是因为过去新闻系搞摄影的教师舒宗桥在抗战刚胜利时搞过一本《抗战画史》,那是一本以相片来叙述抗战史的图文并茂的画册,当时风行全国,所以见到吴浩坤的相册以后,我就萌生了尝试给吴浩坤也做一部以相片为主,配以文字,图文并茂的史传。

吴浩坤是研究古文字学的,人与人之间信息的沟通,最早是通语言,那需要面对面的沟通。古代,历史与文化的传承只能靠口口相传,有了文字的发展,慢慢可以跳过面对面的口口相传,通过文字来达到古今相通了。当然,这也有一个过程,孔子编了《春秋》,如何解释说明《春秋》所包含的思想意义,还得靠口口相传。《史记·十二诸侯年表序》便说:"七十子之徒,口受其传指,为有所刺讥褒抑损之文辞,不可以书见也。"这一点古今也是相同的,空闲时大小聊天可以放开一些,见诸文字公开传布时,就须要斟酌可能产生的社会影响和后果了,言论上的自由度也是相对的。有时我也往往有一点不近人情的奇思妙想,我们从事历史研究的人,《史记》是我们必读的书,现在我们读《史记》只能凭借它的文字来想象当时的历史景象,也没有作者当年生平生活场景与历史场景的照片,如果那个时代也有照相技术的话,在《史记》中出现那时的历史图像,那么这部《史记》会增添不少光辉的色彩。对司马迁一生遭遇的磨难,我一定会有更深刻的感悟。如果《诗经》能有当时的照片配置,那么三千年前的生活,也能图文并茂而生动活泼地呈现在人们面前。如果屈原的《离骚》也能图文并茂的话,那就能非常生动地体现诗人高贵的品格。我们生活的时代,照相技术也已出现了一百多年了,现在我们看到晚清时代的照片,对历史也会有一种生动地感受。历史的研究能否打破往日的格局,不仅以文字叙述,而且能图文并茂,互联网和微信技术的发展,让信息的传播可以使文字与图像一同传播,还能通过视频绘声绘色地表现历史的场景,那么历史科学是否会开创一个新天地呢?我们也能更生动地看到古老的历史传统和老一辈们光辉的革命形象,让史学成为图文并茂的形象化的动态的又区别于影视作品的巨著。

历史的记忆是最宝贵的精神财富,人一辈子的生命非常短暂,个人留下的物质财富,毕竟是短暂的,精神的财富才是永恒的,不朽的。吴浩坤夫妇给我们留下的精神财富包括两个方面:一个是他们的为人,在艰难的时日,他们能守住为人的底线,不屈不挠,无论在逆境还是顺境都能善心待人;另一个是他在学术上,在甲骨文和殷周史的研究方面作出了可贵的贡献。他为国家培养了一支文博工作的队伍,在文博学院的开创上,作出了自己的贡献,这才是社会共同的精神财富。当然,任何一个人,生活在这个世界上的时间都是短暂的,当你与这个世界告别时,历史也必然会考察一下,你究竟为后人留下了什么?尽管你出身于高贵的家族,利用父母的恩荫,合法拥有亿万数不清的财物,然而这一切都不可能带走,如何评价你的一生,还得看你留下的是什么样的精神生活,至于那些腐朽享乐的生活方式,那些无尽的贪欲,也只能是精神上可耻的糟粕。历史是最公正的,不在乎你一时的得意,会参照你的一生,给你一个恰当的历史地位,这可不是什么人、什么权势所能左右。任何人的历史,无论是大人物还是小人物,都只能让后人来评述,各类人物,不同场合的相处,无论你是那么勤奋素朴而又平凡,或是那么摆阔豪华奢侈甚至恶俗丑陋都可以立此存照供人们以分类排列以示褒贬了,流芳百世还是遗臭万年,也是各人自己生前所选择的生活方式。对逝者最好的纪念,也许就是关注他们的精神生活,他们生前一举一动的影响,经过去伪存真,这也许会为历史科学提供一个更加广阔而又生动的天地呢?如果可能,这件事让大家都来做,大浪淘沙,历史会为我们留下不少无论是正面还是负面,能使得人们不断深思的作品,从而发扬正气,鞭挞一切陋恶,使中华民族的未来更加辉煌!这个使命不是纪录片所能替代。纪录片表达的只能是较短的时间段,人物史、事件史需要较长的时间段。至于家族史,那更需要相当长的时间段,才能显示出其究竟。至于制度史,那就更难了。史评作品也是如此,有许多工作还得靠文字来表达,图文并茂有它的长处,它能为历史著作在形象等一些方面开辟广阔的新天地。

人的一生毕竟短暂,在历史上能留下多少痕迹,就看他如何为人了。要做一个大写的"人"。吴浩坤的一生,既平凡又不平凡,他那曲折的经历,他夫人所受的磨难,及他们人生和学术上的成就,都值得人们去认真研究和思考,如何使后来者生活得更加健康并实现更高的人生价值,这就是这部画史的使命。

根据吴浩坤教授的简历,他是1996年1月退休的,那一年他65岁,他的夫人潘悠在华东师大退休要比他早15年,那是因女同志退休的年龄是50岁的缘故,从1996年起,他们夫妇俩一起在家过退休的生活。

老人,特别是知识分子,怎么有意义地度过自己晚年,这也是当今值得人们思考和认真对待的一个话题。我比吴浩坤晚出生11个月吧,如何度过自己的晚年,如何不留遗憾地告别这一个世界,也许都是当今老人们正在思考的一个问题,这也许就是我记录他退休后晚年生活的一个动因。当然记录他晚年的生活,也离不开他留下的笔迹和影像。

在他的照相集中,有一张他在90年代初去韩国的船上,伸手想托住西下的夕阳。

90年代初吴浩坤乘船赴韩国

夕阳无限好,只是近黄昏。吴浩坤那只手怎托得住下沉的夕阳呢?夕阳从西边下沉以后,第二天还会从东边的海面升起,日出东海,给人们对未来生活赋予多少希望和期待。人去世以后,再没有明天了,留下的只是后人对他的怀念和思考,人们对他的怀念之深切和持久,决定于他生前留给后人多少精神财富。有良知的子女,会留心他生前用过的,穿过的,以及他留下的墨宝,无非是睹物思人。社会上更多的子女反而弃之若敝屣,丢之若垃圾,或当废品给卖了,然而为了一点存款和有限的房产,儿女之间反而争执不断,"放利而行,则多怨"。若逝者地下有灵,岂不寒心!这可应了《沙家浜》中阿庆嫂那句"人一走,茶就凉了"。

  1993 年,吴浩坤的夫人得了肝癌,1995 年,又因脑溢血中风,是吴浩坤照顾病瘫在床上的妻子,1998 年的 6、7 月间,吴浩坤患了盲肠炎穿孔,腹腔溃疡糜烂,在新华医院动手术并住院治疗,他夫人潘悠因肝癌在长海医院病危到去世。因夫妇二个人在不同的医院,无法相见最后一面,这对于吴浩坤来说是一件痛彻心扉的事。

  1998 年 6、7 月间,吴浩坤在新华医院住院期间,陶春梅是新华医院的护工,负责吴浩坤病床上的生活料理,吴浩坤病情痊愈,出院前,约请小陶去他家当保姆,照顾他生活。那一年他 68 岁了,夫人潘悠已去世,女儿都有自己的家庭和自己的事业,又大都在国外,只有一个女儿在家乡,而且有自己的事业,所以只能请保姆来料理家务,从此小陶便成为这样一个角色。他出院以后,先去小陶家乡休息了两个月,然后去澳洲女儿家住了三个月。从那以后,直到他 2017 年 11 月去世,都是小陶在他家料理他的日常生活。

  吴浩坤的家就在复旦大学第二宿舍七号楼的 201 室,是二楼向东的一套三室一厅的居室。现在小陶已 63 岁了,当年她踏进这间屋子,也只是四十五六岁。小陶是溧阳人,38 岁时因为与家里人怄气,所以到上海来打工,在新华医院做护工,前后也有 4 年多时间,在吴浩坤家当保姆,也有 19 年时间,吴浩坤给她发工资,开始工资不高,她还要到别的老师家做一份零工,才能抵得上医院护工的收入。后来慢慢增加,最后几年,每月的工资有 4 000 元。吴浩坤退休工资比较高,他储蓄也不多,除了开支以外,亦只能稍有节余,他在生活上还比较节俭,不讲究。吴浩坤在家里大部分的时间都在读书写字,很少说话。但他脾气性格很好,从来不训斥人,说话很客气,能尊重人。小陶经常喜欢和我家的保姆小荀,即荀春秀,一起出门买菜、购物、聊天,她称她小荀子,有时叫她开心果。她们俩在一起久了,小陶告诉我,吴老师开玩笑地说,她应让老朱发一半工资。吴浩坤常来我家走动,一起去公园散步,天南地北地闲聊。有时谈论也不多,只是来我家坐一会儿就回去了。2016 年 4 月 17 日,他接受澎湃新闻的记者郑思亮采访时,提到同学关系时,他就提到比他高一班的两个人,一个是我,一个是徐连达。我是他聊天的对象,徐连达是他下围棋的棋友,有一段时间他几乎每天在徐连达家下围棋。两个人有时像小孩子一样,为了一着臭棋争得面红耳赤,徐连达的夫人会出来劝架,而我则是观棋不语真君子,这也是老人退休以后的娱乐活动吧!

朱永嘉与徐连达在光华楼前合影

这张照片的左侧穿白袖子短衬衫的是徐连达,右侧红色套衫的是我,地点是在光华楼前广场。我们两人都是1931年出生,1950年考入复旦大学,一起读历史系,同一个指导老师——陈守实,毕业后又在同一个教研组,他讲隋唐史,我讲元明清史,大家情同手足,常来常往。退休以后,加上吴浩坤,三个人日常一起过退休生活的小圈子,三个人虽然专业方向不同,大家还是专心致志地做学问,各人在自己的专业领域,都多少有一点成就吧,而且相互之间都不会比较个人经历之成败得失。相互之间,大家都抱着"温、良、恭、俭、让"的态度,以友谊为重的心情来相处!

吴浩坤先生与朱永嘉(左一)、徐连达(左三)的合影

这是 2013 年 3 月 29 日,我们三个人在徐连达家摄的一张合影,吴浩坤在中间,我在左边,徐连达在右边。照片背面有徐连达夫人的题词:

三位老头,

八十老翁。

精神抖擞,

神气活现,

颐养天年。

叶倩芸题
二〇一三年四月

左下这一张是吴浩坤年轻时在家中的留影。

右下这是吴浩坤的电脑桌,在后期他开始使用电脑来阅读和写作了。

青年时期的吴浩坤

吴浩坤的电脑桌

在 90 年代初,客厅的布置还不是如此,他那个写字台则是背靠着书橱,端坐在书桌前用笔书写,就像下图这样。

吴浩坤在写字台前工作

吴浩坤先生在1985年晋升副教授,开始独立招收硕士研究生,1988年晋升教授,次年任文博学科的系主任,1991年任文博学院副院长,1992年申请培养博士学位研究生,下面这张便是他出席他的博士生的毕业论文答辩会的照片。他身旁戴眼镜的便是谭其骧的研究生葛剑雄。吴浩坤发言的状态,很有精神,多少有一点神采飞扬!

吴浩坤出席他的博士生的毕业论文答辩会

他的书房,四个大书架,一字排开,书橱中他的藏书都与他专业有关,没有任何闲杂书籍。从这一点也可以看到他们夫妇这些年来一直专心致志地做甲骨学和古文字学,夫唱妇随,两人在治学领域是同心相求。可惜的是,如今已经没有古代讲究家学的传统了,没有孩子可以继承他们的学问和学术研究的传统。她们无法承受这些藏书所蕴含的学问和文化了。可悲的这不是学术界个别的现象,而是一个普遍的现象。可珍惜的是师生传承这条线索还未中断,如果一味强调学术的杂交优势,弄不好学术文化的传承还会断种呢?从生物学的观念上讲,杂交优势也要建立在自身品种优势提纯的基础上,否则就会引起种群的退化。

这些书籍,有一些是非常珍贵的,如《甲骨学合集》、《王国维全集》、《竹书纪年研究》等,他的女儿已同意交给文博学院和历史系资料室保存,供后学们发挥它们应有的文化和历史的价值。造福后人,保存和发扬中国的传统文化,这应该成为学者们共同的传统。

吴浩坤书架里的书籍

在吴浩坤的照相簿中还保留着不少他当年与潘悠生活在一起的照片。在潘悠去世以后,他不时地翻出这些老照片,情深意切地怀念他们过去共同生活时的美好回忆。吴浩坤是一个有情有义的老人。他们夫妇俩虽历尽艰难,仍相恩相爱一辈子。

潘悠与其父亲合影

这一张是潘悠年轻时与她父亲的合影,那时潘悠多窈窕,她那个悠字出自《诗经·周南·关雎》共三章,诗云:

关关雎鸠,在河之洲。窈窕淑女,君子好逑。
参差荇菜,左右流之。窈窕淑女,寤寐求之。
求之不得,寤寐思服。悠哉悠哉,辗转反侧。
参差荇菜,左右采之。窈窕淑女,琴瑟友之。
参差荇菜,左右芼之。窈窕淑女,钟鼓乐之。

从这两张照片上可以看得出他们二人是那么般配,而且在专业上也是相得益彰。

吴浩坤、潘悠夫妇合影

右侧这张照片可以看到他们二人是那么不离不弃地相亲相爱,都显示着幸福的微笑。他们身后的背景是一盆兰花。孔子亦曾有言:"芝兰生于深林,不以无人而不芳;君子修道立德,不谓困厄而改节。"故兰花是人们洁身自好的一种象征。屈原之《离骚》的首句便是:"纫秋兰以为佩。"

君子以佩兰象征其志洁行芳,爱美而好修个人之操行。古人好以香花香草做的佩饰来象征主人之德行。唐人颜师古有《幽兰赋》称其"禀国香于自然,咏秀质于楚赋,腾芳声于汉篇。冠庶卉而超绝,历终古而弥传"。屈原形容其状为"秋兰兮青青,绿叶兮紫茎"。

潘悠退休以后,常以画画作为消遣,这是她在家中画国画的照片。另两张是她所画的兰花,借以示其为人之节操和心志。

潘悠作画照片

潘悠所绘兰花

吴浩坤、潘悠夫妇在家中书橱前的合影

吴浩坤、潘悠夫妇与家人合影

　　吴浩坤饮食的地方，不过是一个小桌，他的厨室也很狭小。作为一个大学教授、系主任、副院长，他饮食起居的空间也就这么狭小的餐厅，这里不仅是他一日三餐的地方，也是他与客人们一起聚餐的场所。然而，就这一点生活条件他已很满足了。青年教师们的生活条件比这还要简陋得多。退休以后，老了，生活不能自理，要请保姆也就很自然了，故他每个月的退休金扣除保姆工资以后，留下的钱日常开支也不富裕了。如今的物价与过去不好比了，在医疗上，他有红卡，还能享受公费医疗，这方面负担不重，在上海生活费用毕竟要高一些,故他有一半的日子去溧阳,那里我也曾待过。他的卫生间,也就是一个浴缸,一个抽水马桶,一台洗衣机和一个脸盆,和几条毛巾,没有任何奢侈品。

这就是中国高级知识分子日常生活的基本状况,没有任何奢侈豪华的东西,生活优越之处是比较安定,他们在生活上没有什么过高的要求。退休以后,吴浩坤依旧是忙于做学问,忙于写作,即便去乡下生活,还让小陶帮他背许多书和稿子去。小陶说,她老是劝他,忙这个赔钱的买卖干啥呀!他从不理会,他唯一不许别人动的就是书橱上的那些书,爱之如生命一般。

吴浩坤去世以后,人们就在小房间设了灵堂吊唁,原来还有一些花圈,时间一久,就移去了。有一次到吴浩坤家中,小陶又掉起眼泪来,跪下去一边磕头一边说朱老师又来看你了。小陶在吴浩坤家,做了19年保姆,过的是互相依靠的日子,如今失去依靠,这大概也是她伤心的一个原因。

小陶说,前些日子,吴浩坤女儿和系里的老师问她,吴老师有没有留下什么手稿,她不懂什么东西叫手稿。最近她从书橱顶上翻出一包稿子,还有他写的毛笔字,她打开来给我看,问我这是不是他的手稿?我说是啊!于是我便坐在吴浩坤的客厅,翻检他的手稿了。

吴浩坤的灵堂

朱永嘉在客厅翻阅吴浩坤的手稿

首先引起我注意的是吴浩坤写的一条横幅,"勤能补拙",这大概也是他做学问心态,他是靠勤劳,能刻苦起家的啊!

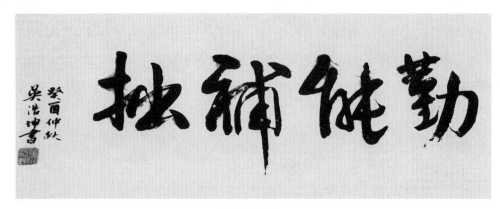

吴浩坤书法

1958年5月,吴浩坤副博士研究生毕业以后,被分配到复旦大学图书馆编目室工作,工作半年以后,因肺病在家里休息了半年。病好以后回学校,历史系资料室王明根邀请他留在系资料室做编目工作,故他做学问是从做编目起步的。1957年到1958年上半年,我因吐血不止,一直在家休养。恢复工作以后,我担任隋唐宋元明清史课的辅导工作,也一直在历史系资料室的书库埋头读书,只看到吴浩坤与柏明一起在资料室窗口的桌子上,埋头做编目工作,搞编目是做学问的起点。1960年5月,他又被调到历史地理研究室做资料工作,那时正在编历史地图集第一册先秦部分,杨宽主持这一工作。这样他对先秦文化之地名定位方向有了基础,吴浩坤的老师是胡厚宣先生,跟随胡厚宣先生学习甲骨学和古文字学,为他在殷商史和古文字学方面逐渐打下了基础。做学问首先要把基础打结实,这一点是吴浩坤得天独厚,加上个人的努力和勤奋,学问从这儿开始便能慢慢起步了。"勤能补拙"这四个大字,便是他做学问的经验之谈,看一下他早年发表的著作,也可以看到他逐步成长的过程。

他1980年出版的两部著作,都反映了那个时期的编目卡片的结晶,如《文史工具书的源流和使用》、《中国近代史论著目录》等,都是上海人民出版社出版,前一本书在1981年还重印了,署名是王明根、吴浩坤、柏明。1982年,他们又出版了《五十二文史资料篇目索引》,署名还是他们三个人。

王明根入学的时间比我早一年,是1954年,因肺结核休学,故毕业时间比我晚,毕业后留在历史系担任资料室工作。他安心做这份默默无闻而又最平凡的工作。资料室的藏书能有如今的规模,王明根有开创之功,历史系大部分人都受益于资料室。那时我居室在第六宿舍28号楼上一间,一家子人多,故读书、写讲稿都在资料室,找书也方便,环境也安静。王明根主持的资料室,我就是一个受益者。王明根为我们服务热情而积极主动,而且能非常及时地保证我们教学和科研工作的需要。说实在的,离开资料室的帮助,那可是寸步难行啊!

从吴浩坤成长的经历看,无非是两个条件,一是古书的编目资料之整理,一是老师的提携指导。他在殷商史和先秦史方面的造诣,离不开胡厚宣与杨宽二位老师的手提面授。师生之间先要学生尊师,老师才能重教,师生之间才能相得益彰。从吴浩坤所作《胡厚宣先生与甲骨学商史研究》一文中,足以见到他们师生之间真是做到情真意挚,吴浩坤一辈子社会影响大的几部书,一本是他与潘悠合著的《中国甲骨学史》,上海人民出版社1985年出版,后又修订出至四版,台湾贯雅文化事业有限公司在1990年出了繁体字版。海外韩国与日本也出了。一本是徐连达、吴浩坤、赵克尧三人合编的《中国通史》作为大学用的教科书,在1987年在复旦出版社出版了,吴浩坤负责的是先秦至西汉部分,徐连达负责魏东汉至隋唐五代部分,赵克尧负责宋元明清部分,此书出版后,又翻译成韩文在韩国出版了,故1989年7月和1993年7月,他先后两次应邀去韩国。还有一本是与杨宽先生合作的《战国会要》。

他还有一些去韩国访问时的留念,这就是他在韩国总统府青瓦台门前拍的照片:

1993年7月吴浩坤在青瓦台前的凤凰雕塑下留影

吴浩坤在如美地植物园留影

吴浩坤在野生公园留影

在翻阅吴浩坤与潘悠遗稿时看到一份抄录许慎《说文解字序》之手稿，从字迹上看，是潘悠手抄的，吴浩坤与潘悠是搞甲骨文起家的。搞甲骨学当然离不开古文字学，而许慎这篇序言，某种意义上也是古文字学中一部阶段性的代表作。其实这篇序言，是以《汉书·艺文志》之六艺略的小学十家之概述为基础的。《汉书·艺文志》是承刘歆之《七略》而来。而《七略》中便有《六艺略》，刘歆所以能编《七略》，是汉武帝时，"建藏书之策，置写书之官，下及诸子传说,皆充秘府"。刘歆在《七略》中首言"外有太常、太史、博士之藏,内则有延阁、广内、秘室之府"。当时这是国家秘书机构的一个藏书楼。汉成帝时便组织相关人员来校书,而刘歆的父亲刘向参加并负责编目和撰写书目提要,刘向去世以后,刘歆继承其父亲的工作,而《七略》正是在这个基础上产生的。《六艺略》是《七略》中的一略,而小学,讲古文文字的,便是《六艺略》的最后一篇。关于文字的起源,班固是这么概括的:"《易》曰:'上古结绳而治,后世圣人易之以书契,百官以治,万民以察,盖取诸"夬","夬",扬好王庭。'"前一段文字出自《易·系辞下》,"夬"是六十四卦之一,上为兑卦,下为乾卦。从卦之物象,兑为小木,即竹,乾为金,此指刀。故"夬"之卦象是竹与刀。古人用刀将文字刻在木牍或竹简之上用以记事。书契以文字记载事类便是由此而来。"扬在王庭"是"夬"之卦辞,意为朝廷的政令通过书契得以发扬光大。这实际上是指朝廷制定的社会法制的书契得以传达,逐渐积累自然发展的一个过程。在许慎的《说文解字》叙中,这一切成了圣人的创造,变成"神农氏结绳而治",而文字则是黄帝之史仓颉个人所创造的。吴浩坤在《中国甲骨学史》第五章中,主张文字出现,是"文明时代开始"。文字的产生和发展,是一个长期的过程,并不是像传说所称黄帝的史官仓颉造字那样属于一人一时的产物。

关于文字这个概念,文与字在古代还是有区别的。许慎之《说文解字》叙称:"仓颉之初作书,盖依类象形,故谓之文;其后形声相益,即谓之字,文者物象之本,字者言孳乳而浸多也。"此言文是象物之形,字则为由文结合语言衍生的。中国古代文字之异,没有这样简单,顾炎武《日知录·字》有那么一句话,"三代以上言文不言字,李斯程邈出,文降而为字矣。"这还是说了一个现象,情况也不完全是如此,实际上周秦间,西土的文字与东土的文字不是一回事,正因为如此,秦始皇统一六国后,在始皇二十八年,要"器械一量,同书文字",那就是统一六国的度量衡和文字。王国维在《史籀篇疏证序》中称:"孔子壁中书,其体与籀文、篆文颇不相近,六国遗器亦然。壁中古文者,周秦间东土之文字也。然则史籀一书殆出宗周文胜之后,春秋战国之间秦人作之以教学童,而不行于东方诸国,故齐鲁间文字作法体势与之殊异,诸儒著书、口说亦未有及之者。惟秦人作字书,乃独取其文字,用其体例,是《史篇》独行于秦。"

许慎在《说文解字》叙中称:"宣王太史籀著大篆十五篇,与古文或异。"这里把太史籀作为人名了。其实不然,王国维在《史籀篇疏证序》中称:"古籀、读二字同音同义,又古者读书皆史事。""古之书皆史读之。"故"史籀书为史之专职所用之字书"。"其首句盖云太史籀书,以目下文,后人因取首句史籀二字名其篇。""《史籀》十五篇,文成数千,而《说文》仅出二百二十余字,其不出者必与篆文同者也。""篆文并非周宣王时真有太史籀此人作此书。""《史籀》共十五篇,固多出自籀文,则李斯以前,秦之文字,谓之用篆文可也,谓之用籀文亦可也。"《史籀篇》文字,秦之文字,即周秦间西土之文字也。"秦处宗周故地,其文字自当多仍周旧,而周之文字当受殷商末之旧,故殷商之甲骨文与周初之甲骨文字多有相通之处,古人以文字作书,亦只用当世通行之字,有所取舍,而无所谓创作及增省也"。故"《史籀》一篇,亦犹《仓颉》《爰历》《凡将》《急就》等篇,取当世用字,编纂章句以使诵习"。秦统一以后,为了统一文字,才有秦丞相李斯作《仓颉》七章,车府令赵高作《爰历》之章,太史令胡毋敬作《博学》七章,这三篇都是承《史籀篇》演化而来,作为秦统一全国文字的字书之标准,其渊源皆与《史籀篇》有联系。故许慎在《说文》序中称这三篇字书"皆取史籀大篆或颇省改所谓小篆者也"。接下来就是隶书,两晋卫恒有《四体书势》:"下士人程邈为衙吏,得罪始皇,幽系云阳十年,从狱中作大篆,少者增益,多者损减,方者使圆,圆者使方。奏之始皇,始皇善之,出以为御史,使定书。或曰,邈所定乃隶字。"故隶书无非是因为篆书书写上费时,即令隶人佐书,曰隶字。隶书不过是篆书之简化而已。此外,还有草书,只是为了书写时之便捷。孝武帝时,诏书亦用草书,而草书可用于表章者的章草,故顾炎武在《日知录·草书》称:"自古以降,日趋于简便,故大篆变小篆,小篆变隶。比其久也,复以隶为繁,则章奏文移,悉以章草从事,亦自然之势。故虽曰草,而隶笔仍在,良由去隶未远故也。右军作草,犹是其典型,故不胜为冗笔。逮张旭、怀素辈出,则此法扫地矣。"又"北齐赵仲将学涉群书,善草隶,虽与弟书,字皆楷正。云:'草不可不解,若施之于人,似相轻易,若与当家中卑幼,又恐其疑,是以必须隶笔。'"这反映了书法变化的总趋势,它是为了书写的方便,许慎在《说文解字》叙中称:"自尔秦书有八体:一曰大篆,二曰小篆,三曰刻符,四曰虫书,五曰摹印,六曰署书,七曰殳书,八曰隶书。"其变化的因由,一是为了应用和书写的方便,由刀刻而笔写,书法自然向着简易的方向转变,二是其应用方面的需要,如刻符、虫书、摹印,若佐书,即隶书,缪篆所以摹印,虫书则书幡信也,皆由其应用的需要,在书法上亦自然有差异。文字的变异自然随着历史的发展而不断变化。晋之卫恒概括其变化之缘由称:"秦既用篆,奏事繁多,篆字难成,即令隶人佐书,曰隶字,曰固行之,独符、印玺、幡信、题署用篆。隶书者,隶之捷也。"故文字与书法的变化,都是实际生活与工作的需要而自然形成,这并不否定文字变化过程中有领风气之先者。

《汉书·艺文志》之《六艺略》的小学十家之总结,有云:"古者八岁入小学,故周官保氏掌养国子,教之六书,谓象形、象事、象意、象声、转注、假借,造字之本也。"汉兴,萧何草律,亦著其法曰:"太史试学童,能讽籀书九千字以上,乃得为史。又以六体试之,课最者以为尚书御史史书令史。吏民上书,字或不正,辄奏劾。"这是古代对儿童的识字教育,要掌握九千字,要书写端正,才能为吏,这要求还是相当高的。而六书则是讲文字的构造,许慎之《说文解字》叙,亦言六书,略有差异。其云:"《周礼》:'八岁入小学,保氏教国子,先以六书。'一曰指事。指事者,视而可识,察而见意,'上'、'下'是也。二曰象形。象形者,画成其物,随体诘诎,'日'、'月'是也。三曰形声。形声者,以事为名,取譬相成,'江'、'河'是也。四曰会意。会意者,比类合谊,以见指㧑,'武'、'信'是也。(二字意会,合起来又或一字。《说文》谓"止戈为武")五曰转注。转注者,建类一首,同意相受,'考'、'老'是也(亦即甲等于乙,乙等于甲,转过来可以互相注解,如耄耋,皆为老一类字,可以互相转注)。六曰假借。假借者,本无其字,依声托事,'令'、'长'是也。"即语言中有某些词有音无字,于是借同音字来表达。六书其实就是汉字形成的六种规则,依照这个规则不断衍生出各种新字,借以适应人们语言文字交往的需要。中华人民共和国成立以来,简体字的推广,亦是为了书写和识字扫盲的需要。

吴浩坤在《中国甲骨学史》一书中,注明大量甲骨文字之形成与六书的规则是相一致的。甲骨文中有大量象形文字。如⊙即日,☽即月,𠂉即人,⻗即雨,⛰即山,⺀即水,△即土,田即田,禾即禾,木即木,𦍌即羊,龟即龟。甲骨文中象形文字占了30%左右。指事,甲骨文中有大量表事之字,如上作⌒,下作⌢。如天作𠀡,头顶即巅。元,甲骨文作𠀆,末,甲骨文作𣎳,指明树梢在那里,本,甲骨文作𣎵,指明树根在那里。会意字若明字,甲骨文作㫳。牧,象人手执鞭放牧牛羊,休为人靠在树上休息之休字。有人认为殷商末期是会意字滋乳时期。形声字,据不完全统计,甲骨文中形声字占20%,一个文字形符,半为声符,如盂字,甲骨文作𠂔,下为形,上为声。由于形声字造字简便和易于诵读,故到秦汉时,已发展为汉字之主体。假借,若父与斧为同音字,甲骨文作𠂇,表示拿斧在手中,借斧作父。转注,甲骨文之中这类字比较少见。据吴浩坤个人研究,假借与转注实为用字方法,与造字无关。故此两类字,在甲骨文中较少见。六书在甲骨文中,象形与形声字占了一半以上,说明甲骨文正是汉字逐渐成形的阶段,再者,甲骨文与六书确定相通的话,可以证明周秦的文字与殷商的甲骨文是一脉相承,某种意义甲骨文只是周秦文字的早期阶段。在殷商甲骨文之前还有更原始的文字,那么甲骨文确实起了承前启后的作用,并为后面的文字的发展奠定了基础。再说甲骨文主要是占卜文辞,卜辞的句式,与汉语的句式,都是"主—动—宾"的形式,即主语在前,动词在中,宾语在后,故陈梦家先生便认为"甲骨文字已经是具备了汉语法结构的基本形式"。至于其中的差量,"大多数是语言的自然发展的结果,亦即时代变迁的结果"。(陈梦家:《殷虚卜辞综述》,科学出版社第133页)

在吴浩坤夫妇的遗稿中,还发现潘悠在1982年9月摹写的中山王方壶铭文四行,钤有潘悠的印章。1974年冬,在河北省平山县三汲公社,发现一处古城遗址,和春秋战国时期的墓葬30座,其中有2座土墓,其中一号墓出土50件青铜器上有铭文,其中有长篇铭文的重器有9件,其中最重要的是中山王方壶,其铭文共40行,448字,器物上之前的四行,很工整,也很精致。

河北平山县一号墓与六号墓这二座大墓,是战国时中山王的大墓,关于中山古墓的情况,《光明日报》在1978年8月6日,曾发表河北省文物管理题平山发掘出土文物的《战国时期中山国遗物遗迹的重要发现》一文,《考古学报》在1979年第二期又发表李学勤与李零之《平山三器与中山国史若干问题》一文。在介绍潘悠所书写之金文条幅前,还得先介绍一下中山国的历史情况、器物及其文字的历史背景。战国时代,中山是一个小国,地处燕、齐、赵、魏之间。古籍上只是提及,没有专门的记载,吾只能先对上述二文作一简明的概况介绍。

《史记·赵世家》索隐云:"中山,古鲜虞口,姬姓也。"我们知道中山王方壶是中山王礜的器物。从中山王壶的铭文可以知道都是中山参与五国一起伐燕取得的器物作原料改铸而成,过去人们不知道中山国参与伐燕,只知道齐国伐燕。《通鉴》在周赧王六年(前314年)关于齐伐燕的经过有一段较详细的记载,它是因燕王哙禅位于其相子之,燕王哙"不听政,顾为臣,国事皆决于子之。"结果引起燕国内乱,燕太子平与将军市被起兵攻子之,燕国内乱,齐国趁燕内乱,以支持太子平为借口出兵伐燕,"齐王令章子将五都之兵,因北地之众以伐燕,燕士卒不战,城门不闭,齐人取子之,醢之,遂杀燕王哙"(《通鉴》卷三)。齐之伐燕,由于燕国没有抵抗,前后只花了五十天时间,这里没有讲到中山也参与了这次伐齐的战役,平山县三汲一号墓中出现的这些铜器,便是中山国参加伐燕战役后,从燕国搬回来的铜器改铸而成,从潘悠只书写中山王方壶的铭文之前四行,就可以说明这些器铭原料之来源了。今录其文于下:

唯十四年,中山王礜命相邦赒,
择燕吉金,铸为彝壶,节于禋䣜,
可法可尚。以飨上帝,以祀先王。
穆齐严敬,不敢怠荒。因载所美。

其中之第二行,"择燕吉金",便是说明这些青铜祭器的原材料,都是从燕国拿来的青铜器作原料,在中山改铸成平山一号墓与六号墓的那些青铜器。那个相邦赒是负责参与伐燕的军事指挥官,这几句铭文也含有表彰赒的功绩之意义。它第五行的文字里,"昭跋皇功,诋燕之讹,以儆嗣王",说明这篇铭文是为警戒后王,要以燕国之乱为教训。另一方面,这篇铭文是为相邦赒表功的。李学勤与李零的文章关于中山参加齐伐燕的战役,应在中山王𰯼之父成王的时期。成王在位的时间大体上是公元前340至320年之间。𰯼即位是在中山参加伐齐之后,中山国带兵伐齐的应是相邦赒,𰯼即位时,如铭文第十四行"先考成王,早弃",第十六行所言自己还是幼童"未通智,唯傅姆是从"。在第四十六行至五十一行,都是叙述相邦赒伐燕之功绩的。其文字如下:"老赒亲率三军之众,以征不义之邦,奋桴振铎。辟启封疆,方数百里,列城数十,克敌亡大邦。"故这一篇铭文,是相邦赒借中山王𰯼之名为自己表功的铭文。从中山这个千乘之国,参与讨伐战国时万乘之国的燕,对中山国而言,当然是一件盛事,这就是中山王方壶铭文的主旨。然而,中山国毕竟是一个千乘小国,地处于燕、赵、齐、魏这些强国之间,先说燕,齐伐燕之次年,"燕人共立太子平,是为燕昭王。燕昭王于破燕之后即位,卑身厚币以招贤者"。于是,"乐毅自魏往,邹衍自齐往,剧辛自赵往,士争趋燕,燕王吊死问孤,与百姓同甘苦"。而齐伐燕之次年,齐宣王薨,子湣王立。"(昭王)二十八年,燕国殷富,士卒乐轶轻战。于是遂以乐毅为上将军,与秦、楚、三晋合谋伐齐,齐兵败,湣王出亡于外。燕兵独追北,入至临淄,尽取齐宝,烧其宫室宗庙。齐城之不下者,独唯聊、莒、即墨,其余皆属燕,六岁"(同上)。燕齐的形势出现翻转,中山的情况也不妙,在公元前307年,"赵武灵王北略中山地,至房子,遂至代,北至无穷,西至河,登黄华之上"。然后赵四次讨伐中山,至周赧王十四年(前301年),"赵王伐中山,中山君奔齐"。至赵惠文王五四年(前295年),《史记·六国年表》载赵与齐燕共伐中山,迁其王于肤施。中山至此宣告亡国。自战国初,中山武公初立,即公元前414年,亡于公元前295年,前后立国亦仅119年。故中山王𰯼十四年约为公元前308年,离中山国之亡也仅有13年时间。对中山国而言,伐燕胜利之后,不久便消失得无影无踪。若没有平山中山古墓的发现,也就无从知晓其当年与齐一起伐燕的史事了。在列国纷争之际,一个国家要保持长治久安,也实在不容易。从这一点讲,潘悠抄这段金文,亦还是有借鉴意义的。

后来我将吴浩坤的手稿给他的女儿确认,她说这是潘悠,也就是她们母亲的笔迹。这包潘悠工整抄的手稿有370页。我仔细翻了一下,所有文字,都是潘悠手抄的吴浩坤论文集,共齐集了14篇论文。今列其目录于下:

吴浩坤手稿

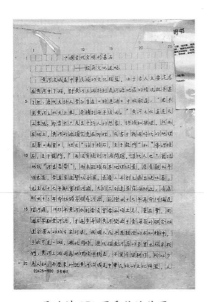   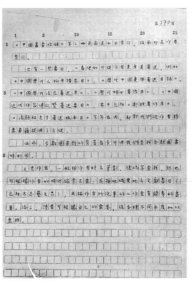

吴浩坤 370 页手稿的首页　　　吴浩坤 370 页手稿的末页

1. 中国古代文明的基石——殷商文化述略
2. 商王位的继承制度论略
3. 春秋时代宗法制度的几个问题
4. 蚩尤的崛起和对长江下游的开发
5. 孔子论三代礼制浅析

6. 墨子思想胧说

7. 周处生卒及事迹考察

8. 孙诒让与古文字研究

9. 文物研究在现阶段的重要意义

10. 竹书纪年发现的年代及其学术价值

11. 宋人行纪提要

12. 谈谈古代用干支纪年月日

13. 如何考查中国古代人名地名

14. 目录学的产生与查考古籍的途径

这14篇都是吴浩坤写的论文,让夫人潘悠工工整整地把这些论文抄在一起,也许这就是吴浩坤为自己编的一本准备出版的论文集。文字与注释都写得清清楚楚,没有半年以上的时间,很难完成,这也算他们的夫唱妇随吧。具体抄写的时间应在1986年左右。在这14篇论文中,大体上有将近一半后来在杂志上发表过,其余则尚未公开发表。从目录便可以知道其中一半是对商周历史的一些重要问题的论述,还有一部分是为指导刚入门的青年学子进行科学研究时,如何选择合适的工具书。作者编辑这部论文集时在他心目中的读者对象应是研读中国历史的大学本科和研究生。它提供了先秦历史中,有关商周和春秋战国时期的一些重大问题的基本认识,以及青年学子要进一步研究必须掌握的查找古籍、古人以及各种文献的工具书知识。从这一点来讲,它正是大学历史系学子必备的一部入门之工具书。如果可能,可以单独出一本论文集,供大学本科生及研究生进入历史科学和从事研究的参考书,也是一件功德无量的好事。

吴浩坤手稿中发现他自己书写的墨迹,有一篇他工整地抄录的《史记》中司马迁《报任少卿书》的一段名言。抄录的时间是壬申季秋,也就是1992年秋末。题阳羡吴浩坤书,并钤有印章,吴浩坤抄录这一段文字,实为对其早年坎坷经历的感慨,今录这一段文字于下:

> 古者富贵而名磨灭,不可胜记,唯倜傥非常之人称焉。盖西伯拘而演《周易》;仲尼厄而作《春秋》;屈原放逐,乃赋《离骚》;左丘失明,厥有《国语》;孙子膑脚,《兵法》修列;不韦迁蜀,世传《吕览》;韩非囚秦,《说难》《孤愤》;《诗》三百篇,大抵贤圣发愤之所为作也。此人皆意有所郁结,不得通其道,故述往事、思来者。乃如左丘无目,孙

子断足,终不可用,退论书策以舒其愤,思垂空文以自见。仆窃不逊,近自托于无能之辞,网罗天下放失旧闻,略考其行事,综其终始,稽其成败兴坏之纪,上计轩辕,下至于兹,为十表,本纪十二,书八章,世家三十,列传七十,凡百三十篇。亦欲以究天人之际,通古今之变,成一家之言。草创未就,会遭此祸,惜其不成,是以就极刑而无愠色。仆诚已著此书,藏之名山,传之其人,通邑大都,则仆偿前辱之责,虽万被戮,岂有悔哉!然此可为智者道,难为俗人言也。

吴浩坤抄录《报任少卿书》

吴浩坤在1992年书写这一段文字,实为一吐夫妇二人郁积心中三十有五年之怨愤,1957年吴浩坤被打成右派,2016年4月17日,他在接受澎湃新闻采访时,他讲了当时的经历,他说:"我一直是各种政治运动当中历史系重点针对的学生对象,思想经常受到批判,其实我哪有什么思想,就是好讲话,爱随便发表意见,个人作风的自由散漫,有时候甚至盛气凌人,但是说不上'反动'。1955年'反胡风'运动之后搞思想批判,我受了批判,思想上总有些不痛快。1956年虽然考上了研究生,却得了肺结核,情绪更坏。所以到了1957年,党委派人来历史系召集研究生开'整风座谈会',我第一个发言,把1955年的事又搬了出来,当时很激动,吐了一口怨气,没想到又惹了大祸,成为被扣上'右派分子'帽子的主要根据。"他还说,当时宣布他的罪状是"反苏反共",那是因为他在寝室里随便说的一些话,被人记录报告了,他说,新中国成立前,有些人说美国的月亮比中国圆这是不正确的,新中国成立后,向苏联一边倒,他觉得也不辩证。说他"反共",也只因为他在寝室里发的议论。他是农村来的,每年春节都回乡下,听说农村里的一些基层干部对农民很苛刻,回到寝室,晚上闲着没事,和室友聊了一下农村情况,又被人记录报上去,说他反对农村干部。他还说:那年历史系连他在内招了十个副博士研究生,这里面只有三四个人太太平平毕业,几个和他比较好的同学都成了右派。当时吴浩坤已与潘悠相好了,在反右运动中一定要潘悠与吴浩坤划清界限,潘悠忠贞于爱情,拒绝了这个无理的要求,结果潘悠没有分配工作。潘悠原来有两个女儿,与吴浩坤结婚后,又生了两个女儿,没有了固定的收入,吴浩坤也只有三十多元月入,要养家糊口,日子过得可艰难了。潘悠不得不去扫街,挣得一点收入,后来还是胡厚宣老师介绍潘悠去华东师大戴家祥老师那里当助手,帮他编《金文大字典》。这样他们才能维持艰苦的生活,故吴浩坤抄司马迁报任少卿书这一段文字,也只是心中郁结多少年的怨气,借此一吐为快,这一段话最能引起文史工作者的共鸣。

任何一个人,一辈子的处境,都有顺境和逆境,它不是个人之力量所能左右的。然一个人的小环境则是个人能自己主宰的。司马迁的《报任少卿书》中还有一段话,他说:"猛虎在深山,百兽震恐,及在槛阱之中,摇尾而求食,积威约之渐也。故士有划地为牢,势不可入,削木为吏,议不可对,定计于鲜也。今交手足,受木索,暴肌肤,受榜箠,幽于圜墙之中。当此之时,见狱吏则头枪地,视徒隶则心惕息。何者?积威约之势也。及以至是,言不辱者,所谓强颜耳,曷足贵乎!且西伯,伯也,拘于羑里;李斯,相也,具于五刑;淮阴,王也,受械于陈;彭越、张敖,南向称孤,系狱抵罪;绛侯诛诸吕,权倾五伯,囚于请室;魏其,大将也,衣赭衣、关三木;季布为朱家钳奴;灌夫受辱于居室。此人皆身至王侯将相,声闻邻国,及罪至罔加,不能引决自裁,在尘埃之中。古今一体,安在其不辱也!由此言之,勇怯,势也;强弱,形也。审矣,何足怪乎!"

这一段话,与吴浩坤所书中的那一段话是一个思维之脉络,说明的是大环境变化,不完全是个人的力量所能左右的,内心世界如何去思考,如何去应对,那就是个人小环境的问题。如司马迁是为了"鄙陋没世而文采不表于后世也"!这一点也还是有志于世的文人不同于他人之处。吴浩坤在那个时刻不忍气吞声,哪有后来的学术成果呢?然而1957年那一场教训,对吴浩坤性格的影响也是很深远的,那以后,他不再是一个"好讲话,爱随便发表意见"的人,我们几个朋友一起相处时,他始终是谨小慎微,很少发议论了。他去乡下时,常打开电脑,看我的博文,他常说我的一句话,便是"死猪不怕开水烫"。这也反映了历史的创伤,对他性格变化的直接影响。

1997年,他67岁以后,大病丧偶以后,他回到家里,开始他安度晚年的生活了。他晚年的生活,应该说还是安详和幸福的。他每年有半年在上海自己宿舍生活,很少参加社会活动,每月一次历史系退休教师的活动,他都是参加的,在会上很少听到他的发言,平日与他经常交往,相处比较多的是徐连达老师,他们两个人几乎每天下午在徐连达家里下围棋,我出狱以后,与他们两人交往还较多,有时去看他们下围棋,围棋我多少也懂一些,然我紧守观棋不语真君子的古训,见他们二人常常为一着棋争一个脸红耳赤,我也不作评说,一会儿他们又从头开始了,这大概也是老人生活中的一种乐趣,有时徐连达夫人也会出来干涉一下,为什么?徐连达为了下棋,把夫人给冷落了,我在一旁只觉得有趣,后来徐连达从第四宿舍搬家了,他们两个人的往来少了,他也到我家里闲聊。

他退休以后的另一项重要活动,便是到各个风景区去旅游,他的照相簿中,有不少是他去各地旅游的照片。在2001年,他去浙江旅游过一次,留下了不少照片,那年的4月,他在金华留下了不少影像。

吴浩坤在金华步云亭前的留影

吴浩坤在桃源洞中的留影

这是在兰溪诸葛八卦村留下的影像

吴浩坤在杨浦大桥上的留影

这张东方明珠前的留影,在吴浩坤背后调皮的女孩子当是小陶的女儿,现在小陶女儿在上海一家物业公司工作,也有孩子和自己的家庭了。从这些照片可以看到他晚年生活应是安详和欢乐的。

吴浩坤在东方明珠前的留影

吴浩坤在浙江景区的留影

吴浩坤从2000年起,每年的夏秋二季都是在溧阳度过的,那里原来是竹箦煤矿。煤矿报废了,那里反而改造成一个山清水秀宜人居住的地方,吴浩坤在那儿购置了一套居室。在那里做起桃花源中人,吴浩坤告诉我那里山清水秀,空气也比上海好,可以在田里做一点力所能及的劳动,可以跋山涉水,锻炼身体。那里民风朴实邻里和睦,串门子聊天的人也多,也可以打打牌,当然那里也有电脑,一样可以上网,可以看我的文章,说我每周发一篇,太辛苦了,要懂得休闲。看了他真是放下身心来欢度晚年了,不再涉世间任何烦心之事,这大概是他晚年的心态。

吴浩坤在溧阳竹箦煤矿的留影

吴浩坤在溧阳居住的小区，背山面水，一片好景象

吴浩坤在田间种菜

吴浩坤在田里拔花生

吴浩坤在田间放牛

吴浩坤在溪沟边歇息

2009年,吴浩坤在竹篱留影,时年69岁,有点显得苍老了

  吴浩坤老师是 2017 年 8 月 18 日,因身体不适自溧阳回到上海的,此前已有一年多时间始终感到胃肠不佳,人也不断消瘦,这次回上海因一直有低热,人有气无力。回上海的次日,即 8 月 19 日便住进了新华医院的干部病房,进医院以后,身体一直没有起色,身体机能始终处于慢慢衰竭状态,我要去新华医院探望他,但他一口回绝了,说大家都老了,这里都

是病人，免得交叉感染。徐连达去新华医院看病时，去探视过他，他立即要徐赶紧回去，不要逗留，这是他对朋友的珍爱，毕竟大家都是同年龄层的人，尽量少到那个地方去吧。

吴老师是2017年11月12日晚上7点12分去世的，当时有吴老师女儿女婿及他的外甥女在场，7点50分左右吴老师的学生复旦文博学院的院长杨志刚来见老师最后一面，一直守灵到夜晚11点钟才把吴老师的遗体送到太平间。

吴老师去世以后，小陶在我面前倾诉过，吴老师去世的那天早上，曾向小陶表示，我不再能照应你了，今后要靠你自己了。说到这一点小陶更是泪流满面，她反复说吴老师是一个好人，不仅对她恩宠有加，而且照顾她的儿女，她还说了许多吴老师的生活细节。一个正直的知识分子对待保姆也不能老是抱着东家和西家的关系，而是人与人之间互相爱护和关怀的过程，这才真正是人与人之间应该有的关系。吴浩坤与潘悠受了那么多委屈，夫妇二人经历了那么多患难，但始终忠贞不贰，他们始终坚韧不屈，默默无闻地做学问，为学术研究作出贡献，一旦情况好转了，没有对往事说过一句怨言。吴浩坤的著作对殷周史、对甲骨文的研究和传承，对文博事业的开拓，对文博学院的开创，以及对后学的培养都是有贡献的。

这是吴浩坤与潘悠二人合葬的墓穴，愿他们这一对共患难的夫妇，一起在这儿天长地久。

吴浩坤、潘悠夫妇墓

下编

斯人文存

古文字学研究

从青铜器铭文看西周的战争

根据文献记载,除新中国成立之初武王伐纣和成王初年的东征平叛以外,西周的对外战争并不多。例如《史记·周本纪》所记,唯昭王"南巡狩不返",穆王征犬戎"得四白狼四白鹿以归",宣王"三十九年,战于千亩,王师败绩于姜氏之戎",申侯与缯、西夷犬戎攻杀"幽王于骊山下"。西周一代的战事,仅此而已。当然,其他古籍也还有一些零星的记载越出《史记》的范围,不过总的看来战争不多,规模也不大。但从青铜器铭文看,西周某些时期战争极为频繁,其规模之大和战争的激烈程度也令人瞩目。因此,要讲西周的战争,必须利用这批最珍贵的第一手史料对文献记载加以印证、补充和斠正。限于篇幅,本文不准备对西周的战争作全面研究,仅择其荦荦大者作扼要的阐述并就教于方家。

一、关于成王东征的问题

周初开国之际,关于武王伐纣的文献记载颇多。其中,《尚书·牧誓》不仅详细记载了武王的战争誓言,而且具体说明作战时间为"甲子昧爽",《周书·世俘篇》作"甲子朝",但其准确程度历来受到怀疑。1976年陕西临潼出土的《利簋》铭文有"珷征商,唯甲子朝",使上述文献记载得到了有力的佐证。此外,《大丰簋》、《何尊》、《宜侯夨簋》及《大盂鼎》、《墙盘》等也提到武王征商事,均可与文献相印证。

成王初年平定武庚、"三监"及东方夷族的叛乱,是西周初期又一重大历史事件。《诗·豳风·破斧》云:"周公东征,四国是皇。"《尚书·金縢》曰:"周公居东二年,则罪人斯得。"①

---

① "周公居东二年,罪人斯得。"旧有二解:一谓周公奉成王命东征,尽得管、蔡之属也;一谓周公因管、蔡流言而辟居东土,成王尽执拘周公属党。今据《塱方鼎》、《小臣单觯》、《禽簋》等铭文,成王为东征主帅,周公辅佐成王确实参与了东征之役。据此,第一说应予修正;第二说则纯属无稽之谈。

《史记·殷本纪》载:"周武王崩,武庚与管叔、蔡叔作乱,成王命周公诛之。"《周本纪》载:"周公奉成王命,伐诛武庚、管叔,放蔡叔";"初,管、蔡畔周,周公讨之,三年而毕定。"《鲁周公世家》载:"管、蔡、武庚等果率淮夷而反。周公乃奉成王命,兴师东伐……宁淮夷东土,二年而毕定。"《左传》昭公元年、《墨子·耕柱篇》、《商君书·刑赏篇》、《孟子·滕文公下》、《荀子·儒效篇》、《韩非子·说林上》,等等,皆有类似记载。以上史料和成王年幼即位的说法给人以深刻的印象,似乎当时东征的主帅只有周公一人。是故后世的史学论著常以"周公东征"为题,来概括这一历史事件。

《周书·作雒篇》云:"周公立,三叔及殷东徐奄及熊盈以畔,周公、召公内弭父兄,外抚诸侯……凡所征熊盈族十有七国。"《史记·周本纪》于另一处记述成王使召公复营洛邑、迁殷遗民后说:"召公为保,周公为师,东伐淮夷,践奄,迁其君薄姑。"《太史公自序》也说:"成王既幼,管、蔡疑之,淮夷叛之,于是召公率德,安集王室,以宁东土。"据此,则召公亦为东征的军事首领之一。

另据《尚书·多方》:"惟五月丁亥,王来自奄,至于宗周。"《书序》:"成王东伐淮夷,遂践奄,作《成王政》";"成王既践奄,迁其君于蒲姑,作《将蒲姑》";"成王归自奄,在宗周,诰庶邦,作《多方》";"成王既黜殷命灭淮夷,还归在丰,作《周官》";"成王既伐东夷,肃慎来贺,王俾荣伯作《贿肃慎之命》。"(《史记·周本纪》略同)据此,成王曾亲征。

究竟谁是东征的主帅?是成王亲征,是周、召二公共同出兵,还是周公独擅其事?文献记载甚为纷歧,唯有用成王时的青铜器铭文加以裁断。

《塑方鼎》称"惟周公于征伐东夷,丰伯、薄姑咸戈。"证明周公确是东征的领导者之一。《保尊》、《保卣》铭"乙卯,王令保及殷东国五侯",《太保簋》铭"王伐录子耶……王降征令于大保",说明召公亦为东征平乱的长官。而《小臣单觯》称"王后坂克商,在成自,周公赐小臣单贝十朋",《康侯簋》称"王束(刺)伐商邑,诞令康侯图于卫",《犨劫尊》称"王征荠(奄),赐犨劫贝朋",《禽簋》称"王伐荠侯,周公某(谋)禽祝,禽又馘祝。王赐金百锊。"又充分证明成王实为东征的最高统帅,周、召二公仅是副帅或辅佐。陈梦家先生说:"由西周金文的出土,我们知道不但有周公东征的记录,也有王或成王东征的纪录。在这一点上,《书序》是正确的。"①对此,马承源先生分析得更为透彻,他说:"《小臣单觯》如前所说,是记伐武庚事,铭中王和周公的主次分得很清楚。《禽簋》的时代也明确,荠侯应如唐兰先生释读为奄侯。成王

---

① 陈梦家:《西周铜器断代(一)》,《考古学报》第九册(1955年)。

践奄载于《史记·周本纪》和《尚书·多方》及《尚书大传》，昭昭在人耳目。《禽簋》铭文有成王、周公和伯禽三人，伐䔲侯的是王，谋者是周公，王易(赐)金百孚(锊)是王赐给周公的儿子伯禽的，并非周公赐给伯禽的。成王亲至东国践奄，周公当然只能是辅佐。这两件器的铭文都记录了成王作为天子的领导作用，根本否定了史籍讹传的周公'践阼称王'。"①其实，当时"国之大事，在祀与戎"，文献和甲骨金文中常见商周两代的国王亲自指挥作战。王国维的《周时天子行幸征伐考》②列举九件青铜器铭文为说，今天所见的西周铜器至少有二三十件提到周王领兵出征，可见成王亲征本是不足为奇。只是史书记载各有所侧重，遂致歧异。另外，囿于成王年幼的传说，故把成王和周、召二公共同参与的东征之役，都挂在周公名下。陈梦家认为："周公代王之说与成王幼之说是相联系的。《鲁世家》说成王即位之时尚在襁褓之中，《尚书大传》(《诗·斯干正义》)、《史记·蒙恬传》、贾谊《请豫教太子疏》及《后汉书·桓郁传》均有此说。'成王幼在襁褓'是从'成王幼'引申出来的，它和历史事实显然不符。《孟子·公孙丑上》'以文王之德百年而后崩'，《文王世子》'文王九十七而终'，《路史·发挥四》引《纪年》'武王年五十四'。武王是文王次子，而武王以后传位长子。武王灭殷已过半百，则成王即位当早已成年。唐叔虞是成王弟，其子燮父与周公子禽父并事康王(《左传》昭十二)，则成王即位之时决不能尚在襁褓之中。周初周、召两公为师保之官，不能因此傅保之官而以所保之成王为幼儿。"③陈氏以"武王年五十四"推论，已感到旧说之不妥；若依《诗幽谱正义》引郑玄《金縢》注文王九十七而终、武王九十三而崩，则更有悖于情理。又据《左传·僖公二十四年》，除成王外，武王之子受封者尚有邘、晋、应、韩，《晋世家》明言"晋唐叔虞者，周武王子而成王弟"，《周本纪》记武王崩，"太子诵代立，是为成王。"可见成王非幼子，即位时年幼之说当重新考虑。

二、康王后期的战争

《古本竹书纪年》谓"成康之际，天下安宁，刑措四十余年不用。"太史公未见《纪年》，但在《周本纪》中亦说"成康之际，天下安宁，刑错四十余年不用"，当另有所本。《左传·昭公二十六年》则说："昔武王克殷，成王靖四方，康王息民。"给人的印象，自成王初年平叛以后，成、康

---

① 马承源：《西周金文和周历的研究》，载《上海博物馆集刊——建馆三十周年特辑》，上海古籍出版社1982年出版。
② 见《观堂别集》卷一，收入中华书局1959年出版的《观堂集林》第四册。
③ 陈梦家：《西周铜器断代(一)》。

两朝再无战事发生。只有《今本纪年》说康王十六年曾"锡齐侯伋命，王南巡狩至九江庐山。"

《史记·齐太公世家》记载："太公至国，修政，因其俗，简其礼，通商工之业，便鱼盐之利，而人民多归齐，齐为大国。及周成王少时，管蔡作乱，淮夷畔周，乃使召康公命太公曰：'东至海，西至河，南至穆陵，北至无棣，五侯九伯，实得征之。'齐由此得征伐，为大国。都营丘。"太公卒，"子丁公吕伋立。"《太公吕望墓表》引《竹书纪年》："康王六年，齐太公望卒。"《左传》昭公十二年："昔我先王熊绎，与吕伋、王孙牟、燮父、禽父并事康王。"据此，吕伋继太公之位，康王十六年以东方属齐，周天子遂得专心至南方巡狩。而所以去南方巡狩，想是那里的局势不太平静。就文献记载而言，只能作些推测。

今据金文所见，康王后期却是四处用兵的多事之秋，绝不像文献所记那般宁静安定。

《小臣謎簋》铭曰："叡！东夷大反，伯懋父以殷八师征东夷。唯十又一月，遣自𣏜师，述东陕，伐海眉。雩厥复归在牧师。伯懋父承王命赐师逨征自五齵贝。小臣謎蔑曆，众赐贝，用作宝尊彝。"据考证，伯懋父即卫康叔之子康伯髦亦即王孙牟；东夷大反，伯懋父受王命率领驻守卫地的殷八师加以征讨，事在康王十八年。① 与此同时，另一名东征长官𢼊公亦命雪、史旅伐东夷，见《雪鼎》。该器称王伐东夷，𢼊公令雪众史旅与师氏、有司同为后军伐腺，《员卣》称"员从史旅伐𨛅"。"腺"地不详，"𨛅"据唐兰先生考证在河南新郑密县一带。② 盖东夷反，伯懋父率大军直驱滨海地区，𢼊公则命人扫荡趁机作乱的腺、𨛅等小国。又《鲁侯尊》称"唯王命明公遣三族伐东国"，《壹鼎》称"王命趞𢽎（捷）东反夷，壹从趞征"，都可能是同一次战役。③ 而此次战役，一则称"东夷大反"，再则委派诸侯、大臣如伯懋父、𢼊公、明公、趞等多人领导，所出动的军队除"殷八师"外尚命明公"遣三族伐东国"，足见兵力动员之广和战事的激烈程度。

康王时除东夷反叛外，在北方也遇到麻烦。其一，《臣谏簋》云："惟戎大出〔于〕轵，邢侯搏伐，征令臣谏以〔师氏〕亚旅处于轵，从王〔征〕。"北方之戎狄大出于轵，据李学勤先生考证，轵就是古泜水之泜，其地即今河北省元氏县。④ 西周邢国据《汉书·地理志》在河北邢台，与之相近，故邢侯受王命协助征伐，并令臣谏率领师旅为前锋进驻轵从王征伐。另有《麦鼎》、《麦盉》均记邢侯下属麦从征事，或属同一战役。其二，《吕行壶》记伯懋父北征，吕行从征俘贝；《师旂鼎》记师旂众仆不从王征于方，受到伯懋父的惩处。陈梦家先生认为此

---

① 参见《商周青铜器铭文选集——西周·方国征伐（一）》，载《上海博物馆刊》第一期，上海人民出版社1981年出版。
② 唐兰：《昭王时代青铜器铭五十三篇的考释》，载《古文字研究》第二辑，中华书局1981年出版。
③ 参见《商周青铜器铭文选集——西周·方国征伐（一）》，载《上海博物馆刊》第一期，上海人民出版社1981年出版。
④ 李学勤：《元氏铜器与西周的邢国》，《考古》1979年第1期。

方"是北方地名,《诗·小雅·出车》'往城于方',《六月》,'侵镐及方',郑笺云'镐也方也,皆北方地名。'武丁卜辞所伐之方,即此方。《小校》9·931 有铜兵器铭曰'戜司土北征蒿、□',《秦本纪》缪公三十六年'大败晋人,取王官及鄗,'皆即《六月》之镐,在晋。"① 由于军事指挥人员及战争地点不同,应与邢侯等征讨泜戎为两件事。

康王时的战争,最值得特别重视的当是西北方面与鬼方的战争。文献及卜辞所记,鬼方为殷商时之西北劲敌。清道光初年陕西郿县礼村出土的大小《盂鼎》,历来受到学术界的注意。《大盂鼎》记康王二十三年对贵族盂的训诰和赏赐车服、土地、人民等大事;其中,赏赐给盂周人原有奴隶和东方夷族奴隶共一千七百二十六人之多,而所赏夷族奴隶一千零六十三人有可能是康王十八年伯懋父等征东夷时所俘获。《小盂鼎》记康王二十五年盂受王命攻克鬼方向周王献俘及受庆赏事。从鼎铭看,与鬼方之战有前后两大战役:

第一次计擒获敌酋三人,获馘四千八百□二,俘人万三千八十一,俘马□□匹,俘车十辆,俘牛三百五十五头,羊廿八头;第二次执敌酋一人,获馘百三十七,俘人□□□,俘马百四匹,俘车百□辆。两次战役共杀伤和俘获一万七千多人,实在惊人!

马承源先生说:"关于献俘之礼,以《小盂鼎》记载最为详细,虽铭文多残泐,但献俘礼的程序和规模大体可辨,远胜于其他古籍献俘之礼的记载。"② 这一论断极为有理,当另文详述。王国维先生谓大小《盂鼎》之出土地"西北接岐山县境,当为盂之封地";"鬼方之地自当与盂之封地相近,而岐山郿县以东,即是丰镐,其南又限以终南太一,唯其西汧渭之间,乃西戎出入之道。又西逾陇坻,则为戎地,张衡所谓'陇坻之险,隔阂华戎者也。'由是观之,鬼方地在汧陇之间,或更在其西,盖无疑义。虽游牧之族,非有定居,然殷周间之鬼方,其一部落必在此地无疑也。"③

总之,康王后期东有夷族反叛,北有泜、方内侵,西北则与鬼方周旋,其战事之频仍与战争规模之大,若无上述金铭,则后人将一无所知。又康王后期虽战乱四起,但能迅速平定戎夷的叛乱及内侵,毕竟可以看出西周前期国力的强盛。

三、昭穆以后的战争

周王朝对昭王南征荆楚而遭惨败的重大历史事件讳莫如深。史书如《左传·僖公四

---

① 陈梦家:《西周铜器断代(二)》,《考古学报》第十册(1955 年)。
② 马承源主编:《中国青铜器》,上海古籍出版社 1988 年版,第 371 页。
③ 王国维:《鬼方昆夷猃狁考》,收入《观堂集林》卷十三,中华书局 1959 年出版。

年》只说"昭王南征而不复",《史记·周本纪》作"昭王南巡狩不返"。但从其他古籍中还是可以找到较详细的线索,如《初学记》卷七引《竹书纪年》曰:"昭王十六年,伐楚荆,涉汉,遇大兕";"十九年,天大曀,雉兔皆震,丧六师于汉。"《太平御览》卷八百七十四引《纪年》谓"昭王末年……王南巡不反。"《吕氏春秋·音初篇》、《水经·沔水注》及《帝王世纪》等更详记昭王渡汉遇难的故事。

文献记载是否可信?可用昭王时的青铜器铭文加以验证。今天所见昭王时器有数十件,现约举十余器以观之,

《矢令簋》云:"唯王于伐楚伯,在炎。"
《召尊》、《召卣》:"唯九月在炎 $\textit{自}$,甲午,伯懋父赐召白马……"
《过伯簋》:"过伯从王伐反荆,俘金,用作宗室宝尊彝。"
《䧣驭簋》:"䧣驭从王南征,伐荆楚。有得,用作父戊宝尊彝。"
《小子生尊》:"唯王南征,在□。王命生辨事□公宗……。"
《䚄簋》:"䚄从王伐荆,俘,用作𣪘簋。"
《中方鼎》:"唯王命南宫伐反虎方之年,王命中先省南国贯行。"
《中甗》:"王令中先省南国贯行,𠷳庭在曾。"
《中尊》:"王大省公族于庚,振旅……。"
《唯叔鼎》:"唯叔从王南征,唯归,惟八月,在䣙廏,悔作宝鬲鼎。"
《啓尊》:"啓从王南征,逡山谷,在洀水上,啓作祖丁旅宝彝。"
《啓卣》:"王出狩南山,蒐遘山谷,至于上侯浣川。啓从征……。"

根据上述铭文,可以证明古籍关于昭王南征的基本史实是完全可靠的。

唐兰先生所撰《论周昭王时代的青铜器铭刻》,其上篇为《昭王时代青铜器铭五十三篇的考释》,下篇为《昭王时代青铜器铭五十三篇的综合研究》。文中虽有把成康及穆王时代少数铜器误断为昭王器的缺点,但唐氏为昭王器的搜集研究确是花了精力,并在考证方面作出了较大贡献。他的研究结论,有几点是值得重视的:第一,昭王伐楚的原因一是周初经武王、成王、康王的大分封,土地、奴隶来源日益枯竭,昭王南征抱有掠夺南方土地、人民及铜玉矿藏的目的,二是到南方游观;第二,昭王南征的路线,自宗周出武关,由陕西东南部经河南西南界进入湖北境内;第三,正如《竹书纪年》所记,昭王南征有十六

年、十九年两次,上面提到的铜器大都是第一次南征回来所作,《唯叔鼎》说"唯叔从王南征,唯归,在菹应",证明第一次出征确是回来的,第二次丧师殒命就不会有人再铸器纪念了;第四,据文献,昭王南征只有失败的记录,金铭证明第一次南征大小将领皆有所获,故兴高采烈地因俘金而作铜器,但昭王时国力已不如前,再不能和康王时俘获之多(如《小盂鼎》所记)相比拟;第五,昭王南征不辞艰辛"往返数千里"的事实,说明他还是个有为之君。近年出土的《墙盘》曰:"宖鲁昭王,广敱楚荆,唯奂南行。"也肯定了昭王南征的史实和功绩。

《国语·周语》、《史记·周本纪》、《汉书·匈奴传》、《后汉书·西羌传》及《竹书纪年》均记穆王西征犬戎事,今天尚未得到青铜器铭文的确证。又《史记·秦本纪》谓"徐偃王作乱,造父为缪王御,长驱归周,一日千里以救乱。"《后汉书·东夷传》等所记穆王征伐徐戎事更为详尽,然《秦本纪正义》引《古史考》以为不可信。今从1975年扶风庄白西周夨墓出土的伯夨铸器和传世的伯夨诸器,以及《班簋》、《竞卣》、《遇甗》、《敱鼎》、《稽卣》、《臤尊》等铜器铭文,可以证明穆王东征的史实是无容置疑的。

这些穆王器铭中所谓淮夷、淮戎、戎、南夷等盖皆指南淮夷。南淮夷或称淮夷,为淮水流域方国的总称。而徐国是淮夷或淮水流域的大国,古籍又称徐夷、徐戎,或淮夷、徐戎并称。如《后汉书·东夷传》:"徐夷潜号,乃率九夷以伐宗周。"《尚书·费誓》"徂,兹淮夷、徐戎并兴。"而《班簋》所伐之东国痟戎,或谓"痟"即"厭"字的别体,厭古音与偃同为寒部,徐为偃姓,伐厭戎或即伐徐偃王。这一推断应是正确的,据金铭,穆王征徐的战役,历时三年,从征将领有师雍父、毛伯班、录伯夨等多人,可见战争的规模很大。《左传·昭公十二年》说周穆王东征西战完全是为了追求游乐,所谓"穆王欲肆其心,周行天下,将皆必有车辙马迹焉。"唐兰先生则以为昭王、穆王皆有为之君,可与后世汉武帝、清康熙、乾隆相比拟。① 吕思勉先生认为自文王时即以犬戎为患,至幽王卒亡于犬戎,实周之大敌,穆王能征之,固周之雄主也;而其尤难者,则为征徐偃王一事。② 其说不无道理。

史书谓厉王无道,引起"国人暴动",毫无政绩可言。然证之金铭,厉王时曾积极抗击淮夷内侵,保卫南方疆土,战功显赫。例如厉王时的《无叀簋》、《虢仲盨盖》、《翏生盨》、《敔簋》、《禹鼎》等铜器铭文都涉及征伐南淮夷的战事,厉王或亲征,或亲至成周督战,并且都能克敌制胜,其形象与史书所载判然有别。《无叀簋》有纪年:"唯十又三年正月初吉壬寅,王

---

① 唐兰:《昭王时代青铜器铭五十三篇的考释》,载《古文字研究》第二辑。
② 吕思勉:《先秦史》,上海古籍出版社1982年版,第142页。

征南夷……。"说明这些战事发生在厉王前期。《敔簋》记厉王坐镇东都令敔追击入侵周人腹地之南淮夷,斩敌百人、俘四十人、夺回被俘者四百人。《禹鼎》记噩侯驭方率南淮夷、东夷入侵,王命西六师、殷八师阻击不力,复命武公遣禹率公亲军协同作战,终于擒获噩侯驭方。《𪒠钟》记江汉地区的反国内侵,厉王一直打到他们的都城,迫使投降,由此声威远震,致使南夷、东夷二十六邦皆来臣服觐见。此等业绩,史书缺载,殊为可惜。又厉王对方国部族持两手政策,处事甚有识见,如《噩侯驭方鼎》记厉王南征归途中,噩侯驭方特来献纳醴酒,厉王优礼有加,与之会饮行射礼并赐以玉、矢、马匹。后噩侯纠集夷族大举进犯,厉王给以迎头痛击;盖久攻不下,周人伤亡惨重,厉王就发出严厉的命令:"戮伐噩侯驭方,勿遗寿幼!""勿遗寿幼"即毋论老少,格杀勿论。发此等激烈言辞,与厉王性格颇合,亦为金文中所仅见。《左传》记王子虎与诸侯盟誓"有渝此盟,神明殛之……无有老幼。""无有老幼"与"勿遗寿幼"意近。有人解释为"勿伤害老人和儿童",似乎不很妥帖。总之,厉王前期甚有作为。据《周本纪》,厉王重用荣夷公好利和专制独裁乃即位三十年以后事。文献只记晚年暴政,遂致前期功绩尽为湮没,应据金文分别论之。

《周本纪》说"宣王即位,二相辅之,修政,法文、武、成、康之遗风,诸侯复宗周。"然讲到战争,只有失败的记录:一谓"败绩于姜氏之戎",再谓"宣王既丧南国之师,乃料民于太原。"另据《诗·小雅·采薇》、《出车》、《六月》及《后汉书·匈奴传》等,宣王时与猃狁长期激战却取得辉煌的胜利。证之金铭,《兮甲盘》记"王初格伐猃狁于䔖虐",《不𣪘簋盖》记王师在山陕地区一再追击猃狁,《虢季子白盘》记斩敌五百、俘人五十,《多友鼎》记杀伤猃狁四百多、俘二十八人、俘戎车一百二十七乘,并夺回京师被俘之人等等。文献与金文相印证,说明宣王时在抗击猃狁的战争中确实取得不少成绩。《诗·大雅》、《江汉》、《常武》与《后汉书·东夷传》、《南蛮传》记宣王在南方的战事也取得胜利。《兮甲盘》、《驹父盨盖》、《师寰簋》等铜器铭文证实上述文献记载也是可靠的。《兮甲盘》等不仅证实了与淮夷等交战的事实,而且深刻阐明与淮夷等发生战争的原因是为了掠夺那里的贡赋。这对研究西周时期战争的性质和当时周王朝与周边各族的阶级关系提供了极其珍贵的史料。

四、余 论

最后就西周兵制及西周战争总的趋势提些粗浅的看法。《诗·豳风·东山》描述成王、周公等东征"我徂东山,慆慆不归"者三年,《班簋》也有"三年靖东国"的记录,《小雅·采薇》

及《出车》记宣王时与猃狁打仗:"昔我往矣,杨柳依依;今我来思,雨雪霏霏。""昔我往矣,黍稷方华;今我来思,雨雪载涂。"西周的军队既频繁地长期在外参战,则必是常备军无疑。周人原有六师常备军驻守宗周本土,亦称"西六师"。孝王时的《盠方彝》、《陵贮簋》、厉王时的《南宫柳鼎》、《禹鼎》等见六师一直在南征北战,可见始终是周军的主力部队。金铭又有"殷八师"和"成周八师"。或说殷八师驻守成周,即成周八师;或说是前后建置的不同编制。考"殷八师"最早见于康王时的《小臣谜簋》,其铭曰"伯懋父以殷八师征东夷……复归在牧师",牧即商郊牧野,可见殷八师驻守故殷地而不在成周。武庚叛乱后周人深感此地是动乱的策源地,必须有重兵镇守,故有八师的建置。因部队驻守殷地和主要对付殷人,遂称"殷八师"。其中可能收编有殷人旧部,但其骨干及主要将领绝不是殷人。有人以为它是由殷军改编组建而得名,甚至说其将领"师氏"都是殷遗,此说实不可信从。《盠方彝》、《禹鼎》记西六师与殷八师常被统一指挥,有人提出穆王后猃狁与周王朝的战争加剧,故殷八师由成周西调集中使用;或说殷八师驻殷地,西调的原因是防止为卫国所兼并,都有一定的理由,但不全面。西周经"成康之治"及昭、穆诸世的经营,殷人已完全臣服于周室,客观形势起了变化,殷八师固守殷地已失去现实意义。加上西六师在昭王时受重创甚至"丧六师于汉",重建的西六师力量削弱不足以抗御西方戎人的侵扰,便是殷八师西调的根本原因。而其时,淮夷徐戎的势力方炽,殷八师因有黄河的阻隔,出击很是不便,有必要在殷八师西调的同时,在东都另建"成周八师"用以镇抚东南地区。成周原是成王时营建的陪都,是东方的政治中心;穆王时因对付淮夷徐戎,成周的战略地位加强,因而组建新军使之又成为东方的军事重心。试看昭王时征荆楚由宗周出兵,穆王、厉王诸器记与南方的战争皆由成周发兵,"成周八师"最早见于穆王时的《竞卣》、《彔卣》等绝不是偶然的现象,其间都有必然的联系。由此看来,殷八师与成周八师番号不同,驻地不同,建置的时间和征伐的对象也不同,应属不同的军事系统。

西周王朝在战争中除动用常备军外,亦临时征召诸侯的亲军配合作战。如《鲁侯尊》记"王命明公遣三族伐东国",《班簋》王令毛公"以邦冢君、徒驭、戭人伐东国痛戎",令吴伯"以乃师左比毛父",令吕伯"以乃师右比毛父",遣令曰:"以乃族从父征"。《师袁簋》记王令师袁征调齐、纪、莱等邦国的部队征淮夷。有时王室常备军的战斗力反不及这些私属族兵,例如《禹鼎》记西六师、殷八师对噩侯驭方持畏惧之心,最后是禹率领武公的戎车、徒驭参战才取胜并擒获敌酋就是显著的例子。他如《不嬰簋》、《多友鼎》等记不嬰、多友分别率领伯氏、武公的车队战胜猃狁的事迹也是很好的佐证。又周王朝的军队有西六师、殷八师、成周八师等编制，合共二十二师，每师以二千五百人计，约得五万多人，加上随时可征召诸侯的亲军协同作战，在当时周边各族小国林立的形势下，这已是很大的数目，所以从金铭看一般都能取胜。但说"西周有征无战"，则不免有些夸大。

西周前期属于奴隶制国家创建和发展阶段，战争带有开疆拓土积极向外扩张的性质。《逸周书·世俘篇》记武王征四方，凡憝国九十有九国，俘人三十一万多，《孟子·滕文公下》说"周公相武王，诛纣，伐奄，三年讨其君，驱飞廉于海隅而戮之，灭国五十。"这就为周的多次大分封所谓"授民授疆土"提供了条件。西周中期开始国力中衰，周人向外扩张的势头受到遏止，基本上由主动进攻转入战略防御的阶段，特别是对西方和北方的游牧族更是采取守势，战争多属防卫反击的性质。对东夷、南淮夷等农业族也不是以灭国为目的，更多的是掠夺人口、财富和镇压他们的反抗。穆王时《彧簋》记与淮夷的战争除注意战俘外亦重视掠夺青铜兵器，厉王器《翏生盨》强调"俘戎器、俘金"，宣王器《师衮簋》俘及"士女羊牛、俘吉金"，《驹父盨》专记向南淮夷索取贡赋。值得注意的是《兮甲盘》记周王令甲"征治成周四方积至于南淮夷"，表明以"成周八师"伐南淮夷的同时，成周成为征收四方贡赋的统治中心。铭文接着说"淮夷旧我帛贿人，毋敢不出其帛、其积、其进人……"，即是说淮夷一直是向周人贡纳财赋的顺民，不敢不缴纳粟帛、提供市场货源和进献奴隶。假如"敢不用命，则即刑扑伐"，最后警告"诸侯百姓"均应如此，若有违抗亦当施之刑法。《兮甲盘》（包括《师衮簋》等）把周王朝和淮夷及周围地区发生战争的原因，真是"和盘托出"，毫无掩饰。正因为西周中后期在西北取单纯防御的策略，没有摧毁戎狄的有生力量；东南地区主要掠夺财富没有像周初那样搞灭国分封，使那里的邦国时叛时服并得以积蓄力量伺机扩张，这可能是西周衰亡进入春秋时期，造成"南夷与北夷交"、中原"不绝若线"局面的原因之一。

（原载《学术月刊》1991 年第 12 期）

甲骨文所见商代的水上交通工具

从考古学、甲骨文和文献记载得知商代的陆上交通工具有车、骑、步辇,等等,已是相当发达。而根据学者研究,古代中原地区(指黄河中下游)的自然环境与今日颇有差异。例如河流和湖泽比今天多,甲骨文有河水(指黄河)、淮水、洹水、滴水(沁水)、洧水、溹水、渦水、泺水、油水、洋水等,有人统计河名至少在150条以上;文献讲到古代有名的泽薮共计16个,除长江流域的太湖、鄱阳湖、云梦泽之外,其余13个都在黄河中下游。其次,气候比今天温暖,商代多产蚕桑稻竹,有亚热带动物兕、象等属;而且由于气候温暖,所以雨量也比较丰富,甲骨文不仅有延雨、绸雨的记录,且在阴历九月尚有连续下雨达18天的记载,这在今天都是不可想象的。估计古代黄河流域的气温,约与今天长江流域或稍稍偏南地区的气温相等。[①] 这样看来,商代人民在河流和湖泊纵横、雨水较多的环境中生活,如果没有相应发达的水上交通,那将会遇到何等不可克服的困难也是可想而知的。另外,据文献记载,商族曾不断迁徙:"自契至于成汤八迁,汤始居亳,从先王居"(《尚书序》);"先王有服,恪谨天命,滋犹不常宁,不常厥邑,于今五邦"(《尚书·盘庚上》);又说:"殷人屡迁,前八后五,居相圮耿,不常厥土"(张衡:《西京赋》)。考商人所迁都邑之次序为商、蕃、砥石、商、相土之东都、邺上司马、亳、嚣(隞)、相、邢(耿)、奄,等等,最后盘庚迁殷才历经"二百七十三年更不徙都"(《古本竹书纪年》)。而所迁之都城,大抵皆在大河南北。又从商代征人方的卜辞得知,其军队自大邑商(沁阳地区)至雇、勄、商、亳、鸿、嫭、攸、沚、淄、林方,然后返回。前者为举国迁徙,后者为大规模的军事行动;前者多次渡过浩瀚的黄河,后者既要渡黄河又要涉淮水,都需要有发达的水上交通,首先要有良好的水上运输工具才能办到。证之甲骨卜辞,确实可以找到不少涉河的记载,如:

甲申卜,亮贞:王涉狩……　　　　　　　　(《前》4·1·1)

[①] 参看胡厚宣《气候变迁与殷代气候之检讨》,《甲骨学商史论丛》;竺可桢:《中国近五千年来气候变迁的初步研究》,见《竺可桢文集》,科学出版社1979年版。

……王勿涉狩,不若? 　　　　　　　　　(《合》285)

乙未贞:于庚子王涉,若? 　　　　　　　(《甲》411)

乙未贞:于丁酉王涉? 　　　　　　　　　(《掇》2·184)

戊辰卜,贞羿己巳涉师,五月。　　　　　(《佚》98)

癸巳卜,㱿贞:师般涉于河东? 　　　　　(《掇》23)

……贞……方其涉河东…… 　　　　　　(《前》6·63·6)

……卜,壳贞……涉河……我氏　　　　 (《佚》868)

庚子卜,壳贞:令子商先涉羌于河?

勿令子商先涉羌于河? 　　　　　　　　(《合》276)

王其涉河,易日。 　　　　　　　　　　　(《铁》60·2)

涉河……其启? 　　　　　　　　　　　　(《佚》699)

王涉滴,射,又(有)鹿禽? 　　　　　　　(《簠游》34)

乙未卜,王涉滴…… 　　　　　　　　　　(《人》2139)

王其田,涉滴,至于勞。亡灾? 　　　　　(《京》4470)

王其省,涉滴,亡灾? 不雨。 　　　　　　(《粹》1549)

贞涉澡…… 　　　　　　　　　　　　　　(《续》3·27·4)

上引卜辞的所谓涉、涉河、涉滴、涉澡,当然不可能是徒步而涉。《尚书·盘庚中》:"盘庚作,惟涉河以民迁。"说的是盘庚兴起,谋划涉河(即渡过黄河)以迁徙其民。又云:"若乘舟,汝弗济,臭厥载。"郑玄注:"言不徙之害如舟在水中流不渡,臭败其所载物。"孔颖达疏亦谓"舡不渡水,则臭败其所载物也"。有的学者认为"臭厥载"之"载",指旅行所乘载的工具如车船之类,这里指船,就是把你们坐的船朽败了。① 坐上船又不想渡河,拖延了时间则所带货物就要朽败;还是以郑注孔疏为长。但这里把涉河与乘舟紧密联系起来,说明商代涉河的主要交通工具为舟,这一点也得到甲骨文的确证。

"舟"字甲骨文作 𦨶、𦨩、𦨪 等形。《说文》:"舟,船也。古者共鼓、货狄刳木为舟,剡木为楫,以济不通。象形。"甲骨文所见之舟,像首尾上翘、平底、用木板拼接而成的木板船,比"刳木为舟"的独木舟要进步得多。

---

① 顾颉刚等:《〈盘庚〉三篇校释译论》,《历史学》1979年第1期。

卜辞有"□□卜,争贞:毕得舟,毕不其得舟?"(《合》123)这是贞问毕这个人是否得到舟船。又"毕不其来舟,毕……舟?"(《乙》7203)这是贞问毕是否前来贡纳舟船。

卜辞云:"乙亥卜,行贞:王其寻舟于河,亡灾?"(《甲骨文合集》24609,下引《甲骨文合集》均作《合集》)"▨亥卜,王其寻舟于滴,亡灾?"(《合集》24608)河指黄河,滴即今沁水。这是贞问商王行舟于黄河、沁水之上是否安全。甲骨文中还有"作王舟"(《合集》13758)的记载。所谓"王舟",即商王所专乘之舟。上述商王所乘之王舟航行于黄河、沁水之上,肯定是较大的船只,与普通舟船当有所区别。

卜辞又有"▨午卜,惟大中析舟?惟小中析舟、惟▨务令析舟?"(《邺三》93·3)"析"字作 ▨、▨ 于省吾释析之异构,"中"乃"史"之省。"析舟"即解舟,是说解缆以行舟。[①]但也有学者认为析可读为折,折又可假为制,析舟实为制舟。此辞是卜问谁来负责制造王室所用之舟船,大史、小史、三人都在考虑之中。由此可知殷商时代已有专门从事造船的工场,并有官吏专司其事。[②] 这一解释亦在情理之中。

又甲骨文从舟的字很多,其中有一字形作 ▨,余永梁曰:"王先生国维谓此字以意言之,或方舟之方字。按《说文》方字或体作汸,从水。师说近是矣。"(《殷虚文字续考》)商承祚隶定为淜,谓"与《集韵》同,疑即舟之变"(《殷虚文字类编》)。郭沫若云商说近是(《卜辞通纂》)。李孝定从商说释为淜(《甲骨文字集释》)杨升南谓此字像两舟一前一后行于河中,可见商时河中已有船队(《商代经济史》),可从。

甲骨文从舟的字中,"受"字最引人注目。甲骨文金文授、受不分,皆作 ▨,像人一手推舟,另一人以手接舟,授受之意至为明显。《说文》云:"受,相付也,从爪,舟省声。"罗振玉曰:"古金文皆从舟不省,与此同象授受之形"(见增订《殷虚书契考释》中)。按舟、受音近,舟亦声,裘锡圭"可把受字从舟的那种较古字形看作会意兼形声字"的意见是正确的(《文字学概要》)。商代以舟为人们授受物品的代表,充分说明当时舟的使用已极其普遍,并且在殷人的日常生活中占有特殊重要的地位,这也是无可置疑的。

至于舟船在水上依靠什么工具向前推进?这在甲骨文中也可以找到答案。大体说来,约有篙、舵桨和帆三种类型。下面分别作一些简单的剖析。

其一,篙之属。甲骨文有 ▨、▨ 等字,叶玉森释荡,谓"字象舟人持物,象篙楫形,疑均古文荡字"(《殷契钩沉》)。郭沫若谓"象一人操舟之形,余意仍是般字"(《殷契粹编》)。李孝

---

① 于省吾:《甲骨文字释林》,中华书局1983年版。
② 温少峰等:《殷虚卜辞研究——科学技术篇》,四川省社科院出版社1983年版。

定谓诸说并可商,故存疑。(《甲骨文字集释》)康殷释津,谓"象人立舟上,引竿刺船(撑渡或划桨)之状……即后世字书所载艃之初文,《集韵》作艥(同津)"。① 此字究当释作何字,难以定论;然据此可知殷人已知运用竹篙之类撑船则毫无疑问。《尚书·酒诰》称殷人"肇牵车牛,远服贾用,孝养厥父母",这是在陆地上乘了牛车外出经商。上海博物馆藏商代饕餮纹青铜鼎,其腹内有铭纹人荷贝立于舟中,舟旁之一竖亦即竹篙,这是商人乘舟去远方贸易之象征。凡此都证明舟船都备有篙竹之属作为撑船用的重要工具之一。

其二,舵桨之属。甲骨文"般"字习见。多数从凡从攴,少数从舟从攴;金文则以从舟者为多见。《说文》:"般,辟也。象舟之旋。从舟从殳;殳,令舟旋者也。舿,古文般从攴。"般有般旋、盘桓之意。根据对般字的分析,说明商周时期已经有了使舟船前进并改变航向的工具,这工具就是舵或桨。商代距今3 000多年,使用舵桨实不足为奇。因为据考古发现,浙江吴兴钱山漾出土的木桨,距今已有5 000多年;江苏常州圩墩出土的木桨,距今已在6 000年以上。另外,据说圩墩还发现距今6 000多年的船橹,堪称"中华第一橹"。南方的木桨和船橹的出现既然如此之早,殷商时期中原地区的船只开始配备舵桨之类的工具也就毋庸置疑了。

其三,风帆之属。甲骨文"凡"字作ᄇ、ᄇ等形。历来考释家以为是盘之初文。岛邦男释凡,另将ᄇ、ᄇ、ᄇ等字形释作盘,这一区分是有一定道理的(《殷墟卜辞综类》)。《古代造船史话》认为甲骨文ᄇ、ᄇ等字形就像一面面风帆的形状,这种意见值得考虑和重视。我们的看法,如把凡字释作盘之初文,于形于义皆不无可商之处;如释为帆的初文,那就耐人寻味了。譬如甲骨文"兴"的字形写作🙵,中间的凡如释作盘,像两人四手(或众手)抬一盘,说它有兴起之意也未尝不可,但总觉得有些牵强;如释为帆,像两人四手抬一风帆,或两人相向张挂船幔,欲使舟船乘风破浪地前进,则兴起之义要明显得多,也更富想象力。又如甲骨文借凤为风,一则音近,二则凤鸟展翅飒飒生风,义亦相通。有些风字又增加一个"凡"字。此凡如为盘之初文,凤鸟翅旁挂一盘于义不通,当然只能说是增加一个声符;如释帆,则所加为义符兼声符,即凤鸟展翅高飞犹如舟船张帆远航,其想象力要丰富多了,而且颇有诗意。卜辞还有用凡为风的实例,如"贞不其延凡"(《藏》120·2),进一步证明凡与风有密切关系。释盘者只能说是单纯的声假字,如释帆,帆与风息息相关,那也就音同义通了。马叙伦云:"杨桓以为凡者,船上幔也,象受风之形。盖谓即帆字,是也。"②温少峰等谓卜辞"方

---

① 康殷:《文字源流浅说》,荣宝斋1979年版,第533页。
② 马叙伦:《说文解字六书疏证》。

其凡"是卜问是否在舫上挂帆以航,"追凡"、"凡追"之凡均应读为帆。[①] 这些意见都是可以参考的。当然,关于"凡"字的形、义,迄今尚在探索之中,还需要进一步获取更多的旁证材料。但有人根据文献记载确认帆的起源较晚,否定商代已有风帆的推测,下这一结论也为时过早,众所周知,因为文献的缺载或讹误常为考古发现所补充和校正的例子实在太多了。

我们在《中国甲骨学史》中说过,"殷人占卜用的大海龟,本地没有而来自南方;殷墟发掘所见鲸鱼骨,也来自南方;此外,丹砂来自湖南、广西一带;龟、贝、铜、锡主要出自长江流域;松绿石、玉产于西北陕甘地区。凡此可以想知商代交通之频繁和便利。"[②]今天有的学者指出在远古时期中国人正航海到达到美洲。如果证据确实的话,我国古代的水上交通远比我们想象的要先进发达得多。从这个意义来说,就甲骨文所见商代主要的水上交通工具为木板船,船上备有竹篙、舵桨和风帆之属的看法也许不全是无稽之谈吧。以上仅是一管之见,望方家教正。

(原载《陕西师范大学学报》(哲学社会科学版)1995年第4期)

---

① 温少峰等:《殷虚卜辞研究——科学技术篇》。
② 吴浩坤等:《中国甲骨学史》,上海人民出版社1985年版。

中国古代文明的基石

——殷商文化述略

黄河流域是中华民族的文化摇篮。由于古人主要定居在黄河中下游,对黄河上游特别是河源地区的情况就不甚了然。唐代大诗人李白曾在《将进酒》中放歌道:"君不见黄河之水天上来,奔流到海不复回。"黄河之水真是天上来吗?那当然只是出乎诗人的想象、夸张和推理。然而,在地上,黄河的源头究竟在哪里?成书于战国时代的地理名著《禹贡》,但云"浮于积石,至于龙门"和"导河积石,至于龙门。"而没有提到河源问题。汉代人也只笼统地说"河出昆仑",而未能确指其地理位置。唐贞观九年侯君集、李道宗追击吐谷浑,长庆二年刘元鼎出使吐蕃,元至元十七年都实探河源,大约只到达星宿海附近。清康熙四十三年命拉锡等探寻河源,乾隆四十七年再命阿弥达探河源,解放初黄河水利委员会委派项立志、董在华、周鸿石等勘查河源,才逐步弄清黄河发源于青海省的雅合拉达合泽山的约古宗列渠。我国人民不畏艰险的求知精神,于此可见一斑。与此同时,历代探查河源的事实也启示我们:黄河上游因为地理条件较差,不宜居留耕作,所以少为人知;而历来所说黄河流域是中华民族的文化摇篮,主要指黄河中下游地区而言。

近年来,随着青莲岗、大汶口、马家浜、良渚、河姆渡、石峡、屈家岭、大溪等新石器时代文化的发现与研究,学术界有人提出一种新的看法,即长江流域、珠江流域等地区,与黄河流域同样也是中华民族的文化发祥地,从而使中国文明起源单一中心说发生了动摇[1]。其实,比新石器时代更早的原始文化,可由旧石器时代晚期的柳江人、山顶洞人、河套人,到旧石器时代中期的丁村人、长阳人、马坝人,再到旧石器时代早期的北京猿人、蓝田猿人而一直追溯到距今一百七十万年前的元谋人,或者距今一百八十万年的山西芮城西侯度遗址,甚至更加遥远的时代。因为元谋人遗址和西侯度遗址出土的石器都还不能算是人类最初

---

[1] 丁季华:《中国文明起源单一中心说质疑》,刊《华东师大学报》1982年第4期;乔晓勤:《试论探讨中国古代文明起源的途径》,刊《史前研究》1984年第3期。

使用的石器的代表①。由此看来,我们祖国的文化,真可以数得上渊远而流长。这是每一个炎黄子孙应该感到自豪的!

不过,远古的原始文化,毕竟和我们相隔的时间过长,和今天的文化水平相去过远,其间的发展演变,尚有许多重要的缺失环节有待考古工作者作进一步的探索。在这里,我们要探讨的是近几千年来在不少领域居于世界领先地位的传统文化,亦即我国古代文明的基石究竟奠定于何时?

马克思说过:"没有对抗就没有进步。这是文明直到今天所遵循的规律。"②恩格斯也说:"由于文明的基础是一个阶级对另一个阶级的剥削,所以它的全部发展便是在经常的矛盾中进行的。"③我国的原始社会经历了上百万年的漫长岁月,进步始终很缓慢,而进入阶级社会以后才几千年,社会生产和文化科学就迅速发展起来,道理即在于此。

根据古书的记载,我国的古代文明创建于夏商周三代。可惜关于夏代的记载过于简略,而且迄今为止夏文化尚未得到考古学上的确认,所以夏代就姑置勿论。商朝与夏代相比,不仅文献记载增多,更重要的是自从1899年(清光绪二十五年)发现并认识甲骨文字以来,经过多次的殷墟发掘,使得大量的商代遗迹遗物又重见天日。其中包括奴隶主总头目商王居住过的宫殿建筑遗址,王宫的防御设施,大型的商王陵墓,数以千计的奴隶杀殉坑,中小奴隶主贵族或平民的住处和墓葬,奴隶们居住的地穴,规模宏大的铸铜作坊和制骨作坊遗址,以及水井、道路、排水管道等遗迹,还有成千上万件生产工具、兵器、礼器、手工艺品等珍贵文物。上述实物资料与古文献相印证,充分显示出我国的奴隶制社会,在商朝特别是商代后期统治的数百年间得到了急剧的发展,为以后的我国文明奠定了基础。

恩格斯说:"只有奴隶制才使农业和手工业之间的更大规模的分工成为可能,从而为古代文化的繁荣,即为希腊文化创造了条件。没有奴隶制,就没有希腊国家,就没有希腊的艺术和科学。"④恩格斯的话,无论于希腊还是中国的商代历史都是符合的。商代人民在阶级矛盾和生产斗争中所创造的灿烂的青铜文化,是中国古代文明的基石,不仅在中国文化史上是一个杰出的里程碑,而且在世界古代文明史上也有着重大的影响,占有重要的地位。西周的文化是在全面继承殷商文化的基础上发展起来的。为此,本文拟从文字、艺术、宗教和科学技

---

① 贾兰坡:《四川是研究人类起源的重要地区之一》,刊《四川文物》1984年第4期。
② 《马克思恩格斯全集》,人民出版社1958年版,第4卷第104页。
③ 《马克思恩格斯选集》,人民出版社1972年版,第4卷第173页。
④ 恩格斯:《反杜林论》,人民出版社1971年版,第178页。

术四个方面对殷商文化作一番粗浅的勾勒,以便一方面加深我们对古代文明奠基时代的认识,庶免"数典亡祖"之讥;另方面也可从中吸取养料和增强我们建设两个文明的信心与决心。

一、古老而有科学体系的甲骨文

文字是民族文化的重要组成部分,也是人类进入文明社会的一个主要标志。在文字出现之前,人们对于生产经验和生活知识只能口述或示范,不能世代相传,所以难以总结和提高。文字是记录和传达语言的书写符号,可以扩大语言在时间和空间上的交际功用,对于人类文明的促进起很大的作用。

我国历来有重视文字学的传统。早在周秦时代就已开始了文字的研究和字书的编纂。秦并六国以后,为改变战国以来"言语异声、文字异形"的状况,把殷周以来的古文字即所谓"籀书"或"大篆",整理、规范成"小篆",在"书同文字"方面做了有益的工作。汉代称文字为"小学",研究文字学的风气很盛,可谓人才辈出,像张敞、杜林、扬雄、许慎等都是当时有名的文字学大师。宋代学者扩大到铜器及金石铭刻的传拓和研究,吕大临的《考古图》、王黼的《宣和博古图》、薛尚功的《历代钟鼎彝器款识法帖》等著作的相继问世,使金石学呈现一派兴旺发达的景象。清代朴学兴起,凡治学必先打下文字、音韵、训诂的基础。而历来讲文字,莫不以东汉许慎的《说文解字》为权舆,并视之为神圣不可侵犯的经典。乾嘉学者王鸣盛的意见很有代表性,他在《说文解字正义序》中这样说:"《说文》为天下第一种书,不读《说文》,犹不读也。"甲骨文的发现不仅把古文字的历史上推一千四五百年,而且由于甲骨文是我国目前已知的最古老的系统文字,学者可据以探索汉字的起源、发展和演变,可以纠正文献记载以及许慎说明文字的讹误。是故搞文字学的人,不能不精通甲骨文。

我国又是一个历史悠久的文明古国。由于年代久远和古代书缺有间,三代的历史已很茫然。博学如孔子,而且去古未远,尚且发出"文献不足征"的感叹。孰料两千多年之后,于殷墟出土了十几万片甲骨文,填补了历史研究的空白,为追溯商代的文化制度提供了丰富的史料,使我们通过对甲骨文的排比研究,确知商代后半期已是以农业为主要生产部门,文化发达,阶级对立明显,国字权力机构业已建立和巩固;近年来周原甲骨的发现,对周初的历史和商周文化关系的研究又增添了新资料。是故搞先秦史或其他专史的同志,尤其是研究商周历史的人,愈来愈认识到学习和钻研甲骨文的必要性。

此外,我国近代考古学的建立,与甲骨文的发现和殷墟发掘有着密切的关系。现在考古学已取得惊人的成就,其中商周考古是重要的环节。而研究商周时代的遗迹遗物,特别是解决殷墟文化的分期等问题,必须吸收甲骨文的研究成果,这也是显而易见的。

甲骨文既然如此重要,当务之急就要积极开展这方面的学术研究工作。诚然,前辈学者已经做出了很大的成绩,但从目前来看,仍有不少课题有待进一步探讨。就以认字来说,甲骨文的单字约已增加到五千左右,已识者不到一半,且有意见分歧;至于未识的字,考释起来更有一定的难度。虽然如此,这个工作还是要进行下去,因为不光是出乎文字学方面的需要,即使用甲骨文的材料论证古史,识字依然是第一关。

根据学者们的研究,甲骨文已是相当发达的古代文字。那么,在甲骨文之前,汉字肯定有一个较长时期的发展过程。旧说黄帝的史官"仓颉造字",这是不科学的,因为"文字是语言的表象。任何民族的文字,都和语言一样,是劳动人民在劳动生活中,从无到有,从少到多,从多头尝试到约定俗成,所逐步孕育、选练、发展出来的。它绝不是一人一时的产物。它随着社会的发展而发展,有着长远的历程。只要氏族的生命还存在,或者没有受到强大外力的长期遏制,文字也和语言一样,总要不断地发展。它们仿佛都是有生命的东西,不断地在新陈代谢,一刻也不曾停止,一刻也不会停止。"① 又有人说文字起源于神农氏的"结绳而治",这也不正确,因为"结绳"只能帮助人们记忆而不能表达语言和交流思想。考古学为文字的产生提供了初步的线索,值得我们加以重视。例如大家所熟知的西安半坡遗址,距今六千多年,乃是新石器时代仰韶彩陶文化的典型。在半坡出土的陶钵口沿上,出现二三十种刻划符号,最常见的是一竖划"丨",其次是"乙"形,此外还有 ✕、十、T、丰、个、彡 等形状。学者们肯定这是今天确知的最古老的一种具有表意作用的文字符号,也可能是"中国原始文化的孑遗"②。今年十月,我们带领文物博物学干部专修科学员赴敦煌考察实习,途经兰州博物馆,参观了大地湾出土的彩陶。在距今七八千年之间的秦安大地湾一期陶钵内看到 个、彳、丷、⺈、⺨、十 等刻划符号,据陈列说明可能是半坡彩陶符号的前身。大汶口文化发现用三个偏旁构成的会意字(释昊或旦),古文字学已故老专家唐兰、于省吾对此都有很高的评价③;裘锡圭同志也认为"大汶口文化象形符号跟古汉字相似的程度是非常高的。它们之间似乎存在着一脉相承的关系。"④ 此后的二里头文化和商代早期文化如郑

---

① 郭沫若:《古代文字之辩证的发展》,载《奴隶制时代》,人民出版社 1977 年版,第 244 页。
② 同上第 244—246 页;又《中国史稿》,人民出版社 1976 年版,第 65—66 页。
③ 唐兰:《从大汶口文化的陶器文字看我国最早文化的年代》,刊《光明日报》1977 年 7 月 14 日;《再论大汶口文化的社会性质和大汶口陶器文字》,刊《光明日报》1978 年 2 月 23 日。于省吾:《关于古文字研究的若干问题》,刊《文物》1973 年第 2 期。
④ 裘锡圭:《汉字形成问题的初步探索》,刊《中国语文》1978 年第 3 期。

州二里岗、河北藁城台西村以及江西清江吴城文化陶文也时有发现。然而以上仅是一些不系统的零星材料,与商代后期使用的甲骨文字之间也还存在不小的差距。

如果有人要问:夏代和商代早期到底有没有系统的文字?那都需要考古工作者继续探索并用事实来回答。我们所能做的,只能依据目前的材料作一些判断或推测:那就是在甲骨文之前汉字尚有几百年乃至几千年的萌芽发展阶段;当夏代或商代早期跨入文明的门槛之际,比甲骨文略为原始的文字也许就产生了。但是,有一点必须肯定:商民族是一个富于创造性的民族,文字在商代有很大的发展,特别是在商代后期,文字的使用极为普遍,并且渐趋成熟,为我国后来的汉字的发展真正奠定了坚实的基础。

根据秦汉时代学者的分析,汉字的造字方法可以归纳为象形、指示、会意、形声、转注、假借六种条例,即所谓"六书"。甲骨文是否已具备"六书"的结构规律?回答是肯定的。兹分别简述如下:

1. 象形。许慎给象形下的定义是:"象形者,画成其物,随体诘诎,日月是也。"①意思是说,象形字是由写实法则所规定的图画物体的形象而产生。凡《说文》中这一类字,或直接冠以"象形"二字,或曰"象某形",或曰"从某"、"某象某形"。甲骨文中大约保留30%以上的象形文字,但基本上已规则化、线条化、符号化。如☉(日)、☽(月)、🜨(雷)、🌧(雨)取天象,⛰(山)、〰(水)、◇(土)、田(田)取地理、禾(禾)、木(木)象植物枝干、亻(人)、(女)象征人体、ψ(牛)、(羊)、(麋)、(鹿)突出画其角、(龟)象其昂首被甲、(马)象其鬣和长颈丰尾。总之,抓住特点加以形象化,使人看便知所代表的物体,或者说把物体简化成一种语言符号,与原始的图画已有很大的距离。

2. 指事。许慎说:"指事者,视而可识,察而见意,上下是也。"这样的解释过于笼统,易与象形、会意相混。实际是做一记号,特别标明其位置或处所。如甲骨文上下写作二、二或 ,在一划的上下加一点,说明在上或在下。又如甲骨文木下加一短横为"本",指明树根在哪里;木字上面加一横成"末",指明树梢在哪里。甲骨文或汉字中的指事字比较少,《说文》所说"从某,象某某"的字,或即指事字。

3. 会意。许慎说:"会意者,比类合谊,以见指㧑,武信是也。"段玉裁注:"会者,合也,合二体之意也。一体不足以见其义,故必合二体之意以成字。"简言之,会意字就是会合两个或两个以上的字形构成的新字。凡《说文》"从某从某"或"从某某"者均属会意字。甲骨文

---

① 许慎:《说文解字·后叙》,下同。

中会意字最多,例如明字写作 ◲,日月相照也;又有一个明字写作 ◲,表明月光照在窗上。他如 ♦(即),左旁为盛食物的器皿,右旁象古人席地踞坐,合二形则象人就食之形, ♦(既),象人食毕回首返身而去; ♦(飨、卿),表示二人相向对食; ♦、♦(牧),象人以手执鞭放牧牛羊; ♦(休),象人依木休息; ♦(疾),象人躺在床上冒汗; ♦(祭),象以手持肉献于神主之前。有人说殷末是会意字滋乳的发展期,这话是有根据的。

4. 形声。许慎说:"形声者,以事为名,取譬相成,江河是也。"段注:"以事为名,谓半义也;取譬相成,谓半声也。江河之字,以水为名,譬其声如工可,因取工可成其名。"就是说,形声字是由一个形符和一个声符相构成。凡《说文》"从某,某声"、"从某,某省声"和"从某,某亦声"都是形声字。甲骨文中已有江、河、洹、鸡、雉、凤、祖、祀等不少形声字,据不完全统计,约占20%左右。由于形声字造字简便和易于诵读,所以到秦汉时已发展成为汉字的主体。

5. 转注。许慎说:"转注者,建类一首,同意相受,考老是也。"所谓"建类一首",徐氏《系传》曰:"老至耄耋皆谓年老义,是为同类;与耄耋诸字,其形皆从老,是老为一类之首也。"所谓"同意相受",段注:"谓意旨略同,义可互受。"亦即同义词甲等于乙,乙等于甲,转过来互为注释。甲骨文中有考老一类字,但为数不多。

6. 假借。许慎说:"假借者,本无其字,依声托事,令长是也。"段注:"托者寄也,谓依傍同声而寄于此,则凡事物之无字者,皆得有所寄而有字。如汉人谓县令曰令长;县万户以上为令,减万户为长。令之本义,发号也;长之本义,久远也。县令县长本无字,而由发号久远之义引伸展转而为之,是谓假借。"甲骨文借凤为风,借斧为父,借小麦名(来)为往来之来,即借用象形文字之声来表示同音的其他事物或动作的符号,说得简单一点也就是同音通假。据今人研究,转注、假借实为用字方法,与造字无关。

西周的文字(以青铜器铭文为主体),与商代的甲骨文一脉相承,而后又为秦篆及六国古文相沿袭。所以说商代的甲骨文确实起了承前启后的桥梁作用,并为我国后来的文字奠定了基础。所谓甲骨文,主要指的是刻写在龟甲兽骨上的占卜文字。这种占卜文字人们习惯地称之为卜辞。卜辞的主要形式,和今天的汉语基本上也是相同的,都是"主—动—宾"的形式,即主语在前,动词在中,宾语在后。是故陈梦家先生说:"甲骨文字已经具备了后来汉文字结构的基本形式,同样的卜辞文法也奠定了后来汉语法结构的基本形式。"而卜辞与现代汉语稍有歧异之处,他认为"大多数是语言的自然发展的结果,亦即时代变迁的结果。"[①]

---

① 陈梦家:《殷虚卜辞综述》,科学出版社1956年版,第133页。

二、音乐、舞蹈与杰出的造型艺术

商代正处于奴隶制的发展时期。生产的发达和阶级对立的加剧,促使脑力劳动与体力劳动之间的分工进一步形成,并推动了科学和文化艺术的发展。特别是随着奴隶主阶级权力的扩大和财富的增长,更刺激了王公贵族们对奢侈生活的欲求。

据《吕氏春秋·古乐篇》,汤曾命伊尹作"大濩",歌"晨露",修"九招"、"六列"等乐章。《史记·殷本记》又说纣使师涓作"新淫声"等所谓"靡靡之乐"。奏乐而能先制造乐曲,则当时的音乐水平可以想见。

商代的乐曲今已不可考知。但殷墟出土遗物中有磬、鼓、埙、钟等乐器,可以通过对这些乐器的研究,大致了解商代表现艺术的状况。乐器中以石磬为多,形式皆弧背,这是一种悬挂起来敲击的乐器。1950年春季在安阳武官村大墓中发现一件大理石虎纹大石磬,"它是一块白而带青色的大石琢成,长84厘米,宽42厘米,厚2.5厘米。正面雕着一个似虎形动物,作张口欲吞状,线条刚劲而和柔,看起来令人生壮美之感。背面光平,但也有几处涂红色与小部分极细的划纹,似乎是欲刻尚未刻成的。若把它悬挂起来,它的上面斜边,与自然垂直线成31度的角度,微微敲击,音韵悠扬清越,近于铜声,是这座墓葬中出土的最可宝贵的一件东西,也是中国现存的最古最完整的一件乐器"①。

1973年9月,中国科学院考古研究所安阳发掘队又在小屯村北约700米洹水南岸发现一个殷代石磬,"用灰色岩石制成,作不等边三角形,两面都刻虎纹,长88厘米、高28厘米、厚4.2~4.6厘米。头作张口欲吞状,后肢屈置向前,鱼形尾,前后肢间有两蜷曲成圆形的蚕纹。雕刻线条刚劲流畅。石磬音调清婉,可和1950年武官村大墓所出的虎纹石磬媲美。……由悬孔上侧的磨损痕迹和磬面上的敲击痕迹情况看,它是一件久经使用的乐器。石磬是在以小屯为中心的殷代王宫建筑遗址的范围内出土的,毫无疑义,它当属于殷代奴隶社会最高统治者王和大奴隶主所享用。"②

埙有陶制、骨制、石制三种。大小虽有区别,形式和孔位却是相同的。新中国成立后在辉县发现陶埙三个,陶埙下面正背皆三孔。另外,于侯家庄西北岗墓1217西道中,发现为细沙土淤积而成的鼓的模型。鼓腔之木与鼓面之皮已腐化成泥,但腔面之饰纹仍大略可辨,

---

① 郭宝钧:《一九五〇年春殷墟发掘报告》,刊1951年《中国考古学报》,第5册第25页。
② 中国科学院考古研究所安阳发掘队:《殷墟出土的陶水管和石磬》,刊《考古》1976年第1期。

鼓面蟒皮纹理亦清晰如原物①。

关于殷代铜制乐器,有铙、钲、铎、执钟等四种说法,据学者推敲,还是称钟来得更为全面、更为妥当。殷代的钟,常大小三个成为一组。李纯一先生认为这种编钟当为"旋律乐器";从成组的编钟的发音,可以推知殷人已有了半音观念、音高观念和五度协和观念,这是后代逐渐形成完整的十二律体系的基础,那种认为我国古代十二律源自希腊皮塔哥拉斯学说的说法,将在这铁的事实面前不攻自破②。

《史记·殷本纪》说纣命师涓作"北里之舞",为长夜之饮。当年宫廷中宫女们在"靡靡之乐"伴奏下翩翩起舞的场面已不能再现,但从甲骨卜辞中用舞祭媚神求雨的记录,尚可推知商代统治阶级酷爱乐舞的癖好。舞字在甲骨文中作 ※ 或 ※,象人两袖作舞或两手执牛尾一类东西起舞之形。有时写作 ※,更突出双脚起跳的姿态。据陈梦家先生研究,在甲骨文中求雨之祭,所用乐舞的名称如下:

(1) 舞　卜辞有"舞,有雨"、"兹舞,有从雨"等记载。
(2) 雩　郭老认为即后世之雩舞;雩为求雨之祭,乃自殷始。
(3) ※ 舞　卜辞征伐方国亦曰 ※,字与"正"不同。《说文》※ 读若拨;※ 舞或是帗舞。按:所谓帗舞,乃周代六"小舞"之一:舞者执全羽或五彩缯而舞。
(4) 奏舞　奏是奏乐,奏舞或是乐舞。
(5) 皇　周代主要求雨之祭有雩、皇二名。皇舞即皇舞,据郑众、许慎的注释,乃蒙羽于首以舞③。

另外,祭祀祖先时有几种经常举行的祭礼,也与乐舞有关。如彡祭,吴其昌《殷墟书契解诂》认为"彡为祭时伐鼓之记数"。董作宾从其说:"故伐鼓而祭,即谓之彡矣。彡之次曰有彡龠,奏管乐而祭,与鼓相和,亦其旁证。"④

翌祭,叶玉森、唐兰等学者以为翌是羽翼的象形,即"翼"的本字,董作宾以为翌祭就是羽舞之祭。郭宝钧先生也说:"翌祭就是持羽龠干戚而跳舞之祭,甲骨文有'甲戌翌上甲,乙亥翌[乙,丙子翌]丙'之刻,武官村殷大墓有锈有鸟羽痕之小戈,这是殷代舞干羽以祭的实证。"⑤

---

① 《梁思永考古论文集》,科学出版社1959年版。
② 李纯一:《关于殷钟的研究》,刊《考古学报》1957年第3期。
③ 陈梦家:《殷虚卜辞综述》,第599—601页。
④ 董作宾:《殷历谱》上编卷三《祀与年》。
⑤ 郭宝钧:《中国青铜器时代》,生活·读书·新知三联书店1963年版,第156页。

1976年殷墟"妇好墓"又出土一批颇似舞人或侏儒的玉石人像和两个玉石磬,据推测,很可能是这位后妃或开疆辟土的女将的一个舞乐队。① 总之,殷代的音乐舞蹈主要是奴隶主贵族娱乐和享受。至于民间的情况就不得而知了。

与表现艺术相比,殷商时代的造型艺术具有更大的特色。

殷代的骨器(包括骨、角、牙、蚌器)制造和玉石雕刻业极其发达。骨器以雕花骨版最为精美,代表殷代骨角工艺的最高水平。殷墟发掘中所见用牙、蚌、松绿石镶嵌在铜、骨文字和墓壁仪仗上,做工都很细巧。郑州二里岗及安阳殷墟所出象牙觚、象牙梳、象牙碟、象牙鸮尊,均为极精美的雕刻工艺品。殷墟出土的玉鳖、石鸭等雕刻品,形象逼真,栩栩如生。过去一直认为巧于运用玉料上的各种自然颜色,创作造型和颜色绝妙配合的"俏色"产品是近代的一种艺术创造。1975年殷墟出土玉鳖、石鸭等珍贵文物所反映的当时艺人们巧于运用玉料颜色的那种设计智慧和才能,从而把制作俏色产品的历史上推到三千多年之前②。此外,上文提到的虎纹大石磬和1934年出土的白色大理石"饕餮"雕像,更是造型艺术中杰出的精品。

商代的骨器和玉石雕刻,总的特点是立体的、写实的,已达到高度的艺术水平,往往为后世所不可企及。

商代的艺术,从今天发现的遗物来看,最主要的还表现在青铜器的制作上面。商代青铜器不仅数量丰富,而且种类繁多,制作精美,无论纹饰还是雕铸附件(多半是立体的鸟兽),图案都很生动,并且常常渲染庄严神秘甚至凶恶可怖的气氛。著名的《司母戊鼎》和安徽出土的《龙虎尊》就是如此。湖南出土的《虎食人卣》、《四羊方尊》的造型更富于想象力。尤其是"《四羊方尊》集中了绘画、线雕和浮雕等各种手法,把平面的纹饰和立体的雕塑结合起来,把器皿和动物形状巧妙地结合起来,并以出色的铸造技术加以体现,因此它是商代青铜工艺中最杰出的作品之一。"③ "妇好墓"出土的三种罕见的青铜炊蒸器和其他青铜礼器,其造型的优美,设计才能和工艺水平所达到的境地,实在令人惊叹不已④,同时也是今天艺术创作很好的借鉴。

---

① 常任侠:《古磬》,刊《文物》1978年第7期。
② 北京市玉器厂技术研究组:《对商代琢玉工艺的一些初步看法》,刊《考古》1976年第4期。
③ 马承源:《中国古代青铜器》,上海人民出版社1982年版,第64—66页。
④ 中国科学院考古研究所安阳发掘队:《安阳殷墟五号墓的发掘》,刊《考古学报》1977年第2期。陈志达:《妇好墓三种罕见的殷代青铜炊蒸器》,刊《文物》1981年第9期。

三、宗教的特色与祖先崇拜

宗教信仰是社会意识形态之一。相信并崇拜超自然的神灵,是自然力量和社会力量在人们意识中的歪曲、虚幻的反映。

早在旧石器时代晚期,在距今一万八千多年的山顶洞人的墓葬中,可以看到死者的骨骼上都布有赤铁矿的粉粒和少量石器、石珠、穿孔兽牙等随葬品,说明那时人们已经有了灵魂不灭的原始宗教观念。随着氏族公社的形成和发展,"图腾崇拜"这一最早的宗教信仰,不仅在中国,在世界各地的原始社会中差不多普遍存在;氏族成员把"图腾"当作神化了的祖先加以崇拜,仰韶文化彩陶上的动植物画像或即氏族图腾的标志。父权制确立后,氏族的祖先崇拜变成了家族的祖宗崇拜。到了商代,一方面全面继承了昔日的宗教意识,诸如鸟图腾崇拜的遗迹、表现在占卜和祭祀方面所能考知的祖宗崇拜的仪式,以及视山川日月和风云雷雨为神祇的多神的宗教观念,等等,均可在甲骨文中找到大量的证据。这是因为"宗教一旦形成,总要包含某些传统的材料,因为在一切意识形态领域内传统都是一种巨大的保守力量。"[①]而另方面,随着阶级社会和国家的产生,人们的宗教观念也发生了变化。这变化的最明显的一个标志,就是当国家的强大的统治者出现时,人们开始把神想象为高高在上的全能的上帝。胡厚宣先生在《殷卜辞中的上帝和王帝》一文中,根据丰富的甲骨文资料,详细地论述了殷王武丁时代已经有了至神上帝的宗教信仰,这个至神上帝不仅主宰着大自然的风云雷雨、水涝干旱,决定着禾苗的生长、农产的收成,而且能够祸福人类,举凡辟建城邑、征伐邻族都要祈求上帝的护佑,祀典政令也要揣测上帝的意志。由于帝的权能极大,卜辞称帝为帝宗,帝的下面有日月星辰和风云雷雨等供帝驱使,称为帝使,东南西北中五方各有专神主司,称帝五臣或帝五工臣。武丁以后,卜辞称天上的帝为上帝,祖庚祖甲以后,卜辞称人间的帝为王帝,以示区别。上帝又叫上子,王帝又叫下子,合起来简称上下或下上。神与神之间的等级划分以及天上统一至上神的产生,正是人间的阶级和统一帝王出现的反映,与当时阶级社会的经济基础是相适应的[②]。

除甲骨文资料外,商人信仰至上神上帝,也见于古籍记载。

---

① 《马克思恩格斯全集》,第4卷第251页。
② 胡厚宣:《殷代的天神崇拜》,见收《甲骨学商史论丛》初集第二册;《殷卜辞中的上帝和王帝》,刊《历史研究》1959年第9、10期。

《诗·商颂·玄鸟》:"古帝命武汤,正域彼四方。"帝,即指上帝,意为商汤接受上帝的命令,征伐而有天下四方。

《尚书·汤誓》:"有夏多罪,天命殛之。""夏氏有罪,予畏上帝,不敢不正。"意思和《商颂·玄鸟》所记略同。此外,《商颂·殷武》有"天命多辟""天命降监",《商颂·长发》有"天命不违,至于汤齐"和"昭假迟迟,上帝是祇"等记载,《尚书·盘庚》也说"先王有服,恪谨天命"、"予迓续乃命于天"和"肆上帝将复我高祖之德"。这里所有的"天"均与上帝同义。《诗》、《书》所记如果多少含有真实的成分,那么,用地下出土的甲骨文资料与之印证,说明主宰万事万物的全能的上帝连同"天命"思想确是殷人的创造,并且是殷商奴隶制社会宗教文化的一大特色。

值得注意的是,《商颂·长发》说:"有娀方将,帝立子生商。""将"借为"壮",言有娀氏之女简狄正在壮年;帝指上帝;商指契,因契始封于商。此言商祖契是上帝的儿子①。同篇又说:"允也天子,降予卿士。实维阿衡,实左右商王。"天子指汤;阿衡指伊尹。意思是汤真是上帝之子,故上帝赐贤臣伊尹为之辅佐。"天"或"上帝"既是宇宙的最高主宰,而王帝又是上帝的儿子,因此人王就有绝对的权威,他对邻邦和臣民征讨赏罚和发号施令,都是承受天命、替天行道,万万不可违抗!这种"君权神授"的理论,可以说是神权政治的精髓,同时使宗教的本质为之暴露无遗。西周以来对"天"或"上帝"的信奉,"天命"思想和"君权神授"学说的长期盛行,正是历代统治阶级继承和利用殷人宗教观念的结果。

殷人宗教文化的第二个特色,是在祖先崇拜方面,主要表现在祭祀的频繁和隆重。据董作宾先生研究,武丁时祭祀祖先的祀典有彡、翌、祭、𠭰、劦、出、䕰、勺、福、岁、御、匚、酓、帝、炆、告、求、祝等。其中以彡、翌、祭、劦、𠭰五种祀典为主干,彡为鼓乐之祭,翌为羽舞之祭,祭为持肉以祭,𠭰为献黍稷而祭,劦为大合祭。彡、翌各自单独举行而相连续,翌之后接以祭,祭之下一旬加入𠭰,𠭰之下一旬加入劦,以后三种联合举行而各成系统。惟祖甲时辈份靠前,约三十旬遍祀一周,需时较短;到帝乙帝辛时,辈分又晚六世,祀上甲微至于文武丁已有二十一世,其彡祭需时十一旬,翌需十一旬,祭、𠭰、劦三种联合举行需十三旬,开始彡祭时"贡典"占一旬,共为三十六旬(约当太阴历日的一年),依次举行,偏及祖妣,周而复始,秩然有序。此外尚有又(即䕰)、叔(即䕰)、勺、夕福 𢼸 、瓊、岁、彡龠、彡夕 𩰫 、𩰫 等祭名。②

---

① 高亨:《诗经今注》,上海古籍出版社 1980 年版,第 531 页。
② 董作宾:《殷历谱》上编卷一《殷历鸟瞰》。

从甲骨文看,殷人所以如此频繁而又隆重的祭祀祖先,其原因之一是认为祖先能降下祸福、授祐或作孽于时王。卜辞有祖先降祸、降眚、降凶、孽王、祟王、祟我、蚩王、蚩我,蚩禾、蚩雨、受又(授祐)、若(顺、诺之意)、若王、左(佐)王等记载是其证①。这是殷人富有浓重的迷信思想的一种反映。再者,自父权制确立特别是进入阶级社会以来,不仅"身体发肤受之父母",更重要的是贵族阶级的一切特权和财富也是来自先人的传授,这就促使他们不得不提倡孝道,不得不对祖先感恩和立庙祭祀。因此,商代的祖先崇拜已注入新的内容和新的精神,与原始社会单纯祈求已故父家长灵魂的庇佑,实不可同日而语。

殷人的祖先崇拜,与天神崇拜一样为西周以来的历代统治阶级所继承,特别是经过儒家的鼓吹,在封建宗法制度下,它成为维系家族集团、巩固父权统治的有力武器,对中国社会历史发生深远的影响。

郭老曾经说过:"由卜辞看来可知殷人的至上神是有意志的一种人格神","但这殷人的神同时又是殷民族的宗祖神,便是至上神是殷民族自己的祖先。"接着他用帝俊、高辛氏二子和玄鸟三种传说加以论证,凿凿可信②。1957年4月,戴家祥先生在华东师范大学科学报告会上作了《殷周时代祖先崇拜与上帝崇拜》的学术报告,用大量文献资料证明现实世界的最高统治者,就是灵魂世界的最高统治者——上帝的子孙。灵魂世界的上帝,反过来就是现实世界的最高统治者已经死去不知年数的始祖。所以只有天子才有资格祭祀上帝(禘)。这实际上就是祖先教③。

天帝与先祖原来合二而一,所以人王称"天子"也就有了依据。由此看来,殷代出现至上神的崇拜和对祖先崇拜的特别隆重如果说确是构造当时宗教文化的两大特色的话,那么二者的结合便产生了第三个特色,而且是更重要更有影响的一个特色:"祖先崇拜与天神崇拜的逐渐接近混合,已为殷以后的中国宗教树立了规范,即祖先崇拜压倒了天神崇拜。"④

祖先崇拜与宗法制度有着密切的关系。表现在伦理学上就突出一个"孝"字。甲骨文有"孝"字,见《金璋所藏甲骨卜辞》第476片,不过此处可能是地名⑤。甲骨文又有"考"字,金文中孝、考可通用,参见《妟钟》、《仲枏父甗》、《旅仲簋》、《中师父鼎》、《师器父鼎》、《师𡊨

---

① 胡厚宣:《殷代的天神崇拜》,见收《甲骨学商史论丛》初集第二册;《殷卜辞中的上帝和王帝》,刊《历史研究》1959年第9、10期。
② 郭沫若:《先秦天道观之进展》,见收《青铜时代》,第13—19页。
③ 戴家祥:《戴家祥自传》。
④ 陈梦家:《殷虚卜辞综述》,第561—562页。
⑤ 孙海波:《甲骨文编》,中华书局1932年影印本,第357页。

父鼎》《遟盨》等器。此外,甲骨文有"教"字。《说文》:"教,上所施下所效也;从攴从孝。……"从卜辞看,教字写作 ![字] (《殷虚文字甲编》1251、2651)或 ![字] (《殷契粹编》1162),象以杖击子,教子尽孝道之形。"然而'以孝治天下',代替那'神道设教'的原始政治,将宗教上的神祇转变到祖先崇拜,将空洞的信仰转变为伦理的实践,中国人自商周以来不曾堕入宗教的深渊,而但发扬尊祖敬宗的理论,不能不说是思想上一个大转变。"① 这个大转变始自商代,我们不能不佩服殷商文化的创造性的发展,尽管它对中国社会历史也带来消极的一面。

四、科学技术方面的成就

殷商文化的发达不仅表现在文字、艺术和宗教方面,而且在科学技术方面也有惊人的成就。殷人关于数学的知识,天文历法的知识,医学的知识,等等,都很丰富,并且达到了相当高的水平。限于篇幅,这里不能一一赘述。下面就殷人在冶金、制陶和纺织等技术科学方面所取得的进展,以及对后世所产生的重大影响,作一番概括的叙述。

首先谈一谈冶金技术。

商代手工业中最重要的部门是青铜铸造业。过去因为甲骨文中没有发现"金"字或从金之字,有人怀疑青铜器来自西北地区。今天不仅从甲骨文中找到了一个"鎷"字②,而且在廪辛、康丁和帝乙、帝辛卜辞中进一步找到了直接有关冶铸铜器的记载③。另外,在郑州南关外发现较大规模的早商炼铜遗址,面积在一千平方米左右,在遗址中还发现不少坩埚残骸、红烧土、炼渣、木炭和上千块陶范;在安阳殷墟发现了很多铸铜遗址,其中铁路苗圃北地发现的一处铸铜作坊遗址,面积至少在一万平方米以上,出土的陶范多达三四千块,陶范包括外范、内范和陶模,从铸造工序和外范的繁复结构看,说明晚商时代的青铜铸工造艺已经达到很高的水平。凡此种种,生动地表明那种对商代有自己的青铜冶铸业的任何怀疑都是没有根据的。

殷墟出土的青铜器,其种类和数量之多,以及制作之精巧,气魄之雄伟,花纹之富丽繁缛,确实令人惊叹不已。而最足以代表商代晚期青铜制作水平的,当推 1939 年在安阳武官

---

① 丁山:《中国古代宗教与神话考》,龙门联合书局 1961 年版,第 546 页。
② 王宇信:《建国以来甲骨文研究》,科学出版社 1981 年版,第 154—156 页。
③ 燕耘:《商代卜辞中的冶铸史料》,刊《考古》1973 年第 5 期。

村出土的《司母戊大方鼎》。该鼎呈方形,四足,通耳高133厘米,横长110、宽78厘米,重875公斤,周围以雷纹为地,上有龙纹蟠绕,四角为饕餮纹,鼎腹内有铭文"司母戊"三字,为商王祭祀其母戊而作。这是迄今为止发现商周时代最大的一件青铜器。成书于战国时代的《周礼·考工记》,讲到各种青铜器铜、锡的合金比例,与今天的科学知识是符合的。其中讲"六分其金,而锡居其一,谓之钟鼎之齐(剂)。"也就是说,铸造钟鼎一类器物,铜与锡的比例应为六比一,这样可使器物呈橙黄色,比较美观,并且可以敲击出美妙的音响。经学者对《司母戊鼎》进行定性、定量分析的结果,其合金比例与《考工记》所说相合[1],可见在商代早已掌握了合理的青铜配剂方法了。

除铸造青铜以外,商人已知用铅铸造明器,用真金做装饰品,这在殷墟发掘中均有发现。商人还知道利用陨铁锻造兵器,如河北藁城台西村商代遗址和北京平谷商代墓葬中各发现一件铁刃铜钺[2],引起了中外学者的研究兴趣。杨宽先生说:"中国古代之所以能够比欧洲早一千年出现封建社会,其中一个很重要的原因,就是由于中国古代社会生产力很早得到了比较高度的发展,这是和当时冶铁技术的高度发展分不开的。中国至迟到春秋晚期已发明生铁冶铸技术,这项发明比欧洲要早一千九百多年,欧洲直到封建社会中期(14世纪)才推行这种技术。中国至迟在战国早期已创造铸铁柔化处理技术,已能把生铁铸件经过柔化处理变为可锻铸铁(即韧性铸铁),这又早于欧洲二千三四百年,欧洲要迟至封建社会末期(十八世纪初叶)才应用这种技术。当时我国由于生铁冶铸技术的发明,铁的生产率大为提高;又由于铸铁柔化处理技术的创造,使得白口铁铸造的工具变为韧性铸铁,大大提高了工具的机械性能。正是因为春秋战国之际冶铁技术得到高度发展,标志着当时高度发展的生产力水平,这就可能引起生产关系的变革,促使封建社会较早地诞生。"[3]殷商时代青铜冶炼和铸造技术的进步,包括利用陨铁锻造器物的科学知识的积累,对后来的冶铁、炼钢技术的发生发展起了直接的推动作用,大大提前了冶铸生铁技术和铸铁柔化处理技术的发明时间,使我国的生产技术在世界范围内处于遥遥领先的地位,为我国古代文明奠定了优厚的物质基础。

青铜冶铸之外,商代在制陶工艺上的成就也是相当可观的。

考古工作者在郑州、邢台、安阳殷墟等地发现不少商代的窑址。从陶窑的建造结构看,

---

[1] 杨根、丁家盈:《司母戊大鼎的合金成分及其铸造技术的初步研究》,刊《文物》1959年第12期。
[2] 叶史:《藁城商代铁刃铜钺及其意义》,刊《文物》1976年第11期。北京市文物管理处:《北京市平谷县发现商代墓葬》,同上。
[3] 杨宽:《中国古代冶铁技术发展史·序言》,上海人民出版社1982年版,第1页。

后期比早期有明显的改进。已出土的商代陶器，以灰陶为大宗，也有少量红陶和黑陶，主要是供奴隶和平民使用的生活用具。专供贵族使用的高级陶器有釉陶和白陶。釉陶胎质坚硬，胎作灰白色，表面有灰色透明青釉，火候高达1 200℃左右，不易吸收水分；白陶用高岭土烧成，陶质坚硬，吸水性差，扣之有声，色泽皎洁，烧成温度也在1 000℃以上，器形和雕刻的纹饰与青铜器相似，代表了当时制陶工艺的最高水平。釉陶和白陶的烧制成功，是我国陶瓷史上光辉的杰作，也是我国瓷器的前身①。

如所周知，瓷器是我国的伟大发明之一。构成瓷器生产的三大技术要素，即釉的发明，高温窑炉的创造成功，以及对高岭土或瓷土的发现和利用，都在商代得以完成，这是非常了不起的成就。西周和春秋战国的陶瓷生产，在商代的基础上略有提高。到了两汉，特别是东汉青瓷的烧制成功，是我国陶瓷发展史上的重大突破。我国的瓷器，早已驰誉中外，唐宋以来大量运销海外，"外销瓷"遍布世界各地。饮水思源，我们不能忘记商代劳动者创造发明原始瓷器的丰功伟绩。

最后谈一下商代的纺织技术。

商代的麻纺织和丝纺织都已达到相当高的水平。这里着重讲一下丝纺织。夏鼐先生说得好："在世界文明发展史上，我国人民的许多发明，曾经占有很重要的地位。就纺织技术来说，我国是世界上最早饲养家蚕(Bombyx mori)和织造丝绸的国家，并且在一个相当长的时期内是唯一的这样一个国家。"②

我国古代传说黄帝的元妃嫘祖始教民育蚕，治丝以供衣服。但这项史料的可靠程度是值得怀疑的。1926年李济博士在山西夏县西阴村发掘仰韶文化遗址，说是发现了一个"半割"的蚕茧。据各方面的情况判断，夏鼐先生认为很可能是后世混入的。1958年在浙江吴兴钱山漾新石器时代遗址中发现一批盛在竹筐的丝织品，包括绢片、丝带和丝线等；经鉴定，原料是家蚕丝，绢片是平纹组织，经纬密度每厘米48根。但浙江地区的古代文化落后于中原，钱山漾的年代可能相当于商周。1959年江苏吴江梅堰遗址出土的黑陶，纹饰有"蚕纹"，但这遗址的黑陶层属于良渚文化，年代也相当于殷周。因此之故，夏老认为稽考"我国古代发明蚕丝生产的确切年代，目前我们虽然还无法确定，但至迟在殷商时代，我国劳动人民已充分利用蚕丝的优点，并且改进了织机，发明了提花装置，能够用蚕丝织成精美的丝绸。"③

---

① 李文信：《关于我国瓷器的几种新资料》，刊《文物参考资料》1954年第10期。安金槐：《谈谈郑州商代瓷器的几个问题》，刊《文物》1960年第8、9期。李辉柄：《略谈我国青瓷的出现及其发展》，刊《文物》1981年第10期。
② 夏鼐：《我国古代桑蚕丝绸的历史》，刊《考古》1972年第2期。
③ 夏鼐：《我国古代桑蚕丝绸的历史》，刊《考古》1972年第2期。

据胡厚宣先生研究,甲骨文有蚕、桑、丝、帛等字,又有断丝的㡭、束丝的束、用丝线钓鱼的鰯、用丝网擒获的罕,以及用丝帛制成的衣、巾、㡀等类文字。武丁时呼人省察蚕事,占卜至少有九次之多;商代更有蚕神,即所谓"蚕示",祭蚕示或用三牛,或用三宰(三对羊),或用羌人,典礼十分隆重。这说明商代对养蚕业极为重视。另外以考古发现的实物资料与古文献记载相印证,充分说明商代的养蚕业丝纺织业已极为发达。①

　　殷代青铜器的花纹中有"蚕纹",殷墓中出土的玉饰中又有雕琢成形态逼肖的玉蚕。1929 年、1934—1935 年、1950 年的殷墟发掘中,都发现青铜器上附有为铜酸所保存的丝绸残片,经研究,其中有的是采用高级纺织技术织成的菱形花纹的暗花绸(即绮)和绚丽的刺绣。此外,殷墟尚有陶纺轮、骨纺轮出土。近年来在河北藁城台西村商代遗址除发现麻布残片、残留的重绢类织物及羊毛纤维外,也有石、陶、骨制的纺轮和陶质的纺砖等加捻工具。特别值得注意的是在三座女性平民或奴隶的墓葬中,先后发现了三根用牛肋骨磨制而成的"骨匕",呈长条形,全长 18 至 27 厘米,器身微微弯曲,一头比较厚,一头较薄成刃。这种骨匕一向被考古界认为是食具,今从出土情况看,很可能是刀杼之类用以理丝和打纬成织的纺织工具。王若愚先生指出:"对我国原始社会和封建社会的纺织技术而言,商代的纺织技术具有承前启后的作用。它以多簧式或多综式的提花织机,替代了原始的席地而织的踞织机和挑织方法。商代织机利用杠杆原理,以踏木(蹑)来控制综绕的升降运动进行提花。这是当时世界上最先进的技术。用这提花技术可以织出类似青铜器、漆器上的云雷纹、夔龙纹等纹样。商代的这项技术,为其后我国封建社会中绚丽多彩、誉驰世界的丝织工艺奠定了基础。"②

　　早在战国时期,我国的丝绸已驰名中外。当时的希腊人称我国为"赛利斯",意思就是丝国。到了汉代,我国的丝绸生产技术又有很大的发展和提高,大量轻柔精美的丝织品经过河西走廊,沿着昆仑山脉或天山山脉运往西城各国和地中海东岸,深受中亚、西亚和欧洲人民的欢迎。以运销丝绸著称于世的中西陆路交通线,被人们誉为"丝路",即"丝之路"。这中间,商代劳动人民对人类文明所作的伟大贡献是不可磨灭的。

　　(原载丁守和主编:《中国文化研究集刊》(第 5 辑),复旦大学出版社 1987 年版第 108—131 页)

---

① 胡厚宣:《殷代的桑蚕和丝绸》,刊《文物》1972 年第 11 期。
② 王若愚:《从台西村出土的商代织物和纺织工具谈当时的纺织》,刊《文物》1979 年第 6 期。

敬爱的厚宣师,您将永远活在我们心中

乙亥仲春,春寒料峭。其时潘悠身患重病,正在长海医院检查治疗,岂料祸不单行,突然传来厚宣师逝世的噩耗,我们全家感到震惊并深深地陷入无限的悲痛之中。

关于老师遽归道山的信息,最先来自我的学生权东五君。他当时正在韩国全南道正善实业大学边执教边赶写博士学位论文。接到他的长途电话,说是北京的胡老师过世了,我们无论如何不相信,以为他搞错了,因为在我们的心目中,老师一向身体健康,从未听说患有高血压和其他心血管方面的疾病。但此事又不好直接与振宇师弟取得联系,便立即打电话询问老同学裘锡圭,恰巧锡圭教授出差深圳未归,由他夫人在通话中告知了大体情况,不久又收到中国社科院历史所胡厚宣教授治丧委员会寄来的讣告,这不幸的事实就再也不容置疑了,我们敬爱的老师真的离开我们了!相知四十余年,老师的音容笑貌,犹历历在目;老师在复旦和以后的交往中对我们的谆谆教诲,无微不至的关怀,从精神到物质方面的鼓励与帮助……,总之,所有的往事一齐涌上心头,哀伤之情,难以言表。更为遗憾的是因故未能赴京参加悼念活动,未能亲自送别老师和最后一睹老师遗容,悲楚之余,内心深感歉疚和不安。

我们与厚宣师最初相识是在1952年秋季。当时经过院系调整,复旦大学历史系拥有周谷城、周予同、陈守实、胡厚宣、谭其骧、杨宽、蔡尚思、马长寿、王造时、耿淡如、田汝康、靳文翰、程博洪、苏乾英、胡绳武等一大批著名专家教授。由于我们一进校,老师即为我们讲授基础课"中国通史第一段"(先秦两汉部分)和"考古学通论"(与田汝康、马长寿先生合开),之后又为我们开设"古文字学"和"甲骨学商代史"等专门化课程,与我们班级接触最多,感情最为融洽,因而也是我们印象最深和最受同学尊敬与爱戴的导师之一。记得老师当时刚刚步入不惑之年,一方面仪表堂堂,以他特有的教授风度和魅力令人一见之下便肃然起敬;另一方面学识渊博,讲课内容丰富、生动和富有条理,特别是讲授甲骨文,如数家珍,滔滔不绝,引人入胜,使一些原来想学世界史或中国近现代史的同学,也被吸引改读中国古代史,直到四十多年后的今天,坚持研究甲骨文的人,除最有成就的裘锡圭教授外,尚有崔恒昇、施勇云、潘悠等不少人。1956年老师去北京赴任前,和我们依依不舍,学校和教委领导也不肯放他走,因是国务院调令,只好顾全大局,服从组织安排。但到科学院后,老师常怀念上海,怀念复旦师友与学生,每年总要来上海一到两次。最为使人感动的是我和潘悠1957年被错划为右派,老师不避嫌疑,每次来上海或住上海大厦,或住春江宾馆,或在永嘉路亲戚家小住,总是首先通知我和潘悠,让我们接送和陪同。又老师和桂琼英师母知道我们生活困难,有意托我们在上海购买一些新书,而以多寄书款的方式暗中周济我们,那真是雪中送炭啊!而予同师在"文革"期间自身处于极端困难之中,也省吃俭用,在相当长的一段时间,每月给我25斤粮票,有时还附钱款,想到这些往事,常令人潸然泪下,不能自已。

除生活上的资助外,老师在学业上给我们的支持和帮助就更多了。例如1957年后,潘悠一直找不到正式工作,只在里弄生产组当临时工,靠老师的推荐,1978年得以进入华东师大中国学研究所当戴家祥教授的助手,协助编纂《金文大字典》。潘悠每当想起老师的推荐和戴先生的收留,感激之情难以笔墨形容,只能以加倍的努力和全身心的投入以不辜负师长的恩德和期望。编纂《金文大字典》是一项艰巨浩大的工程,除了专业知识外,还要持之以恒和富有奉献精神。作为一名助手,在戴先生的指导下,她一方面要把几千件铜器铭文收集齐备,全部加以释文、断句和做成卡片,另一方面和一名教辅合作把所有字头剪贴在一张张毛边纸上,再由她和编纂组的同志依据卡片写成几十万张字条,并由她分工负责按字头、笔画、字形、句型加以分类编排;戴先生则带领两名研究生做考释工作。全稿完成后请人用毛笔誊清,最后又由潘悠细心校对。就这样,她一丝不苟默默地工作了十多年。我们家在复旦,复旦在上海的东北角,师大在上海的西南角。一个上了年纪的女同志,每天风里来雨里去,一清早就骑自行车去上班,还利用晚上和节假日把一部分工作带回来做。1983年累垮了身子患上乙型肝炎,稍事休息又继续工作。自行车是不能骑了,就改乘公交车上班或住在师大集体宿舍。从复旦到师大要转三次车,她总是天不亮起身,七点多钟便到了工作室,我是看在眼里痛在心底,有时也挤出一点时间帮她抄写字条、编排剪贴或做些校对工作。其中全书最后的校对工作,都是退休后由她一大包一大包背回家来义务完成的。这种不计名利、一心扑在字典上的精神令人感动。不过,我有时觉得她有些过分,劝她注意身体,她总是说,厚宣师推荐我,我不能叫老师丢脸;戴先生录用我,知遇之恩不能不报。现在《金文大字典》终于出版了,原先讲好送一部给老师作纪念,岂料老师仙逝经年,未能亲眼目睹这一成果,只能改赠振宇师弟,以了多年的夙愿。

另外,我和潘悠合作编写的《中国甲骨学史》,也是受到老师的指导、鼓励并由上海人民出版社刘伯涵、顾孟武二位编审大力推荐的结果。老师又把此书介绍给韩国淑明女子大学中文系主任梁东淑教授,请她亲自翻译;今天,《中国甲骨学史》韩文版即将出版,老师自然也是看不到了。1983年底,国家文物局委托复旦大学历史系创办文博新专业,那时我正在中国古代史教研室任教,系领导安排我担任文博教研室主任,主持文博教学工作。我在这方面的经验不足,与文博界认识的人不多,心存疑虑,又是老师鼓励我大胆接受这一任务,并首先受聘为兼职教授来复旦讲学,和我合招第一名硕士研究生,指导和支持我参与筹建文博学院及复旦大学博物馆等工作。而我晋升副教授、教授、评为博士生指导教师以及我指导的20余名硕士生、博士生的毕业论文的评阅或答辩,也多仰仗于老师,总而言之,老师对我,真是恩重如山。不过仔细想想,老师是个热心人,"助人为乐"是他的天性!他对我们固然爱护备至,对朋友和其他学生遇到问题也是有求必应。譬如我们同班同学沈明光是浙江东阳人,大学毕业后一直在东北工作,后来思乡心切,靠老师的帮助得以回到浙江师范大学任教;据我所知老同志中如束世澂先生进华东师大、柯昌济先生进上海社科院历史所,都与老师援手有关;甲骨和青铜器等方面的私人大收藏家刘体智先生,新中国成立后生活上极为困难,老师得悉这一情况积极向郭沫若同志反映,终于被安排到上海文史馆工作,如此等等,此类例子不胜枚举。刘体智先生感谢老师,赠送《小校经阁金文拓本》两大部,至今一部在校图书馆,一部在历史系资料室供我们师生参考。

老师为人,虚怀若谷,并且一贯严于律己、宽以待人:对于学生和青年学子,始终富有长者之风,好奖掖后进;于朋友,无比真诚;对前辈学者,则谦恭崇敬有加。陈子展先生《题战后南北所见甲骨录》有"堂堂堂堂,郭董罗王。君不见,胡君崛起四君后,丹甲青文弥复光"之名句。台湾有位知名学者对此心存不平,说是一"宣"压倒"四堂"。老师几次对我提起此事,说是那位先生误会了。我想确是如此,因为老师在讲课和平时交谈中,于先贤如司马迁、梁启超等,言必称"太史公"、"梁任公";就以"四堂"而论,罗、王自不必说,即郭、董二位,一向都以师长看待,怎会有压倒"四堂"的想法,而且陈子展先生的原意也决不能这样理解啊!

老师于1983年赠送安阳青年甲骨学者刘志伟同志一本《五十年甲骨学论著目》,曾在扉页上题写曹丕《典论》中的一段话:"盖文章经国之大业,不朽之盛事,年寿有时而尽,荣乐止乎其身,二者必至之长期,未若文章之无穷。"意义实在深长。其实,在四十多年前,当我在学生时代稍受挫折,也曾以这段话和司马卿《报任少卿书》中关于发愤著述的一段话赠我,不过那时他是当面背诵给我听,要我牢记,而不便见诸笔墨。现在老师与我们永别了,我们再也聆听不到这等感人肺腑的教诲和箴言了,然而老师的光辉形象和他一生对学术界所作的重大贡献是不会被人遗忘的。敬爱的厚宣师,您将永远活在我们心中!

1987年春,上海文汇报施宣圆编审嘱我写一篇介绍厚宣师的文章,刊于5月26日《文汇报》"学林"版,《人民日报》海外版曾予全文转载。老师的文章道德为天下所重,诚为甲骨学一代宗师,这篇短文虽不能系统和深刻揭示老师的全部业绩于万一,但老师生前曾多次提及此文并深表满意,今天就将原文附呈于下,借以纪念和告慰老师在天之灵:

附:胡厚宣与甲骨学商史研究

自1899年殷墟甲骨文字发现以来,历时88年。据统计,出土甲骨文约在15万片以上,研究甲骨文并有著述的学者将近五百人,出版专著及论文三千余种。如今甲骨学已蔚为当世显学,成为国际上相当活跃的一门学科而受到广泛的注意。其间,胡厚宣教授从事甲骨学商代史的教学与研究工作逾半个世纪,成绩卓著,桃李满天下,撰有论著130余种,诚为一代宗师而深受国内外学者的推崇与敬仰。甲骨文是国之瑰宝,胡先生在甲骨学商史研究方面作出了特殊贡献,因而被誉为研究国宝之"国宝",当今"甲骨学研究之第一人"!

胡厚宣于1911年生于河北望都一个普通农民的家庭。自幼颖悟过人,勤奋好学,在北京大学史学系攻读古史期间,"每感书阙有间,文献难征。"及至1934年毕业后入中央研究院历史语言所任职,先后参加第10次及第11次安阳殷墟的科学发掘,这使他与甲骨文结下了不解之缘。随后在研究所对出土甲骨做进一步的整理研究工作,"乃恍然知研治古史,必当始自殷商,而甲骨文实为最基本之材料。又念研治甲骨文字,倘欲免断章取义、穿凿附会之嫌,则所见材料必多。"于是他发愤收集所有国内外公私已否著录之甲骨材料;凡已出版之图书,必设法购置;其未出版而知其下落者,必辗转借拓勾摹。国内国外所藏,虽一片不遗,千金莫惜。对中央研究院15次发掘所得三万片甲骨,抚之尤为熟悉。其用力之勤及治学之一丝不苟,少有其匹。1940年至1956年,他在成都齐鲁大学和上海复旦大学任教期间,继续广泛收集甲骨材料,并先后编纂出版《甲骨六录》、《战后宁沪新获甲骨集》、《战后南北所见甲骨录》、《战后京津新获甲骨集》、《甲骨续存》等书。尤其值得大书特书的是胡先生于1956年赴京任职后,在中国科学院历史研究所费时20余年主持编纂《甲骨文合集》这一集大成的巨著,在甲骨学史上竖立了划时代的里程碑。此书受到乔木同志和国务院古籍整理小组的表彰,称之为

"建国以来最大的一部学术著作"。

以往研究甲骨文的学者较多用力于文字考释,偶有涉及史迹之商探者,其所据材料亦甚零碎。而胡先生之研究商史,"网罗放失,广征博引,比类并观,剖析微茫",其著作《甲骨学商史论丛》,取征之详、立论之不苟与夫匡正旧说、创获新义之多,实为学界所仅见。日本学者白川静教授称之为本学科"空前的金字塔式论文集,是继董氏《甲骨文断代研究例》之后又一划时代的著作。"内藤教授则认为此书"几乎包含了殷代史的主要方向,确可称为殷代研究的最高峰。由于此书,胡氏在甲骨学界的地位一举而定,与王国维、董作宾并为三大甲骨学者之一。"

新中国成立以来,胡先生站在新的立场,应用新的观点方法,对甲骨文字另作一番新的研究,写出了一大批高质量的论文,在海内外赢得更高的声誉。他的著作在日本、台湾、香港等国家和地区被大量翻印出版。他的学说被广泛注意或引用。被聘为英澳德日匈朝等国知名教授组成的"东亚文明研究会"的顾问委员和加拿大多伦多大学东亚人文科学研究所的领导成员之一。他还应邀赴苏联、美国、加拿大、日本及香港等国家和地区讲学,深受国际学术界的重视和爱戴。

"老骥伏枥,壮心未已。"胡厚宣教授现在已七十多岁高龄,仍然夜以继日地加紧工作。目前,他正在主编《甲骨文合集释文》、《甲骨文合集选编》、《甲骨文合集检索》三部书,并计划编纂《甲骨文合集补正》、《苏德日美所见甲骨集》、《英国所藏甲骨存真》等书。可以预期,在不久的将来胡先生将完成一系列重要专著的撰述任务,为甲骨学及商史研究提供新的材料,推出新的丰硕的研究成果。

(1987年5月26日)

(原载《胡厚宣先生纪念文集》,科学出版社1998年版,第17—20页;附原载《中华学林名家访谈》,文汇出版社2003年版,第24—25页)

古代史研究

商朝王位继承制度论略

商朝王位继承制度中出现"父死子继"与"兄终弟及"相交替的现象,学术界对此早有注意并已提出几种不同的解释。虽然各家学说不乏创见,又都持之有故、言之成理,但迄今尚无定论,说明这一问题仍有讨论的余地。笔者近年来因从事先秦史的教学,对此问题不得不稍加留意。尽管缺乏研究,可是拜读了一些专门论著之后,还是受到启发,愿借此机会谈点个人的肤浅体会。

一、子继为主,弟继为辅

王国维先生在甲骨学商代史的研究方面曾经作出过重要贡献。他在1917年探讨殷周制度时指出,与周代立子立嫡之制大异的是"商之继统法,以弟及为主而以子继辅之,无弟然后传子。……其以子继父者,亦非兄之子而多为弟之子。"又说:"故商人入祀其先王,兄弟同礼,即先王兄弟之未立者,其礼亦同,是未尝有嫡庶之别也。"①正因为王氏是很有声望的学者,所以他的意见能为不少人接受。四十年代初期,胡厚宣先生撰写《殷代婚姻家族宗法生育制度考》等文,阐明"殷代制度大体与周代相近,周代制度乃自殷代而来",较早地起来订正王氏《殷周制度论》之缺失。胡先生的看法是:殷人实行一夫一妻制,但帝王地位特殊,为生子有后广嗣重祖,故常多妻;"因妻子既多,乃有传子之制,由是而渐有嫡庶之分,渐生宗法之制。试观殷代后期,自小乙迄帝辛,九代之中,七代传子,是已非兄终弟及之制矣。"②范文澜先生通过对商王世系的分析,认为夏帝和商先公都是父子相继(兄弟相继是例外);商汤子大丁早死,孙大甲年幼,大丁弟外丙、中壬相继立,创继统法的变例。

---

① 王国维:《殷周制度论》,载《观堂集林》卷十。
② 胡厚宣:《殷代婚姻家族宗法生育制度考》,载《甲骨学商史论丛》初集第1册。

范老的结论是:"商朝继统法是以长子继为主,以弟继为辅。"①陈梦家先生据《殷本纪》和卜辞世系,对王氏的论述提出四点修正意见:(1)子继与弟及是并用的,并无主辅之分;(2)传兄之子与传弟之子是并用的,并无主辅之分;(3)兄弟同体而有长幼之别,兄弟及位以长幼为序;(4)虽无嫡庶之分而凡子及王位者其父得为直系②。李学勤先生根据文献和卜辞有太子、小王等记载,肯定当时有了立储制度,否定王氏"弟及为主"和陈氏"弟及子继并用"之说,而提出"子继为常,弟及为变"的观点③。近年来,赵锡元、裘锡圭、杨升南等学者相继著文,也都指出商代王位继承制度的实质是父子继承制,且有嫡庶之分和宗法之制④。

综上所述,可以看出王国维先生以及陈梦家先生的某些论点已日渐为学术界所扬弃。正确的提法应是"子继为主,弟继为辅"或"子继为常,弟及为变"。兹就此问题在这里略加几点补充说明:

第一,具体地就《殷本纪》及卜辞所见商王世次来看,自汤立国直至纣亡共三十一王三十传,其中传弟十四次,传子侄十六次,说明传弟实少于传子辈。值得注意的是盘庚迁殷以后,特别是殷王武丁前后有着明显的区别:小乙、武丁前,传弟多于传子;自小乙、武丁之后,正如胡厚宣先生等所指出,传子次数多于传弟,而且自康丁以后连续五世传子而不再传弟,说明商朝后期传子制绝对的占了上风且有不可逆转之势。而这些变化却是为王国维、陈梦家等学者所忽略的。

另外,商王多妻,相对说来,多妻必多子。据陈梦家先生考证,武丁卜辞称父的有父甲、父乙、父丙、父丁、父戊、父己、父庚、父辛、父壬、父癸,等等,证明武丁的父辈至少在十人以上⑤,为什么只有甲、庚、辛、乙即阳甲、盘庚、小辛、小乙兄弟四人相继即位,而且这是整个商王世系一世中兄弟继位最多的一次?原因之一就是卜辞有立储之制⑥,有直系、旁系和大宗、小宗之别,即使同母兄弟继位也有长幼之序;凡此都说明商代实有嫡庶观念和宗法制度。原因之二正在于商王继承制是"以子继为主",故一般情况下,一世之中至多一二兄弟

---

① 范文澜:《中国通史简编》(修订本)第一编,人民出版社1955年版,第118页。
② 陈梦家:《殷虚卜辞综述》,科学出版社1956年版,第630—631、452—453页。
③ 李学勤:《论殷代的亲族制度》,《文史哲》1957年第11期。
④ 参见赵锡元:《论商代的继承制度》,《中国史研究》1980年第4期;裘锡圭:《关于商代的宗族组织与贵族和平民两个阶级的初步研究》,《文史》第十七辑;杨升南:《从殷墟卜辞的"示"、"宗"说到商代的宗法制度》,《中国史研究》1985年第3期。
⑤ 陈梦家:《殷虚卜辞综述》,科学出版社1956年版,第630—631、462—463页。
⑥ 参见于省吾:《甲骨文释林·释小王》;陈梦家:《殷虚卜辞综述》,第430—431页;李学勤:《论殷代的亲族制度》;裘锡圭:《关于商代的宗族组织与贵族和平民两个阶级的初步研究》等。

相继即位,等子辈已及青壮年时必传位于下一代。《孟子·万章上》载:"汤崩,太丁未立,外丙二年,仲壬四年。"《殷本纪》云:"汤崩,太子太丁未立而卒,于是乃立太丁之弟外丙,是为帝外丙。帝外丙接位三年,崩,立外丙之弟中壬,是为帝中壬。帝中壬即位四年,崩,伊尹乃立太丁之子太甲。太甲,成汤適长孙也。"太丁未立而卒,其时太丁之子可能尚未成年,比及外丙、仲壬相继及位六、七年后,太丁子太甲已成年,故王位复归于汤之嫡长孙。像阳甲、盘庚、小辛、小乙一世之中三传弟,实属特殊现象。

第二,从总的时代趋势看,早在新石器时代后期(距今约五千年左右),我国黄河流域和长江流域一些氏族部落已先后进入父系氏族社会。如果说父系氏族社会是伴随私有制的产生、对偶婚向一夫一妻制的过渡和男女社会地位的剧烈变化而出现的,那么,确立按男系计算世系的办法和确立父系的继承权,这便是父系氏族社会的主要特征。粗略的估计,到夏代初年,父权制的确立大体上已有数百年乃至近千年的历史。所以《夏本纪》反映的夏代世系,基本上是父子继承制,这是可以理解的。传说商族先祖有娀氏之女简狄吞玄鸟卵而生契,则契以前商族处于母系时期,契以后进入父系社会;契当尧舜夏禹之际,到商汤立国大约也有四百多年的历史,因此之故,商代王位继承制的实质是"父子继承制"或说以"子继为主",也是有充分的历史依据的。

第三,从文化渊源看,夏商周三族同处黄河中下游地区,夏文化是在河南龙山文化基础上发展起来的,商文化是在山东龙山文化和河南龙山文化基础上发展起来的,周文化是在陕西龙山文化(客省庄第二期)基础上发展起来的。龙山文化是新石器时代后期典型的父系氏族社会的代表文化之一,从这个意义上说,商王继统法的实质是父子继承制也是合乎情理的。再者,夏代基本上是父子相传,周人传子更是公认的事实,那么,三代有共同的文化渊源,并世而处于邻近的地域,彼此之间又有政治、经济、文化的交流,其文化制度只能是大同小异,所谓"殷因于夏礼,所损益可知也;周因于殷礼,所损益可知也"。[①] 这些都是我们研究三代历史首先应予考虑的。

二、出现"兄终弟及"的诸因素

商朝是以"子继为主"的父系继承制已如前述。现在说一说以"弟继为辅",也就是商朝

---

① 见《论语·为政》。

特别在武丁前何以频繁地出现兄弟继位的问题。

1. 母权制的遗迹

关于商代王位继承中出现"兄终弟及"的现象,有人认为是母系孑遗,有人认为是政治需要或争位的结果。我们的看法似乎是多种因素所造成,但我们首先赞成母系孑遗说。

郭沫若先生早期写《中国古代社会研究》时,曾根据商代的王位"兄终弟及"、"先妣皆特祭"以及有"多父多母"的现象,等等,认定殷商尚未十分脱离母系中心社会而处于原始社会末期。① 这个结论后来他自己已作了纠正。他在《十批判书》中指出:"如王国维发现'先妣特祭'之例,足证殷代王室还相当重视母权。但我继进又发现了所特祭的先妣是有父子相承的血统关系的,便是直系诸王的配偶虽被特祭,而兄终弟及的旁系诸王的配偶则不见祀典。这又证明立长立嫡之制在殷代已有它的根蒂。"②这后一论述至关重要,即既承认殷代王室还相当重视母权的事实,又指出这是父子继承乃至立嫡立长制下的一种遗迹。只有这样辩证地看待问题,才能符合历史的真实。

今天来说,商代是否真正存在母权制的遗迹呢? 我们认为是确实存在的。试从武丁卜辞看,妇好、妇妌等一大批妇女活跃在政治舞台上,她们生前的政治地位极高,可以参与祭祀和重要的政治活动,可以带兵打仗,并且有自己的领地和私有经济;她们死后或厚葬(如殷墟五号墓所见),或享受隆重的祭祀("先妣皆特祭"),甚至有独立的宗庙(如"妣庚宗"、"母辛宗"③),都是很好的证明。周鸿翔教授指出:"卜辞出现女人名字一百人以上,其中许多人参加了宗教、政治、军事活动。"④严一萍先生讲妇好"国之大事,俱得参与。其时女权之高,为吾国历史上所仅有。"⑤这些意见都是正确的。另外,在亲属称谓方面,卜辞确有"多祖"、"多妣"、"多父"、"多母"、"多兄"、"多子"等称呼。赵锡元同志说:"前人曾根据这点说商代尚实行亚血族群婚制,这当然是不正确的。但说它是母权制的遗迹,则是有道理的。因为由亲属制度字面上所推出的家庭形式,往往落后于当时现存的家庭形式,这点恩格斯在《家庭、私有制和国家的起源》中指出过。"⑥武丁以后尚且如此,武丁以前母权制的影响可以想见。那么,为什么有母权制的遗迹便可与"兄终弟及"相联系? 这是因为根据摩尔根《古代社会》对北美土著易洛魁人等氏族社会的考察,在实行族外婚的母权时期,成年男子

---

① 郭沫若:《中国古代社会研究》,载《郭沫若全集》历史编第 1 卷,人民出版社 1982 年版,第 18—20 页。
② 郭沫若:《十批判书》,人民出版社 1954 年版,第 4 页。
③ 参见杨升南:《从殷墟卜辞的"示"、"宗"说到商代的宗法制度》。
④ 见周鸿翔:《甲骨文》,陈仲玉译,刊《大陆杂志》第 62 卷第 4 期。
⑤ 见严一萍:《妇好列传》,刊《中国文字》新 3 期。
⑥ 见赵锡元:《论商代的继承制度》。

(同辈兄弟)均要出嫁,其子女归女方的氏族,不能承继父亲,反是兄弟可以相承。是故王玉哲先生、刘启益先生等均认为商代"兄终弟及"是母系氏族社会的一种旧传统或孑遗①,无疑是非常正确的。

一方面,据近人研究,商代是父系社会,已进入阶级对立的奴隶制发展时期;但另方面又确实存在着母权时代的某些遗迹,这是不是悖于情理呢?按照马克思主义的认识,生产关系落后于生产力、上层建筑落后于经济基础是常见的事;而"传统在思想体系的所有领域内都是一种巨大的保守力量"②,所以商代社会及王位继承中还保留母权制的某些残余影响是完全可能的。

再有一个问题,这种遗迹是否为殷人所特有?我们的看法则不然。因为在古代,无论在中国还是外国,许多民族都共同经历过氏族公社的阶段,其中母系氏族公社制度乃是氏族公社的典型形态。所以母权制的遗迹或多或少会在后代有一些残留。

尧、舜、禹实行"禅让",夏启以后开创世袭之制。这是原始氏族公社解体时期到阶级社会的一大转变。据《夏本纪》记载,王位主要是父子相承,但也有太康、仲康和不降、扃兄弟相继及位,以及扃传子廑,廑卒而还传不降子孔甲的事例。这与殷人兄弟及位不仅按长幼之序,并且弟死时一般都是传兄之子完全相似。

春秋时代许多国家也都出现兄弟相继的事实,而以吴、鲁等国为多见。吴诸樊、余祭、余昧相及,季弟札谦让不肯就位,乃立余昧子僚。诸樊子光为长兄子,他认为不传季子,就应该由他继位,故弑僚而代立。据此,吕思勉先生说:"可见弟兄相及者,季弟死,当还立长兄之子。殷代亦然。大甲之继仲壬、祖丁之继沃甲,皆如此。不然者,盖弟兄相及,年代孔长,长兄之子或先季弟死;又或在位者用私;诸弟子争立;不能尽如法也。"又说:"后世行此法者惟吴,而鲁自桓公以前,亦一生一及。盖东南之俗故如此,此可考见殷人之所起矣。"③考鲁本周人分支,鲁又是周公之后,由于立国东南地区,为当地流风所被,所以王位继承中也出现"弟继"的补充形式,并且被看作天经地义的合法制度,如叔牙所说"一继一及,鲁之常也"。④ 而宋为殷后,也多兄弟及位,故宋宣公劝弟继位时说:"父死子继,兄死弟及,天下

---

① 参见王玉哲:《试论商代"兄终弟及"的继统法与殷商前期的社会性质》,《南开大学学报》1956年第1期;刘启益:《略谈卜辞中"武丁诸父之称谓"及"殷代王位继承法"——读陈梦家先生〈甲骨断代学〉四篇记》,《历史研究》1956年第4期。
② 恩格斯:《费尔巴哈与德国古典哲学的终结》,人民出版社1960年版,第48页。
③ 吕思勉:《先秦史》,上海古籍出版社1982年版,第110—111页。
④ 见《史记·鲁世家》。

之通义也。"① 凡此说明东南地区,原先较多地保留着母权制的遗迹,殷商后期虽然有所变革,但此风并未根绝,到了西周和春秋时代似有复古的新趋向,从而体现出古代文明在地域上的某些差异。

值得注意的是,地处西部的周族,基本上是嫡长子继位,但多少也有母权时代的残迹可寻。例如(1) 周公摄政,历来有不少学者都认为实际上是及位。(2) 王国维《殷周制度论》引《佚周书·世俘解》王克殷,格于庙,"王烈祖自太王、太伯、王季、虞公、文王、邑考以列升",谓"此太伯、虞公、邑考与三王并升,犹用殷礼"。(3) 蒋大沂《保卣铭考释》:"周初继统之制,虽已舍弟传子,但对商代诸父称父的习惯仍见于器铭,所以《班簋》铭既称'毛伯',又称'毛父'。郭沫若先生也以臣辰各器铭既著'父癸',又著'父己',证实殷代诸父称父之习还残存于周初。"②(4) 西周和春秋时代王室和诸侯实行与宗法、祭祀、丧葬有密切关系的"昭穆制度",据近人研究,也可能是母权制的一种残迹。③

总之,历史上"民知其母,不知其父"的母权制在中国古代盛行了千万年之久,它的影子不可能一下消失无余。而这种残迹之多寡,会在民族与地区上体现出一定的差别,但并没有质的变化。事实上,昔日的历史陈迹也不一定以本来的面目被完整地保留下来,而往往经过损益或质变被曲折反映于后世。例如殷周的井田制是由古代村社的土地制度演化而来,宗法制则因父系家长制质变而形成。

夏代、西周和春秋都是奴隶制时代,其文化制度哪些是独创的?哪些是受古代影响而产生、而发展演变的?哪些又对后世造成深远的影响?都还有待作进一步的发掘和研究。这里有两点可以确知的是:其一,三代去古未远,妇女有较高的地位和较多的自由;进入封建社会后,妇女地位日益下降,失去人身自由而成为男子的附属。也就是说,随着时间的推移,昔日母权制的遗风已日益减弱乃至消失殆尽。其二,与此不同的是母权时代的另一个遗习,即兄弟相承和兄弟之间具有相对平等的观念却在中国社会深深地扎下了根,并对中国社会历史产生长期的影响,甚至可能是我国奴隶社会和封建社会始终没有真正确立长子继承制原则的重要因素之一。旧说《书·高宗肜日》是武丁祭成汤,自金履祥至王国维已考辨清楚应是祖庚祭武丁所作。武丁卜辞有兄甲、兄丁、兄戊、兄己、兄庚五人④。祖庚祭祀祢

---

① 见《史记·宋世家》。
② 蒋大沂:《保卣铭考释》,《中华文史论丛》第五辑。
③ 参见李亚农:《欣然斋史论集》,上海人民出版社 1962 年版,第 239—254 页。
④ 见陈梦家:《殷虚卜辞综述》,第 453—454 页。

庙,即祭其生父武丁,祀典特别丰隆,而甲、丁、戊、己、庚诸世父之庙则不与,是故有"雊雉之变",贤臣祖己诫之曰:"呜呼,王司敬民,罔非天胤。典祀无丰于昵!"①据汉朝人的解释,昵即考,或读为祢,指祢庙。"典祀无丰于昵!"——正是殷人兄弟平等观念在文献中的绝好体现。

以上所说,就是商人在以父子相承为主的条件下仍然频繁出现兄弟继位的大前提,或者说是它的思想基础和社会根源。

2. 游牧族的传统

大汶口文化和龙山文化遗址中发现的大量家畜骨骸,考古界有人认为这是标志着游牧生活的起始。商文化是在此基础上发展起来的。《世本·作篇》称"相土作乘马"、"胲(亥)作服牛"。《山海经·大荒东经》曰:"王亥托于有易河伯仆(服)牛。"《楚辞·天问》亦曰:"该(亥)秉季德,厥父是臧,胡终弊于有扈,牧夫牛羊。"可见商之先公相土、王亥等都与畜牧业发生关系。胡厚宣先生据卜辞猎兽之多,且每多温带或热带之森林动物,又检卜辞林麓为名之地名极多,推知殷代黄河流域必有面积极大之森林与草原②。这一研究很重要,说明殷之先人确有从事游牧的优越的自然条件。郭沫若先生指出:"就卜辞所见,殷代的牧畜应该还是相当蕃盛的,因为祭祀所用的牲数很多,每每有多至五百头牛的。而牲类则牛羊犬豕俱有,也有了大牢(牛羊豕)和少牢(羊豕)的名称。用牲的方法也非常繁多。这和传说上的盘庚以前殷人八迁、盘庚五迁的史影颇为合拍。这样屡常迁徙,是牧畜民族的一种特征。"③因用牲之多而考知牧畜之蕃盛,因经常迁徙而想见这是牧畜民族的一种特征,这确是真知灼见。丁骕先生也认为"殷商人民移迁频仍,乃是游牧氏族的定期迁移现象"。④古书说:"自契至于成汤八迁,汤始居亳,从先王居。"⑤"先王有服,恪谨天命,兹犹不常宁,不常厥邑,于今五邦。"⑥又说:"殷人屡迁,前八后五,居相圮耿,不常厥土。"⑦自契至汤八迁,可以肯定是游牧的性质。汤灭夏立国,至盘庚之五迁,究竟什么原因? 学术界众说纷纭,据顾颉刚先生统计,有:(1) 去奢行俭说,(2) 水患说,(3) 政治原因论,(4) 游农说⑧,等等。我们认为不管如何解释,商人所秉承的游牧族的习性或者说是旧传统,其时一定还深深地影响着王

---

① 见《书·高宗肜日》。
② 胡厚宣:《气候变迁与殷代气候之检讨》,载《甲骨学商史论丛续集》。
③ 郭沫若:《十批判书》,人民出版社1954年版,第14页。
④ 见丁骕:《商殷历史杂记》,刊《中国文字》新6期。
⑤ 见《书序》。
⑥ 见《书·盘庚上》。
⑦ 见张衡:《西京赋》。
⑧ 参见顾颉刚、刘起釪:《〈盘庚〉三篇校释译论》,《历史学》1979年第1、2期。

室贵族的思想和行动,使他们一遇任何暂时的困难就想举族迁徙,好动而"不常厥邑",这与农业民族的"安土重迁"形成鲜明的对照。而盘庚迁殷以后,"二百七十三年更不徙都"①,这样一个长期安定的环境,当与农业乃至商朝后期整个社会经济文化的急剧发展有着至为密切的关系。

游牧族需要强有力的领袖。如秦汉时的匈奴、魏晋时的拓跋氏,以及后来的契丹和蒙古等漠北民族,当他们进入阶级社会并受汉族的影响由选举制而改为世袭之后,如遇子幼或不肖或懦弱无力,其汗位(或帝位)也还常常由兄弟继承就是很好的例证。

游牧族之所以需要强有力的领袖,就在于民性强悍和所处环境艰险,故其首领必须壮健而有胆略,既有政治头脑而又需兼具军事才能,不这样就不足以统辖和控勒部众并率领所属与他部族作斗争。其时商王朝正处在方国林立的时期。据《吕氏春秋·用民》说:"当禹之时,天下万国,至于汤而三千余国。"在甲骨文材料中仅武丁卜辞所见就有舌方、土方、鬼方、羌方等凡四十余个方国部落是其证②。又甲骨文,王字早期作 $\stackrel{\curlywedge}{\mathsf{A}}$,林沄同志以为像斧钺形,一方面表示军事统率权③,另一方面说明王确实必须具备指挥军事的能力。这从卜辞记载王常亲自率领军队与方国部族作战也可以看出,如王年幼或孱弱无能,那是很难胜任的。

吕振羽先生认为"兄终弟及"正是男系世袭权确立后的特征。因为在初期国家的时代,殷王同时必须是军事集团的首领,并且需要成年者而又具备精武善战的条件才能担当。若王死后,其子如具备这种条件,便"传子";反之,其子或因年岁幼小或无此种才能者,事实上便不能不"传弟"。④ 这一论述是极为精辟的。

吕先生的上述意见是针对殷有"母权制遗迹"而发的。我们既赞成商王朝在继统法中有母权制遗迹的影响这一说法,又赞成男系继承中因政治的需要而传弟的观点,表面看来似乎是一个极大的矛盾,而实际上并不矛盾。我们的认识是:商朝(首先指武丁以前)因为有母权制的残余影响,即兄弟之间具有相对平等的观念和可互相继承的传统,这为"兄终弟及"的盛行提供了客观条件;而游牧的传统包括战争环境的需要,则是促使王位继承中频繁地出现兄弟相传的直接动力和主观因素。而武丁以后,随着农业经济的发展,政局的稳定和母权遗风的减弱,王位继承逐步排除兄弟及位而走向单一的父子相继的局面,这是历史发展的必然趋势。

---

① 见古本《竹书纪年》。
② 参见陈梦家:《殷虚卜辞综述》,第269—298页。
③ 参见林沄:《说王》,《考古》1965年第6期。
④ 吕振羽:《殷周时代的中国社会》,三联书店1979年重印本,第90—92页。

3. 争位斗争

《史记·殷本纪》记载："自中丁以来，废適而更立诸弟子，弟子或争相代立，比九世乱，于是诸侯莫朝。"宋胡宏撰《皇王大纪》认为："仲丁当作沃丁，自沃丁至阳甲，立弟者九世，则仲丁之名误也。"清人崔述则说，"自仲丁以后，有外壬、河亶甲、祖乙、祖辛、沃甲、祖丁、南庚，至阳甲正得九世，仲丁字不误也。今胡氏乃专取兄终弟及之九世当之，则自沃丁至阳甲凡十四世，岂得间隔数之，统谓之'比九世乱'乎！且《史记》所谓'乱'者，诸弟子争立耳，非立弟则当遂谓之乱也。若本不相争，而但因无子或子幼及不肖而立弟，岂得概谓之乱！"①

崔述的话是有一定道理的。事实上争位斗争历代都有，后世如宋太宗赵光义之继位，有所谓"烛影斧声"之传说，这是弟继兄；明永乐帝发动"靖难之役"，则是叔侄之争。而更多的例证如唐代的"玄武门之变"以及清雍正的"夺嫡"，等等，都是父子相承中出现兄弟争位的著名事例。以此例彼，商王"兄终弟及"当然也可能包含有这种因素。不过，与母权制的遗迹和游牧的传统相比较，这毕竟是次要的原因。何以见得？我们的看法是：其一，争夺王位的事历代都有，但有一定的制约，不可能连续地世代发生。其二，商代处于方国林立的时期，频繁的战争和武装冲突所构成的外部压力无时无刻不在威胁着王朝的生存；而其时商王兄弟相及位的次数是那样众多，倘若全是争位的结果，势必引起内部的极大混乱、空虚，乃至国力衰竭而导致灭亡。可是商王朝的统治能继续维持下去并得到发展的事实就是一个有力的否定。恰恰相反，商朝王位继承中尽管以子继为主为常，而每当前王"无子或子幼及不肖"的时候，即采取"兄终弟及"的补充形式以健全领导机构，自觉或不自觉地运用传统的力量和政治手段来主观调整国家最高统治者的人选，使在位者始终保持强有力的政治、军事地位，这或许正是商朝国祚能长达五六百年和政治、经济、文化得到高度发展的奥秘所在。张秉权先生曾撰文认为，殷商的巩固发展，与其中央朝政稳定有莫大关系。王位的继承，兄终弟及与父子相继并行，故殷商虽时有兴衰，但数百年间，王室政权，维持不替。其统治机构，在制度上、方法上，都有其独到的长处。② 张氏认为殷商王位继承是兄终弟及与父子相继并行，其间没有主辅之分，这与我们的意见略有差别；但他认为殷商政权数百年维持不替，关键在于其"统治机构，在制度上、方法上都有其独到的长处"，则和我们的看法是完全一致的。汉代的司马迁，有鉴于商王继承制中出现众多兄弟相继的事实，但又不了解所以出现兄弟继位的真正原因，因而与后世的情况相类比，得出所谓"弟子或争相代立，比九

---

① 崔述：《崔东壁遗书》，上海古籍出版社1983年版，第184页。
② 张秉权：《从卜辞中所见殷商政治统一的力量及其达到的范围》，刊《史语所集刊》第50本。

世乱"的结论,不过是一种揣测之辞。

以上是我们对于商朝王位继承制度的一些初步认识,错误和不妥之处,敬希专家们教正。

(原载《学术月刊》1989年第12期)

"太伯奔吴说"不宜轻易否定

《左传》、《国语》、《史记》、《汉书》和《论语》、《穆天子传》、《韩诗外传》、《论衡》、《吴越春秋》等先秦及两汉古籍,普遍记载了有关太伯、仲雍奔吴事件,并为历代学者所尊信。近代以来始有人对上述古籍特别是《史记》的记载表示怀疑。我们的看法,对古籍记载过于迷信固然不妥,但也不宜轻易否定。尤其是对待先秦古籍和《史记》这样的史学名著,需要特别慎重。

《左传》相传是鲁国太史左丘明所作,近人考证为战国初期魏国的作品。不管作者为谁,《左传》本身确是先秦最重要的史部著作,其史料价值极高,在史学史上也有卓越的地位。梁启超称之为"商周以来史界之革命","秦汉以降史界不祧之大宗"。这话一点也不夸张。《左传》闵公元年、僖公五年、襄公十二年、昭公十三年、定公四年、哀公元年、七年、十三年共八处记载着有关太伯奔吴或吴为姬性的事实,似难一概否定。

《国语》与《左传》为姊妹篇,互相表里,其作者有争议,但它也是一部重要的先秦古籍,所载史实为一般学者所信从。《吴语》记周敬王称吴王夫差为"伯父",是周王承认吴为同姓。或说吴国为了提高自己的身价,伪造历史,和太伯及周王室攀上了亲,使中原各国受骗,这话本已牵强。若说连周天子也不了解自己的家谱,随便承认蛮夷为同宗,而其时又特别强调"夷夏之辨",这就更难令人置信了。

《穆天子传》,胡应麟《四部正讹》以为是周穆王时史官所记,"故奇字特多,缺文特甚。近或以为伪书,殊可笑也。"姚际恒《古今伪书考》则认为《穆天子传》本《左传》'穆王欲肆其心,周行天下,将皆有车辙马迹焉。'又本《史记·秦记》'造父为穆王得骥、温骊、骅骝、騄耳之驷,西巡狩,乐而忘归'诸说以为之也。多用《山海经》语,其体制亦似《起居注》者,始于明德马皇后,故知为汉后人作。又多与《纪年》相合,亦知为一人之作也。"按《穆传》与《纪年》等同出汲冢,是战国时的作品当无疑问。今姚氏既说《穆传》与《纪年》为一人之作,又说是汉后人作,实在是自相矛盾。目录学家或把《穆传》列入起居注、传记、别史类,或列入小说类。近代尊信此书并为之考证注释的著名学者有刘师培、丁谦、顾实、卫聚贤、张公量、(日)小川琢治以及顾颉刚、高夷吾、王贞珉、岑仲勉、王范之、苏尚耀、卫挺生、赵俪生、常征等,说明《穆天子传》虽不是周穆王的实录,但也不能看作是小说,而是一部先秦杂史,于西北地理的研究尤具史料价值。《穆天子传》云:"赤乌氏之先,出自周宗,太王亶父之始作西土,封其元子太伯于东吴,诏以金刃之刑,贿用周室之璧。"这条材料若是孤证,似不可完全信从;但若与其他古籍记载配合看,当不失为佐证之一。

孔子是第一个较广泛搜集整理历史文献的杰出人物。《论语》一书是孔子弟子记孔子言论学说的重要著作。该书有三处提到太伯奔吴或吴国为周后,理应受到重视。

最关键的是《史记》,因《史记》记太伯奔吴事最为翔实。《周本纪》云:"古公有长子曰太伯,次曰虞仲。太姜生少子季历,季历娶太任,皆贤妇人,生昌,有圣瑞。古公曰:'我世当有兴者,其在昌乎?'长子太伯、虞仲知古公欲立季历以传昌,乃二人亡如荆蛮,文身断发,以让季历。"又《吴太伯世家》:"吴太伯,太伯弟仲雍,皆周太王之子,而王季历之兄也。季历贤而有圣子昌,太王欲立季历以及昌,于是太伯、仲雍二人乃奔荆蛮,文身断发,示不可用,以避季历。季历果立,是为王季,而昌为文王。太伯之奔荆蛮,自号句吴。荆蛮义之,从而归之千余家,立为吴太伯。"

司马迁做过太史令,掌管国家图书,而武帝时"天下遗文古事靡不毕集于太史公",所以他撰写《史记》时利用的材料很多。班固《汉书·司马迁传》称"司马迁据《左氏》、《国语》,采《世本》、《战国策》,述《楚汉春秋》,接其后事,讫于天汉。"给人的印象似乎只采用五六种书。但细看下文"亦其所涉猎者广博,贯穿经传,驰骋古今上下数千载间,斯已勤矣",可见班氏亦是略举大端而已。据金德建《司马迁所见书考》统计,《史记》称引的文献资料至少在一百种以上,这是《史记》内容丰富、叙事翔实的重要原因之一。《五帝本纪赞》曰:"学者多称五帝,尚矣。然《尚书》独载尧以来;而百家言黄帝,其文不雅驯。荐绅先生难言之。"《大宛列传赞》:"《禹本纪》、《山海经》,所有怪物,余不敢言也。"《龟策列传》:"唐虞以上,不可纪也。"《货殖列传》:"夫神农以前,我不知已。"《平准书》:"自高辛氏之前,尚矣,靡得而记云。"观此则知司马迁虽博采群籍,"网罗天下放失旧闻"并利用了政府石室金匮所藏档案及周游天下所耳闻目睹的实地调查资料,可是取材却极为严格审慎,决非滥用史料无所抉择者所可比拟。再者,在写作态度方面司马迁承袭孔子"述而不作"、"多闻阙疑"的原则,提倡以可靠史料为依据、尊重史实和秉笔直书的精神,是故班固在《司马迁传赞》中说:"刘向、扬雄博极群书,皆称迁有良史之才,服其善序事理,辩而不华,质而不俚,其文直,其事核,不虚美,不隐恶,故谓之实录。"由甲骨文的发现和研究,证明《殷本纪》基本上是信史。又如《竹书纪年》说:"成、康之际,天下安宁,刑措四十余年不用。"成王初年平定武庚、"三监"及东夷的叛乱,见于文献记载并为《塱方鼎》、《小臣单觯》、《禽簋》、《保尊》、《保卣》、《太保簋》、《康侯簋》、《㬅劫尊》等青铜器铭文所证实。康王时有战争为文献所缺载。今由《小臣谜簋》、《鲁侯尊》、《𡈁鼎》、《臣谏簋》、《小盂鼎》等十余器,证明自康王十八年以后战乱四起,东有夷族反叛,北有邘方内侵,西北则与鬼方周旋,其战争规模之大,动员兵力之众以及俘获之多,都是十分惊人的。据考证,成王在位三十二年,推算下来,成康之际(即成王在位中后期和康王十八年前)确有四十余年的安定时期。司马迁没有见到汲冢出土的《竹书纪年》,但《周本纪》亦说:"故成、康之际,天下安宁,刑错四十余年不用。"必另有所本。以彼例此,《史记》所述太伯奔吴事如此详细,又有大量先秦古籍记载为之佐证,在没有找到更确切的史料之前,若轻易予以否定,愚见期期以为不可。

下面,想对否定太伯奔吴说的代表作略加剖析。有同志指出,清人崔述在《丰镐考信录》卷八中谈到太伯、仲雍时得出一个结论:"大抵《史记》之言,皆难取信。"换句话说,崔东壁是否定太伯奔吴的第一人。其实,崔氏一辨太伯出奔非太王所逼而为太伯自愿让位季历,二据《诗·皇矣》。"帝作邦作对,自太伯、王季",认为太伯已尝君周而后让之王季;三据《左传》"太伯端委以治周礼,仲雍嗣之,断发文身,裸以为饰",认为"断发文身"亦非太伯事,但并未否定太伯奔吴事。另于讨论仲雍与虞仲关系时,认为《史记》以仲雍为太王子、虞仲为周章子有问题,这才说"大抵《史记》之言皆难取信"。仲雍、虞仲之纠葛,尚待进一步考证。然崔氏因此而武断地轻下"大抵《史记》之言皆难取信"的结论,似不可取。若依崔氏仅是讨论仲雍与虞仲问题所下并不确切的结论转而否定"太伯奔吴说",那就更值得商榷了。近代以来全面否定太伯奔吴说的学者当以卫聚贤先生为代表。卫氏先在《中国文化起源于东南发达于西北的探讨》一文中作初步揭发,而后又在《太伯之封在西吴》一文中详加论证。今即以后文为讨论依据,该文第一节列举先秦及两汉文献关于"太伯封于东吴说"的材料,并作出如下判断:"就时间言,如《左传》的闵元年系前六六一年,已言太伯出奔,又如《左传》成书于西元前四二〇年左右,《国语·齐语》成书于西元前四〇〇年左右,《论语》成书约在西元前四〇〇年左右,《穆天子传》成书为西元前三二〇年,至少在西元前四百年前已有太伯奔于江苏之说。就地域言,以书中表现计:闵元年为晋,五年为虞,昭三十年为楚,哀七年为卫,哀十三年为吴。以成书地域言:《论语》为鲁,《左传》为晋,《国语》为楚,《穆天子传》为中山,是中国各地均有太伯到江苏的传说。时间既古,传说又广,太伯实有其人,由陕西到江苏非过重洋大海,而其故事又无神话杂错其间,是太伯封于东吴,当然可信。"但第二节笔锋一转提出了"太伯封于西吴说"。此说的证据便是《诗·大雅·皇矣》。此诗为西周后期的作品，就时间而言早于《左传》、《国语》等好几百年，又属"周人言周事，当较《论语》、《左传》、《国语》不专言周事者为可靠。"这些意见都是正确的，问题是卫氏因诗中有"帝作邦作封，自大伯王季"，就说"上帝作邦作一对"，"作邦"是被封而非出奔，因诗中有"维此王季，因心则友，则友其兄"，就说王季友其兄太伯之国，是太伯之国当距王季之国不远，因"乃眷西顾，此维与宅"，就说自岐山周原而西是太伯所宅之地。这就不免牵强附会、望文生义了。

按《诗·皇矣》约是周宣王时期的作品，是一首周人自述其祖先开国历史的史诗，共八章，章十二句。第一、二章先写太王开辟岐山、打退昆夷；第三、四章写王季继续发展；第五至第八章写文王伐密、伐崇，层次极其分明。第一章曰："皇矣上帝，临下有赫，监观四方，求民之莫。维此二国，其政不获。维彼四国，爰究爰度。上帝耆之，憎其式廓，乃眷西顾，此维与宅。""二国"毛传解夏、殷二国，郑笺以为殷纣及崇侯；马瑞辰《毛诗传笺通释》引或说"古文上作二，与一二之二相似，二国当为上国之误"，此说至确。上国即指殷王朝。诗的大意是说伟大的上帝观察四方，欲求民生安定，洞悉殷王朝政治腐败并憎恨殷王的奸虐，从而由殷都西顾，看到太王治下的周邦当兴，故决心保佑周王。此"乃眷西顾，此维与宅"，与自周原西顾是"太伯所宅之地"的说法真是南辕北辙、风马牛不相及。

第三章有"帝作邦作对，自大伯、王季"。毛传："对，配也，从大伯之见王季也。"郑笺："作，为也，天为邦谓兴周国也；作配，谓为生明君也。是乃自大伯、王季时则然矣，大伯让于王季而文王起。'孔疏'天又为之兴作周邦，又为之生明君以作其配，是乃自大伯、王季之时已则然矣。"注家释"对"为"配"，因"国当以君治之，故言作配"。明君皆云是文王，然则何以言"自大伯、王季"？这是由"太伯让位于王季，而文王得起，是兴国生君在太伯之时也。"高亨先生《诗经今注》云："作，创造也，引申为作拓之义。邦，借为封。封，边疆也。对，与疆同意。古代国家常在边界上种植树木以作标志，略似后代的柳条边，这叫做对。……从诗文观察，太伯在逃去以前，曾经立过大功。此二句言上帝给周朝开拓疆土，自太伯、王季开始。"

按甲骨文"丰"写作 ⽊、⽊，象树立树木以为疆界，后代写作"封"。封，金文作 ⽊ 或 ⽊。《康侯封鼎》之"丰"写作 ⽊，即武王弟康叔封。可见封之初文确为丰；⽊ 即以林木为界之象形。邦字甲骨文作 ⽊，金文作 ⽊。从丰从田或从丰从邑义近，均是以树木为经界，含有封邦建国之意。古邦、封音同义近可通用，如《书序》"邦康叔"、"邦诸侯"，《论语》"在邦域之中"，邦皆封字是其证。对字甲骨文作 ⽊，金文作 ⽊。李孝定《甲骨文字集释》："对字从丵，丵，许训丛生 ⽊，与封字从⽊同意。字亦象以手持丵树之形，其下亦从土，金文土字作 ⼟……正金文对字所从也。然则对之与封其异只在丵丰之别，其意当同标识之物……"其实金文对字亦有从¥者,如《召伯簋》即作 ❀,说明对字与封字构形实相似。凡此都证明高亨先生的解释比毛、郑等更为贴切。又"对"字在甲骨,金文及先秦、两汉古籍中的含义有答问、反对及当、等、遂、配、治、扬、向等;用为量词"成双成对"是唐、宋以后的事,如唐皮日休《重元寺双矮桧》诗:"应知天竺难陀寺,一对狻猊相枕眠。"《金史·舆服志》:"上下襟、华虫火各六对。"由此可见,解释"帝作邦作对,自大伯王季"为"它说上帝作邦作一对,自太伯、王季为始",或解释作"明君配成对儿",都是缺乏依据的。

再者,说"王季友其兄太伯之国,是太伯之国当距王季之国不远,故能以其友爱而为互助。"这也未必。国之远近与友好或敌对是两码事。而且,国界邻近往往不一定能友好相处,远国之间反能相安无事。而诗人追叙祖先历史时之所以特别强调"维此王季,因心则友,则友其兄",可能正是主观上企图消除太王偏爱幼子及王季不能容人的影响,其中所传出的信息恰恰证实"太伯奔吴"确有其事。

《太伯之封在西吴》第四节为《太伯不能封于东吴的原因与事实》。卫氏在此提出几点疑问,认为太伯、仲雍无法到达江苏。

疑问之一是甲骨文有"伐周寇周事",当系太王以至王季、文王、武王时,甲骨文有地名奠(即郑字),在陕西长安附近,是殷人势力侵及长安,太伯、仲雍二人当不能东向沿陇海路穿越殷人的势力范围而至江苏。

甲骨文有"扑周"、"征周方"等记载,主要见于武丁卜辞;武丁以后较少见。武丁至纣之世系、年数与周太王至文武时有相当大的差距,究竟该如何解释?这在学术界尚有争议,今姑置勿论。然甲骨文又有"令周"、"令周侯"、"酉周方伯"和"妇周"的记载,说明殷周之间既有敌对的一面,也有臣属关系和通婚友好的一面。《竹书纪年》:"武乙三十四年,周王季历来朝";"大丁(文丁)四年,周人伐余无之戎,克之。周王季命为殷牧师"。《后汉书·西羌传》亦有类似记载。又《诗·大明》讴歌王季所娶挚氏之女大任、文王所娶有莘氏之女大姒,实皆殷商贵族所出,《周易》卦爻辞所传"帝乙归妹"的故事,顾颉刚先生以为即商属有莘氏之女下嫁文王。凡此都进一步说明殷商后期殷周之间已有较长时间的交往,也就是说,太伯、仲雍穿过殷人势力范围是不成问题的。

疑问之二是"甲骨文又有伐羌的记载,为'五族伐羌'(《殷墟书契后编》卷下第三十二页),'今春命虎甲以栽至于渑,获羌'(《前编》卷七第二页),是羌人在渑池西南,而且羌人部落很大,故殷人令五族去伐。按西周时河南南阳的申吕许为姜姓即羌,是羌人在殷末占据南阳一带,太伯、仲雍二人,当不能绕道汉中穿过羌人的势力范围而至江苏。"

《前编》七·二·四这条卜辞应隶定为"今春令龟田从栽至于瀺,获羌?""瀺"字《说文》所无,然从水从龟至为清晰。渑字卜辞未见,而右旁之黾甲文作🐢、🐢等形,与龟字截然有别。卫氏释瀺为渑是错误的。而据姚孝遂先生考证,羌既是方国名,也是卜辞中最常见的俘虏名,上面引用的这条材料就是一条田猎卜辞,所谓"获羌"即卜问在田猎中能否抓到俘虏。可见疑问之二也是不能成立的。

疑问之三是"由汉中往四川,道路多险,而且在秦末未灭巴蜀以前,巴蜀少与中国通,太伯、仲雍亦不能绕道四川顺江而下,至于江苏。"这也不能绝对而论。新中国成立后考古工作者在四川彭县濛阳镇发现了商文化遗址,近年由四川广汉三星堆又发现商代大型祭祀坑,出土了大批青铜器,足证中原地区与巴蜀之间早有联系。至于先秦时期由中原到东南的通道,迄今尚未弄清。朱江先生《关于开展先秦时期古吴等通道调查与研究的建议》是值得重视的。

疑问之四是"甲骨文所示,其俘虏为奴隶的多为女性,是殷人文化高已成男系社会,而殷人四周文化低的部落尚为母系社会,母系社会即氏族社会,氏族社会的道德观,是凡遇非本部落的人,非杀不可。"是以太伯、仲雍难以达到江苏。今天看来,这些说法也有很大的片面性。首先,甲骨文中俘虏有男性有女性,其转为奴隶当亦如之。其次,氏族社会分母系和父系两阶段,殷人已进入较发达的奴隶社会,周边各族尚有处于父系甚至母系氏族阶段的判断是无可非议的。但随着社会的发展,当时氏族部落之间的交往已日益频繁,闭塞的不与他氏族往来的所谓"杀人部落"只能是极个别的现象。这从东至辽宁、渤海湾,南至江南,西至川陕,北至内蒙古的广大地区都发现商代的遗迹遗物和深受商文化影响的青铜文化得到确证。李学勤先生在《从新出青铜器看长江下游文化的发展》一文中指出:"根据文献和考古材料,商周王朝的势力远达长江下游以南,必然带来中原文化的一定影响。……"梁白泉先生《太伯奔吴说》列举考古材料后也得出如下的结论:"江苏和他省发现商末周初大量的遗址和墓葬,处处都告诉我们:出土文物反复表明商周族人和地方人民的文化遭遇和融合,总是比我们过去所知道的和所揣度的要早得多。"这些意见都非常中肯。

综上所述,可以考知卫氏提出太伯之封在西吴和太伯不能到达江苏的论点都是难以成立的。当然,他批判太伯奔吴的理由不止于此,不过有些问题尚需进一步研究,这里只是借讨论卫文中的若干实例表明我们的看法;即要慎重地对待古籍记载,不要轻易否定"太伯奔吴说"。至于我们的这些看法是否正确?还请方家教正。

(原载《历史教学问题》1991年第4期)

周处生卒年及事迹考辨

西晋名将周处是阳羡杰出的人物,其生平事迹,主要见《晋书》本传,范兆年先生所撰《晋平西将军周处》(《宜兴文史资料》第十五辑)叙之甚详。然而因为文献记载的歧异或语焉不详,有关周处的生年、卒年,以及是否从陆云受学、是否仕吴和参与国山封禅等一系列重要问题,迄今仍是扑朔迷离。笔者见闻不广,愿就以上问题作初步的探索和考辨。

一、生年、卒年和寿数

概括起来,关于周处的生年目前有四种不同的说法。因为生年是根据卒年推算的,所以先讨论卒年问题。

据《晋书·惠帝纪》,元康七年(公元 297 年)"春正月癸丑,周处及齐万年战于六陌,王师败绩,处死之。"朱熹《通鉴纲目》、周济《晋略》、周湛霖《孝侯公年谱》、杨殿珣《中国历代年谱总录》、劳格《晋书校勘记》以及《宜兴县旧志》、《宜兴荆溪新志》等均从帝纪。而王隐《晋书》、孙盛《晋阳秋》及《晋书》本传亦谓周处"力战而没",《晋书》本传又引时人潘岳《关中诗》、西戎校尉阎缵诗及晋元帝时太常贺循议处策谥皆一致颂扬周处以身殉国的崇高精神,证明这一记载是完全正确可靠的。

另据陆机撰《晋平西将军孝侯周处碑》,说周处乃于"元康九年因疾增加,奄捐馆舍,春秋六十有二。"按此碑传为晋平原内史陆机撰、右军王羲之书、唐元和六十年义兴县令陈从谏重树,历来辨其真伪者纷如聚讼,王升尝考之《晋书》、《通鉴纲目》,谓"碑之所说,与史书牴牾者有六……然余细观焉,其文虽不类内史之作,然终是六朝绮丽之余习,其书虽不类右军手笔,然清婉遒媚,非齐梁隋唐间人不能为也。"(见《邑志》)按此碑确系后人重刻,叙事难免疏误。姜亮夫《历代人物年里碑传综表》一方面指出此碑"文出讹托",另方面叙周处生平又据碑铭作元康九年(公元 299 年)卒,《辞海》不信《晋书》而仅据姜氏之《综表》认定周处卒于元康九年,可谓以讹传讹,实不可从。

关于周处的生年,由史书语焉不详,只能从卒年加以推算,而要从卒年正确推算出生年,周处寿数几何? 又成为解决问题的关键。上面提到王升认为碑铭与史书牴牾之处有六,其中第六点即:"史言处死时年五十六,而碑云六十二,寿数不齐六也。"也就是说,周处享年有"五十六"和"六十二"两说。据此推算,周处的生年遂有以下不同的说法。

其一,信从五十六岁说,并以元康七年(公元 297 年)为卒年者,推定周处生年当为魏齐王芳正始三年、蜀汉后主延熙五年、吴大帝赤乌五年(公元 242 年)。《孝侯公年谱》《中国历代年谱总录》《宜兴荆溪新志》等主此说。

其二,信从陆机《碑记》"春秋六十有二",并以元康九年(公元 299 年)为卒年,推定周处生年当是魏明帝景初二年、汉延熙元年、吴赤乌元年(公元 238 年)。劳格《晋书校勘记》主此说。其实劳氏原本肯定周处"没于惠帝元康七年"并指出碑作九年的错误,但在实际推算时又以元康九年为下限,说是"年六十二,推其生产,当在吴大帝之赤乌元年"。未免自相矛盾。

其三,姜亮夫《综表》及《辞海》均从陆机《碑记》认定周处卒于元康九年。但生年却定为魏正始元年、汉延熙三年、吴赤乌三年(公元 240 年),不知何据?

笔者认为,以上三说皆不可信。其中,第二、第三说,或错误明显,或缺乏依据,兹不赘言。关于第一说,以元康七年(公元 297 年)为卒年,这是正确的;但以为周处享年"五十六",似乎是"张冠李戴"? 今覆之《晋书》本传,叙周处事迹并未涉及年寿,而在附传《周玘传》中说"玘忿于回易,又知其谋泄,遂忧愤发背而卒,时年五十六"。据此可知,所谓"史言死时年五十六",乃是指周处之子周玘的年寿;以为周处死时年五十六,完全出于读书粗疏所致。因此赤乌五年(公元 242 年)说也是靠不住的。我们认为,在没有找到更有力的证据之前,当以元康七年(公元 297 年)为下限,准之碑文"春秋六十二",推算出周处的生年当在魏明帝青龙四年、汉后主建兴十四年、吴大帝嘉禾五年(公元 236 年),此说于陈寿的《三国志》中可以得到旁证。

据《三国志·周鲂传》,周处之父"鲂在郡十三年卒"。卢弼《集解》谓"鲂黄武中为鄱阳太守,当卒于赤乌初年。"《周鲂传》又说:"黄武中,鄱阳大帅彭绮作乱,攻没属城,乃以鲂为鄱阳太守,与胡综勠力攻讨,遂生擒绮,送诣武昌,加昭义校尉。"说明周鲂确是在黄武中因攻讨彭绮的需要而擢升鄱阳太守。另据《三国志·孙权传》记载:"黄武四年冬十二月,鄱阳贼彭绮自称将军,攻没诸县,众数万人","六年春正月,诸将获彭绮"。彭绮于黄武四年冬十二月起兵,六年春正月就擒,则周鲂任鄱阳太守必在黄武五年(公元 226 年)无疑。而自吴大帝黄式五年起"在郡十三年",则周鲂卒于赤乌元年(公元238年)。据此,周处生于嘉禾五年(公元236年)最合情理,因为从嘉禾五年至赤乌元年周处三岁时父没,故史称"少孤";否则,周鲂已于赤乌元年卒,其子周处也于赤乌元年甚至迟至赤乌三年、五年才出生,岂非有悖于情理?综上所述,可以断定周处应生于吴大帝嘉禾五年(公元236年),卒于晋惠帝元康七年(公元297年),享年六十二岁。

二、从陆云受学问题

《晋书》本传说周处"除三害"后慨然有改励之志,"乃入吴寻二陆。时机不在,见云,具以情告,曰:'欲自修而年已蹉跎,恐将无及'。云曰:'古人贵朝闻夕改,前途尚可,且患志之不立,何忧名之不彰!'处遂励志好学,有文思,志存义烈,言必忠信克己。"陆机《晋平西将军孝侯周处碑》亦谓周处改节播其声宇,"遂来吴事余厥弟,欢然受诲。"劳格《晋书校勘记》对上述记载表示怀疑,认为《晋书》所记,采自宋临川王刘义庆《世说新语》,实为小说家之言,而《碑记》又系唐人所重树,"窜改旧文,事迹错互,不可尽据以为信"。同时指出如下具体问题:其一,二陆小周处二十余岁,"处弱冠之年,陆机尚未生也。此云'入吴寻二陆',未免近诬"。其二,《晋书·陆机传》谓机"年二十而吴灭,退居旧里,是吴未亡之前,机未尝还吴也。"其三,"或以为处寻二陆,当在吴亡之后,其说亦非也。考吴亡之岁,处年四十三(笔者按:应为四十五),筮仕已久,据本传处仕吴为东观左丞、无难督,故王浑之登建邺宫,处有对浑之言,如使吴亡之后,处方励志好学,则为东观左丞无难督者果何人乎?"卢弼《三国志集解》赞成劳氏所辨,认为"持论极足"。考陆机生于吴景帝永安四年(公元261年),陆云生于永安五年(公元262年);二人于晋惠帝太安二年(公元303年)同时遇害,事实是周处的父亲周鲂受二陆的祖父陆逊统辖,周处应与二陆之父陆抗同辈。所以按照我们的推算,周处要长陆机二十五岁、长陆云二十六岁。史言处"未弱冠"不修细行,为州曲所患,设若弱冠之年"入吴寻二陆",则如劳氏所说,二陆尚未生;荀依《孝侯公年谱》系此事于周处三十三岁时,则二陆尚则七、八岁。由于《年谱》以周处享年"五十六"推算,若依我们信从"六十二"的说法推算,周处时年应该是三十九岁。即使这样,二陆也只十三、十四岁,仍然太年轻,不可能担当开导周处"励志好学"的重任。因此,只此年龄一项,已足见"从陆云受学"之不可靠,遑论其他。考《晋书》本传这一段记载完全摘自《世说新语》,刘知幾批评《晋书》好采小说家言,确如劳氏所说不可信从。陆机《碑记》系唐人重树,因见《世说新语》及《晋书》本传载处入吴寻二陆,机不在,见云,具以情告云云,遂亦加入"遂来吴事余厥弟,欢然受诲"等语,同样不足为据。

三、仕吴及参与国山封禅

《三国志·孙皓传》天玺元年有"兼太常周处"的记载。《周鲂传》谓鲂子处"亦有文武才干,天纪中为东观令。"陈寿与周处为同时代人,所著《三国志》乃我国古代之史书名著,历来受到重视。《晋书·陈寿传》云:"寿仕蜀为观阁令史,及蜀平,除著作郎,撰魏吴蜀《三国志》凡六十五篇,时人称其善叙事,有良史之才。夏侯湛时著《魏书》,见寿所作,便坏己书而罢。张华深善之,谓寿曰:'当以《晋书》相付耳'。其为时所重如此。"《华阳国志·后贤传》亦谓"吴平后,寿乃鸠合三国史,著魏蜀吴三书六十五篇,号《三国志》。……中书监荀勖深爱之,以班固、史迁不足方也。"《文心雕龙·史传》批评先前的三国著作"或激抗难征,或疏阔寡要"之后说"唯陈寿三志,文质辨洽,荀、张比之于迁、固,非妄誉也。"由此可见。周处仕吴应是可信的。除《三国志》外,《晋书》本传谓周处励志好,州县交辟,"仕吴为东观左丞,孙皓末,为无难督"。并谓处曾撰集《吴书》。陆机撰《碑记》更详,说周处为"吴朝州县交辟太子洗马、东观左丞、中书右丞、五官郎中、左右国史,迁尚书仆射、东观令、太常卿、无难督、使持节大都督涂中京不诸军事,封章浦亭侯。"《寰宇记》卷九十三引王隐《晋书·地道记》吴兴郡下亦云:"阳羡有章浦亭,周处封章浦亭侯即此,"又臧荣绪《晋书》亦谓周处"封章浦亭侯",而"三为史臣,再入东观"的刘知幾,曾竭力提倡"据事直书"并对史料加以审慎的鉴别。他在《史通·史官篇》中说:"吴归命侯时。有左右二国史之职,薛莹为其左,华覈为其右,又周处自左国史迁东观令。"综上所述,说明周处确实仕吴,担任过吴国的史官、武臣并封章浦亭侯。此外,《晋书》本传记吴平,王浑登建业宫谓吴人曰:"诸君亡国之余得无戚乎?"处对曰:"汉末分崩,三国鼎立,魏亡于前,吴亡于后,亡国之戚,岂惟一人!"浑有惭色(《晋略》同)。考王浑父昶为魏司空,浑袭父爵京陵侯,辟大将军曹爽掾,后参文帝安东将军,累迁散骑黄门侍郎、散骑常侍、越骑校尉;晋武帝受禅,加扬烈将军,迁徐州刺史,平吴时又迁安东将军、都督扬州诸军事。故"魏亡于前",浑亦应先有亡国之戚。如周处未尝仕吴,也就不会在建业与会并反唇相讥,有与王浑的上述对答,劳格已辨之在前,兹不复赘。但《孝侯公年谱》引万球云"侯未尝仕吴",又引唐仲冕《国山碑记》辨周孝侯未尝参与国山封禅,遂谓"据此则侯未仕吴可知"。我们认为仅凭后人揣测之辞而否定西晋至唐初的史书记载,并轻下"侯未仕吴"的结论,笔者不敢苟同。按周鲂、周处皆是吴国臣民,仕吴本在情理之中。《年谱》编者因见孙皓为荒主,遂有意讳言周处仕吴,这是大可不必的。

又周处是否参与国山封禅?这事确是疑问。

《三国志·孙皓传》天玺元年:"又吴兴阳羡山有空石,长十余丈,名曰石室,在所表为大瑞。乃遣司徒董朝、兼太常周处至阳羡县,封禅国山。"《梁书·许懋传》也说:"天监初,有请封会稽、禅国山者,高祖雅好礼,因集儒学之士,草封禅仪。将欲行焉。懋以为不可,因建议曰:孙皓遣兼司徒董朝、兼太常周处至阳羡封禅国山,此朝君子有何功德,不思古道,而欲封禅,皆是主好名于上,臣阿旨于下也。"

宋周必大于《泛舟录》中记载他曾至国山察看碑铭,说碑字三面可辨,惟东向皆剥裂模糊;又谓"碑词载所遣官姓名,而无周处,史氏误矣。"史能之《咸淳毗陵志》也以为碑铭无周处之名。清吴骞《国山碑考》进一步指出《三国志》所载"兼太常周处五字,疑亦羡文,盖当日只遣董朝一人至阳羡封禅国山,观碑后列诸臣名,而处独不预可见。处素刚正,必不借此以阿其主。既见《泛舟录》、《毗陵志》等,其说多同。"唐仲冕《国山碑记》也说:"乃观《国山碑》载丞相太尉璆并董朝、张悌、华覈、丁忠等名甚详,而不及孝侯,非得斯碑正之,奚以为侯辨诬哉!"

综合各家之说,对周处参与国山封禅提出两点怀疑:(1)《三国志》、《梁书》说周处参与封禅,但碑文中无周处之名;(2)周处刚正不阿,不可能参与封禅。

关于第一点,王昶有不同的看法。他说:"《吴志》称封禅之役,朝与周处奉使。宋周必大、史能之诸人并以碑无处名,断史之误。近海盐吴君骞《国山碑考》因谓处素刚正,必不借此阿主,且谓史有羡文,误矣!"昶少时尝至碑所审其方位,前十四行文为碑起处,即周所谓碑字东面剥裂模糊者也,今拓文前半虽多缺蚀,而《云麓漫钞》载丞相沇下有"兼太常处奉迎"之文,则处名自见前幅,后不再署名,或缘事中返,或果与议礼,因而从略,不得于此致疑也。"王氏的说法不无道理。

关于第二点,有必要作一些分析和补充说明。古人认为五岳中泰山最高,帝王应去泰山祭祀,登山筑坛祭天曰"封",在山南梁父山辟基祭地曰"禅"。秦始皇、汉武帝等曾举行过这类大典。太史公司马谈因故未能参与汉武帝封禅而引为终生憾事,可见封建时代对于封禅之重视。三国吴偏居东南,孙皓好名,不能上祭泰山而欲封禅国山,周处身为史官,又是阳羡人,参与其事,皆在情理之中,后人因见孙皓为无道之君,遂谓周处秉性刚正,必不从命,这实际上是想当然的臆说。根据周处立身行事以"忠孝"为本。忠孝不能两全又以忠君为先的原则。希望他违抗君命,否则就视为"阿主",事实上也是强人所难或过于苛求于古人。这从周处后来殉难之事也可得到旁证。当然,晋武帝禅位统一全国,结束九十年的三国分裂割据局面,这是符合历史潮流的;晋初注意劝课农桑,严禁私募佃客,凡蜀吴臣民北上者可免除徭役十至二十年,使生产发展,户口激增,也是符合人民利益的。但惠帝继位,昏庸怯懦,政治腐败,社会矛盾加剧,统治阶级内部诱发了历时十六年的"八王之乱",外部则引起汉族流民和内迁各族人民的起义和抗争,就在这种形势下,周处还是奉命西征,置梁王肜的报复挟制于不顾,也不听伏波将军孙秀的建议以老母为辞,勇往直前,竟以五千士兵进击氐酋齐万年七万之众,结果寡不敌众,战死沙场。以此例彼,作为东观令或兼太常的周处,参与国山封禅,实在不足为奇。而就是参加了,那是历史的局限,无损于周处的声名,我们不会也不应该求全责备,不过,鉴于史书记载以外的一个主要证明材料《国山碑》已剥蚀,宋人所见碑铭或说有周处之名,遽难轻下定论,目前只能存疑。

(原载《无锡史志》1991年总第 15 期)

吴越的崛兴和对长江下游的开发

一、吴越崛兴的物质基础

吴越地处长江下游,这里气候温和,雨量丰富,河流和湖泊纵横,自然条件应该说是比较优越的。成书于战国时代的《禹贡》说扬州①的土壤是"涂泥",即黏质湿土,田属下下等(九等中最差的等级),恐怕不能一概而论。其实经过整治垦殖的土地,还是相当肥沃的。《禹贡》又说扬州"其谷宜稻",可知当时长江下游已是普遍的产稻区域,和今天的情况已十分相近。浙江余姚河姆渡,桐乡罗家谷、吴兴钱山漾和江苏吴县草鞋山、常州圩墩等地新石器时代遗址发现的稻米遗迹可把浙江一带人工种植水稻的历史上推到距今五千至七千年之前,从而进一步说明吴越地区自远古以来就是物产丰富的鱼米之乡。

古代黄河流域的蚕桑事业早就很兴盛,《禹贡》说兖、豫、青、徐等州的贡品有丝织品,而没有说扬州有丝织品。其实扬州地区是有丝织品的。公元前518年楚国边邑卑梁(今安徽省天长县西北)的女子与吴国的女子争桑,引起两国之间的战争②,说明春秋后期吴国已很重视蚕桑事业。不仅如此,近年来的考古发现,还进一步证明我国东南地区可能是蚕桑和麻纺的发源地或发源地之一。夏鼐先生说:"根据近二十多年考古发掘的结果,一般认为中国丝织物开始出现于中国东南地区的良渚文化(约公元前3300—前2300年)"。夏氏自注:"最近二十余年来科学发掘的结果,中国最早的丝织品,是1958年在浙江省吴兴县钱山漾遗址中所发现的良渚文化期的丝织品、绢片丝带等。经过鉴定,这是以家蚕丝为原料的。"③《禹贡》讲青、豫二州有麻和用野生植物纤维织造的葛布。从考古发观看。麻纺织的起源甚早,远在仰韶遗址的陶器中已有麻线纹、绳纹和陶纺轮的遗存。而吴县草鞋山下层发现以野生葛纤维纺织成的织物残片,是我国目前发现最早的织物。这些织物已能织成山形斜纹

---

① 《禹贡》扬川的地域,大致包有今浙江、江西、福建等省及江苏、安徽等省的南部,湖北省的东部。
② 见《吕氏春秋·察微篇》、《史记·十二诸侯年表》及《楚世家》、《吴世家》。
③ 夏鼐:《中国文明的起源》,文物出版社1985年版,第49、70页。

和菱形斜纹,表明当时已掌握了较为进步的织造技术,可能已经发明了原始织机①。吴兴钱山漾遗址所出的麻布片,经鉴定为苎麻质、平纹组合,其精密程度已达到很高的水平②。

商代和西周时期的吴越地区,不仅有大量的印陶纹,有原始瓷,而且已经掌握了冶炼青铜的技术。南京锁金村和北阴阳营遗址出土一批小件青铜工具及铜炼渣,表明当地已有自己的炼铜工业③。康王时期的《宜侯夨簋》在江苏丹徒龙泉乡烟墩出土,是西周早期的政治势力达到长江下游的有力证据,也为研究吴国早期历史提供了新的线索④。1960年南京附近江宁县陶吴镇发现一批青铜器,和1930年仪征县破山口所出近似;近年在南京浦口也出了类似的一批,时代都不迟于春秋前期,从历史地理来说,三批又都属于吴国。这几批器物有与中原类同的,如破山口的盘,破山口和浦口的戈。都可与三门峡上村岭所出相比,不过有地方特点的器物也不少⑤。

余杭石濑,吴兴梅溪,海盐和安吉等地发现钟、鼎、甗、瓯等商代青铜器,器形与中原所见无异,纹样则有明显的地方风格。由于这些青铜器出土地附近均有印纹陶分布,纹饰又有许多相似之处,说明这些青铜器是当地所产并受到商文化的影响。在浙江西北部的长兴县出土了西周时期的铜钟和铜簋,铜钟的形制、纹饰和近年苏南等地的发现一脉相承,这些都是周文化进入浙江的有力证据⑥。

综上所述,说明古代吴越地区的自然条件不比黄河流域差,生产水平就总体而言可能略低于中原地区,但差距不是太远;若就某些方面来说,明显地带有若干优越性。这便是春秋中后期吴越兴起的物质基础。只是由于吴越地处东南边陲,进入阶级社会以来,在这里没有形成强大的奴隶制国家政权,特别是西周以来又有楚、徐等国的阻隔,一向少为中原诸夏国家所了解,是故被视为蛮夷之邦和文化经济落后的区域。考古材料充分证明这完全是出于一种偏见和误解。不能想象,如果古代长江下游地区真是极其愚昧落后的话,吴越两国在春秋中后期的突然崛兴并一度称霸中原就将成为"千古之谜",令人难以理解了。

---

① 南京博物馆:《江苏文物考古工作三十年》,刊《文物考古工作三十年》,文物出版社1979年版,第201页。
② 浙江省文管会:《吴兴钱山漾遗址第一、第二次发掘报告》,刊《考古学报》1960年第2期。
③ 南京博物馆:《南京锁金村遗址第一、第二次发掘报告》、《南京市北阴阳营第一、第二次发掘报告》,刊《考古学报》1957年第3期、1958年第1期。
④ 北京大学:《商周考古》,文物出版社1979年版,第159页。
⑤ 见《东周与秦代文明》,文物出版社1984年版,第152页。
⑥ 参见浙江省博物馆:《三十年来浙江文物考古工作》,刊《文物考古工作三十年》,文物出版社1979年版,第220页。

二、吴越崛兴的政治环境

春秋三百年间,楚国以长江中游地区为根据,先后攻灭四十余国,拓地之多超过齐晋诸国,故能饮马黄河,雄视北方,长期称霸中原,而地域辽阔、经济发达和政治及军事上无比强大的楚国的存在,是对南方地区中小国家的巨大威胁,吴越原是楚的属国,他们不能更早的兴起,很可能与强邻的抑制有密切的关系。到了春秋中期以后,由于大国之间大砍大杀了一百多年,各国内部又有新旧势力的斗争和阶级斗争相交织,许多国家弄得民穷财尽,国力凋敝,晋楚两国自然也毫无例外地陷入困境,于是国际上出现了"弭兵之会"。"弭兵"不能持久,晋国就扶植吴国牵制楚国,楚国又制订了联越制吴的策略,晋楚两大国不但压制反而采取扶植的政策,这就为吴越的崛兴提供了极为有利的政治环境,也可以说是使他们遇到了千载难逢的"天赐良机"。

据《史记·吴太伯世家》,吴本周太王之子太伯、仲雍之后,自太伯至寿梦称王,其间十九世有世系而史实不详,盖自太伯、仲雍入荆蛮,文身断发,与中原隔绝之故。《左传》宣公八年(公元前601年):"楚为众舒叛,故伐舒蓼,灭之。楚子疆之,及滑汭,盟吴、越而还。"这是《左传》首次记载吴越的事,表明此时吴越乘中原各国战乱之敝,特别是南方楚国力量的削弱而逐渐兴起。《春秋》成公七年(即吴王寿梦二年,公元前584年),记"吴伐郯","吴入州来",这是《春秋经》首次记载吴国的事,《左传》成公七年记吴伐郯,季文子曰:"中国不振旅,蛮夷入伐,而莫之或恤,无吊者也夫!……有上不吊,其谁不受乱?吾亡无日矣。"其时吴国仍被视为"蛮夷",但力量已日渐壮大,终于侵伐至鲁的近邻郯国,从而引起鲁国执政大臣的恐惧。吴国势力的扩张,引起晋国的高度重视。当时流亡在晋国的楚大夫申公巫臣力主联吴制楚,得到晋景公的支持,决定扶植吴国的力量来对付楚国:"巫臣请使于吴,晋侯许之,吴子寿梦说之。乃通吴于晋,以两之一卒适吴,舍偏两之一焉。与其射御,教吴乘车,教之战陈,教之叛楚,置其子狐庸焉,使为行人于吴。吴始伐楚、伐徐,子重奔命。马陵之会,吴入州来,子重自郑奔命。子重、子反于是乎一岁七奔命。蛮夷属于楚者,吴尽取之,是以始大,通吴于上国。"成公九年(公元前582年)晋与诸侯会盟于蒲:"是行也,将始会吴,吴人不至。"① 说明晋亟欲通吴以胁楚。楚人为吴所迫,不得不求成于晋,因而促成了成公十二年

---

① 以上分别见《左传》成公七年及九年。

(公元前 579 年)宋华元倡导的第一次"弭兵之会"。晋楚"弭兵"四年,发生鄢陵(今河南陵鄢西北)之战,楚师败绩,公元前 557 年再战于湛阪(今河南平顶山西北)楚国又失败。此后楚晋各有内忧外患,公元前 546 年宋向戌重倡"弭兵之会"并收到一定的效果。但吴楚之间的冲突一直没有间歇,并在春秋史上由晋楚争霸转为吴楚争霸的时期,直至公元前 506 年(鲁定公四年)吴楚柏举(今湖北麻城境内)之战,吴王阖庐及伍子胥、孙武等率军与楚军交战,五战五捷,十一天长驱七百里,攻入楚之郢都,几乎一举灭掉楚国。吴国的霸业逐步进入鼎盛时期,由此可见吴国的崛兴与晋国的扶植以及楚国力量的削弱这一客观政治环境息息相关。

吴楚争霸之际同样给越国的兴起以有利时机。

《史记·越王勾践世家》谓越之先乃禹之苗裔、少康之庶子,"封于会稽,以奉守禹之祀。文身断发,披草莱而邑焉。后二十余世,至于允常。允常之时,与吴王阖庐战而相怨伐,允常卒,子勾践立,是为越王"。有人怀疑此说,以为夏代的支系不可能分封得如此之远①。童书业《春秋左传研究》云:"三十年为'一世','二十余世仅六七百年,自春秋末之允常至夏少康,至少有一千余年,越安得为少康之后?"这又从世系上加以怀疑,并进一步论证越可能是楚人之后:"《郑语》'芈姓夔越,不足命也'《吴语》韦注:'勾践,祝融之后,允常之子,芈姓也……《世本》亦云:越芈姓也。'考《史记,楚世家》:'(熊渠)立其长子康为勾亶王,中子红为鄂王,少子执疵为越章王,皆在江上楚蛮之地。'越或即越章王之后,孙诒让《墨子闲诂》已言之。若然,则越本在豫章(豫章即越章,古在江北、淮南之地)其后始东南迁也。观春秋时晋吴相结,楚、越亦相结,或为同姓之故乎?"②甲骨文中有"戉",或以为即越族。武丁及庚甲卜辞常命"戉"征伐土方、舌方,或贞戉受佑、戉亡灾、戉亡祸,说明"戉"乃殷商属国,受殷商之调遣和保护③。《吴世家》谓"太伯之奔荆蛮,自号勾吴。荆蛮义之,从而归之千余家。"《索隐》:"荆者,楚之旧号,以州而言之曰荆。蛮者,闽也,南夷之名;蛮亦称越。此言自号句吴,吴名起于太伯,明以前未有吴号。地在楚越之界,故称荆蛮。颜师古注《汉书》,以吴言'句'者,夷语之发声,犹言'于越'耳。此言'号句吴',当如颜注。"《文选·恨赋注》引古本《竹书纪年》:周穆王"三十七年,伐越,大起九师,东至于九江,叱鼋鼍以为梁。"《北堂书钞》一百十四引作"伐大越",今本《竹书纪年》作"三十七年,大起九师,东至于九江,架鼋鼍以为梁,遂

---

① 见《春秋战国史话》,北京出版社 1981 年版;《越为禹后说质疑》,刊《民族史研究》1981 年 3 期。
② 童书业:《春秋左传研究》,上海人民出版社 1980 年版,第 118—114 页。
③ 参见岛邦男:《殷虚卜辞综类》,第 349—350 页。

伐越,至于纡。"这样,甲骨文中有"戉",太伯奔荆蛮得当地土著越族的拥护,穆王西征后又东伐徐、越,说明越族的出现甚早,童氏所说为楚国越章王(当西周夷、厉之世)之后恐失之过晚。再者,晋吴、楚越结盟,实为客观形势的需要,非必同姓。

《左传》襄公二十九年(公元前554年):"吴人伐越,获俘焉,以为阍,使守舟。吴子余祭观舟,阍以刀弑之。"此为吴越兵争之始。楚国见到吴国后方的越国可以利用,于是决定联越制吴。《春秋》昭公五年(公元前537年):"冬,楚子、蔡侯、陈侯、许男、顿子、沈子、徐人、越人伐吴";《左传》作"楚子以诸侯及东夷伐吴……越大夫常寿过帅师会楚子于琐"。《左传》昭公二十四年(公元前518年)"楚为舟师以略吴疆"。越公子仓及大夫胥犴、大夫寿梦会师助楚攻吴。这些都是楚越早期联合行动的明证。柏举之役,楚国几乎覆灭,秦国出兵和越国在后方袭击吴国乃是迫使吴国退兵的重要原因。此后吴越之争进入高潮,并代替了楚吴之争。吴越夫椒之战,越国失败而能很快复兴,以及后来越国一步步强大,完全符合楚国的利益。越国主要的谋臣范蠡、文种都是楚国的著名人士,楚大夫申包胥借秦兵复国后即曾出使越国,为越出谋划策,终使越国灭了吴国。楚国尽管于春秋后期特别是平王、昭王时期国力较弱,但终久因为地大物博,人口众多,始终保持相当的实力。因此,春秋后期楚国"联越制吴"的政策,不失为促使越国崛兴的重要因素之一。

三、吴越的改革和长江下游的开发

吴王阖庐和越王勾践等国君,在春秋后期可以称得上是英明之主。他们重用伍员、孙武及范蠡、文种等才能出众的大臣,组成坚强的领导核心,励精图治,进行自上而下的一系列改革,终于达到国富民强的目的,这种主观努力正是吴越崛兴的更重要的直接动力。而吴越改革的结果,不只是使之称霸一时,而且大大加速了长江下游地区的开发,促进东南地区和中原地区的经济文化交流,历史意义尤为深远。

春秋后期,随着中原各国出现鲁的"三分公室"和"四分公室"、晋的"六卿专权",以及"田氏代齐"等政治局面,新兴地主阶级先后在这些国家夺取了政权并进行封建的政治经济改革。其时吴越的政权,是属于封建地主阶级专政的性质。吴越的改革,也是巩固和发展地主政权的封建的改革。关于吴越改革的内容,大体反映在以下几方面:

一、**争取民众**。1972年山东临沂银雀山汉墓发现《孙子》兵法的残简《吴问篇》,它记录了孙武和吴王阖庐关于晋国六卿成败的答问。孙武说范氏、中行氏以一百六十步为亩,智氏以一百八十步为亩,韩氏、魏氏以二百步为亩,赵氏以二百四十步为亩。赵氏的亩制最大,租税最轻,孙武认为可以"富民"。孙武所言将来范氏,中行氏先亡,智氏次之,韩氏、魏氏又次之,只有赵氏获得成功,所谓"晋国归焉"。后来的历史进程正如孙武所预料,只是韩、魏未亡而造成"三家分晋"的政局。

孙武的分析判断很受吴王的赏识,并由此得出结论,认为"王者之道",是"厚爱其民者也"。阖庐三年想要攻打楚国郢都,将军孙武谏曰:"民劳,未可,待之"。一直等到阖庐九年才大举进攻楚国①,着眼点在"民"。《左传》昭公三十年(公元前512年)楚封逃亡归附的吴国二公子,子西谏曰:"吴光新得国,而亲其民,视民如子,辛苦同之,将用之也。"哀公元年(公元前494年)子西又说:"昔阖庐食不二味,居不重席,室不崇坛,器不彤镂,宫室不观,舟车不饰;衣服财用,择不取费,在国,天有菑疠,亲巡孤而共其乏困。在军,熟食者分而后敢食,其所尝者,卒乘与焉。勤恤其民,而与之劳逸,是以民不罢劳,死知不旷。吾先大夫子常易之,所以败我也。"吴王阖庐自奉甚俭,爱民如子,就是为了争取民众,目的则是子西所说"将用之地"。

夫椒战败后,越王勾践卧薪尝胆,奋发图强。《国语·吴语》记伍子胥谏吴王曰:"夫越王好信以爱民,四方归之,年谷时熟,日长炎炎。"又说:"今越王勾践恐惧,而改其谋,舍其愆令,轻其征赋,施民所善,去民所恶,身自约也,裕其众庶,其民殷众,以多甲兵。"《史记·吴世家》说:"越王勾践食不重味,衣不重采,吊死问疾,且欲有所用其众。"《越世家》说勾践"身自耕作,夫人自织,食不加肉,衣不重采,折节下贤人,厚遇宾客,振贫吊死,与百姓同其劳。"《国语·越语上》还说勾践注重繁息人户,奖励生育,令男女适龄婚嫁,违者受罚;生儿女由公家派医护理;生男,生女以及生二到三个孩子分别给予不同的奖赏和优待;对于鳏寡孤独给予各种必要的照顾。这就是所谓"十年生聚,十年教训"。杨宽先生说:"所谓'王者之道',就是发展封建经济和巩固地主政权的政策";富民"实质上就是对地主和自耕农有利,因而可以得到他们的支持";"吴王阖庐勤恤而厚爱的'民',不是别人,就是新兴地主阶级。"(应该说主要是地主阶级,当然也包括农民在内)他又说:越国改革内政,推行"舍其愆令,轻其征赋"和"裕其众庶"的政策,"所有'民'或'众庶',不但是农业生产的主要承担者,也是赋税、兵役的主要负担者,说明这时越国的封建经济已占主导地位。"②这一论断无疑是非常正确的。

---

① 见《史记·吴世家》。
② 见杨宽:《战国史》,上海人民出版社1980年版,第141、144页。

二、重视人才。春秋时代，各诸侯国内先是卿大夫专权，继以陪臣执国命，故而公室式微，政出私门。吴越独异于此。童书业《论楚秦吴越公室之强》云："楚，秦，吴，越在边陲，独不闻卿族专擅侵凌公室之事，盖其社会发展阶段尚较为原始也。……吴国之臣如伍员，大宰嚭等，地位虽高，一切均尚听王命。越臣如范蠡、大夫文种亦然；或避难他适，或为王所杀，未有敢恃功专权者，此君与中原诸国异也。吴越后皆衰亡，楚、秦则入战国时较易行中央集权之制，与其卿族夙无专擅之事，关系绝大也。"①不仅如此，两国谋臣都是他国人才。吴之伍员、孙武来自楚、齐，越之范蠡、文种亦皆楚产，这和后来的秦国多用客卿，终于统一六国颇有相似之处。吴、越何以有那么多外来的杰出人才，并在争霸过程中发挥重要作用。这和两国最高统治者实行"重视人才"和"任人唯贤"的政策分不开。吴王阖庐重用流亡吴国的伍子胥管理政治，又重用伍子胥引荐的大军事家孙武为将军，这是吴国达到强盛的重要因素之一。而吴王夫差即位后，企图有所作为，继续图就霸业，但用人不当，不用伍子胥而误听伯嚭之言，终于导致失败，可见用人问题之重要。《越语上》："越王勾践栖于会稽之上，乃号令于三军曰：'凡我父兄昆弟及国子姓，有能助寡人谋而退吴者，吾与之共知越国之政。'大夫种进对曰：'臣闻之贾人，夏则资皮，冬则资𫄨；旱则资舟，水则资车，以待乏也。夫虽无四方之忧，然谋臣与爪牙之士不可不养而择也。譬如蓑笠，时雨既至，必求之；今君王栖于会稽之上，然后乃求谋臣，无乃后乎？"这是文种对勾践遇到困难才想招贤的一种批评；"然谋臣与爪牙之士不可不养而择也"，也是积极的建议。故勾践"乃致其父母昆弟而誓之：'四方之士来者，必庙礼之'"。又"折节下贤人，厚如宾客"②。《越世家》说勾践"欲使范蠡治国政，蠡对曰：'兵甲之事，种不如蠡；镇抚国家，亲附百姓，蠡不如种'于是举国政属大夫种，而使范蠡与大夫拓稽行成，为质于吴。"勾践于范蠡言听计从，范蠡也尽力而为，君臣默契如此，这是国家兴旺的重要保证。据《越绝书·计倪内经》，越大夫计倪（即计然）③为越制定改革内政的国策，首先就是任人唯贤，"有道者进"。计然认为国君必须"明其法术"，"守法度，任贤使能"，才能达到"邦富兵强而不衰"。但越灭吴，北渡淮水与齐晋诸侯会于徐州，"周元王使人赐勾践胙，命为伯"，而"越兵横行于江淮东，诸侯毕贺，号称霸王"④之后就立即杀害功臣，实在是政治上愚蠢卑劣之举。越国不能长盛不衰，或与此不无关系。

---

① 童书业：《春秋左传研究》，上海人民出版社1980年版，第335页。
② 见《史记·越世家》。
③ 计然，或以为是篇名，或以为是人名，又有人以为计然即文种。
④ 见《史记·越世家》。

三、冶铸钢铁。相传吴王阖庐曾用"三百人鼓橐装炭",用铁铸造"干将"、"莫邪"两把宝剑①。1964年和1972年先后在江苏六合县程桥发掘一号、二号东周墓。其中一号墓中出土带有"攻敔"(即句吴)铭文的编钟九件,说明这是春秋后期越国的墓葬。引人注目的是一号墓出有铁弹丸,二号墓出有铁条。经过金相检查表明,铁丸是白口生铁铸成,是目前鉴定过的最早的生铁,这比欧洲出现生铁的时间要早一千九百多年。二号墓的铁条是由块炼铁锻成的。两件铁器说明生铁与块炼铁在我国可能是同时发明的。②

杨宽先生说:"从目前考古发掘已取得成绩,结合古代文献来看,南方首先发展冶铁技术,是可以肯定的。1928年朱希祖先生发表《中国古代铁制兵器先行于南方考》一文,在确认'吴、越、楚始用铁兵'的前提下,对'当时南方的铁所以能比北方好'的原因,作出两种解说,一是南方炼铁使用优质木材作燃料;二是使用的原料质量好。……这一推断是很有见地的。"③

春秋中期以后,吴越地区冶铸青铜的技术有飞速的发展,他们在铸造铜兵器尤其是宝剑方面取得的成果,令人惊叹不已!冶铁业之首先在东南地区出现不是偶然的,而是在长期冶铸青铜的实践基础上发展起来的。当然,吴王阖庐和越王勾践等重视生产,积极发展冶铸手工业的创业精神是不可低估的。

我国春秋晚期至春秋战国之际,铁工具的出现和在水利建设及农业生产中开始使用,必然加速私田的开发,导致井田制的彻底瓦解,促进以一家一户为单位的个体生产的发展,从而为新的封建制的生产关系代替并最终肃清旧的奴隶制的生产关系创造了物质条件。

(四)兴修水利。公元前486年,吴国曾在邗(今江苏省扬州市西北)筑城,在长江、淮河间开凿运河,称为邗沟。邗沟自今扬州向东北经射阳湖至末口(今淮安县北五里)入淮④。公元前482年吴国又从淮河继续开一条运河通到宋鲁两国间,北通沂水,西通济水⑤。这样便沟通了长江和黄河两大水系,在我国水利史上写下了光辉的一页。

《史记·河渠书》:"于吴,则通渠三江、五湖。……此渠皆可行舟,有余则溉侵。百姓飨其利。"魏嵩山、王文楚说:"可见早在春秋时期,北抵长江,南迄钱塘江,贯通三江、五湖,已

---

① 见《吴越春秋·阖闾内传》。
② 南京博物馆:《江苏文物考古工作三十年》,刊《文物考古工作三十年》,文物出版社1979年版,第203页。
③ 杨宽:《中国古代冶铁技术发展史》,上海人民出版社1982年版,第33—34页。
④ 见《汉书·地理志》江都县注、《左传·哀公九年》杜预注。
⑤ 见《国语·吴语》。

有渠道可通,而这条渠道即是江南运河的前身。"①他们又引《超绝书·吴地传》"吴古故水道,出平门上郭池,入渎,出巢湖,上历地,过梅亭,入杨湖,出渔浦,入大江,奏广陵"认为这条自今苏州西北行穿漕湖,逆太伯渎与江南运河而上,再经阳湖北入古芙蓉湖,由利港入长江以达扬州的渠道,其"开凿,通航,应该在开邗沟以前"。吴越之间亦有渠道相通,据《越绝书·吴地传》"百尺渎,奏江,吴以达粮。"魏、王指出百尺渎又称百尺浦,是在今海宁盐官镇西南四十里河庄山侧,原钱塘江北岸至崇德之间的渠道。另据《吴俗传》"越从松江北开渠至横山东北,筑城伐吴。"其渠即今越来溪,南通石湖而与古松江相接,北入横塘而通苏州②。

吴越首先开凿运河,这是历史上的一大创举。开凿运河这一伟大的水利工程。一要雄厚的经济力量,二要统治者的魄力和远见,三要必要的技术条件或工具。吴越地区是最早冶炼铁器的地区之一,而铁器的应用,比青铜器更有利于开辟荒山野岭和凿渠通航,这便为吴越首先开凿运河创造了条件。当然,运河的开凿,当时主要是为了军事上的目的,为了争霸中原,但客观上也便利了交通运输和农田灌溉。今天吴越地区成为全国最富饶的地区之一,与太湖流域的水利开发有密切关系;而这水利开发的历史,不能不追溯到春秋后期的吴越争霸时代。

(五)奖励农桑。冶铁技术的发展,水利的兴修,同样为农业的发展提供了有利条件。吴国在吴王僚及阖庐、夫差时期,以小农为基础的封建经济已开始发展。公元前522年伍员奔吴,曾"与太子建之子胜耕于野"③吴王夫差伐齐回国责备伍子胥时说他父亲吴王阖庐攻破楚国,开辟疆土,"譬如农夫作耦,以杀四方之蓬蒿"④,反映了当时封建经济的发展和农民向四方开垦荒地的情景。

勾践也在越国"省赋敛,劝农桑":"身自耕作,夫人自织"⑤"非其身之所种,则不食。非其夫人之所织,则不衣。十年不收于国,民俱有三年之食";"不乱民功,不逆天时","因时之所宜而定之,同男女之功"。越于是乎达到"田野开辟,府仓实,民众殷"⑥。表明吴越的兴起与重视和奖励农桑很有关系,因为农业是国民经济的基础,农业的丰歉直接影响到国家的命运,而后来吴王夫差之所以失败,就是因为连年征战,劳民过甚,致使"吴兵既罢,而大荒

---

① 魏嵩山、王文楚:《江南运河的形成及其演变过程》,刊《中华文史论丛》1979年第2辑,第306页。
② 魏嵩山、王文楚:《江南运河的形成及其演变过程》,刊《中华文史论丛》1979年第2辑,第306—307页。
③ 见《史记·伍子胥列传》。《左传·昭公十二年》说伍员"耕于野"。
④ 见《国语·吴语》。
⑤ 见《史记·越世家》。
⑥ 《国语·越语下》。

荐饥,市无赤米,因困鹿空虚"①,给越国灭吴以时机。

（六）发展商业。春秋后期由于农业和手工业的发展,商品经济的比重日益加大,城市也随之兴起。吴王阖庐任用伍子胥,"立城郭,设守备,实仓廪,治兵库"②,夫差为了北伐又"城邗"。吴国发展商业的具体情况不详,但根据吴国重视冶铸钢铁,奖励农桑,兴修城郭等情况来判断,吴国的商业应该是相当繁荣的。越国的情况比较突出的有两点可以称道：其一,越用"计然之策"导致富强；其二,越灭吴后,范蠡弃政从商,成为春秋晚期名闻天下的大商人。由此可以推知越王勾践时期商业发展的一斑。

《史记·货殖列传》说,越用"计然之策"使经济得到发展,所谓"计然之策七,越用其五而得意；修之十年,国富,厚赂战士,士赴矢石,如渴得饮,遂报强吴,观兵中国,称号'五霸'"。可惜该传未详列七策之内容,而只介绍了"平粜"理论和"积著之理"。平粜论以当时流行的农业丰歉循环论"六岁穰,六岁旱,十二岁一大饥"为依据,让政府收购并销售粮食,以便调节物价和保障供给,防止粮贱"病农"、粮贵"病末(工商业)",是为"平粜齐物,关市不乏,治国之道也"。"积著之理"是讲经商掌握"旱则资舟,水则资车"原则进行囤积居奇以牟取暴利。其要点之一是"务完物"即妥为保藏商品勿使腐败变质；其二是购和出售商品必须掌握时机,做到"贵出如粪土,贱取如珠玉"；其三商品及资金必须周转迅速,以获取巨额利润,即所谓"财币欲其行如流水"、"无息币"。后来越国灭吴后,范蠡有鉴于勾践可共患难而不可共安乐,乃适齐之陶用"计然之策","十九年三致千金",号称陶朱公,子孙修业,家累"巨万"。越国能总结出如此精辟的商业理论和培养出如此高明的商业实践家,足见其商业之发达。

（七）设置郡县。公元485年吴派将军徐承帅舟师海上攻齐,遭到失败。第二年"于是吴王乃遂发九郡兵伐齐"③,取得鲁国的配合,终于大败齐师于艾陵(今山东省淄博市西南)。从"发九郡之兵"这件事,可知这时吴国地主政权已推行郡县制,并已实行以郡县为单位的征兵制④。

西周春秋时代基本上实行分封制和世卿世禄制。随着小农经济的出现,世袭贵族统治的瓦解,以及君主集权政体的产生,从春秋后期到战国时代逐步推行郡县制,作为封建国家

---

① 见《国语·吴语》。
② 见《吴越春秋·阖闾内传》。
③ 见《史记·仲尼弟子列传》。
④ 见杨宽：《战国史》,第145页。

加强中央集权的统治基础。春秋后期晋国新兴地主阶级较早起来夺取政权,故首先出现郡的组织,其时晋郡设在新得到的边地,其地位比县为低,故赵简子宣誓时说:"克敌者上大夫受县,下大夫受郡"①,直到战国以后推行郡县二级制。今《左传》哀十一年(公元前484年)"发九郡兵伐齐"。说明吴国的封建化进程比晋国发展得更快,首先在春秋后期可能已全面推行了郡县制。

(八)加强兵力。春秋后期吴越为了争霸,不断加强兵力,在军事理论和战术的运用上也颇多建树。

春秋时期中原各国主要盛行车战。南方滨海又多河湖港汊,故吴越等国因地制宜,积极训练步兵和水师,发挥了自己的特长。吴楚及吴越之间的战争,训练有素的水军常在江河湖汊交战;吴国的水师还从海道北上伐齐②,越国的水师也趁机自海道入淮截击吴军,断其归路③,这是中国最早的海军。

早在吴王寿梦时,申公巫臣自晋入吴,帮助吴国训练士卒,用中原的军事技术装备吴军,教会吴人射御和使用兵车及布置战阵,等等,大大加强了吴国的军事力量。阖庐时伍子胥提出削弱楚国的战略方针"为三师以肄焉"。即组织三师轮番骚扰,"彼出则归,彼归则出",使楚国苦于"无岁不有吴师",等楚国疲敝不堪,然后出动三军攻占楚地,"楚于是乎始病"④。阖庐又得大军事家孙武的辅佐,使吴国的军事理论和战略战术得到极大的提高。孙武所著《孙子》十三篇是我国第一部兵书,在中国和世界军事史上有崇高的地位,孙武认为战争必须以国内政治为基础,而国君和民众的意愿是否一致,将帅是否团结,天时地利等客观条件是否有利,军队的训练、指挥是否得当,军纪和赏罚是否严明,都是决定战争胜负的基本因素。他又提出"知己知彼,百战不殆"、声东击西(即"示形")、集中优势兵力打歼灭战("我专而敌分")等著名理论。孙武的作战指导思想和原则具体应用到战争中去,不断取得军事上的重大胜利,柏举一战尤为突出。《史记·孙子列传》说吴王用孙武"西破强楚,入郢,北威齐、晋,显名诸侯,孙子与有力焉";《伍子胥列传》称"吴以伍子胥、孙武之谋,西破强楚,北威齐、晋,南服越人";旨非虚语。吴王夫差黄池会盟前夕得知越国入侵,陷于进退维谷之际,尚能从容布阵示威,即以步卒百人为一"彻行",十行由嬖大夫率领,百彻行由一将军统辖,建为方阵,所谓"万人以为方阵";左、右军亦然,共带甲三万严阵以待,迫使晋侯让

---

① 见《左传·哀公二年》。
② 《左传·哀公十年》:吴派将军"徐承帅师将自海入齐";《吴世家》夫差十二年"乃从海上攻齐"。
③ 《国语·吴语》:"越王勾践乃命范蠡、舌庸率师沿海沂淮以绝吴路。"
④ 见《左传·昭公三十年》。

吴国为盟主①。可见吴国确是谙练于兵阵。

越国在训练士卒(特别是水师)②、制造弓弩③、宝剑等新式武器,以及在整饬军纪④方面都下过功夫。童书业先生说:"吴、越交兵,吴只一胜,一入越,而越则数胜,三入吴,卒灭吴国。越强于吴,于此可见。"⑤吴国入越而未灭越,吴国倾全力北上争霸而导致后方空虚。这都是吴王夫差的失算。当然,越王勾践奋发图强和努力加强兵力也是事实。此外,越国在战略战术的运用方面也确实是相当高明的。例如笠泽之战,先命左、右二军夜间涉江鸣鼓,吴人惊骇之余急分二师以抵御;勾践"以其私卒君子六千人为中军",突然偷袭吴师,终于取得三战三捷的辉煌胜利。⑥

综上所述,可以推知吴越两国内政改革的内容是极为广泛的。其中如冶铁和锻制兵器,开凿运河,发展农桑,设置郡县,以及在军事理论和训练水师、重视商业和总结经商理论等方面已比北方先进,在当时处于领先的地位,其封建化的进程确是超过了中原地区。可以这样说,改革促使吴越国富民强,促使吴越崛兴称霸;而吴越改革、崛兴的结果,对长江中下游地区的开发,为促进民族融合和促进东南地区与中原地区的经济文化交流都起了巨大的推动作用。因此之故,东南地区经过秦、汉、三国的继续开发,到了唐宋时期经济重心南移,这里成为全国最富饶的地区之一,并出现"苏湖熟,天下足"的可喜情景。寻根究源。不能不追溯到吴越时代的建设。

(原载《先秦史论集:徐中舒教授九十诞辰纪念论文集》,中州古籍出版社出版1989年版,第350—366页)

---

① 见《国语·吴语》。
② 《史记·越王勾践世家》"乃发习流二千人","习流"应指水军。
③ 《吴越春秋》记陈音与越王勾践说"弩生于弓",按弩是春秋后期南方楚和吴越首先应用的有力武器。
④ 《国语·吴语》记勾践于前478年伐吴,为整饬军纪,不断斩有罪者以徇。《国语·越语上》谓勾践乃至其众而誓之曰:"吾不欲匹夫之勇也,欲其旅进旅退,进则思赏,退则思刑。"
⑤ 见《春秋左传研究》,第328页。
⑥ 见《国语·吴语》。

西周和春秋时代宗法制度的几个问题

宗法制度从产生到消亡,大约延续了三千多年,对中国社会发展演变的影响甚大,是一个值得探索的课题。本文拟在前人研究的基础上,对有关西周和春秋间宗法制度若干传统说法提些不同看法。

一、《礼记》关于宗法制的论说不足为据

自汉代以来,礼家讲宗法,每以《礼记》为依据。今天也还有部分学者深信不疑。《礼记》的传统说法,究竟可信不可信?

《礼记·大传》曰:

> 别子为祖,继别为宗,继祢者为小宗,有百世不迁之宗,有五世则迁之宗。百世不迁者,别子之后也,宗其继别子之所自出者,百世不迁者也。宗其继高祖者,五世则迁者也。尊祖故敬宗;敬宗,尊祖之义也。(《礼记·丧服小记》有类似的记载)

所谓"别子",据郑玄解释:"别子,谓公子若始来在此国者,后世以为祖也。"①又说:"别子为祖者,诸侯之庶子,别为后世为始祖也;谓之别子者,公子不得祢先君。"②《礼记·郊特牲》:"诸侯不敢祖天子,大夫不敢祖诸侯。"综合以上说法,我们可以看出:天子、诸侯有君统而无宗统,宗法只在士大夫的范围实行。诸侯的嫡长子以外的诸子,称为公子;因为"公子不得祢先君"、"公子不得宗君"③。只能另建宗统,以与国君及其世嫡相区别,所以又称"别子",并成为新建宗族的始祖,这便叫做"别子为祖"。别子的嫡长子继承别子,称之为"宗

---

① 《礼记·大传》郑注。
② 《礼记·丧服小记》郑注。
③ 《礼记·大传》郑注。

子",这叫做"继别为宗",世代相传就成为"百世不迁"的大宗。别子的庶子以别子的嫡长子为宗,庶子的嫡长子以别子的嫡长孙为大宗,而自己继承庶子成为小宗的"宗子"。《大传》又说:"四世而缌,服之穷也。五世袒免,杀同姓也。六世,亲属竭矣。"就是说,小宗到了五世同高祖以上的亲属则要退出小宗,不再有亲属关系,有丧事也不丧服,此即"五世则迁之宗"。所以,一个宗族自别子开始繁衍数代之后,除继别大宗之外,始终保持继高祖、继曾祖、继祖、继祢四小宗,合共五宗。

我们认为,《大传》等记载,虽是古代讲宗法的最详细的材料,但是出于战国秦汉儒家的增饰,与西周、春秋时代的实际情况并不符合,因而是不足为据的。

杨宽先生在《古史新探》"序言"中指出,《周礼》、《仪礼》、《礼记》等三部礼书,既有较早的史料,又经过后儒的增饰,需要有分析地加以利用,即"按照社会历史发展规律,把礼书中的史料和其他可靠史料结合起来研究,从探索各种制度的起源和流变中,分析出那些是比较古老的制度,那些是已有变化的制度,那些是加入的系统化和理想化成分。这样对我们研究古代历史,就可得到帮助。"①基于这样的认识,我们用《诗》、《书》、《左传》、《国语》等先秦文献以及金文资料加以比较、验证,感到《礼记》关于宗法的论述确有两点不可信:其一,谓"天子、诸侯绝宗"不可信;其二,谓"小宗五世则迁"也不可信。请看事实:

《诗·大雅·公刘》:"君之宗之。"《毛传》:"为之君者,为之大宗也。"

《诗·大雅·文王》:"文王孙子,本支百世。"朱熹《诗集传》:"本,宗子也;支,庶子也。""维文王孙子,则使之本宗百世为天子,支庶百世为诸侯。"

《诗·大雅·板》:"大宗维翰。"《毛传》:"王者,天下之大宗。"

以上说明天子为天下之共主外,又是同姓贵族之大宗。1955 年陕西眉县李村出土的《盠尊》,其铭文有"王弗忘厥旧宗小子,螽皇盠身"等语,说明此周王(懿王)乃贵族盠之大宗②;1963 年陕西宝鸡市贾村出土的《何尊》,铭文中说"王诰宗小子于京室",意即成王在新

---

① 杨宽:《古史新探·序言》,中华书局 1965 年版,第 2 页。
② 段绍嘉、何汉南:《郿县出土青铜器之初步研究》:"谓周王不忘旧宗(即宗族)小子。"(见《人文杂志》1957 年第 1 期)方继成《对罗福颐先生〈郿县青铜器铭文试释〉的商榷》:"'旧宗'二字不但证明了盆公与周王为同姓,同时还反映了盠是周天子的疏远房辈。"(同上,第 4 期)李学勤《郿县李家村铜器考》:"此处'旧宗'不论是指旧的宗庙(对新宗而言,如《作册般鼎》的"作册般新宗")或旧属宗支,所谓'王弗忘厥旧宗小子',均表明此王曾属于一'宗'……。"(《文物参考资料》1957 年第 7 期)

都成周的宗庙向王族子弟发布诰命①,尤足证明天子实行宗法。此外,文献金文都有"宗周"的称谓,例如:

《诗·小雅·正月》:"赫赫宗周,褒姒灭之。"

《左传》昭公二十四年:"嫠不恤其纬,而忧宗周之陨。"——此"宗周"盖指西周王室而言。

《书·多方》:"王来自奄,至于宗周"《燕侯旨鼎》、《堇鼎》、《麦尊》、《献簋》、《献侯鼎》、《𣄰钟》、《大盂鼎》、《克鼎》、《善鼎》、《臣辰盉》等数十器,或言"王在宗周",或言"于宗周"。

郑玄《诗谱·王风》:"武王作邑于镐京,谓之宗周,是为西都。"——则此"宗周"乃指周都镐京。

无论指周王室或周都镐京,皆与宗法有关。所以吕思勉先生说:"周时同姓之国,皆称周为宗周,此诸侯之宗天子也。"②《燕侯旨鼎》谓"匽(燕)侯初见事于宗周",《堇鼎》记"匽侯令堇饴太保于宗周",《麦尊》记"王命辟邢侯出𤲫侯于邢,雩若二侯见于宗周",等等,此燕、邢皆姬姓之国。《献簋》讲献身在毕公家,受天子金车之赐,郭老说:"'毕公家'犹卜辞'母辛家',谓毕公之庙。"③献既是毕公之后,当然也是同姓。《𣄰钟》旧名《宗周钟》,据唐兰先生考证,作器者即周厉王(名胡)④,那就更加不用解释了。有些作器者姓氏难辨,但也确有非同姓者。这说明周天子初为姬姓大宗,故同姓诸侯皆称周王室为"宗周";后因王及宗庙所在,遂称镐京为"宗周"。异姓诸侯本与王室有姻亲关系,也就跟着宗室称周王室或镐京为"宗周"了。

又周天子称同姓诸侯为伯父、叔父,称异姓诸侯为伯舅、叔舅。《国语·周语中》记周襄王以阳樊二邑赐晋文公,"阳人不服,晋侯围之。仓葛呼曰:'王以晋君为能德,故劳之以阳樊。阳樊怀我王德,是以未从于晋。谓君其何德之布,以怀柔之,使无有远志。今将大泯其宗祊,而蔑杀其民人,宜吾不敢服也。……且夫阳岂有裔民哉?夫亦皆天子之父兄甥舅也。若之何其虐之也!'晋侯闻之,曰:'是君子之言也。'乃出阳民。"《郑语》:"桓公为司徒,甚得周众与东土之人。问于史伯曰:'王室多故,余惧及焉,其何所可以逃死?'史伯对曰:'王室

---

① 参看唐兰:《𣄰尊铭文考释》(《文物》1976年第1期)。
② 吕思勉:《先秦史》,上海古籍出版社1982年版,第281页。
③ 郭沫若:《金文续考·献彝》,1952年重印本第2册。
④ 唐兰:《周王𣄰钟考》,1936年《北平故宫博物院年刊》。

将卑,戎狄必昌,不可逼也。当成周者,南有荆蛮、申、吕、应、邓、陈、蔡、随、唐,北有卫、燕、狄、鲜虞、潞、洛、泉、徐、蒲,西有虞、虢、晋、隗、霍、杨、魏、芮,东有齐、鲁、曹、宋、滕、薛、邹、莒,是非王之支子母弟甥舅也,则皆蛮荆戎狄之人;非亲则顽,不可入也。"由此可见天子与诸侯臣民,凡同姓皆论宗法血缘关系,异姓则论姻亲。

《己伯钟》:"用追孝于己伯,用享大宗……用邵大宗。"《国语·晋语一》记骊姬赂梁王、东关王,使之说晋献公曰:"夫曲沃,君之宗也。"韦昭注:"宗,本宗也。曲沃,桓叔之封,先君宗庙在焉,犹西周谓之宗周也。"《左传》哀公十四年,桓魋请以鞍易薄,宋景公曰:"不可。薄,吾宗邑也。"按薄即亳,汤所都,宋为殷后,故称宗邑;此与《左传》文公二年"宋祖帝乙,郑祖厉王"同义,凡此都说明诸侯实行宗法。

此外,诸侯彼此相宗,以及大夫宗诸侯的例子很多,就不一一列举了。总之,《礼记》以为天子、诸侯不讲宗法,实为无稽之谈,不足凭信。

《礼记》关于大宗、小宗和五世则迁的讲法,与西周、春秋时代"致邑立宗"的原则也不符合。《左传》僖公二十四年:"昔周公吊二叔之不咸,故封建亲戚,以蕃屏周。"昭公二十六年:"昔武王克殷,成王靖四方,康王息民,并建母弟,以蕃屏周,亦曰:'吾无专享文武之功。'"桓公二年:"师服曰:'吾闻国家之立也,本大而末小,是以能固。故天子建国,诸侯立家,卿置侧室,大夫有贰宗……'"隐公八年:"无骇卒,羽父请谥与族。公问族于众仲,众仲对曰:'天子建德,因生以赐姓,胙之土而命之氏。诸侯以字为谥,因以为族官有世功,则有官族。邑亦如之。'公命以字为展氏。"凡此都说明宗法制与分封制有密切的关系,说明天子、诸侯命氏或命族的目的,乃是建立屏障以捍御自身,首先是出于政治上的需要。其次,要看经济条件的许可,如《诗·鲁颂·閟宫》所谓"锡之山川,土田附庸"、《大盂鼎》所谓"授民授疆土",即要有土地和人民可供分割。再次则如《国语·周语下》太子晋所说:"唯有嘉功,以命姓受氏,迄于天下。"要看同宗贵族是否有宠于君上或有功国家社稷。有人说:"宗法制度下的宗族,不是自然产生的血缘团体,而是由天子、诸侯授命而建立的。"① 这话也有一定的道理。无骇为公子展之孙,郑之伯有为公子去疾之孙,至其子辈立族均四世而已;公子叔牙饮鸩而死,鲁立其子为叔孙氏,二世而已。族人因故亦可请求太史脱离本宗而改其族氏,如《国

---

① 杨英杰:《周代宗法制度辨说》,《辽宁师院学报》第 6 期。

语·晋语九》所记:"智宣子将以瑶(即智伯)为后。智果曰:'不如霄也。……若果立瑶也,智宗必灭。'弗听。智果别族于太史,为辅氏。及智氏之亡也,唯辅果在。"由此可见五世则迁之说,实是后儒加入的系统化和理想化成分,没有可靠的史料依据。有的学者,坚守汉儒旧说,用以批评持不同观点的论著,恐怕要面对事实,在史料的抉择方面多加考虑。

二、宗法制的核心并非全在于嫡长子继承法

王国维在《殷周制度论》中强调殷周之际政治与文化之变革最为剧烈。他说:"周人制度之大异于商者,一曰立子立嫡之制,由是生宗法及丧服之制,并由是而有封建子弟之制,君天子、臣诸侯之制;二曰庙数之制;三曰同姓不婚之制。"又说:"周人嫡庶之制本为天子诸侯继统法而设,复以此制通大夫以下,则不为君统而为宗统,于是宗法生焉。"[①]

西周封建论者认为宗法制度是西周封建社会最重要的上层建筑,也是中国封建制的特点。其核心就是嫡长子继承制,就是"立嫡以长不以贤,立子以贵不以长"。[②] 这是周人的创造。西周奴隶社会论者认为宗法制度实际上是父系家长制的产物,是氏族社会的残迹,它并不是封建社会的特征,相反却与奴隶制度结合在一起;但是,由于西周才实行传子传嫡之制,所以宗法制度盛行于西周和春秋时期。总之,把宗法制度归结为嫡长子继承财产和权力这一点,或多或少是受了汉儒及王氏的影响。其实,与西方不同,"无论在奴隶社会或封建社会,我国都没有确立过长子继承制的原则。西周的宗法分封制虽有大宗小宗之别,但小宗也一定继承和占有相当数量的土地。这样,经过若干代宗族繁衍之后,随着贵族集团人数的成倍增加,于是在奴隶制崩溃的过程中,宗法土地继承制也就根本无法维持了。进入封建社会以后,我国盛行的仍然不是长子继承制,而是分户析产的家族财产关系。……""中国封建社会没有实行长子继承制,家长死后,必然分户析产,甚至地主政权有时也明文规定,分析家财田产,不问妻妾婢生,止依子数均分。"[③](《明会典》)由于我国没有真正确立长子继承制的原则,所以兄弟同居共财或大体上按一定的比例分析财产的事实是普遍存在的,兄弟之间讲孝友或孝悌的观念也是由来已久甚至可以说是根深蒂固的。有鉴于此,即

---

① 王国维:《殷周制度论》。
② 《公羊传·隐公元年》。
③ 胡如雷:《中国封建社会形态研究》,三联书店1979年版,第45、85页。

使是西周和春秋时代，嫡庶之分和长子继承的办法也不是绝对的和被严格执行的。何况西周之前春秋之后宗法制是长期存在的。如若过于强调所谓"嫡长子继承制"，就会把宗法制度局限在很小的范围之内，这是不很妥当的。

关于西周和春秋时代的宗法制，学术界已形成比较一致的看法，即周天子是天下同姓贵族的大宗，王位由嫡长子承继；其庶子分封为诸侯或卿大夫，对天子而言是为小宗。但诸侯在国内则为大宗，君位由嫡长子相传；其庶子分封为卿大夫，对嗣君来说又是小宗。卿大夫在本族内亦以嫡长子相传成为大宗，其庶子则建立分支为小宗。这样，就构成大宗统小宗的层层宗法关系。

我们认为，宗法制度的这一新的模式，虽然比《礼记》的说法要接近事实，但仍带有若干理想化的增饰成分。

首先，周之季历、武王即位非长子。周公摄政称王，实际是及位。而据古书记载，文、武卒年均在九十以上；武王卒，成王年幼，则此成王绝非嫡长子可知。孝王接懿王位是叔继侄。他如夷王烹齐哀公而立其弟胡公静，宣王舍鲁武公长子括而立其幼子懿公戏，均说明周天子对于嫡长子继承权位的观念甚为淡薄。诸侯国内的情形更是如此。以鲁国为例，鲁乃周公所封，令其长子伯禽就国，按理应最守周公所定礼制。吴国的季札聘于鲁，请观周乐，盛赞"其周之东乎？""其周公之东乎？""其周之旧乎？""其文王之德乎？"①晋国的韩宣子聘鲁，见西周以来的典籍文物甚为完备，也发出"周礼尽在鲁矣"的赞叹！② 可是，自伯禽至鲁哀公，终西周春秋之世，鲁国的君位继承均是"一继一及"，即"父死子继、兄死弟及"，一代传子、一代传弟，而绝不是实行单一的嫡长子继承制。鲁庄问公嗣于弟叔牙，叔牙就说："一继一及，鲁之常也。庆父在，可为嗣，君何忧？"③宋是殷人之后，也未严格实行嫡长子继承制，如宣公病，让位于弟和并加如下说明："父死子继，兄死弟及，天下通义也。"④凡此都说明子继和弟及在当时并行不悖。又楚成王将以其长子商臣为太子，令尹子上反对说："楚国之举，恒在少者。"⑤意即楚国常立幼子而不立长子。郑灵公被杀，郑人欲立灵公弟去疾，去疾让曰："必以贤，则去疾不肖；必以顺，则公子坚长。"⑥其次序，贤德在先，"尚德不尚年"。晋

---

① 《史记·吴太伯世家》。
② 《左传·昭公二年》。
③ 《史记·鲁周公世家》。
④ 《史记·宋微子世家》。
⑤ 《史记·楚世家》。
⑥ 《史记·郑世家》。

献公亦谓"寡人闻之,立太子之道三:身钧以年,年同以爱,爱疑决之以卜筮。"①身钧即德同,亦以贤德为第一。凡此种种,证明当时各诸侯从理论到实践方面都没有确立嫡长子继承制,或者至少说没有严格地实行这一继承制度。

丁山在《宗法考源》中认为"考宗法起源者,不当求之于后世子孙之嫡庶长幼,当反求诸宗庙之昭穆亲疏。故曰:宗法者,宗庙之法也。"②把宗法归之于"宗庙之法"未必正确;但仅从嫡庶长幼来说明宗法也不全对,这一点丁氏是早看到了。

我们认为,宗法制是以古代宗族的普遍存在为前提的。所谓宗族,即以血缘关系为纽带,聚族而居,有共同的土地财产,有宗庙祭祀共同的祖先,甚至有共同的墓地。宗法制的实质,就在于男性族长对宗族的政治、经济、宗教祭祀等各方面有绝对的支配权,亦即对整个宗族成员实行家长制的统治。而这种权力是可以由父系世代相传的。至于直接传子,是传长传幼或传嫡传庶,还是兄弟相承再传至下一代,那是无关宏旨的。即令西周王位继承全是嫡长子继承,并因严嫡庶之分而产生大宗小宗,在宗法关系上形成一定的特点,也不能以偏概全,只承认周人有宗法,而否认其前后存在宗法制度的事实。甲骨文有王族、子族、多子族、三族、五族;武王克商以后,成王分鲁以"殷民六族,条氏、徐氏、萧氏、索氏、长勺氏、尾勺氏,使帅其宗氏,辑其分族,将其丑类,以法则周公。用即命于周。是使之职事于鲁。"分康叔以"殷民七族"、分唐叔以"怀姓九宗"。③说明宗族制度早已存在。甲骨文又有大示、小示,大宗、小宗,说明殷代实有宗法。④

三、春秋以前盛行宗法制度的社会基础

一般说来,由原始社会进入阶级社会后,"以血缘团体为基础的旧社会由于新形式的社会各阶级的冲突而被炸毁:组成为国家的新社会取而代之;而国家的基层单位已经不是血缘团体而是地区团体了。"⑤但我国古代,至少从商、西周到春秋时代普遍存在从父系氏族质变而来的宗族组织。这是中国古代社会的一大特点。田昌五同志尤其注意这特点,并且径

---

① 《国语·晋语一》。
② 《中大语史所集刊》第 4 卷第 4 期,1934 年。
③ 《左传·定公四年》。
④ 胡厚宣:《殷代婚姻家族宗法生育制度考》,1944 年《甲骨学商史论丛初集》。陈梦家:《殷虚卜辞综述》,科学出版社 1956 年版,第 631 页。
⑤ 恩格斯:《家庭、私有制和国家的起源》,第一版《序言》。

称商周时期为"家族奴隶制"或"宗族奴隶制"时代①,不是没有道理的。杨宽先生在《试论西周春秋间的宗法制度和贵族组织》②一文中,对宗庙、族墓、姓氏、婚姻与继承制度,以及对族长主管制、家臣制度和宗法制度下贵族的各种相互关系作了深入的考察,使我们信服地认识到当时的宗族确是一个紧密团结的政治经济实体,也可以目之为社会结构的基本细胞。例如,宗族在政治斗争中失败,则宗庙绝祀、墓田易主、姓氏坠亡、室产被瓜分,整个宗族或降在皂隶,或被驱逐,或被杀灭。试举数例:

《左传》昭公三年:"虽吾公室,今亦季世也。……栾、郤、胥、原、狐、续、庆、伯降在皂隶;政在家门,民无所依。"(叔向答晏子语。按以上八氏,皆晋之卿大夫之宗族)

《国语·晋语八》:"夫郤昭子,其富半公室,其家半三军;恃其富宠,以泰于国;其身尸于朝,其宗灭于绛。不然,夫八郤,五大夫三卿,其宠大矣;一朝而灭,莫之哀也,唯无德也!"(叔向答韩宣子语)

《国语·晋语九》:"夫范、中行氏,不恤庶难,欲擅晋国,今其子孙将耕于齐,宗庙之牺,为畎亩之勤。"(晋大夫窦犨与赵简子语)

《左传》文公十六年,宋司城荡卒,其子公孙寿辞司城,请使子意诸为之。既而告人曰:"君无道,吾官近,惧及焉。弃官,则族无所庇。子,身之贰也。姑纾死焉。虽亡子,犹不亡族。"

正因为宗族是一个紧密团结的政治经济实体,他们休戚相关,所以由宗族成员及其私属组成的军队,作战也特别勇敢。甲骨文中就常见。自(师)旅等常备军外,有王族、多子族、三族、五族等从事频繁的军事活动。例如:

己亥卜,令王族追召方及于□,《南明》616

己卯卜,允贞,令多子族从犬侯璞周,叶王事。五月。《续》5.2.2

己亥,历贞,三族王其令追召方,及于。《京》4387

王蚩🉑令五族戍羌方。《后下》42.6

---

① 田昌五:《中国奴隶制的特点和发展阶段问题》,《先秦史论文集》,1982年《人文杂志》专刊。
② 《古史新探》,第166—196页。

西周金文,如成王时之《明公毁》:"惟王令明公遣三族伐东国。"《班毁》令班曰:"以乃族从父征。"厉王时之《禹鼎》记西六𠂤、殷八𠂤等常备军伐噩(鄂)侯驭方,久而不克;卫武公遣令禹率其私属"戎车百乘、斯驭(御)二百、徒千",一下获胜,俘虏噩侯驭方。《国语·楚语》记晋楚鄢陵之战,由楚逃到晋的雍子对晋军主帅栾书说:楚之主力在"中军王族",于是制造假象诱敌深入,大获全胜。《左传》僖公二十八年城濮之战,楚中军追击伪败晋军时,"原轸、郤溱以中军公族横击之",楚师败绩。

总而言之,春秋以前由于旧的血族团体长期存在,并且始终结成休戚相关、荣辱与共的政治经济实体而不可分割,这便是当时普遍盛行宗法制度的社会基础。

有人根据《左传》哀公四十年宋"左师每食击钟。闻钟声,公曰:'夫子将食。'"为例,认为"每食击钟,是宗族几十、成百人一起吃饭,所以要以钟声为号,说明宗族仍足同㸑的。"①这恐怕是出于对史料的误解。上面我们论述春秋以前的宗族是一个基层组织,或同居同㸑,或异居共财,当作进一步的研究。至于这里提到的"钟",乃是古代的乐器,如《诗》云"钟鼓喤喤"(《周颂·执竞》)、"鼓钟将将"(《小雅·鼓钟》),《论语·阳货》所谓"乐云乐云,钟鼓云乎哉?"说的都是钟乐。上引《左传》"夫子将食"之后,紧接着说:"既食,又奏。"词义尤为明显。《左传》成公二年:"晋郤至如楚聘且莅盟,楚子享之,子反相,为地室而县焉(指悬钟鼓)。郤至将登,金奏作于下。"杜注:"击钟而奏乐。"郭宝钧先生说:"击钟应为奏乐之始,所谓'钟声铿,铿以立号'也。"②宋之司马桓魋(即向魋)"恃宠骄盈",并欲加害宋景公,其兄左师向巢虽与桓魋有别,但却非常豪奢和讲排场,食必钟鼓之乐。又如郑之卿大夫良霄,字伯有,郑穆公之后,公子去疾之孙,公孙辄之子,三世执国柄,群卿大夫必先朝伯有而后朝见郑君,是故叔向、子产皆批评"已侈"、"汰侈",即过于奢侈和骄横。《左传》襄公三十年所记"郑伯有者酒,为窟室,而夜饮酒,击钟焉。"与左师"每食击钟"义同。后世如张衡《西京赋》"击钟鼎食,连骑相过。"王勃《滕王阁序》"闾阎扑地,钟鸣鼎食之家。"均是此意。似与打钟为号、宗族同㸑无涉。

战国以来,由于生产力的提高,小农经济的发展,个体家庭成为中国社会结构的基本细胞,而土地买卖、阶级分化,等等,更促使宗法关系趋向松弛。所以,宗法制度虽然长期残留于封建社会,并对社会的政治、经济的发展有一定的影响,但与春秋以前相比,已有很大的变化。要根据具体情况作具体的分析,即既要看到它的存在,又不能过于夸大其作用。

(原载《复旦学报》(社科版)1984年第1期)

---

① 李家骥:《宗法今解》,《学术月刊》1982年第5期。
② 郭宝钧:《中国青铜器时代》,三联书店1978年版,第264页。

孔子论三代礼制浅析

孔子有关三代礼制亦即三代文化制度的论述,见于《论语》一书,主要有:(1)"夏礼吾能言之,杞不足征也;殷礼吾能言之,宋不足征也。文献不足故也,足则吾能征之矣"。(2)"周监于二代,郁郁乎文哉,吾从周"(《八佾》)。(3)"殷因于夏礼,所损益可知也;周因于殷礼,所损益可知也;其或继周者,虽百世可知也"(《为政》)。(4)"行夏之时,乘殷之辂,服周之冕,乐则《韶》舞"(《卫灵公》),等等。在以往研究孔子的论著中,常有人把孔子的以上论述,特别是其中(2)至(4)段,作为孔子守旧的、复古的,乃至反动的历史观加以批判。今天看来,这些批评未必确切和公允。本文试从孔子实事求是的优良学风和三代文化制度的实际承袭关系作一些新的探索和剖析。

一、夏殷二代"文献不足征"

孔子所谓"夏礼吾能言之,杞不足征也;殷礼吾能言之,宋不足征也。文献不足故也,足则吾能征之矣"。只是随口说说,还是客观事实?郭沫若先生说:"生在二千五百年前的孔子,在古代研究上对于资料的缺乏,已经在发着浩叹。他说:'夏礼吾能言之,杞不足征也,殷礼吾能言之,宋不足征也,文献不足故也,足则吾能征之矣'。夏、殷距孔子时未远,已无十足的文献可征,但在孔子以后的杞、宋,对于夏礼、殷礼却言之头头是道,甚至如唐、虞揖让,君臣赓歌,其表现在《典》、《谟》上的俨然就是昨天的事情一样。这是表明了七十子的后学,在求学的态度上远不如其先师之有客观的精神。"[①]

与郭氏一样,我们也认为,孔子所说夏、殷二代"文献不足征"应该是客观事实。

何谓"文献"?按照郑玄的解释,"文"就是文章;"献"是指贤才[②]。古代的典章制度、历史文化需要文章予以记录,而写文章的则是学问渊博和熟悉掌故的贤士大夫。

夏王朝有完整的世系流传下来,从一个侧面反映夏代应该有了文字。夏代如果使用有体系的文字,当掌握在巫师或祭师之类少数人手里。商代的甲骨文很明显也就掌握在巫、

---

① 郭沫若:《先秦天道观之进展》,见《青铜时代》。
② 见《论语·八佾》郑玄注。

史之类的"贞人"之手。殷人虽"有册有典",大约在武王克殷之际也遭到破坏或损失,作为王室占卜记录的国家档案即大宗甲骨卜辞又掩埋于地下,所以孔子为了研究和讲授夏殷之礼,不得不跑到夏、殷二代的后裔杞、宋二国去调查研究。其结果,不仅发现古代遗留的文化典籍确实不多,而且杞、宋二国实为"小国寡民",压根就没有什么贤才。因此,不能不感到失望而发出"文献不足征"的叹息。

《论语·八佾》说孔子到杞、宋什么也没有得到,而《礼记·礼运》却说孔子失望之余还是得到一点东西,即《夏时》和《坤乾》。

> 孔子曰:"我欲观夏道,是故之杞而不足征也,吾得《夏时》焉;吾欲观殷道,是故之宋而不足征也,吾得《坤乾》焉。《坤乾》之义,《夏时》之等,吾以是观之。"

这《夏时》和《坤乾》就是孔子所得到的深感不足的"文献"。据郑玄说,《夏时》即《大戴礼》中的《夏小正》,《坤乾》即殷《易》、《归藏》。夏、殷二代重历法和占卜祭祀,孔子于杞、宋得到上述典籍是完全可信的。

王欣夫先生说:"据《春秋公羊传》卷一疏引闵因叙云:'昔孔子受端门之命,制《春秋》之义,使子夏等十四人求周史记,得百二十国宝书'。可以推知,《八佾》和《礼运》所载孔子之言,是在修《春秋》时有感而发的。周有百二十国宝书,这就是'文',使子夏等十四人求之,这就是'献',周代的'文献'都备,不能不感到夏殷'文献'的不足了。清刘宝楠说:'文谓典册,献谓秉礼之贤士大夫,子贡所谓"贤者识大,不贤者识小",皆谓贤也'。也是据此立说。"[①]

那么,我们能否把孔子所说"周监于二代,郁郁乎文哉,吾从周"这句话,也从文献学的角度加以考虑,看作是以周和前代相对比,深感夏、殷二代"文献不足征",周代则文献大备故乐而从之呢?看来也是可以这样理解的。

二、"周因于殷礼"

孔子说:"殷因于夏礼,所损益可知也;周因于殷礼,所损益可知也;其或继周者,虽百世可知也。"

文献和考古资料表明,夏商周三代同处于青铜时代,同属奴隶制的社会发展阶段,其

---

① 王欣夫:《文献学》,上海古籍出版社1986年版。

中,夏文化是在河南龙山文化基础上发展起来的,商文化是在山东龙山文化和河南龙山文化基础上发展起来的,周文化是在陕西龙山文化(客省庄二期)基础上发展起来的,他们有着共同的文化渊源,后来虽然形成朝代之间的兴亡更迭,但不少时间三族并世而处于邻近的地域,彼此之间又有政治、经济与文化的交流,所以其文化制度只能是大同小异,不会超越孔子所说的"损益相因"的范围。

孔子认为殷周的文化制度,基本上是一种承袭关系,虽有损益而没有太大的变化,即"周因于殷礼,所损益可知也"。近代史学大师王国维与之相反,认为"中国政治与文化之变革莫剧于殷周之际"。王国维的时代晚于孔子二千多年,却有幸见到孔子所不曾见的地下出土的大批甲骨材料,并以之与古文献相印证,于1917年撰《殷卜辞中所见先公先王考》及《续考》,证实了《史记·殷本纪》大体可靠,是所谓"信史",这为王氏奠定了很高的学术地位;而王氏强调周制与殷制大异特异的《殷周制度论》亦在同时发表,影响之下新旧史家一时奉以为"圭臬"。郭沫若先生主张西周为奴隶社会,由于相信王氏所说殷周之际有一个剧变,所以低估了商代的社会性质,在《卜辞中的古代社会》一文中,断定当时是所谓金石并用时代,还处在原始社会的末期阶段[①]。而主张商代是奴隶制、西周是封建制的部分学者,受王氏学说的鼓舞,对《殷周制度论》表示高度的赞赏。郭氏对殷商社会所下的结论,后来由他自己在《古代研究的自我批判》和《奴隶制时代》等著作中得到了纠正,并说"周人的文化是继承殷人而来的","大体上二千多年前的孔子所说过的话依然正确"[②]。胡厚宣先生在《殷代封建制度考》中说:"周初之文化制度,不特非周公一人所独创,且亦非周代所特有,举凡周初之一切,苟非后世有意之附会,皆可于殷代得其前身。"[③]其后陈梦家、吴泽等学者也对《殷周制度论》进一步有所批判[④]。但是,笃信王氏学说,或虽非受王学影响而本人坚持殷周文化没有承袭关系,甚至认为周文化本来就高于殷文化,这在一些商周史的专门论著中仍然屡见不鲜,说明这一问题有进一步展开讨论的必要。

我们是赞同孔子"周因于殷礼"的说法的,理由如下:

第一,从殷周文化起源及其比较来看,殷人有着悠久的历史,周之历史则略短;从文化发展水平看,殷人先进,周人后进;从两者的关系看,是先进的殷文化影响落后的周文化。以上这些都是探索殷周文化继承演变必先弄清的前提。

---

① 《卜辞中的古代社会》,见《中国古代社会研究》1960年新版。
② 见《十批判书》。
③ 见《甲骨学商史论丛》初集,1944年版。
④ 参看陈梦家:《殷虚卜辞综述》,吴泽:《王国维史学思想批判》。

据《史记·殷本纪》，商自始祖契至成汤立国，凡十四世，汤至纣，十七世，前后共三十传。这三十代先公先王的名号世次，经王国维、郭沫若等考究，大体上已为地下出土的甲骨文所证实。《周本纪》载周祖弃(后稷)至文王十五传，这说明周族有世代可稽的历史远较殷族为短。《国语·周语上》、《史记》的《五帝本纪》、《周本纪》等把周弃的时代上推至"虞夏之际"与商契共世，这在古人也看出不合情理之处①，然而囿于夏商周三代同源的旧说，古今学者如谯周、司马贞、齐思和、孙作云等往往用周族世次失传来弥缝差距②，这是很成问题的。商祖契母传说为有娀氏之女简狄，周祖弃母为有邰氏之女姜嫄，说明殷、周二族在契、弃之前均处于母系时代，之后才转入父系时代；殷族自父系开始至纣之灭凡三十传，周族至文武之际凡十余传，说明殷为先进民族，历史悠久，周为后进民族，历史略短。而且，周族不仅由母系进入父系晚于殷族，由父系进入阶级社会也远较殷族为晚，这是民族与民族之间、地区与地区之间文化发展的不平衡所必然导致的现象，大可不必把本来参差的历史一律人为地拉平。顾颉刚先生早就指出后稷与虞夏发生关系，乃是战国秦汉间人所为③。而其时仍是周人及受封于周人的诸侯统治时期，必周之后人出于征服者的面子观念，为把本族历史朝前推，遂将后稷上挂虞夏之际，一如元魏入据中原上托黄帝少子昌意之后。

岑仲勉不同意周为后进民族，不同意周文化继承了殷文化；相反，认为周文化高于殷文化，其重要理由有二：(1)"比较荒古时各个民族之智识高下，似以民族发源神话史为最好之标准，商祖玄鸟，而周祖姜嫄，就生物学而言之，鸟类比人类已低两级，此周族智识原来高于商族之证也"；(2)周代铜器多、铭文长④。

关于第二点我们以后要讨论，这里就第一点讲一讲。

商族以玄鸟为图腾，这是可以肯定的，除文献记载外，胡厚宣先生根据甲骨文材料先后写了两篇文章详加论证⑤，于省吾《略论图腾与宗教起源和夏商图腾》一文又从商代青铜器《玄鸟妇壶》加以证实⑥。而以动物、植物乃至无生物为图腾，这是世界各原始民族在进入氏

---

① 司马贞：《史记索隐》："若以不窋亲弃之子，至文王千余岁唯十四代，实亦不合事情。"张守节《史记正义》引《毛诗疏》："虞及夏、殷共有千二百岁。每世在位皆八十年，乃可充其数耳。命之短长，古今一也，而使十五世君在位皆八十许载，子必将老始生，不近人情之甚。以理而推，实难据信也。"
② 谯周：《古史考》谓"弃，帝喾之胄，其父亦不著"。意即帝喾之后，弃之前世次有脱。司马贞《史记索隐》："而谯周按《国语》云'世后稷，以服事虞、夏'，言世稷官，是失其代数也。"齐思和说详《西周地理考》，刊《燕京学报》第 30 期。孙作云说见《诗经与周代社会研究》，中华书局 1979 年版，第 5 页。
③ 顾颉刚：《讨论古史答刘胡二先生》，刊《古史辨》第一册；《读李崔二先生文书后》，同上第二册。
④ 岑仲勉：《两周文史论丛·周初生民之神话解释》，商务印书馆 1958 年版。
⑤ 胡厚宣：《甲骨文商族鸟图腾的遗迹》，刊《历史论丛》第一辑，中华书局 1964 年版；《甲骨文所见商族鸟图腾的新证据》，刊《文物》1977 年第 2 期。
⑥ 见《历史研究》1959 年第 11 期。

族社会时期极为普遍的现象。《周本纪》言姜嫄践巨人迹而孕,《诗·大雅·生民》谓姜嫄履上帝足迹而生弃①,岑氏以为此乃文化智识高的表现,殊不知古代民族大体先有图腾崇拜,而后于父权制发展时期才有祖先崇拜,至于帝或上帝的观念应是阶级社会的产物,此等周民族感天而生的神话传说,不仅不足以说明其"智识原来高于商族",适足见周文化是后起的。

以上就文献资料言之,说明周为后进民族,其文化实落后于殷商。今证之考古材料,也只能得出同样的结论②。

岑仲勉认为甲骨文无金字或从金字偏旁的字,遂谓商人不知铸造,其青铜器来自贩卖和贡赋;又谓"'城'是土著所以别于游牧之特征,周铜器才见有几个写法的'城'字。由此可见周族文化,无论书本上或考古上,均远比商族为灿烂,摆在眼前,难以抹煞,万不能仅看作承袭"③。其实甲骨文有从金之字④,商代早晚期遗址亦有大量冶铜作坊,且实际上早营城市生活(郑州商城、湖北黄陂盘龙城等是其证)⑤。

据《诗经·大雅·绵》,古公亶父时尚"陶复陶穴,未有家室";由于受戎狄侵逼,迁居岐山之周原,才革去戎俗,并进入阶级社会。从古公亶父到武王共四传,充其量不过百余年的文明史,那和殷文化相比,相去之远已是不言而喻。

第二,殷、周二族若无长期的接触交流,则此等不同水平的两种文化骤然相遇,很可能

---

① 《诗·生民》"履帝武敏歆",《毛传》:"帝,高辛氏之帝也";《郑笺》:"帝,上帝也。"岑氏《周初生民之神话解释》:"按帝非高辛,自以郑释上帝为最简直,纬书作大人,《史记》作巨人,都嫌未尽确切。"
② 自从1899年(清光绪二十五年)发现甲骨文,罗振玉踪迹甲骨而考定了安阳殷墟的地理位置,1928—1937年前中央研究院历史语言研究所又在安阳小屯、后冈、侯家庄等地先后进行了十五次科学发掘,所得商代后期的遗物极其丰富,从而证实了张守节《史记·殷本纪正义》引《竹书纪年》"自盘庚徙殷,至纣之灭,二百七十三年更不徙都"的记载大体是可信的。解放后在殷墟及殷墟以外的调查发掘,又发现了大量商文化遗址,除黄河中下游中心地区以外,东起山东、江苏之海滨,南至湖南、江西,西至陕西、甘肃,北至内蒙、东北,广袤数千里的地区内都发现了商代遗迹遗物,有与殷墟同期的,有早于殷墟的,这样,已有无数材料充分证明商代后期二百多年的历史不仅跨入了奴隶制时代,并已有了较为高度的物质文明;而1952年郑州二里冈早商都城遗址的发现,乃商代考古上的又一重大突破,据赵全、安金槐等考证,此为仲丁迁隞(嚣)之都城,邹衡以为成汤所都之亳。郑州商城遗址面积大于安阳殷墟,有城墙遗迹,有冶铜、制陶、制骨工场,有陶文和少量有字甲骨,证明当时这里是商代前期奴隶制国家的一个重要政治、经济和文化中心。如是仲丁所都,武王灭纣以前商族已有四百多年的文明史;若为汤都,则有了近六百年的文明史。此外,河南偃师二里头早商文化又早于郑州二里冈,从而使成汤或成汤以前的历史,也在考古学上得到了反映。
③ 见《西周社会制度问题》,上海人民出版社1957年版。
④ 参看燕耘:《商代卜辞中的冶铸史料》,刊《考古》1973年5期。
⑤ 关于周文化,《商周考古》有概括的说明:解放后考古工作者在陕甘境内作过广泛的调查、发掘和研究工作。然而武王灭商以前关于周族从氏族制过渡到奴隶制的漫长历史过程,我们可以从西周至春秋的重要文献——《诗经》中看到一个大概的轮廓。但是在考古学上,目前还没有能确认其印证的材料。我们现在知道西周最早的铜器,还只有两件周武王时的铜器:一件是《大丰簋》,另一件是新近发现的《武王征商簋》,至于武王以前的周器,一件也还不能确定。在陕西和甘肃境内,甚至包括西安附近,不断发现有晚商和早商铜器,而由于这些铜器具有浓厚的商文化作风,我们还不能准确地判断何者属于克商以前的周族所有。因为我们知道,商朝的势力范围早已达到了陕西境内,而在克商之时,周族又掳掠了商朝大量的铜器。

产生突变;如有较长时期的接触交流,就会呈现逐步过渡和自然演进的迹象。因此,武王克殷以前二族之间有无长时期的接触与文化交融?这是研究殷周文化承袭关系必先弄清的又一个重要问题。

据甲骨文和其他考古材料看,商周之间有长期接触交往的历史是肯定的。首先,陕西渭水流域如华县、扶风一带发现了早商文化,说明远在周族进入这里之前,商文化早已广为传播。又岐山、扶风和丰镐地区也发现不少属中晚期的商文化,有人认为太王由豳迁岐一则避戎狄之侵逼,再者为接受商文化①,这是可能的。《诗经·大雅·绵》描绘太王迁岐之后由氏族制过渡到阶级社会的种种表现,应是实际生活的写照。其所以有此种转变,固然是本族社会经济发展的结果,但史书言太王迁岐始革戎俗,很可能是部分地接受了商文化的影响所致②。

总之,至少自武丁开始,殷周之间有了频繁的接触和交往;周为殷之属国,时叛时服,故有征伐的一面,也有通婚友好的一面。但是,不管何种关系,都将促进殷周民族文化的交融,应是毫无疑义的③。

自武丁开始至纣之灭,据陈梦家《殷虚卜辞综述》推算,约公元前1238—1027年共有二百多年。周族长期受殷文化的熏陶,不断学习和吸收殷文化,并在后期较快地跟上殷文化发展的步伐,这该是周族能够战胜殷族以及在克殷后全面继承和发展殷商文化的重要因素之一。徐锡台《早周文化的特点及其渊源的探索》:"我们认为早周文化可能是在客省庄第二期文化的基础上接受了齐家文化的一些因素发展起来的,换言之,早周文化起源于客省

---

① 见朱芳圃:《甲骨学商史编》,胡厚宣先生1952年于复旦讲授先秦史亦主此说。
② 武丁卜辞每多"令周""令周侯"及"璞周"、"妇周"的记载。其中"璞"字作"𢽳",罗振玉、王国维阙疑,林义光首释"璞",唐兰《殷虚文字记》引申之,谓即"璞"之本字,于此当读为"𢾭",即"𢾭伐",与《𢾭钟》"𢾭伐"、《虢季子白盘》"博伐"及《诗·六月》"薄伐"同义。郭沫若于《卜辞通纂》释为"寇",后于《古代研究的自我批判》又改释"聘";这样,由"寇周"而"聘周",一下子便化干戈为玉帛、化敌国为友邦了。丁山和日本学者岛邦男支持郭说,认为武丁时商周关系只有臣属友好的一面,而无征伐之义(见丁山:《商周史料考证》,岛邦男:《殷墟卜辞研究》)。但验之卜辞,其一,皆遣方国之首领某某侯"𢽳周";而非文官报聘;其二,《殷墟文字丙编》下辑(一)四四四有"丙辰卜,宕贞;王申周方正(征)? 贞:王勿申周方正(征)?"此为七片碎甲缀合而成的武丁卜辞,它非常明确地卜问是否"征伐周方"? 则"璞周"之说或可成立。
③ 武丁以后据郭沫若、陈梦家等考定,关于周族的卜辞少见;丁山《商周史料考证》、岛邦男《殷墟卜辞研究》指出有几条向来认为武丁卜辞的应改属祖庚、祖甲和武乙、文丁,岛邦男且新搜集到好几条涉及周方的第四朝卜辞,这是值得重视和认真研究的。此外,《竹书纪年》、《后汉书·西羌传》也略有武乙以后殷、周二族交往的记载。说明武丁以后殷周关系并未中断,当时既有臣服的关系,也不免发生冲突,这是合乎常理的。至于《诗·大雅·大明》讴歌王季所娶挚氏之女大任、文王所娶有莘氏之女大姒,实皆商周贵族所出;《周易》卦爻辞所传"帝乙归妹"的故事,顾颉刚先生以为即商属有莘氏之女下嫁文王,说明其时商之势力转弱,周之势力转强,故商于周改取笼络和亲政策。《史记·殷本纪》载纣封文王,"赐弓矢斧钺,使得征伐,为西伯"。丁山《商周史料考证》谓"殷商末叶确有'方伯'制度。旧史常称周文王为'西伯'……可是残泐的甲骨文,至今未见'西伯'或'周伯'的名辞",今周原甲骨的出土,明言"㫚周方伯"足以解决这一疑窦。

庄第二期文化,在它发展的后期,受了殷商文化的影响而形成西周期的社会经济形态。"① 早周文化与客省庄第二期(即陕西龙山文化)还有相当的距离;但它的后期受殷商文化的影响,则在考古学上已有充分的反映。

第三,周族克殷后对殷文化的继承和发展。恩格斯说:"每一次当文明较低的人民是战胜者的时候,经济发展的进程不言而喻地就被中断,大批的生产力遭受破坏。可是在长时期的征服中间,文明较低的征服者,在绝大多数的场合上,也不得不和那个国度被征服以后所保有的较高'经济情况'相适应;他们为被征服的人民所同化,而且大部分甚至还采用了他们的语言。"②

周人征服殷人的情况,基本上就是如此。

周人克殷以后,政治、经济、文化等各个方面都有明显的为被征服者所同化的迹象,其中包括采用殷人的语言文字在内。但由于周为殷之属国,殷周有长期的接触和交往,周人文化必已逐步接近殷文化,所以克殷后经济发展的进程并未中断,生产力也只有若干暂时的停滞现象③,而没有像拓跋魏及后来的女贞族、蒙古族入侵初期那样发生较大的破坏和倒退④。关于周族克殷后继承殷文化的总轮廓,早在 40 年代初期已由郭沫若勾画了出来,他说:

> 西周的文化大体上是承继殷人的遗产。我们无论从周初的彝器来看,或从《尚书》里面的《大诰》、《康诰》、《酒诰》、《召诰》、《洛诰》、《多士》、《多方》、《无逸》、《君奭》那几篇来看,周人自己都承认着是接受了殷人的遗产,而且要以殷先哲王为模范。故从文字结构上看不出差别,在器物形制上看不出差别,甚至如年月日的写法一如欧洲的方式把年放在最后,也看不出差别。殷人用卜,周人也用卜,只是我们现在还没有发现周

---

① 见《文物》1979 年 10 期。
② 恩格斯:《反杜林论》。
③ 参看郭沫若:《十批判书·古代研究的自我批判》,郭宝钧:《中国青铜器时代》,李亚农:《欣然斋集》。
④ 不少学者根据早周无青铜重器的发现,又据《尚书·无逸》"文王卑服,即康功田功"、《楚辞·天问》"伯昌号衰,秉鞭作牧"的描述,认为文王尚是亲自下田风谷和放牧牛羊的氏族酋长(郭沫若、李亚农、吕振羽、王玉哲等学者主此说);但据近年来在岐山、周原和丰镐地区的考古发现,这个估计似乎偏低了一些。陕西省博物馆等发现清理岐山贺家村的四座早周墓,发现都随葬有铜器戈和甲泡,说明周族在克殷之前已有了初步的青铜工业(见《陕西岐山贺家村西周墓葬》,刊《考古学报》1976 年第 1 期);陕西周原考古队于 1976 年在岐山凤雏村发现规模宏大的西周建筑群遗址,乃是作为宗庙使用的宫室,其中,在西厢房第二室的窖穴 H11 中出土了大批文、武时期的甲骨文(见《陕西岐山凤雏村西周建筑基址发掘简报》、《陕西岐山凤雏村发现周初甲骨文》,刊《文物》1979 年第 10 期),尤其引人注目。这一文明,是否能追溯到太王时期? 尚待考古学界进一步提供证据。不过,文王时确已进入了奴隶制时代,这已是不成问题了。《诗经》、《尚书》、《大盂鼎》、《毛公鼎》等普遍说到"文王受命",《左传》昭公七年记述文王制订压迫奴隶阶级的法律"有亡荒阅"也是有力的旁证。

人的甲骨文字而已,谁也不能断定说:周人一定没有。殷人祀天,周人也祀天;殷人祭祖宗,周人也祭祖宗;侯甸男邦采卫是沿用着殷人的体制,所有一切的内服外服也一仍旧贯。除掉因军事胜利的结果,主客易位,把殷人奴化,而建立了一些周人的殖民部落而外,我们所看到的最显著的差异,便是殷人嗜酒,周人严厉禁酒;祭祀时殷人用牲特别多,而周人十分少,如此而已。①

今天看来,这些话仍然是正确的。其中,关于周人应有甲骨文的科学预见,由于山西洪洞县坊堆村、长安沣西张家坡、昌平白浮等处特别是岐山凤雏村的考古发现而被证实了②。今就周人继承殷文化的情况,有可稍加补充说明者,略述如次:

(1) 语言文字,这是民族文化的重要标志之一。郭老指出周人承用殷人文字每有类似之字而被错用了的,如勾勿本非一字却被周人混同了,即可看出其递禅的痕迹③。岑氏虽竭力反对周文化继承殷文化,然而也不得不承认:"周族未东侵以前,有没有文字,是未知之数,周金文袭自甲文则无可质疑","周族的语言,我猜原是复音(也有人提过汉语本含复音),因为文字既模仿甲文,跟着也把自己的复音变成单音。"④甲骨、金文本是一脉相承,周原甲骨字体纤细,与殷墟卜辞第五期的结构极其相似,承袭之风尤为明显。

(2) 占卜与宗教,这也是民族文化的标志。李亚农在《西周与东周》一书中说:"殷人是十分迷信的,一举一动都要贞卜。他们在贞卜时所用的工具,乃是卜骨,这是一大特点,甚至有人因此称殷代文化为卜骨文化。可是进入西周时代,使用甲骨的贞卜方法很快就变为占筮之法。占卜的方法和古代人的宗教信仰是有密切的联系的。殷周占卜的方法之不同,就说明了殷周人宗教信仰之不同。"⑤考卜骨的习惯在龙山文化、二里头文化已开始盛行。新中国成立后在西周遗址和墓葬中也不断被发现,周原甲骨的出土可进一步修改李氏上述论点。另外,占筮之法向来以为周人所独擅,所谓"文王拘而演周易","文王演为六十四爻",等等;岑仲勉氏也说:"考商人卜用甲骨,《易》筮用蓍,两术不同质","《周易》是周族的特殊文化,似乎是可以肯定的","更可断言的,商代末期的数学知识似绝未达到这样高度的地步,认《周易》是周族的产物,周族文化比商族高,都可以此多得一佐证。"⑥其实不然,今自

---

① 见《古代研究的自我批判》。
② 裘锡圭:《解放以来古文字资料的发现和整理》,刊《文物》1979年第10期。
③ 郭沫若:《先秦天道观之进展》,见《青铜时代》。
④ 见《西周社会制度问题》。
⑤ 见《欣然斋史论集》,第622页。
⑥ 见《周易卦爻表现着上古的数学知识》,刊《中山大学学报》(社)1956年第1期。

商代甲骨、金文和周原甲骨及西周金文中都发现刻有用数字组成的记号,唐兰以为是曾经住在丰镐一带地区的一个民族的文字,这种文字早已失传①;郭沫若以为是一种契刻文字,和彩陶上的刻划符号是一个系统②;张政烺在一次古文字讨论会上指出这是用数字组成的八卦,"他的意见为绝大多数与会者所同意。古文字学上的这个悬案基本上得到了解决"③。据此,殷周不仅都用甲骨占卜,且同样知道占筮之法,同样卜问和请命于祖先、上帝,宗教信仰基本上大同小异。

(3) 从天文历法方面看,商人已有较丰富的知识,如卜辞已有不少日月食和观测星象的记录,商人以日为名,用干支纪日,知道以闰月调节四时,祖甲前归余于终,称"十三月",祖甲以后年中置闰渐成定式,称"又五月""又八月"等。西周仍年终置闰,如《趞尊》、《中齋》、《小臣静彝》、《臤觯》、《召卣》等均有"十又三月"的记载,直到春秋时才采用年中置闰。孙作云《灭商以前周族社会的发展》据此以为殷周文化同源异流,并认为周文化不比殷文化低④。我们却以为学习别人的文化,一般来说总要比人家晚走一步。殷人历法已由归余于终改进为年中置闰,周人尚处于殷人的前一阶段,这正是周文化落后于殷文化和继承殷文化的明显事例。

此外,从生产技术来看,亦复如此。《左传》定公四年记武王克殷后分鲁公以殷民六族、分康叔以殷民七族,其中绝大多数为手工业氏族,今皆转化为周人的手工业奴隶。这样,周人得到了从原料、手工工场到大批技术力量,在继承这笔遗产的基础上使周初生产得以继续下去而没有遭到大的破坏,这个事实在考古学上得到了充分的反映。夏鼐指出:"50年代丰镐地区的连年发掘,建立了西周考古学的编年标尺,尤其是陶器方面更是如此;同时使我们认识到当时的生产技术和殷代相比较并没有什么区别。"⑤郭宝钧说:"就殷周千余年间的技术发展说","工匠们的青铜铸造术,基本上是一脉相承的,并无大变;只是在部分的细节上,略有发展上的异同而已。"⑥日本伊藤道治教授在分析殷周陶器、青铜器和墓葬形制均有共同的因素或风格之后说道:"这个事实可以解释为它表示西周的文化继承了殷的文化。"⑦

手工业是如此,农业、商业、交通亦复如此,甚至官制、刑法,等等都有学习殷人的明显

---

① 唐兰:《在甲骨金文中所见的一种已经遗失的中国古代文字》,刊《考古学报》1957年第2期。
② 见《奴隶制时代·古代文字之辩证的发展》。
③ 裘锡圭:《解放以来古文字资料的发现和整理》,刊《文物》1979年第10期。
④ 见《历史教学》1979年第6期。
⑤ 夏鼐:《三十年来的中国考古学》,刊《考古》1979年第5期。
⑥ 郭宝钧:《中国青铜时代》,第14页。
⑦ 伊藤道治:《西周文化的起源和宗周》,中国科学院考古研究所编《考古学参考资料》第1辑。

例证。因限于篇幅,不复赘述。最后,就周族继承殷文化后产生的演变和发展,有几点值得注意的在这里简单地提一提。

其一,文、武、周公是有作为的政治家,制礼作乐之说不能全无根据。所以克殷后在继承殷商文化的基础上,首先在政治制度方面表现出明显的演变和发展,诸如嫡长子的王统继承法以及与之有关联的宗法制、分封制、宗庙祭祀和同姓不婚之制的加强并日趋严密,官僚机构更有体系,刑法更为完备,军事组织更为扩大,如此等等,这都和当时的形势分不开。

其二,周人是一个有创造力的民族,在继承殷人文明的基础上,成康以后各方面有了较大的进展,表现得最为突出的,如青铜礼器的增多和铭文的增长,武王时的《大丰殷》仅76字,康王时的《大盂鼎》就有291字,《小盂鼎》近400字,宣王时的《毛公鼎》多达497字,真是"鸿篇巨制",与后代文书无异。它如青铜分体铸范技术的发明,釉陶的发展,建筑业中瓦的出现,等等,都是手工业中有了较大进展的明证。农业方面,据杨宽研究,西周的农具有了改进,农田垦耕和农业生产技术比殷代也略有进步,作物品种加多,如荏菽(大豆)甲骨文未见,粱是稷的优良品种,至西周方选育[①]。表现在思想意识方面,如天道观之进展,"敬德保民"思想的出现,人祭人殉的风气稍戢,等等,与殷代相比确实有了演进。

其三,必须指出:看不到周文化在继承殷文化的基础上所产生的演变和发展,这是不对的。反过来,过于夸大变异,否认殷周文化的继承关系(如王氏),这同样是错误的;若用成康以后的发展变化来说明周文化本来超越殷文化(如岑氏),那更是不恰当的!至于武王克殷以前早周文化所固有的特点及其发展水平究竟如何?这也是值得认真加以探讨的问题,希望考古学界能提供更多的宝贵材料,以便推动这一研究。

三、"择善而从"

孔子在评述三代文化制度及其继承关系方面所反映的实事求是的学风,已如上述。今就孔子主张"行夏之时,乘殷之辂,服周之冕,乐则《韶》舞"所体现出的"择善而从"的求实精神,略作补充说明。

孔子之于礼乐制度,主张"文质得宜"、"损过以就中",而不喜欢"文质相胜"。若不得意而求其次,则宁可选择"质朴",即所谓"如用之,吾从先进",而反对"文胜于质"。

同样,孔子主张"行夏之时,乘殷之辂,服周之冕,乐则《韶》舞",完全是"择善而从";主

[①] 杨宽:《论西周时代的农业生》,刊《学术月刊》1957年第2期;《关于西周农业生产工具和生产技术的讨论》,刊《历史研究》1957年第10期。

张"放郑声,远佞人",是因为"郑声淫,佞人殆"。①

  据学者研究,春秋战国时不同地区使用不同的历法,如三晋、楚国、秦国等均用夏正,以农历正月为岁首;郑、宋、齐等用殷正,以农历十二月为岁首;东周政府规定用周正,以农历十一月为岁首,但至战国中后期也采用了夏正。"《周礼》之'正岁'为夏正,《尔雅·释天》'正月为陬'亦为夏正,至《礼记·月令》和《吕氏春秋》所采之十二月纪,必夏历施行已久,成为普遍事实,所以连主张尊周正朔的儒家著作和《吕氏春秋》也不得不采用"②。秦国昭王以后及汉初曾用《颛顼历》,以农历十月为岁首。从汉武帝推行《太初历》迄今,我国的旧历基本上都用夏正,说明夏历确有其长处。孔子主张"行夏之时"确是属于"择善而从"的性质,如果据此以为是孔子守旧复古的证据,未免不合情理和苛求于古人。

  此外,周代的大车饰以金玉,过于奢侈而易败坏,不若殷之木辂,俭朴而耐用;周之冠冕,有覆有旒,华而不靡,费而不奢,文而得其中;舜时之《韶》乐,尽善而尽美,孔子闻之,"三月不知肉味",叹曰:"不图为乐之至于斯也!"③凡此都说明孔子的上述选择都是有充分理由的。唐嘉弘认为"孔子对于夏、商、周三代的评价,持历史进化论的观点是前进的",并说:"孔子在通晓历史上的典章制度后,并非看作一成不变,生搬硬套,总是主张斟酌损益,批判继承,《论语·为政》说:'殷因于夏礼,所损益可知也;周因于殷礼,所损益可知也;其或继周者,虽百世可知也'。按这个观点,他主张'行夏之时,乘殷之辂,服周之冕,乐则《韶》舞。'"④这个观点,我们认为是正确的。

(原载《儒家思想与未来社会》,上海人民出版社出版1991年版,第375—390页)

---

① 《论语·卫灵公》。
② 黄盛璋:《云梦秦简〈编年记〉地理与历史问题》,刊《考古学报》1977年第1期。
③ 《论语·述而》。
④ 唐嘉弘:《论孔子的政治思想》,收入《先秦史新探》,河南大学出版社1988年版。

《竹书纪年》的发现年代及其学术价值

战国时代的简策,在古代曾有两次大的发现。第一次是西汉武帝末年,鲁共王刘余扩大住宅,在孔子故居墙壁中发现一批"古文经",中有《古文尚书》、《礼》、《论语》、《孝经》等书,亦称"孔壁古文"或"壁经"。第二次即西晋武帝时因汲县民盗发魏襄王墓而得竹书数十车,经整理校写,计有《竹书纪年》、《穆天子传》等古书十六部,七十五篇,凡十余万字,称"汲冢古文"或"汲冢书"。前者成为经学上今古文之争的原因之一,这后一次地下出土的大批古简,也曾引起学术界的轰动。其中,关于《竹书纪年》的研究,历代学者付出的劳动和作出的贡献尤其令人瞩目。兹就《竹书纪年》的发现年代及其学术价值,略呈管见。

一、《竹书纪年》的发现年代

关于汲冢竹书出土的年代,陈梦家归纳为以下四种说法:

(1) 咸宁五年(公元 279 年)《晋书·武帝纪》:"咸宁五年,……冬十月,汲郡人不准掘魏襄王冢,得竹简小篆古书十余万言,藏于秘府。"郭忠恕《汗简·叙略》、张怀瓘《书断》、《史记·周本纪正义》略同①。

(2) 太康元年(公元 280 年)杜预《春秋经传集解后序》:"太康元年三月,吴寇始平,……会汲郡汲县有发其界内旧冢者,大得古书,皆简编科斗文字。"孔颖达《正义》及《北堂书钞》卷 101 引王隐《晋书·束皙传》和《晋书·卫恒传》、《晋书·律历志》、《隋书·经籍志》等略同。

(3) 太康二年(公元 281 年)《晋书·束皙传》:"太康二年,汲郡人盗发魏襄王墓,或言安釐王冢,得竹书数十车。"荀勖《穆天子传序》:"太康二年,汲县民不准盗发古冢。"

---

① 《汗简》引《晋史》作"咸宁中",当为"咸宁五年";《史记·周本纪正义》引作"咸和五年",当为"咸宁五年"之误。

《齐太公望表》:"太康二年,县之西偏有盗发冢而得竹策之书。"《北堂书钞》卷57、《太平御览》卷749、《文选·王文宪集序注》引王隐《晋书·荀勖传》、《初学记》卷12引傅畅《晋诸公赞》均作太康二年。

(4)太康八年(公元287年)《尚书·咸有一德正义》:"《纪年》之书,晋太康八年汲郡民发魏安釐王冢得之。"

陈氏认为:"以上四说,前三说皆在太康三年以前。《杜序》作于太康三年,皇甫谧已见《竹书》,而据《晋书》本传谧卒于太康三年,故《竹书》之出不得晚于此年。八年之说,绝不可信。王隐为东渡前人,荀勖为编校《竹书》之人,《太公望表》作于太康十年,故太康二年之说较为可信。疑咸宁五年十月为太康元年十月之误,故《杜序》(系)此事于'太康元年三月吴寇始平'之后。元年十月出土,而官收车送当在次年,故诸书均谓二年出土也。"①

陈氏的上述分析,基本上是合理的,但也不无可商之处。例如说"王隐为东渡前人",这是不错的;但据此作为肯定《竹书纪年》出土于太康二年的证据之一就不妥了,因为《北堂书钞》卷57、《太平御览》卷749引王隐《晋书·荀勖传》虽作"太康二年",而孔颖达《春秋左传正义》、《北堂书钞》卷101引王隐《晋书·束晳传》则作"太康元年",何者可信,这本身就成了问题。

又陈氏列《杜序》为"太康元年说"的代表,并因《杜序》系此事于"太康元年三月吴寇始平"之后,遂断定"元年十月出土,而官收车送当在次年,故诸书均谓二年出土也"。这里也存在不少疑问。例如,以《杜序》为"太康元年说"的代表,这恐怕是出于误会,这一点若仔细推敲一下原文就会明白。

《杜序》云:"太康元年三月,吴寇始平,余自江陵还襄阳,解甲休兵,乃申抒旧意,修成《春秋释例》及《经传集解》始讫,会汲郡汲县有发其界内旧冢者,大得古书,皆简编科斗文字。发冢者不以为意,往往散乱。科斗书久废,推寻不得尽通。始者,藏在秘府,余晚得见之,所见大凡七十五卷,多杂碎怪妄,不可训知。《周易》及《纪年》最为分了。《周易》上下篇,与今正同。别有《阴阳说》而无《彖》《象》《文言》《系辞》,疑于时仲尼造之于鲁,尚未播之于远国也。其《纪年篇》起自夏殷周,皆三代王事,无诸国别也。唯特记晋国,起自殇叔,次文侯以至曲沃庄伯。庄伯之十一年十一月,鲁隐公之元年正月也。皆用夏正建寅之月为岁

---

① 见陈梦家:《六国纪年·汲冢竹书考》,学生活出版社1955年版。

首,编年相次,晋国灭,独记魏事,下至哀王之二十年,盖魏国之史记也。推校哀王二十年……上去孔丘卒百八十一岁,下去今太康三年五百八十一岁……哀王二十三年乃卒,故特不称谥,谓之今王。其著书文意,大似《春秋经》,推此足见古者国史策书之常也。……"

据此,有以下几点值得注意:

(1) 文中谓"下去今太康三年",可见《杜序》作于太康三年。(2) 太康元年三月平吴,太康三年为《春秋经传集解》作序,这是比较明确的;中间缺写发冢年月,则发冢可能在太康元年,也可能在二年或三年。(3) 杜预在晋初拜镇南大将军、都督荆州诸军事,及至太康元年三月平吴,自江陵还镇襄阳,乃申抒旧意,一连撰修两部书"始讫","会"汲县发冢大得古书,则发冢事不可能在太康元年,因为元年只剩下几个月,按常情推论,要在短短几个月内完成《春秋释例》及《经传集解》两部书稿,实难令人置信。《晋书》本传亦谓杜预"既立功之后,从容无事,乃耽思经籍,为《春秋左氏经传集解》。又参考众家谱第,谓之《释例》。又作《盟会图》、《春秋长历》,备成一家之学,比老乃成"。杜预是有"《左传》癖"的学者,为《左传》而作注并撰《释例》,是一项细致的需要参考众说而又要加以考证裁断的研究工作,不可能草率从事,也不可能像从事文学创作那样一气呵成,而需要一定的时间。(4) 若说发冢事在太康三年,可能性也不大。一则因为诸书皆无太康三年发冢之说;再则杜预说竹简出土之后,"藏在秘府,余晚得见之"。若三年发冢,杜氏立即见书并为此而专门撰写这篇序文,就不得谓"余晚得见之"。

总而言之,《杜序》虽未明说发冢事在太康二年,而实际上以太康二年最合情理。陈梦家没有细审《杜序》文意,遂以之为"太康元年说"的代表,不能不说是一种疏误。其实,《隋书·经籍志》等也犯了同样的毛病。

《隋书·经籍志》云:"至太康元年,汲郡人发魏襄王冢,得古竹简书,字皆科斗。发冢者不以为意,往往散乱。帝命中书监荀勖、令和峤、撰次为十五部,八十七卷,多杂碎怪妄,不可训知。唯《周易》、《纪年》,最为分了。其《周易》上下篇,与今正同。《纪年》皆用夏正建寅之月为岁首。起自夏殷周三代王事,无诸国别。唯特记晋国,起自殇叔,次文侯、昭侯,以至曲沃庄伯。尽晋国灭,独记魏事,下至魏哀王,谓之今王。盖魏国之史记也。其著书皆编年相次,文意大似《春秋经》。诸所记事,多与《春秋左氏》扶同。学者因之,以为《春秋》则古史记之正法,有所著述,多依《春秋》之体。"这段文字,几乎都摘自《杜序》。可见《隋书·经籍志》说太康元年发冢,也是没有仔细推寻《杜序》文意的结果。

又陈氏一方面肯定太康二年说较可信,另方面则根据《杜序》以为太康元年十月发冢,官收车送当在次年。而依照我们上面的论证,说明这一推断也缺乏依据。

雷学淇《竹书纪年义证》:"竹书发于咸宁五年十月,明年三月吴平,遂上之。《帝纪》之说,录其实也。余就官收以后上于帝京时言,故曰太康元年。《束皙传》云二年,或命官校理之岁也。"朱希祖《汲冢书考》谓:"雷说是也。惟云'吴平遂上之',恐尚嫌过久。盖出土在咸宁五年(公元279年)十月,当时地方官吏即表闻于朝,汲至洛京虽隔黄河,相去不过二三日程,及帝命藏于秘府,至迟必在太康元年(公元280年)正月。否则露积于汲冢,则有散失之虞,保管于郡府,亦有疏失之虑,何能待之吴平而后献也?当收藏秘府之时,正大举伐吴之际,军事孔亟,未遑文事。及三月吴平,论功行赏,吴土战乱,尚未全定,故至太康二年(公元281年)春始命官校理也。王隐《晋书·束皙传》云:'汲郡初得此书,表藏秘府,诏荀勖、和峤以隶字写之。'可以证明之。三事不同时也。"日本神田喜一郎《汲冢书出土始末考》持同样的观点。

雷氏、朱氏和神田先生的推断虽然也言之成理,但究属推测之辞,主要目的在于调和诸书记载的歧异。事实上将出土、收藏、校理分隔在三年,并无确证。首先,诸书记载虽不一致,但都明确的只说发冢年代,而没有涉及收藏、校理之年。其次,从汲冢简策发现后受到朝野的重视及当时学术界掀起整理研究和争鸣驳难的热潮来看,说明这批简策确是西汉武帝以来的重大发现并曾轰动一时,其发现、收藏和最初命官校理等事很可能就在一年之内同时展开,未必一定要拖延至二到三年。事实究竟如何?有待作进一步的缜密的考证。就目前所掌握的材料来看,我们认为还是以太康二年为汲冢古书出土的代表年份为恰当。理由是:

(1)《晋书·荀勖传》谓勖在武帝时"拜中书监,加侍中,领著作"。"及得汲郡冢中古文竹书,诏勖撰次之,以为《中经》,列在秘书"。《晋诸公赞》:"荀勖领秘书监,太康二年汲郡冢中得竹书,勖躬自撰次注写,以为《中经》,列在秘书,经传阙文,多所证明。"王隐《晋书》:"荀勖领秘书监,太康二年汲郡冢中得古文竹书,勖躬自撰次,吏部注写,以为《中经》,经传阙文,多所证明。"据此,知荀勖在晋武帝时作中书监、领著作、兼知秘书,是最早受诏整理和校写汲冢竹书的人。他在《穆天子传序》中写道:"古文《穆天子传》者,太康二年汲县民不准盗发古冢所得书也,皆竹简素丝编。……自令(今)王二十一年至秦始皇三十四年燔书之岁,八十六年,及至太康二年初得此书,凡五百七十九年。"荀勖在序文中两次提到太康二年得书,当是判断包括《穆天子传》及《竹书纪年》在内的汲冢竹书的出土年代最权威的依据。

(2)与荀勖同时受命校写竹书的人是中书令和峤。另有佐著作郎束皙参加校写竹书的时间可能略晚于荀、和,但最后定稿是由束皙所完成,因此他也是重要的关键人物之一。

《晋书·武帝纪》谓咸宁五年十月发冢,《束皙传》谓太康二年发冢,同是一书之所以有此歧异,是因唐修《晋书》出自众手,材料复杂,成书仓促。《帝纪》说咸宁五年发冢,仅一笔带过,系何年月易于疏误;《束皙传》专详发冢经过及竹书篇目内容,理当慎重撰写,而该传称:"初,太康二年,汲郡人不准盗发魏襄王墓,或言安釐王冢,得竹书数十车。"应是比较可信的。

(3)《齐太公吕望碑》为太康十年汲县令卢无忌立石。碑云:"太公望者,此县人。太康二年,县之西偏有盗发冢而得竹策之书;书藏之年,当秦坑儒之前八十六岁。……"按《史记·齐太公世家》未详太公卒年,但云"盖太公之卒百有余年,子丁公吕伋立"。太康十年立碑时为引用《竹书纪年》"康王六年,齐太公望卒"这一记载,故而附记发冢经过。我们认为由地方官立石,与太康二年仅隔八年,这一物证比之文献记载尤为可靠,自然是不言而喻。

(4)杜预为镇南大将军平吴有功,又以尚高陆公主的特殊身份,故能得见收藏秘府之汲冢古书。而据《杜序》文意判断,发冢事应在太康二年,已论述于前,兹不复赘。

综上所述,在没有找到更有力的证据之前,关于《竹书纪年》等汲冢古书的发现年代,似以定在太康二年(公元281年)为宜。

二、《竹书纪年》是一部不可多得的奇书

西周、春秋以降,中国文化日益发展。仅就史书而论,孟子说:"王者之迹息而《诗》亡,《诗》亡然后《春秋》作。晋之《乘》,楚之《梼杌》,鲁之《春秋》,一也。其事则齐桓、晋文,其文则史。孔子曰:'其义则丘窃取之矣。'"①墨子也说夏有《夏书》,商有《商书》,周有《周书》或《周春秋》,燕、宋、齐诸国也各有《春秋》②,有时更说"吾见百国《春秋》"。③ 徐彦《春秋公羊传疏》引闵因叙云:"昔孔子受端门之命,制《春秋》之义,使子夏等十四人求周史记,得百二十国宝书。"可见当时大小国家都有自己的史书。但是随着兼并战争的推移,一些卿大夫宗族败亡,子孙降在皂隶或耕之于野,"宗庙之牺,为畎亩之勤";④而不少国家一旦社稷倾覆,其国史也都随之湮没,实在意料之中。后来经过秦燔之后,除《秦纪》而外,各国史书也就成为灰烬了。

---

① 见《孟子·离娄下》。
② 见《墨子·明鬼下》。
③ 《隋书·李德林传》答魏收书,《史通·六家篇》引《墨子》佚文。
④ 见《国语·晋语九》晋大夫窦犨与赵简子语。

晋武帝太康二年因盗发魏襄王墓,得竹书数十车,其中《纪年》十三篇即战国时魏国的编年体史书。因为书是用墨写定在竹简上的,简长古尺二尺四寸,每简四十字,字皆古文(或称"蝌蚪文"),并以素丝编连,所以一般人称之为《竹书纪年》或简称《纪年》。又因为书出汲郡帝王墓中,也有称《汲冢纪年》的。至于有人径称之为《汲冢书》,这就不很妥当了,因汲冢所出古书经整理校写共得《穆天子传》等十六种、七十五篇,《纪年》十三篇只是其中的一种,不能独擅其名。

从各方面考察,晋初出土的《竹书纪年》,确实是一部重要的先秦历史文献,也是中国古代不可多得的一部奇书。是书"起自夏商周,皆三代王事,无诸国别也。唯特记晋国,起自殇叔……晋国灭,独记魏事,下至哀(襄)王之二十年,盖魏国之史记也"①。魏襄王二十三年(公元前296年)卒,即以此书作为随葬品而埋之地下,这本是极其不幸同时也是极为可惜的事,谁知《纪年》因祸得福由此而避免秦火,不能不说是一奇。又此书所记古代史实,诸如舜囚尧,启杀益,大甲杀伊尹,文丁杀季历,自周受命至穆王百年、非穆王寿百岁也,共伯和干王位、非二相共和也,等等,与儒家经传所记迥异。倘若在两汉"独尊儒术"的历史条件下出土,《纪年》虽然逃过了秦火之厄,恐怕仍然有被扼杀的危险。而魏晋之际一方面适逢战乱频仍,政局动荡,封建统治集团面临严重的危机,特别是在文化思想领域里玄学与佛、道并兴,儒家传统思想受到沉重打击;另方面曹魏和司马氏政权皆缘篡夺而来,故《纪年》"放杀之说"能为最高统治者所容并立即公之于世。总之,《竹书纪年》入土和重见天日适逢其时,是谓二奇。《纪年》出土后受到学术界的重视,名噪一时,可是好景不长,唐代政局稳定后,儒家地位重新抬头,继起的宋代,理学昌盛,异说难容,《纪年》被认为"荒诞不经",终于受到社会的冷遇而遭致佚失,是谓三奇。此后,大约在宋元之际②出现了新的本子(题沈约注,后称《今本纪年》),在社会上流传数百年之久,这新的本子与旧本(即汲冢出土的原书,也称《古本纪年》)在篇卷和内容方面都有很大的出入,其中最突出的就是按照儒家的传统观念部分地篡改了《纪年》的内容,终于被清代学者看出了蛛丝马迹,找到了造伪的铁证③。清代学者不仅在辨伪方面做出了成绩,而且在辑佚方面也作出了贡献,他们把南北朝迄宋代学

---

① 见晋杜预:《春秋经传集解后序》。
② 或说明人天一阁主人范钦所编,恐不正确。参见方诗铭、王修龄:《古本竹书纪年辑证·前言》。
③ 清钱大昕、纪昀、洪颐煊等均怀疑今本,大名崔东壁、嘉定朱右曾、海宁王国维等驳斥今本不遗余力。于是今本《纪年》为伪书遂成铁案。

者引录《竹书纪年》的材料辑为古本①,使此重要古籍部分地恢复了本来面目,从而结束了《纪年》扑朔迷离的流传历史,开辟了研究《纪年》和利用《纪年》研究古代历史的科学途径。笔者读书不多,见闻不广,但就数十年来接触的古籍而言,其波折有如《竹书纪年》者,实属少见,确是称得上一部奇书。如果有人好奇而有雅兴的话,从《竹书纪年》的成书和流传过程去探索中国古代学术思想的变迁,那将是很有意义和饶有趣味的课题。

三、《竹书纪年》的史料价值

早在晋初发现和校理之际,学术界对《竹书纪年》的史料价值已有所认识。

王隐《晋书·荀勖传》:"太康二年,又得汲冢古文竹书,勖自撰次注写,以为《中经》,别在秘书,以较经传阙文,多所证明。"②《晋书·束晳传》:"晳在著作,随疑分释,皆有义证。"刘知幾《史通·申左篇》:"至晋太康年中,汲冢获书,全同《左氏》。故束晳云:'若使此书出于汉世,刘歆不作五原太守矣。'于是挚虞、束晳引其义以相明;王接、荀颉(当作荀勖)取其文以相证;杜预申以注释;干宝藉为师范。"

根据上述记载,可见当时一些知名学者认为《纪年》所记可与《左传》相互发明,并可补经传之不足。他如臣瓒撰《汉书音义》、徐广撰《史记音义》,均曾采用《纪年》的材料;而司马彪据《纪年》驳难谯周的《古史考》,成绩尤为可观:"初,谯周撰《古史考》二十五篇,以纠司马迁《史记》之谬误;彪复条《古史考》中凡百二十二事为不当,多据《汲冢纪年》,亦行于世。"③又《晋书·王接传》:"时秘书丞卫恒考正汲冢未讫而遭难。佐著作郎束晳述而成之,事证异义。时东莱太守陈留王庭坚难之,亦有证据。晳有释难,而庭坚已亡。散骑侍郎潘滔谓接曰:'卿才学埋议,足解二子之纷,可试论之。'接遂详其得失。挚虞、谢衡皆博物多闻,咸以为允当。"

今天,《汲冢纪年》亡佚已久,但从残存的辑本来看,史料价值依然很高。首先,正如孟子所说:"诸侯恶其害己也,而皆去其籍。"④就是说,战国时代的国君们,为了自身的利益,曾

---

① 清代学者朱右曾将古书引录《汲冢纪年》的佚文汇辑起来,编为《汲冢纪年存真》;王国维在此基础上重辑为《古本竹书纪年辑校》;范祥雍对《辑校》加以校订增补,又成《古本竹书纪年辑校订补》;方诗铭、王修龄《古本竹书纪年辑证》后出,辑录和考订最为精详。
② 见《太平御览》卷七四九、《文选·王文宪集序》注引。
③ 见《晋书·司马彪传》。
④ 见《孟子·万章下》。

经加强思想文化的控制,把他们认为违碍统治的书籍加以销毁。司马谈临终之前也把着司马迁的手痛地说:"自获麟以来,四百有余岁,而诸侯相兼,史记放绝。"① 说明战国后期,特别是秦燔以后,史书确是荡然无存了。秦始皇统一六国后,采纳李斯的建议:"史官所记非《秦记》皆烧之。非博士官所职,天下敢有藏《诗》、《书》、百家语者,悉诣守、尉杂烧之。有敢偶语《诗》、《书》者弃市。以古非今者族。吏见知不举者同罪。令下三十日不烧,黥为城旦。所不去者,医药卜筮种树之书。若欲有学法令者,以吏为师。"② 这烧书的原因便是要统一思想,防止"入则心非,出则巷议",而史记更是遭忌,所谓"秦既得意,烧天下《诗》、《书》,诸侯史记尤甚,为其有所刺讥也③"。这样,司马迁写《史记》战国部分时,《秦记》就成了最主要的参考材料之一。而《秦记》"不载日月,其文略不具"。④ 对东方六国的记载尤为简略,因而《史记》写诸侯事迹包括《六国年表》其中特别是记述各国国君的世次年数方面不免产生种种混乱和错误。《竹书纪年》虽然经过盗墓者的破坏⑤,后来又全书亡佚,只能从晋代以来千余年间学者注释经史和编纂类书的引文中辑得一鳞半爪,但毕竟是《秦记》以外唯一被保存下来的一部偏详年月的先秦古史,所以它的史料价值或者说对古史研究的贡献,最为突出的一点恰恰也就在六国史事年代方面提供了较为准确的记载。

杜预是晋朝较早看到《纪年》的学者,他在《春秋经传集解后序》中首先指出《史记》记梁惠王的年世有错误。他说:"哀王于《史记》,襄王之子惠王之孙也;惠王三十六年卒而襄王立,立十六年卒而哀王立。古书《纪年篇》惠王三十六年改元从一年始,至十六年而称惠成王卒,即惠王也。疑《史记》误分惠成王之世以为后王年也。哀王二十三年乃卒,故特不称谥,谓之今王。"杜预根据《纪年》的记载,认为魏惠王三十六年没有死,改元后又在位十六年才卒,《史记》的错误是将后元十六年分给了襄王。杜预的上述意见是完全正确的,可惜他没有继续推敲下去。实际上《史记》除把惠王后元十六年给襄王以外,又把襄王的年世给了哀王;而根据《纪年》和《世本》的记载,惠王生襄王、襄王生昭王,其间并无哀王一代。《史记》类似的错误很多,主要依靠《竹书纪年》予以一一纠正。

清代以来,许多学者已经从事这方面的考订,如雷学淇撰《考订竹书纪年》、《竹书纪年义证》,朱右曾撰《汲冢纪年存真》,王国维撰《古本竹书纪年辑校》,范祥雍撰《古本竹书纪年

---

① 见《史记·太史公自序》。
② 见《史记·秦始皇本纪》。
③ 见《史记·六国年表序》。
④ 见《史记·六国年表序》。
⑤ 《晋书·束皙传》:"初,发冢者烧策照取宝物,及官收之,多烬简断札,文既残缺,不复诠次。"

辑校订补》，初步做出了成绩。陈梦家的《六国纪年》，乃是根据《竹书纪年》系统考订战国年代的专著。此书可数得上贡献多，影响大，然而仍不免小有瑕疵。杨宽先生于1946年至1947年间，先后发表《梁惠王的年世》、《再论梁惠王的年世》、《梁惠王逢泽之会考》等论文，后来又编制《战国大事年表》作为《战国史》一书的附录，在该表后更附《战国大事年表中有关年代的考订》，就若干重要史事年代作较深入的探讨和阐说，同时在该书1980年修订本《后记》中对于有争议的年代问题又提出了新的看法，这是迄今为止利用《纪年》等材料考证战国史事年代最为精详的著作，其成就又属后来居上。读者可以根据杨氏的上述论述，首先了解到《史记》的《六国年表》和《魏世家》在记载魏文侯、魏武侯、魏惠王、魏襄王的年数方面存在一系列的错误，他说："……总之，《史记》短少了魏文侯的年世十二年，又短少了魏武侯的年世十年，把'魏惠王三十六年改元'误作'魏惠王三十六年卒'把魏惠王的纪元和魏武侯的卒年提上了一年，又误把魏惠王改元后的年世作为魏襄王的年世，因而在魏襄王之后多出了一个魏哀王，把魏襄王的年世算作了魏哀王的年世。《史记》上述一连串的错误，我们是可以根据《纪年》来加以纠正的。"①除此以外，关于齐国、赵国、韩国、燕国等的纪年，《史记》同样存在一些严重的错误，这些错误主要也靠《纪年》来纠正②。

事实表明，《竹书纪年》不仅是重建战国年代学的主要依据，对于战国历史的研究有着十分重要的意义；而且在夏、商、西周和春秋史的研究方面，或可与《诗》、《书》、《易》、《春秋》、《左传》、《国语》以及《史记》等书互为证明，或可补经传之阙失，或可纠正上述古籍之讹误违失，同样具有很高的史料价值。兹就荦荦大者，略举数端，以见一斑。

(1) 关于商、周二代帝王的居址，《纪年》所记，诸如"禹都阳城"、"太康居斟寻，羿亦居之，桀又居之"、"帝相处商丘"、"帝宁(予)迁老丘"、"胤甲居西河"以及"外丙居亳"、"仲丁自亳迁于嚣"、"河亶甲自嚣迁于相"、"祖乙居庇"、"南庚自庇迁于奄"、"盘庚自奄迁于北蒙曰殷"，等等，乃研究古代帝都和都城迁徙的珍贵资料，于历史地理学、考古学探索夏文化和商汤至盘庚五迁的历史有重要的参考价值。其中张守节《史记·殷本纪正义》引《括地志》云："《竹书纪年》自盘庚徙殷至纣之灭二百五(七)十三年，更不徙都。纣时稍大其邑，南距朝歌，北据邯郸及沙丘，皆为离宫别馆。"这条史料允其可贵。

《书序》云："盘庚五迁，将治亳殷。"郑玄云："治于亳之殷地，商家自此徙而改号曰殷亳。"《史记·殷本纪》据《书序》而谓盘庚自河北渡河南治亳，"复居成汤之故居"，至帝武乙

---

① 杨宽：《战国大事年表中有关年代的考订》，见《战国史》1980年修订本，第589页。
② 杨宽：《战国大事年表中有关年代的考订》，见《战国史》1980年修订本，第589—592页。

立,"殷复去亳,徙河北"。据此,商代后期的都城安阳殷墟仅是康丁(即《史记》庚丁)、武乙以后的都城。但据《太平御览》卷八三、《水经·洹水注》《史记·项羽本纪》《集解》及《索隐》、《史记·殷本纪正义》、《通鉴外纪》卷二等引《竹书纪年》,皆谓盘庚自奄迁于北蒙曰殷。朱右曾《竹书纪年存真》云:"《尚书序》'盘庚五迁,将治亳殷。'《正义》曰:'束晳云:孔子壁中《尚书》云:将始宅殷,是与古文(案指《纪年》)同也。'段玉裁《尚书今古文撰异》云:'此《晋书》所谓晳在著作,得观《竹书》,随疑分释,皆有义证也。'"此说所说的孔壁《尚书》"亳殷"作"宅殷",与《竹书纪年》合,再加上《纪年》自盘庚迁殷"更不徙都"之说,皆与今本《尚书》、《史记》迥异。今天,通过殷墟发掘及大量自武丁迄殷末的甲骨文出土,足以证明《竹书纪年》的记载最为可信,这是以《纪年》纠正《尚书》、《史记》等错误的一个重要实例。

(2)《山海经·大荒东经》有王亥其人,郭璞注引《竹书纪年》也有王亥。其文曰:"殷王子亥宾于有易而淫焉,有易之君绵臣杀而放之,是故殷主甲微假师于河伯以伐有易,灭之,遂杀其君绵臣也。"《世本》亥作核,《楚辞·天问》作该,《汉书·古今人表》作垓,皆其通假字;《史记》作振,乃与核、垓形近而讹;《吕览》作王冰,冰之篆文与亥字也形似而讹。甲骨文中关于王亥的记载很多,祭祀很隆重,说明确是商人重要的祖先。这是据《纪年》、《山海经》与甲骨文印证,以纠正《史记》等史书记载上的错误的又一个实例①。

(3)王国维说:"《戬寿堂所藏殷墟文字》中有断片存六字,曰'中宗祖乙牛,吉'。称祖乙为中宗,全与古来《尚书》家之说违异,惟《太平御览》八十三引《竹书纪年》曰:'祖乙滕即位,是为中宗,居庇。'(《今本纪年》注亦云'祖乙之世,商道复兴,号为中宗。'即本此。)今由此断片知《纪年》是,而古今《尚书》学家说非也。《史记·殷本纪》以大甲为大宗,大戊为中宗,武丁为高宗,此本《尚书》今文家说,今征之卜辞,则大甲、祖乙往往并祭,而大戊不与焉。卜辞曰:'□亥卜,贞:三示御,大乙、大甲、祖乙五牢。'(罗氏拓本)又曰:'癸丑卜,□贞:求年于大甲十牢、祖乙十牢'(《后编》上第二十七叶)又曰:'丁亥卜,□贞:昔乙酉服鬯御(中阙)大丁、大甲、祖乙百鬯、百羊、卯三百牛。'(下阙,《后编》上第二十八叶)大乙、大甲之后,独举祖乙,亦中宗是祖乙非大戊之一证。《晏子春秋·内篇谏上》:'夫汤、大甲、武丁、祖乙,天下之盛君也。'亦以祖乙与大甲、武丁并称。"②这是以《纪年》与甲骨文相印证,纠正《史记》和古今《尚书》学家的第三个实例。

由此看来,《竹书纪年》虽为残阙之辑本,仍为治古史者所不容忽视。是故陈梦家氏说:

---

① 参见王国维:《殷卜辞中所见先公先王考》,见收《观堂集林》卷九。
② 参见王国维:《殷卜辞中所见先公先王续考》,见收《观堂集林》卷九。

"纪元后279—281年之间在汲郡所出的《竹书纪年》,乃纪元前297—296年所作魏国的史记。汲冢竹简的发现,和安阳甲骨的发现,就古史的材料而说,有着几乎同等的重要性。"①

四、《竹书纪年》在史学史上的地位

《竹书纪年》出土后,有荀勖、和峤、束皙、王接、卫恒、王庭坚、潘滔、挚虞、谢衡、续咸以及杜预等学者参加校理或研讨。《晋书·束皙传》谓《纪年》十三篇"盖魏之史书,大略与《春秋》皆多相应。其中(与)经传大异,则云夏年多殷;益干启位,启杀之;大甲杀伊尹;文丁杀季历;自周受命至穆王百年,非穆王寿百岁也;幽王(当作厉王)既亡,有共伯和者摄行天子事,非二相共和也。"这里仅指出《纪年》所记古代史实,与《尚书》、《孟子》、《史记》等书明显不符的几点,但未加评说和歧视。《晋书·王接传》:"时秘书丞卫恒考证《汲冢书》,未讫而遭难。佐著作郎束皙述而成之,事多证异义。时东莱太守陈留王庭坚难之,亦有证据。皙又释难,而庭坚已亡。散骑常侍郎潘滔谓接曰:'卿才学理议,足解二子之纷,可试论之。'接遂详其得失。挚虞、谢衡皆博学多闻,咸以为允当。"王庭坚、束皙之间的辨难,王接之评定二家得失,其内容限于文字考释,抑涉及史实纠纷,今已无从考知。杜预是治《春秋左氏传》的专家,于秘府得见《竹书纪年》后,当即加以比较研究,一方面说"其著书文意,大似《春秋经》,推此足见古者国史策书之常也";另方面也注意到二者在追述古代史事上的差别,所谓"《纪年》又称:'仲壬即位,居亳,其卿士伊尹;仲壬崩,伊尹放大甲于桐,乃自立。伊尹即位于大甲七年,大甲潜出自桐,杀伊尹,乃立其子伊陟、伊奋,命复其父之田宅而中分之。'《左氏传》:'伊尹放大甲而相之,卒无怨色。'"杜氏进而推论说:"然则大甲虽见放,还杀伊尹,犹以其子为相也。此为大与《尚书》叙说大甲事乖异。不知老叟之伏生或致昏忘?将此古书亦当时杂记,未足以取审也?"②究竟是伏生记忆发生差错,还是《纪年》不足为凭?杜预仍在两可之间,未便轻下结论。

唐刘知幾始明确提到"《汲冢书》云'舜放尧于平阳,益为启所诛',又曰'大甲杀伊尹,文丁杀季历'。凡此数事,语异正经。其书近出,世人多不之信也"③。明李维桢《史通评释》认为《纪年》杀益、诛尹及季历之杀,皆是"污蔑至圣"的谤言。清姚际恒《古今伪书考》也说

---

① 陈梦家:《殷虚卜辞综述》,科学出版社1956年版,第32页。
② 参见杜预:《春秋经传集解后序》。
③ 见《史通·疑古篇》。

"《纪年晋史》称'益干启位,启杀之;大甲杀伊尹。'即此二事,荒诞已甚。其他可无论。"崔述《考古续说》:"大抵记东周事多与《春秋经传》相应,而自获麟以后,载籍多缺,观之尤足以证《史记》之舛误,而补其缺漏。惟其记述三代事多荒谬,余于《考信录》中因已辨之。"而在《考信录》中一一予以驳难,断定这些记载是"世人好以小人之心度圣贤也!"据此,可见唐至清代一些学者站在儒家的立场,尽力贬低《竹书纪年》的史料价值及其在史学上的地位。然而刘知幾毕竟是一位杰出的史学评论家,他认为《纪年》放杀之说,"求诸历代,往往而有。必以古方今,千载一揆"①。又说如无《纪年》出土:"学者为古所惑,则代成聋瞽,无由觉悟也!"②可谓别具卓识。梁启超则说:"启杀益,大甲杀伊尹两事,后人因习闻《孟子》、《史记》之说,骤睹此则大骇。殊不思孟子不过与魏安釐王史官同时,而孟子不在史职,闻见不逮史官之确;司马迁又不及见秦所焚之诸侯史记,其记述不过后《孟子》而已;何足据以推翻《竹书》?而论者或因此疑《竹书》之全伪,殊不知凡作伪者必投合时代心理,经汉、魏儒者鼓吹以后,伯益、伊尹辈早已如神圣不可侵犯,安有晋时作伪书之人乃肯立此等异说以资人集矢者?实则以情理论,伯益、伊尹既非超人的异类,逼位谋篡,何足为奇?启及太甲为自卫计而杀之,亦意中事。故吾侪宁认《竹书》所记为较合乎古代社会状况。《竹书》既有此等记载,适足证其不伪;而今本《竹书》削去之,则反足证其伪也。"③梁氏的意见也是非常中肯的。

其实,历史人物、历史事件每多复杂的现象,凡持不同立场观点的史官或学者,各自从不同的角度出发,往往会有不同的描述和评价,甚至得出截然相反的结论,这在古今中外都是常有的事。《韩非子·显学篇》说得好:"孔子、墨子俱道尧舜而取舍不同,皆自谓真尧舜;尧舜不复生,将谁与定儒墨之诚乎?"又如对历史上的商汤伐桀、武王伐纣怎么看,西汉景帝时发生一场大争论。在黄生看来是"逆杀",在辕固生看来是"革命"。但从汉景帝的立场考虑,事在两难:因为若依黄生之言,必须承认汉高祖得天下是非法的,而且有背经义;若提倡辕固生的理论,则刘氏的政权就有被他姓取代的危险。于是景帝不得不终止这场争论,巧妙地说:"食肉毋食马肝,未为不知味也;言学者毋言汤武受命,不为愚。"④战国时代由于墨家和儒家共同鼓吹"禅让"的结果,使燕王哙深受迷惑,决定付诸实施,让位给相国子之,弄得国破家亡。而魏晋之际,曹丕与司马炎明明是篡夺刘汉和曹魏政权,偏要演出"禅让"的闹剧,虽无异于掩耳盗铃,但剧中人都心照不宣,试看魏文帝升坛礼毕,顾谓群臣曰:"舜、禹

---

① 见《史通·疑古篇》。
② 见《史通·杂说上篇》。
③ 梁启超:《中国历史研究法》。
④ 事见《汉书·儒林传》。

之事,吾知之矣!"①神情何等自得。所以刘知幾以此例彼,认为《纪年》所记实"千载一揆"、"足验其情",正是优秀史家在比较历史与现实之后自然得出的结论。事实上《纪年》的说法并非绝无仅有的孤证,即以"启益之争"为例,《楚辞·天问》、《韩非子·外储说》、《战国策·燕策一》等所记与《纪年》略同,足见《纪年》决非向壁虚构。总之,我们今天再不能站在儒家传统的立场,偏听偏信,片面地否定《竹书纪年》的史料价值和贬低它在史学史上的地位,这是首先需要辩明的。

又春秋末年,由于诸侯兼并和卿大夫争权,晋国先是六卿专政,而后范氏、中行氏在斗争中失败,前453年智氏又随之灭亡,从而形成三家分晋的局面。前403年韩、赵、魏同时立为诸侯,晋就名存实亡了。这说明魏的立国,主要凭借武力不断扩张的结果。因此有人认为"舜囚尧、启杀益、太甲杀伊尹、共伯和干王位"等历史事件,乃是魏国史官根据现实斗争的需要而编造出来的,我们不太同意这样的看法。不过,魏国对这一类史料传说持肯定的态度并把它们选编入史书,正如晋武帝太康年间校理《纪年》一样自有其特殊的社会历史背景,则是确实无疑的。

那么,《竹书纪年》在中国史学史上究竟应占什么地位?我们以为必须给以恰当的评论。

如所周知,《春秋》是我国传世的第一部编年史,它的出现标志着我国史学的萌芽或建立。《史记》是一部伟大的纪传体通史,它的问世,成为我国古代史学发展的代表作。但是刘知幾批评《春秋》有十二未喻、五虚美,说明这部儒家经典在史实方面、义理方面都还存在不少缺点。《史记》的时代较晚,虽然太史公秉笔直书的精神不下于古史官,但限于材料来源,追述先秦史事往往有失实之处,这也是毋庸讳言的。《竹书纪年》成书年代介乎《春秋》与《史记》之间,推寻其内容和体裁,实有三大特色:第一,此书出于魏国史官或史家手笔,追述古史绝不夸饰,不失秉笔直书的史学传统;第二,因时代比汉司马迁为早,见到较多的先秦典籍,所记古史特别是战国年代史实方面优于《史记》;第三,该书上溯三代以来,东周开始虽以晋、魏为主体,然而所记遍及列国,与《春秋》限于鲁国一小国、二百四十二年的纪事相比较,充分显示了战国时代史部著作有了巨大的进展,开创了编年体通史的新体例,成为《资治通鉴》的前驱。凡此三点,足以使《纪年》跻身于古代优秀史书的行列,在史学史上占有重要的地位。可惜它记事过于简略,还带有初期官修史书的某些特征,这是一大缺点。另外,由于流传过程造成的损失,使《纪年》只留下残佚辑本,比原来逊色不少;但这不是编

---

① 见《三国志·魏书·文帝纪》裴注引《魏氏春秋》。

纂者的过失,于评价《纪年》的史学成就不应该有太大的影响。要言之,《纪年》的时代介乎《春秋》与《史记》之间,其史学成就也是如此。忽视从《春秋》到《史记》之间的重要环节,就无法说明我国古代史学顺序发展的历程。

"前事不忘,后事之师。"历代统治阶级之所以重视史书,目的在于总结和分析以往统治者的成败得失,即从历史上吸取经验教训,作为他们进行统治的借鉴。《尚书·酒诰》所谓"古人有言:'人,无以水鉴,当于民鉴。'"说的也是这个意思,当以历史为镜子,应体察民情,并以殷末统治阶级腐化堕落而导致亡国为戒。司马光的《资治通鉴》,在书名中已把这层意思表白清楚了;《竹书纪年》的编纂目的实际也是如此。问题是为什么第一部编年体通史首先出现于魏国?根据我们的推测,可能有以下两个原因所促成:

(1) 战国初期,魏文侯一方面师事子夏等儒学大师,一方面重用法家始祖李悝实行变法并使魏国首先强大起来。文侯、武侯二世,攻灭中山国,东败齐国,西侵秦之河西地,到惠王时国势更为强盛,在加紧进攻宋、卫、韩、赵的同时,于前 344 年因"功大而令行于天下"①而首先称王,召集逢泽之会,率诸侯朝见周天子。魏文侯、武侯、魏惠王三世继承晋国霸权垂百余年,大有一统天下之志,这正是魏国编纂通史的重要原因之一。《纪年》记夏、商、西周的历史,至幽王为犬戎所灭,以晋事接之,三家分晋,独记魏事,继统观念即在其中。襄王时国势转衰,统一大业终成泡影,这也许正可解开襄王在位二十三年,何以《纪年》只写到二十年就写不下去以及襄王死后即以之为殉葬品而悄悄埋入墓棺之谜。当然,也可能是襄王继承先人之志,令史官或学者编述此书,生前所好,死后从葬。

(2) 魏国人才济济,兼收并蓄。如魏文侯既师事子夏,又重用李悝等法家,故《纪年》记春秋及战国初期历史,与《春秋》经传略同,而记古史又往往采用法家的观点。徐中舒先生说:"战国初期魏国继承晋国霸权垂百余年,子夏居西河为魏文侯师,西河距魏旧都安邑甚近,是魏文侯筑馆优礼子夏之所,也是当时学术文化的一个中心所在。如以魏国的西河与齐国的稷下相比,它比稷下还要早过八九十年。"而子夏又是传习《春秋》的大师,是故"《左传》可能就是在子夏门下编写成书的。"又说:"《左传》作者对于魏国期望是很大的","他只看到魏国的强大,却没有看见魏国的削弱,《左传》就是魏国霸业鼎盛时代的作品。""《左传》不但成书于公元前 351 年以前,而且当时即已在三晋流传。汲冢书有《师春》一卷,'与《左传》记卜筮事无一字之异',这就是《左传》在魏国编写或首先在魏国流传的证明。"②上述意

---

① 见《战国策·齐策五》苏秦述卫鞅语。
② 参见徐中舒:《〈左传〉的作者及其成书年代》,刊《历史教学》1962 年第 11 期。

见是非常正确的。《春秋》之后,史部出现《左传》这样重要的著作,表明史学在战国初期有了较大的发展。《左传》由魏国学者编写,说明魏国有编纂史书的传统和学术基础,这是《纪年》这部编年体通史首先产生于魏国的又一个重要原因。事实证明,由于《竹书纪年》并不一定是魏史官所记国史,而可能是属于学者私人所撰编年体通史,如朱希祖《汲冢书考》即认为《纪年》"是魏国私人所撰编年通史,非魏国官修之国史,且非编年之断代史也。"又朱氏引《新唐书·刘知幾传》"子贶……以《竹书纪年》叙诸侯列会,皆举谥,后人追修,非当时正史。"认定"其说甚是,可破魏国史官所纪之谬说。"这就更看出编纂史书的传统和学术基础在《纪年》成书过程中的巨大作用。

(原载《文博研究论集》,上海古籍出版社1992年版,第89—110页)

吴国的改革与崛兴

——读《学术走向民间,研究面对现实》

1994年5月8—11日,我有机会赴无锡堰桥吴文化公园参加"94届吴文化研讨会",亲眼看到吴文化公园的宏伟发展规模和艰苦的创业精神,了解了吴学研究所在吴文化资源的研究与开发方面已经做出的辉煌业绩和未来所承担的历史重任,听了与会学者在会上宣读的论文,受益匪浅。作为吴学研究所这一民间学术机构的兼职研究员,今后一定争取为发展吴地区域文化事业和弘扬中华文明作出应有的贡献。今阅读高燮初所长《学术走向民间,研究面对现实——吴文化公园七年来开展吴文化研究纪实》一文得到启发,撰成此文。

高文不仅对吴文化公园暨吴学研究所的创建过程与七年来的研究活动和构想作了概括的阐述,而且在吴文化概念的认识,吴学研究的宗旨及方法,以及队伍建设和如何争取社会和学术界的支持等方面都有不少远见卓识。例如在"对概念的认识"一节中指出:"我们所研究的吴文化,是指吴地区域性文化。我们主张把吴文化的研究,从过去单纯局限于春秋吴国文化以及相应的考古文化这一狭隘的范畴中跨出来,走向吴地区域性文化的广阔天地。从时间跨度应该是从古到今,即先吴文化(或称古吴)—吴国文化—后吴文化(或称吴中)。从地域界定上,应该是以长江下游三角洲为中心地带,形象的说法是以太湖为腹心,上海、南京作首尾,苏、锡、常、镇、杭、嘉、湖为节肢,旁及通、扬的一个地域整体。"亦即研究吴文化应跳出狭义的吴文化圈子而改为研究吴地区域性大文化。这一提法已得到学术界的广泛支持,我个人也深表赞同。不过,我本人偏重于先秦史的研究,而吴国又是吴文化发展的重要环节或源头,我认为进一步考察吴国的社会历史及其对后世的影响,仍然是吴文化研究的重点之一,这和高所长的意见一点也不矛盾,因为高所长在"民间与现实"一节中已申述了"鉴古知今的道理",在"对概念的认识"中又说:"我们对吴文化的研究从一开始就把它作为动态性的流程来考察,我们认为对历史全过程的考察与研究是基于历史的本身的延续性、传承性,古为今用,才能更好地为现实服务"。"我们认为对吴国以及吴国以前文化的研究,揭示吴地先民的物质、精神文明的历史,让人们认识过去,从中吸取有益的东西,这当然是重要的。但沿着历史的轨迹,考察吴地的日益发展,后来居上,尤其是当前它的经济文化的发展对整个中国具有举足轻重的地位,这不是更有现实意义吗?"总之,他把"古今并重"或"古为今用"的辩证关系已阐释得一清二楚。而我们从事先秦吴地历史文化研究仍然有文章可做。

另外,在"我们的实践"一节中,高所长又倡导要把"吴文化公园"办成乡情国情教育的大课堂,以通过吴学研究"唤醒国魂"为宗旨,同时在吴地悠悠的文化发展长河中,发掘出改革、创新、开拓的历史经验,为当前闯出一条有中国特色的现代化道路提供借鉴。而"由于吴地滨海临江、处于亚洲大陆板块和太平洋水域的接合部,占有了通向海外的前沿地带,自古以来吴地人民的精神气质、思想方法都有很大的进取、创新、敢冒风险的开拓精神。"①

高所长上述见解尤为精辟,读来令人折服。今就春秋时期吴国因进行政治经济的改革而崛兴的史实,为高所长的论点提供一个具体例证。

据《史记·吴太伯世家》的记载,自太伯、仲雍奔吴建国,至十九世"寿梦立而吴始益大,称王。"(《吴越春秋》作"吴益强称王")其间,除世系外别无其他史迹可寻。而据1954年江苏丹徒烟墩山出土的《宜侯夨簋》铭文,作器者虞(吴)侯在西周康王时曾被改封于宜地,并领受周王许多赏赐,其中包括大量的土地和人民,这是文献所缺载的吴国早期的重要史料。则《管子·小问》篇:"昔者吴干战,未龀不得入军门,国子摘其齿,遂入为干国多。"说明西周晚期、春秋之初吴已逐渐向外扩张灭掉江北的干(邗)国。另据现存吴国较早的具铭青铜器《者减钟》,上有铭文八十余字,开头一句是"隹(唯)王正月初吉丁亥,工𢿃王皮難之子者减择其吉金自作鸒钟。"按春秋吴国史书称"吴"或"勾吴",金文称"工𢿃"、"攻敔""攻敌""攻吴"或"吴"。马承源先生考证"攻𢿃王皮難"即句卑②,可证吴国至少在寿梦的祖父时期已强大称王,这也比《史记》所记要早些。自句卑以后,吴王寿梦、诸樊、馀祭、夷昧、阖闾、夫差等皆有为之君。特别是在阖闾统治时期,为继承先君破楚服越和振兴吴国的遗志,阖闾励精图治。在内政方面进行了一系列的改革,终于使吴国崛兴并跻身于春秋五霸的行列。

吴国的改革是多方面的,这里仅以"争取民众"和"重视人才"的举措作一点简括的介绍。

---

① 高燮初:《学术走向民间,研究面对现实》,见《吴文化资源研究与开发》(吴学研究专辑1),江苏人民出版社1994年1月。
② 马承源:《关于翏生盨和者减钟的几点意见》,《考古》1979年1期。

早在殷周交替时期,殷为"泱泱大国",周为"蕞尔小国"。然牧野一战,商纣王数十万大军"前徒倒戈",小邦周在一夜之间灭了大邑商,使周初统治者在惊喜之余,不能不对民众力量有所畏服,从而产生"敬德保民"的思想。周厉王时发生"国人起义",又一次显示了民众的巨大威力。春秋以降,"民变"、"民溃"的事件屡见不鲜,迫使有远见的国君及其大臣在施政中不得不适当顾及民众的利益。《左传》桓公六年记载,随国国君自谓祭祀天神的牺牲丰厚,便可以'取信于神。其贤臣季梁则不以为然,他说:"夫民,神之主也。是以圣王先成民而后效力于神。"公然把"民"说成是"神之主",统治者应当先满足民众的意愿,实现"民和年丰"才能得到"神降之福"。① 晚周民本思潮的崛起,有如一贴卓有成效的清醒剂,使吴国阖闾深受其益。而作为一个英明之主,吴王阖闾真正懂得国之治乱兴衰,民心的向背起着决定的作用,因此,"爱民"或"争取民众"就成为他进行政治改革的头等大事。

1972年,山东临沂银雀山汉墓发现《孙子》兵法的残简《吴问篇》,它记录了孙武和吴王阖闾关于晋国六卿成败的答问。孙武说:范氏、中行氏以160步为亩,智氏以180步为亩,韩氏、魏氏以200步为亩,赵氏以240步为亩。赵氏的亩制最大,租税最轻,因此可以"富民"。孙武预言将来范氏、中行氏先亡,智次之,韩氏、魏氏又次之,只有赵氏获得成功。后来的历史进程正如孙武所料,只是韩、魏未亡而形成"三家分晋"的政治局面。

孙武的分析判断很受吴王的赏识。阖闾三年,吴王想要攻打楚国郢都,将军孙武谏曰:"民劳,未可,待之。"吴王言听计从,一直等到阖闾九年才大举进攻楚国,着眼点在"民"。《左传》昭公三十年(公元前512年)楚封逃亡归附的吴国二公子,子西谏曰:"吴光新得国,而亲其民,视民如子,辛苦同之,将用之也。"又哀公元年(公元前494年)吴师在陈,楚大夫皆惧,曰:"阖庐惟能用其民,以败我于柏举。今闻其嗣又甚焉,将若之何?"子西曰:"昔阖庐食不二味,居不重席,室不崇坛,器不彤镂,宫室不观,舟车不饰,衣服财用,择不取费。在国,天有菑疠,亲巡孤寡而共其乏困。在军,熟食者分而后敢食,其所尝者,卒乘与焉。勤恤其民而与之劳逸,是以民不罢劳,死知不旷。吾先大夫子常易之,所以败我也。"吴王阖闾自奉甚俭,爱民如子,就是为了争取民众;争取民众的最终目的,即子西所说"将用之也"。民能为其所用,吴国自然能够达到国富民强的目的。陈国的逢滑说得好:"国之兴也,视民如伤,是其福也;其亡也,以民为土芥,是其祸也。"② "视民如伤",杜注:"如伤,恐惊动。"《孟子·离娄下》赵注:"雍容不动扰也。""土芥",杜注:"芥,草也。"焦循《孟子正义》云:"土芥谓视之如

---

① 冯天瑜:《晚周民本思潮刍议》,《先秦史论文集》(《人文杂志》专刊)1982年5月。
② 《左传》襄公元年。

土如草,不甚爱惜也。"把国之兴亡与统治者对待民众的态度紧密相联,逢滑别具卓识。当然,这也是对历史与现实作出的一个极其深刻的总结。

吴国改革取得成功的另一个政策措施就是重视人才,特别是重视外来的杰出人才,为我所用。这也是导致吴国强盛起决定作用的重要因素之一。吴国地处东南边陲,受周礼的影响较浅,世卿世禄制度不严,与中原各国先是卿大夫专权、继以陪臣执国命、公室式微、政出私门的情况迥然不同。童书业先生《论楚秦吴越公室之强》云:"楚、秦、吴、越在边陲,独不闻卿族专擅侵凌公室之事,盖其社会发展阶段尚较为原始也。……吴国之臣如伍员、大宰嚭等,地位虽高,一切尚听王命。越臣如范蠡、大夫文种亦然。或避难他适,或为王所杀,未有敢持功专权者。此皆与中原诸国异也。吴、越后皆衰亡,楚、秦则入战国时较易行中央集权之制,与其卿族夙无专擅之事关系绝大也"。[①] 由于吴国无世卿专擅,又有英明如阖闾这样的国君掌握实权,故能"任人唯贤",网罗人才,重用来自楚国的流亡者伍员管理国政,又重用伍员推荐的大军事家齐人孙武为将军,在争霸过程中发挥了重要的作用。这和后来的秦国多用客卿,终于统一六国颇有相似之处。

除上所述,吴国还重视冶铜铸铁、兴修水利、奖励农桑,以大力发展生产;全面推行郡县制,作为封建国家加强中央集权的统治基础;积极训练步兵和水师,并接受中原的军事技术,学会射御和使用兵车及布置战阵,大大加强吴国的军事力量,如此等等。吴国在春秋后期进行多方面的改革,可参见拙著《吴越的崛兴和对长江下游的开发》[②],这里就不一一赘述了。

高燮初所长赞扬"自古以来吴地人民的精神气质、思想方法都有很大的进取、创新、敢冒风险的开拓精神",春秋吴国的历史就是很好的例证。他又说要从吴文化发展长河中"发掘出改革、创新、开拓的历史经验",春秋吴国就提供了这样的经验。而一讲改革,许多人把眼光注视经济发展,这当然没有错,但我们认为任何时候,任何改革措施要想获得成功,都不能不首先考虑民意和尊重人才。由此可见,春秋吴国的历史经验对后世、对于当前的物质文明和精神文明建设都有借鉴作用。从某种意义上说,这也就是"研究面对现实"的延伸吧。

(原载《吴文化资源研究与开发》,苏州大学出版社1995年版,第25—30页)

[①] 童书业:《春秋左传研究》,上海人民出版社1980年版,第335页。
[②] 吴浩坤:《吴越的崛兴和对长江下游的开发》,《先秦史论集——徐中舒教授九十诞辰纪念论文集》,中州古籍出版社1989年4月。

周厉王事迹及其评价

据文献记载,周厉王在经济上实行"专利",即垄断山林川泽的利益;政治上采取高压政策,以卫巫弭谤,任意杀戮持不同政见者;军事上,如对淮夷的战争,也以失败而告终。因此,他历来被视为千古暴君,一无是处。最近有学者提出要推翻传统的偏见,恢复他的改革家名誉。我们的意见是应根据史实,实事求是地作一些具体的分析,力求给周厉王以恰当的评价。

本文的结论是:第一,证之金文资料,厉王前期在军事上取得辉煌的胜利,说明他曾经是一个有为之君;第二,实行"专利"不只是满足私欲,而是出于政府财政的需要,其结果也是推进了土地私有化的进程,应予肯定;第三,不管有多少理由,周厉王晚年施行暴政并缘此引起"国人起义",从主观动机到客观效果看,都是值得批判的。

(原载《先秦史与巴蜀文化论集》,历史教学社 1995 年版,第 286—287 页)

文物与博物馆学研究

建设有中国特色的博物馆学

吴浩坤　陆建松

博物馆学是一门专门研究博物馆事业的科学理论、工作方法和技术的学科。早在二三十年代,随着西方现代博物馆和博物馆学理论的传入,我国就开始了对博物馆学的研究。但是,真正的科学意义上的博物馆学研究是在新中国建立以后。近年来,随着我国博物馆事业的发展和文化学术事业的进步,博物馆学作为一门新型的年轻学科开始跻身于我国学术之林,我国的博物馆学研究发展到一个新的阶段。不过,与考古学、文物学等相近学科比较,我国的博物馆学还较薄弱,还没有突破传统的西方博物馆学(包括苏联博物馆学)的模式,还没有形成具有中国特色的博物馆学理论体系。怎样开展我国博物馆学研究,如何建设中国博物馆学理论,这是我国博物馆学界普遍关切的问题。

我国博物馆事业的发展包括我国的博物馆学应该体现自己的特色。当前,我国博物馆的发展,与西方博物馆的发展存在较大差异。西方博物馆事业是伴随西方资本主义的发展,伴随西方资产阶级政治、经济和科学文化的客观需要而发展起来的。我国的博物馆,主要是在新中国建立之后,伴随社会主义经济建设和文化建设的需要而发展起来的。彼此的历史发展有差异,现状也不同。目前,由于经济和科技的发展,西方博物馆得到高度发展,不仅分布广,数量多,种类丰富,而且水平较高。与西方相比,我国的博物馆事业相对落后,首先是起步晚、数量少,其次是水平低、类型单调,自然科学博物馆更是寥寥无几。自然科学类博物馆和各种专门博物馆是我国今后博物馆发展的主要方向。我国博物馆发展的历史和现状决定了我国的博物馆学理论必须建立在现实的基础上并且有自己的个性。

博物馆是反映或展现国家和民族的物质文化的主要场所,博物馆学理论脱离不了物质文化这个重要基础。否则,博物馆学理论也就成了空中楼阁。西方博物馆反映的主要是西方的古代文明和西方资本主义的物质文化。西方博物馆学的理论,尤其是历史博物馆学理论和应用博物馆学理论就是建筑在西方的物质文明基础上的。我国的博物馆反映的主要是中华民族独特的物质文化,因而,我国的博物馆学理论建设也必须从中华民族独特的物质文化出发。如所周知,我国是历史悠久、文化灿烂、地大物博、幅员辽阔的文明古国,各地的历史文化、生产技术和生活风俗各有自己的特点。我国又是一个多民族国家,各民族生产、生活、宗教和风俗也各具特色。我国还是一个自然资源蕴藏极为丰富的国家。这些灿烂的物质文化和富饶的自然资源构成了我国博物馆优厚的物质基础,并且决定了我国的博物馆学理论必须有别于西方也有异于苏联博物馆学理论。

把物质文化展现给民众,使物质文化和民众结合起来是博物馆全部工作的目的。日本著名博物馆学家鹤田总一郎认为欧美博物馆学理论就是建立在对欧美物质文化和欧美人的研究基础上的,用欧美博物馆学理论建立起来的博物馆适合欧美人的特点,而对亚洲人来说有许多不合适之处。中华民族在其发展过程中形成了自己鲜明的民族个性,这也决定了我国博物馆学理论要有自己的民族特色。

博物馆事业包括博物馆学理论的发展,必然要受到一定社会的政治、经济因素的制约。我国的博物馆与西方博物馆有一个根本的区别,就是我国的博物馆是建立在以马克思主义为基础的社会主义公有制,它要为社会主义物质文明和精神文明建设服务。不仅要传播科学文化知识,还要宣传辩证唯物主义和历史唯物主义,培养人民群众的共产主义世界观以及对他们进行爱国主义教育。博物馆学正是一门以博物馆这种特殊的社会现象为研究对象的社会科学,因而和其他社会科学一样,由于其研究对象本身带有较强的政治倾向性,所以在阶级社会中,它必然要打上阶级的烙印,要为一定阶级服务。西方资产阶级博物馆学反映的是西方资本主义性质的博物馆发展特征,是为西方资本主义发展服务的。而我国博物馆学就应该反映我国社会主义性质博物馆的发展特征,为我国社会主义博物馆的发展提供理论依据。为此,必须区别于一般西方博物馆学的理论,而应有自己的哲学基础和理论体系。另一方面,从根本上讲,博物馆事业必须在国民经济发展的基础上才能有相应发展。西方国家博物馆之所以发展早、进步快,尤其是二次大战以来能飞速发展,是和西方资本主义科技的发达和经济力量的雄厚分不开的。西方国家博物馆的发达和应用技术的进步又促进了西方应用博物馆学的进步。现阶段,我国的国民经济还不够发达,所以,我们不能照搬西方应用博物馆学理论,而要从我国实际出发,建设适合我国国情的应用博物馆学理论。

我国博物馆学理论水平之所以不高、进步不快,原因之一就在于我们在博物馆学研究中没有很好地运用马克思主义这个思想武器。如何以马克思主义为指导,开展中国博物馆学研究,本身就是博物馆学研究的一个重大理论问题。例如我们对博物馆史的研究,坚持马克思主义,就是既要从历史的客观存在的博物馆实践出发进行研究,探寻博物馆事业的发展规律,又要坚持唯物辩证法关于普遍联系的观点,分析研究博物馆事业的发展与社会政治、经济和文化诸因素发展的关系。

我国的博物馆是建立在我国特殊的土壤之上的。同样,我国的博物馆学也应植根于我国的博物馆实践活动之中,要从我国的博物馆实践中去提炼和发展我国的博物馆学理论。因此,要建设中国特色的博物馆学,必须重视我国博物馆实践活动(包括历史上的博物馆实践)的研究,必须对我国博物馆的实践活动和实践经验进行理论思维。博物馆学的孕育、发生和发展是与整个博物馆事业的发展实践紧密相连的。我国历史上有丰富的关于文物及其收藏、陈列方面的研究资料可以发掘,有许多优秀的博物馆传统可以继承。近代,我国也有大量的博物馆学知识和经验值得我们好好整理研究。新中国建立以来,我国在博物馆事业建设和博物馆的征集、保管、陈列和宣传教育方面取得了很大成绩,积累了不少宝贵经验。我们要总结建国三十多年来我国博物馆的经验,特别是那些创造性的实践活动,尤其值得重视。研究我国博物馆的发展历史,总结我国博物馆的实践经验,就是为了建设社会主义的博物馆学,为了发展社会主义博物馆事业,对我国博物馆学的研究,不能停留在对博物馆实践活动的现象、存在状态或发展过程的简单描述和实践经验的归纳、整理和总结上,而应给予理论的解释和说明。既要注意微观研究,又要重视宏观研究;既要研究我国博物馆的历史状况,更要重视研究我国博物馆的现存状态和动态趋势。

建设中国特色的博物馆学,一方面主要依靠我们自己的力量,从我国实践出发,研究我国博物馆的实践,但另一方面,也要重视对外国博物馆学的研究和借鉴,这是建设中国博物馆学的一个重要条件。西方博物馆发展早,进步快,随着西方博物馆的发展,逐渐形成了一种较完整的西方博物馆学理论,尤以历史博物馆学和应用博物馆学见长。如在应用博物馆学方面,把社会学、教育学、心理学和传播学等学科的成果运用到博物馆学研究和博物馆工作中,把一些先进的技术和新型的材料应用到博物馆的具体工作中。我国传统的博物馆学对应用博物馆学理论的研究显得较贫弱,西方的应用博物馆学理论是值得我们研究和借鉴的。对待外国博物馆学,既要分析批判,也要大胆吸收其合理成分;既要从正面学习,又要从反面学习,既要学习欧美有益的理论,也要借鉴其他国家有益的理论。简言之,要建设中国博物馆学,一定要重视研究外国博物馆学,要在总结自己历史经验和民族传统的基础上,批判地吸收外国博物馆学中一切有价值的东西。

(原载《文汇报》1987年5月19日)

> 治学方法

谈谈古代用干支纪年月日的问题

"苍天已死,黄天当立,岁在甲子,天下大吉。"——这是东汉灵帝中平元年(公元184年)黄巾起义提出的政治口号。据《后汉书·皇甫嵩传》,这次起义原先"约以三月五日内外俱起",后因叛徒告密提前于二月间发动。所谓"岁在甲子",就是说这一年是甲子年,这是古代用干支纪年的一个实例。范老《中国通史简编》初版关于这方面的记载和解释是正确的;但新中国成立后修订再版时,不知何故于三月五日之后括注以"甲子日"三字,无疑是一个偶然的疏忽,因为三月五日是庚戌日而非甲子日,三月十九才是甲子日。由于《中国通史简编》是一部重要的史学名著,不仅被用作高校教材或主要教学参考书,而且常为一些史学工作者编书和撰写论文时作为参考,甚至直接引用他的观点和材料,因此该书哪怕出现一个极其微小的疏误,也会造成较大的影响是完全可以预料的。事情果真如此,翻开某些学校历年编印的讲义,或是留心一下公开发表的关于农民战争的专著和论文,讲到黄巾起义时,往往于中平元年括注"甲子年"的同时,于三月五日之后也括注"甲子日"三字,当是沿袭范书之误。又有个别教师在课堂上任意发挥,说什么黄巾起义欣逢"三甲子"即甲子年、甲子月、甲子日,显然更属无稽之谈,因为中平元年根本没有甲子月,其前后年份如光和六年(公元183年)、中平五年(公元188年)的十一月才是甲子月,而中平元年三月则是戊辰月。

以上情况说明相当一部分同志对于古代用干支纪年月日的问题不大留意,也不习惯于利用有关工具书对类似的重要史实加以复核,以致人云亦云,造成不必要的差错。为了引起同志们的重视,这里简单地谈谈古代纪年月日的方法(重点是干支纪年月日)附带介绍几种查考年月日期的工具书,以供大家参考。

（一）

古代纪年月日的方法很多，很复杂，而用干支纪年月日则是我国古代历法中的一个重要的创造。所谓"干支"，就是天干、地支的简称。天干即甲、乙、丙、丁、戊、己、庚、辛、壬、癸，地支即子、丑、寅、卯、辰、巳、午、未、申、酉、戌、亥。将十天干和十二地支相配合，可构成六十组为一周的"六十甲子"（或称"六十花甲"），周而复始分别用以纪录年月日的次序，这种方法简便易行，周期又长，确有不少优点。

兹列六十干支表如下：

甲子	乙丑	丙寅	丁卯	戊辰	己巳	庚午	辛未	壬申	癸酉
甲戌	乙亥	丙子	丁丑	戊寅	己卯	庚辰	辛巳	壬午	癸未
甲申	乙酉	丙戌	丁亥	戊子	己丑	庚寅	辛卯	壬辰	癸巳
甲午	乙未	丙申	丁酉	戊戌	己亥	庚子	辛丑	壬寅	癸卯
甲辰	乙巳	丙午	丁未	戊申	己酉	庚戌	辛亥	壬子	癸丑
甲寅	乙卯	丙辰	丁巳	戊午	己未	庚申	辛酉	壬戌	癸亥

（读者也可将十天干横排在上面或者直排在左面，然后用十二地支依次相配成一简表，以为推算干支之用。）

我国古代最早用干支纪日，用干支纪年月则是稍后发生的事。考夏代诸帝中，已有用十干为名的现象，又相传夏代历法已相当发达，因此干支纪日有可能产生于夏。但夏代的问题尚有令议，有待更多的考古发现加以证明，姑置勿论。商代自上甲至帝辛（纣），所有先公先王皆以十干为名，而且从地下出土的十多万片甲骨来看，其中较为完整的卜辞，多数都有干支纪日。殷人干支纪日在青铜器铭文上也有反映，如《小臣艅牺尊》作"丁巳，王省夔祖，王赐小臣艅夔贝"，《小予𦉢卣》作"乙巳，子令小子𦉢先以夷于墓"，等等。西周青铜器铭文一仍殷商之旧，近年发现的周原甲骨也有"癸巳。彝文武帝乙宗"一类记载，足见商周已普遍通行干支纪日。

据近人对春秋日食的研究，证明至少从鲁隐公三年（前720年）二月己巳起，我国的干支纪日一直连续不断，成为史书记载的通例。

干支纪月，在《史记·历书》中已见应用，但未曾推广。通常沿用一至十二的数码，上自甲骨金文时代，下迄于今，无不如此。甲骨文又有"十三月"的记载，那是"归余于终"的年终置闰的反映，祖甲以后或称"又八月"、"又五月"，等等，说明当时因历法知识进步而改用年中置闰法。又古人对月、日还起了不少别名或特定的名称,限于篇幅就不一一赘述了。

关于纪年方法,问题比较复杂。《尔雅·释天》云:"夏曰岁,殷曰祀,周曰年,唐虞曰载。"唐虞和夏纪年尚无确证,殷周称祀、称年大体上是可信的。胡厚宣先生《殷代年岁称谓考》指出:"由甲骨金文而观,殷代自盘庚迁都以后,早期称年为年为岁为春为秋,至晚期始称为祀,亦以事纪年。"可见年、岁、春、秋、祀(或作司)均曾为殷人之年岁称谓;而以事纪年多见于帝乙、帝辛时卜辞:"帝乙、帝辛时常以征伐夷方、盂方、井方之事纪年者,盖殷末国势渐移,外患日亟,征伐之事恒为国家生死关头,故以其事纪之。"①但是只有帝乙、帝辛时卜辞及殷末青铜器铭文最后刻书"隹(唯)王五祀"、"隹王九祀"、"隹王六祀",等等,才真正看出周时王在位的年数累计纪年的事实。

但并非绝对如此,有时我们可以看到西周金铭仍有用"祀"的现象,或置铭文之首,或如殷人格式置于铭文之末,只不过是少数例外而已。

综上所述,说明我国古代最早的纪年方法乃是用王公在位的年次纪年。

战国时代由于天文学的发展,产生了星岁纪年法,行于秦汉间。就其推行之广、使用之久来说,不及前面讲的纪年方法和后来的年号纪年法。

汉武帝首先正式创立年号。此后,凡是新君即位基本上都更换年号重新纪元。有一帝多次改元,如武帝本人就用过建元、元光、元朔、元狩、元鼎、元封、太初、天汉、太始、征和、后元等十一个年号;有一年之内一再改元,如公元前189年汉少帝曾改元光熹、昭宁、永汉,其后复称中平。明清两朝采用一帝一元之制,如明太祖朱元璋称洪武、成祖朱棣称永乐,清圣祖玄烨称康熙、高宗弘历称乾隆;只有明英宗朱祁镇初称正统、复辟后改称天顺,前后有两个年号。

干支纪年究竟始于何时?学术界历来有不同的说法。

有人根据《国差𦉜》、《丁卯斧》等铜器铭文,认为先秦已用干支纪年,经王国维、郭沫若等学者考定,此说实不可信。② 杜汉鼎先生《谈谈公历纪年与干支纪年的对应规律》一文说:"秦汉以前,只用干支纪日,不用干支纪年,古代史书纪事,必称举帝号或年号。汉末黄巾起义首倡'岁在甲子',文人也多舍年号而用干支,风气所至,影响到某些史书的纪事。"③黄巾起义"岁在甲子,天下大吉"的口号,封建史官甚至载入史册,肯定对干支纪年的推广大有影

---

① 见《甲骨学商史论丛》初集。
② 可参看王国维:《观堂别集·齐国差𦉜跋》;郭沫若:《殷周青铜器铭文研究·跋丁卯斧》。
③ 刊《历史教学》1998年第11期。

响;但说他是"首倡",未免失之过晚。

顾炎武、赵翼等认为汉以前不以甲子名岁,并引刘恕《通鉴外纪序》谓干支纪年始自王莽。王莽下书言始建国五年,岁在寿星,仓龙癸酉。又云天凤七平,岁在大梁,仓龙庚辰;厥明年,岁在实沈,仓龙辛巳。《隋书·律历志》记王莽铜权铭曰:岁在大梁,龙集戊辰;又曰:龙在己巳,岁在实沈。①

我们的看法,干支纪年新莽时已见应用的事实毋庸置疑。若论推广,据近人考定当在东汉顺帝元和二年(公元85年)编诉、李梵等制订《四分历》之后。至于这种纪年方法的产生,肯定在新莽之前,至少《淮南子·天文训》已发其端。该书积累战国以来的历法知识,除了取十二个太岁年名与十二辰相配外,又取十岁阳名与十干相配。

十二太岁年名与十二辰相配如下表:

摄提格	单阏	执徐	大荒落	敦牂	协洽
寅	卯	辰	巳	午	未
涒滩	作鄂	掩茂	大渊献	困敦	赤奋若
申	酉	戌	亥	子	丑

十岁阳名与十干相配如下表:

阏逢	旃蒙	柔兆	强圉	著雍
甲	乙	丙	丁	戊
屠维	上章	重光	玄黓	昭阳
己	庚	辛	壬	癸

这样,用十二岁阴名(即太岁年名)配十岁阳名,就组成阏逢摄提格、旃蒙单阏、柔兆执徐、强圉大荒落……等六十组合,周而复始用以纪年。若丢掉这些生僻的名称仅用干支表示,即成甲寅年、乙卯年、丙辰年、丁巳年,等等,由此可见太岁纪年向干支纪年过渡的自然趋势。

(二)

以上就干支纪年月日的问题作了概括的说明。下面简单地介绍几种查考年月日期最

---

① 参看顾炎武:《日知录·古人不以甲子名岁》,《亭林随笔·论古人不以甲子名岁》;赵翼:《陔余丛考·干支》。

常用的工具书。

首先,关于年代的查考和换算,可以利用上海人民出版社1976年编辑出版的《中国历史纪年表》。此书为《辞海》所附《中国历史纪年表》的修订本,有公元、干支、年号等栏,一检即可知某朝代某帝王某年号的第几年属何干支以及相当于公元何年。如翻到东汉灵帝中平元年,即知这一年为甲子年、公元184年。在作中西历年代换算时,应注意岁首、岁末的差异问题,因我国农历的年底,往往已是阳历下一年的年初,其间少者相差十几天,多者相差五十余天。如公元元年的十二月三十一日,相当于西汉平帝元始元年的十一月廿八日,如果《汉书》等所记元始元年十一月廿九日以后直至年底发生的事,就需注明公元二年而不能仍标作公元元年。一般年表不反映这一点,需通过查历表加以解决,而上述《中国历史纪年表》也能查出岁差,确有不少优点。此外万国鼎编、商务印书馆1957年出版和中华书局1978年重印的《中国历史纪年表》,荣孟源编、三联书店1956年出版的《中国历史纪年》均可供查考年代之用。

以公元换算成干支或年号纪年,因上述年表皆是中西纪年对照,按时序查到这一公元年代,即可得到干支和年号。用年号纪年换算公元纪年或干支,如这个年号历史上只用过一次比较好办,若多次被使用,则要把年号所属帝王联系起来才能确定它的公元或干支。而用干支纪年换算公元或年号纪年,因干支纪年是六十年一周转,超过六十年相同的干支就要重复出现,因此用干支换算公元或年号纪年时,一定要和朝代、帝王名称联系,个别帝王在位年代在六十年以上,例如康熙帝玄烨共在位六十一年,其元年(公元1662年)和第六十一年(1722年)均为壬寅年,所以还得进一步弄清是其早期还是晚期。

查考月日,需要利用历表。陈垣先生的《中西回史日历》、《二十史朔闰表》(中华书局1962年重版),以中西回历对照,对研究中外关系和查考年月日期提供了极大的便利。《中西回史日历》以阳历为纲,注明相应的中、回历年月日,收编时间从公元元年到2000年,中国纪年包括帝王年号、年代和干支,并注明改元时间;西历在公元1582年以前用儒略历,此后用格里历;回历纪从回历元年(公元622年、唐高祖武德四年)开始。书后附日曜表,供查星期之用;干支表供预算日干支(中国史书习惯上不用干支纪月,故此表不反映查月干支)等等。黄巾起义"约以三月五日内外俱起",这三月五日是否是甲子日?可翻至该书第100页中平元年、公元184年、甲子岁三月五日(公历4月3日)处,并于左下角得"甲子表6"字样;再翻至第1023页甲子表第6表与三月五日之对应位置得"庚戌"二字,即知三月五日为庚戌日,余类推。

又薛仲三,欧阳颐编,《两千年中西历对照表》(商务印书馆1940年初版、三联书店1956年修订本),对于查考中西历之年月日,甚为方便。如查上述三月五日的干支,可先于第37页找到中平元年并于"阴历月序"栏下看到该年与首月并列之粗体数码"2",此即"月之干支数",加上要查的是三月,则2+3=5即三月的干支数;然后翻到第438页看"表十八·5"即知三月为戊辰月。

另于第37页于中平元年三月横排最后得三月份的"日干支数"42,加上要查的五日,则42+5=47(若数字超过60需减去60)即初五日的干支数;同样翻到第438页看"表十八·47",即知这一天是庚戌日而非甲子日。

通过上面这个例子,可以推知其他月日的查考方法,当然,读者利用任何工具书,再好看一看前面的编例或说明。又中国科学院紫金山天文台李天赐于1976年创制的《公元干支纪日速算盘》,对于查考年月日的干支板为简便有用,但需仔细阅读使用说明,掌握具体的查检方法。

(原载《历史教学问题》1981年第4期)

如何查考中国古代的人名地名

初学历史,阅读古今中外的著作,必然会遇到不少困难,例如一翻开中国古籍,生疏的人名、地名、职官、年代,等等,就纷至沓来,这就需要我们熟悉并充分运用有关工具书,逐一解决这些问题,借以培养自己独立工作的能力。

这里,专就中国古代人名地名的查考方法,作一些概括的介绍。

《辞海》(1979年修订本,下同)是我们常用的工具书,一般的人名地名在这里都可以找到。例如赵翼是清代著名史学家。每当我们翻开赵氏的书,便有"阳湖赵翼耘松"六个字首先映入眼帘。这是作者的署名,其中包含了人名和地名。阳湖是作者的祖居或出生地。但今天没有阳湖县,这阳湖县究竟在何处?一查《辞海》,即知阳湖是"旧县名。清雍正二年(1724年)分武进县置。因县东有阳湖得名。与武进同治常州府城(今江苏常州市)内,辖府治东南偏。1912年并入武进县。"又查《辞海》,赵翼生于1727年,卒于1814年,是"清史学家、文学家。字云崧,一字耘松,号瓯北,江苏阳湖(今武进)人。乾隆进士,官至贵西兵备道。旋辞官家居,主讲安定书院,专心著述。他长于史学,考据精赅。……著有《廿二史札记》、《陔余丛考》、《瓯北诗钞》、《瓯北诗话》等。"据此,则所谓"赵翼耘松",赵翼是姓名,耘松是其字。古人著书,常署籍贯、名、字,成为通例。通过这个例子,可以知道历史上有名的人物和一般重要的地名,在《辞海》中都可以查到。

《辞海》中查不到的人名地名,可查藏励龢等编辑、商务印书馆出版的《中国人名大辞典》(1958年新印本)和《中国古今地名大辞典》(1959年新印本)。前者收上古至清末四万余人,后者收录古今地名近四万条,是查考人名地名最常用的工具书。以上两种专科辞典仍然不能解决问题时,则要根据具体情况试查其他工具书。如何查法,分别阐述如下。

一、查人名和人物传记资料

1. 先谈人名的查考方法,中国古代的人名,包括姓名、字号,等等,极为复杂。大人物也许尽人皆知;二三流人物知道的就少了,等而下之不入流者,查起来特别困难。

先秦时代有姓有氏,战国以后姓氏逐渐合一。《通志·氏族略序》:"三代之前,姓氏分而为二,男子称氏,妇人称姓,氏所以别贵贱,贵者有氏,贱者有名无氏……姓所以别婚姻,故有同姓、异姓、庶姓之别;氏同姓不同者婚姻可通,姓同氏不同者婚姻不可通。三代之后,姓氏合而为一,皆所以别婚姻,而以地望明贵贱。"地望即郡望,特别是魏晋至隋唐因重门第,每郡显贵的世族必在姓氏前冠以郡望,以示其显赫的身份,如清河崔氏、太原王氏、陇西李氏,等等,所以当时的"谱牒之学"极为发达。今天查考古代姓氏的工具书,有(唐)林宝的《元和姓纂》、(宋)邓名世的《古今姓氏书辨正》、(明)凌迪知的《万姓统谱》。

《礼记·檀弓》:"幼名,冠字。"《礼记·曲礼上》:"男子二十冠而字……女子许嫁,笄而字。"由此可见,古人始生而取名;男子二十岁成人行冠礼时加字,女子年十五许嫁行笄礼时亦加字。名和字在词义上有一定的联系,是同义、近义或反义。又一些社会上层人士,除了名字外,还有自号、室名、别号以及尊号,等等。(宋)徐光溥编《自号录》(丛书集成本),主要辑录宋代人的自号,共分处士、居士、先生、道人、老人以及翁、叟、子、斋、堂、庵等三十六类,后附杂类,如林敏功称高隐处士、欧阳修称六一居士、吕祖谦称东莱先生、黄庭坚称山谷道人、陆游称放翁、司马光称迂叟等。而有些人往往以字号闻世而本名转被忽略,一般工具书都以姓名为主,下附字号,难以直接查找,非要查以字号、室名等为主目的工具书不可,查字号、室名等的工具书,除《自号录》外,主要可查今人陈德芸的《古今人物别名索引》(1936年广州岭南大学印行),陈乃乾的《室名、别号索引》(1957年中华书局出版),商承祚、黄华合编的《中国历代书画篆刻家字号索引》(1960年北京人民美术出版社出版)。此外,唐人喜以行第(排行)相称,如白居易被称为"白二十二",元稹为"元九",李绅为"李二十侍郎"。岑仲勉的《唐人行第录》(1962年中华书局出版)是查考唐人行第的重要工具书。(唐)陆龟蒙辑《小名录》(丛书集成本),对查考古人小名亦很有用。如"汉吕后,名娥姁。"晋"王临之,字仲产,仆射彪之子,位至东城太守。王右军曰:我家阿临(临之小字),清章太出。"

在封建时代,帝王将相死后按其生前事迹评定一个称号,以示褒贬,叫做谥号。帝王之谥,由礼官议上,臣下之谥,由朝廷赐予。自汉代起,帝王又有庙号,如汉高祖、唐太宗,等等。一般人对帝王将相或尊者不敢直称其名,需要避讳。在古书中看到避讳的办法有三种:一、因讳改字;二、空字;三、缺笔。由于避讳而更改人名、地名、官名,等等,造成文献资料上一些混乱现象。凡此,都可以通过工具书加以稽考。(清)刘长华的《历代名臣谥法汇考》(光绪刊本),雷廷寿的《清谥法考》(1924年铅印本),(清)沈炳震的《廿一史四谱》(1936

年商务国学基本丛书本),(清)陆费墀的《历代帝王庙谥年讳谱》(道光本),陈垣的《史讳举例》(1958年北京科学出版社出版),是查考这方面的常用工具书。

由于中国历史很长,出现了许多同名同姓的人物,读书时容易混淆。梁元帝萧绎较早注意到这一点,辑有《古今同姓名录》,(唐)陆善经、(元)叶森加以续补。此书开卷即有"三伯夷";一舜典作秩宗;一颛顼师;一孤竹君之子。最多列十四个刘章(见1937年商务国学基本丛书本)。此后有(明)余寅编、周应宾增补的《同姓名录》(万历本),(清)汪辉祖的《九史同姓名略》(1935年商务丛书集成本)、《三史同姓名录》(同上),(清)陈棻的《同姓名谱》(抄本),(清)刘长华的《历代同姓名录》(同治本)。彭作桢根据上述各书汇辑成《古今同姓名大辞典》(1936年北平好望书店出版),自上古至1936年,共收同姓名者五万六千多人,是一部集大成的工具书,为我们查考同姓名提供了便利。

2. 传记资料的查考方法。搞历史的人,往往需要进一步搜集人物的传记资料。对历史人物作深入的研究和给予科学的评价。《辞海》、《中国人名大辞典》、《历代人物年里碑传综表》(姜亮夫编,1959年中华书局重印本)以及各类专科辞典,例如《中国文学家大辞典》(谭正璧编,1934年蔚文印书局出版)、《思想家大辞典》(潘念之编,1933年世界书局出版)、《唐宋画家人名辞典》(朱铸禹编,1958年北京中国古典艺术出版社出版)、《唐前画家人名辞典》(同上1961北京人民美术出版社出版)、《中国音乐舞蹈戏曲人名词典》(曹惆生编,1959年商务印书馆出版),等等,可以帮助我们了解人物的姓名、字号,生卒年代、籍贯及其简单的生平。有些工具书还注明材料来源,这就为我们查找人物的原始资料提供了线索。

而专详社会变化尤其注重人物活动的纪传体史书,即自《史记》以来的所谓"正史",是我们首先查考搜集的对象。"二十四史"、"二十五史"部头太大,现在很少有人系统地读下来,那只能利用工具书了。二十五史刊行委员会编的《二十五史人名索引》(1956年中华书局重印本)可以通查二十五史中的人物,这是它的优点,若从查某一史的角度看,不及钟华的《史记人名索引》(1977年北京中华书局出版)、庄鼎彝的《两汉不列传人名韵编》(1935年商务版)、李裕民的《后汉书人名索引》(1979年中华书局版)、王祖彝的《三国志人名录》(1956年商务版)、张忱石的《晋书人名索引》、邓经元的《隋书人名索引》(1979年中华书局版)详备。所以,有专史索引时,应当充分利用。

传记资料不限于正史,其他史书中也比比皆是。有些着眼于某一朝代而编辑的工具书,能汇合同时代各种传记资料作综合的排比,对我们特别有用。例如旧燕京大学编制、中华书局新印的《四十七种宋代传记综合引得》、《辽金元传记三十种综合引得》、《八十九种明代传记综合引得》、《三十三种清代传记综合引得》就是这样的工具书。

我国古代还留下大量的方志,这是极为宝贵的文化遗产。自宋代开始,方志特别注重人物事迹的搜集和编纂。正史及其他传记资料汇编收录的人物,一般都是全国性的知名人士;它们不收录的人物,往往可以从方志中查到。宋元方志留下的较少,可查朱士嘉的《宋元方志传记索引》(1963年中华书局出版),明代方志有八百多部、清代有五千多部、民国一千多部,尚无专门索引,所查明清以来方志中的人物,目前主要通过了解人物的出生地(包括生前主要活动地区),而后查阅有关方志。

此外,年谱有人物系统的材料,其中自订年谱比后人辑纂的信而可征,尤其值得重视。《中国历代人物年谱集目》(1962年杭州大学编印)和最近出版的年谱目录可以帮助我们找到这方面的材料。

二、查 地 名

我国古代的地名有总称、通称如十三州、十八省、燕云十六州,有别称、简称如八闽、赤县神州、鲁、皖,等等。也有同地异名、同名异地的问题,如北京就有幽州、蓟城、范阳、燕京、中京、大都、北平等古名,《中国古今地名大辞典》收录以"太平"为名的地名则多达八十一个。而县以上的地名,其古今方位,政区级别、辖境大小及其分合置废,也各代都有变迁。

今天查考古代地名,或是想知道它的确切方位,或是想知道它的历史演变,除了查地名辞典、地名索引、地理图表等工具书外,必要时还需要查考正史地理志、方志和其他地理专著。其查考的方法,可循以下三个步骤进行。

1. 先查几部可以通检历代地名的大型工具书。例如前面提到的《中国古今地名大辞典》,乃是辞典中较完备的一部,与之相近的还有刘钧仁的《中国地名大辞典》(1930年北平研究院出版)。地图方面主要可查顾颉刚和章巽编、谭其骧校,地图出版社1955年出版的《中国历史地图集(古代史部分)》(一册)及谭其骧先生主编、地图出版社1974年起陆续出版的《中国历史地图集》(八册)。另外,沈阳师院历史系1956年编印的《中国古代及中世纪史地图》(上、下两册)也可参考。辞典偏详于地名的历史演变,当然也指明大致的方位;地图画出了较精确的方位,重要地名采用古今对照的表示方法,也可略见其因革。

明清时代的地理名著,如顾祖禹的《读史方舆纪要》和清代官修的《大清一统志》,对于我们查考古代地名也很有用处。《纪要》偏详于疆域形势的叙述,清初著名地理学家刘继庄在《广阳杂志》中誉为"千古绝作",魏源为此书作序,亦称之为"数千百年所绝无而仅有之书"。许鸿磐编《读史方舆纪要考证》,对顾书有所补充;日本青山定男编《读史方舆纪要索引(中国历史地名要览)》,于每一地名下注明原书卷数所隶府州县,并说明现今方位所在,使之成为索引兼辞典的性质。《大清一统志》是集大成的地理总志,其内容之丰富,地名之众多,又远远超过《纪要》。1934年商务印书馆将《嘉庆重修大清一统志》收编入《四部丛刊续编》时,另为编制四角号码索引,极便查检。

又清人陈芳绩《历代地理沿革表》,分部表、郡表、县表三部,以"地"为经,以"朝代"为纬。对县以上地名的查检也有一定的用处。类此的著作还有段长基的《历代疆域表》、杨丕复的《舆地沿革表》等。

2. 按时代顺序查考地理志、地方总志和其他地理著作。上面的辞典、索引及地理图表等找不到的地名,或找到了,其解答还不能满足你的要求时,可试从时代顺序加以查找。

商代的甲骨文中,据陈梦家估计,约有五百多个地名。在卜辞中,都城称商、中商、丘商、大邑商、天邑商等,都城四周称四方或四土,边境地区称为鄙,邑为当时的行政单位,有"乍邑"、"戈二邑"、"戈卅邑"、"晋Ụ邑"等记载。查卜辞中的地名,可利用曾毅公的《甲骨地名通检》(齐鲁大学1939年印)、日本岛邦男的《甲骨卜辞地名通检》(刊1958年、1959年《甲骨学》6、7号)。

由于时代久远,记载疏略。先秦地名已很难确指今日方位,因此,王应麟的《诗地理考》、高士奇的《春秋地名考略》、江永的《春秋地理考实》、程廷祚的《春秋地名辨异》、沈淑的《春秋左传分国土地名》、沈钦韩的《春秋左氏传地名补注》、程恩泽的《国策地名考》,顾观光的《七国地理考》等,对于查考先秦地名都有很大的参考价值。

两汉以后,详载历代政区沿革的正史地理志,为我们查考古代地名提供了重要的资料。查这些地理志,可用新标点本《二十四史》,也可用罗汝南辑的《历代地理志汇编》(光绪本)。中华书局1957年重印前开明书店出版的《二十五史补编》,收清代以来学者的补志及考订诸史地志的文字甚多,应知参考。

从唐代开始,除正史地理志外,还留下一些著名的地理总志可供我们利用。如唐代李吉甫撰的《元和郡县志》,北宋乐史编著的《太平寰宇记》、王存等编著的《元丰九域志》、欧阳忞编的《舆地广记》和南宋王象之的《舆地纪胜》等,就是传世的重要著作,《元和郡县志》以唐宪宗元和八年(公元813年)为限,把当时全国十道所属各府州县的户口、沿革、四至八到、山川、贡赋和古迹等,依次详加叙述,是今天保留下来最古也是编写得最好的一部地理总志。《太平寰宇记》因袭唐代志书的体例，以太平兴国时期所分十三道为标准，但增加风俗、姓氏、人物、土产等门，注重人物和经济文化方面的记述，丰富了我国志书的内容，为后来的方志编纂树立了楷模。

3. 按地域查找各地区的方志。要查考县以下的小地名，不得不依靠方志来解决。方志都是当地人士所纂修，对本地区的沿革，特别是有关山川、古迹、关隘、津梁和村寨的记载，比较详备而可靠，值得加以重视。

凡是能预先确知某地名大致属某省或某府州县的，可先查省志或直接查有关府州县志；部分地区甚至有乡志、镇志或村志可供查阅。据朱士嘉的《中国地方志综录》（商务1958年重印本，现正在重新修订中）统计，我国现存方志约有七千多种。另外，关于边疆地名，可利用邓衍林编的《中国边疆图籍录》（商务1958年版）等工具书转查有关书籍。例如（晋）法显的《佛国记》、（唐）玄奘的《大唐西域记》、（宋）赵汝适的《诸蕃志》等，凡涉及边陲和四域的地理专著，皆为是书所收录。另有冯承钧的《西域地名》（中华书局1955年版），收西域地名及人种名共一千条。更是直接查考边疆地名的重要工具书之一。

总之，遇到生疏的人名地名，既不能抱"好读书不求甚解"的态度，又不能大小问题都问别人，而应该利用工具书解决自己的疑难问题和获得必要的知识。

（原载《历史教学问题》1982年第4期）

文科学生必须重视工具书

一

战国时候名辩学派的代表人物惠施，读书多、著述富，《庄子·天下篇》称"惠施多方，其书五车。"后来誉读书多和学识渊博的人为"学富五车"。但那时的书籍以简策为主，撇开著述不谈，单以攻读为例，五车书其实不算太多。试看晋武帝太康二年因汲郡人盗发战国魏襄王墓，得竹书数十车（已散乱，有的且是盗墓人烧剩的残简），经当时知名学者荀勖、和峤、束晳、卫恒等整理，写定成书的有《竹书纪年》、《穆天子传》等七十五篇，这七十五部书总共才十万余字，于此可见一斑。随着社会的发展、科学门类的日趋精细和文化遗产的不断增加，各类图书不仅可以"汗马牛"、"充栋宇"，而且确是称得上"浩如烟海"四个字。拿一些大型图书馆的藏书为例，如复旦大学藏书在一百万册以上，上海图书馆藏书在五百万册以上，北京图书馆藏书在一千万册以上；那么，今天的学者要读的书，就再也不能以五车为囿了。

作为高等学校的文科学生，无不希望自己朝博大精深的方向发展，以便日后能够"通古今之变，成一家之言"，为祖国的四化建设作出较多的贡献。而要能"通古今之变"，就要博学，要广泛涉猎古今中外的著作；只有在博的基础上，然后专攻某一学科的某一门类，使自己真正学有所长，能"成一家之言"，不至于泛滥而无归宿。就整个大学的学习过程来说，除了上课听讲以外，实为博览群书的好机会，这是因为：第一，图书条件比较优越；第二，有相当多的自修时间。不过，一个人的时间和精力毕竟是有限的，而要读的书又这么多，究竟该怎么办？我们以为，博览群书也要有所选择，要分个主次或轻重缓急。譬如什么应该先读，什么应该后读？什么书该精读，什么书只消粗读一过？这就需要有一点目录学的知识。清人王鸣盛说："目录之学，学中第一要紧事。必从此问途，方能得其门而入。然此事非苦学精究，质之良师，未易明也。"江藩也说："目录者，本以定书之优劣，开后学之先路，使人人知某书当读，某书不当读，则为易学而成功且速矣。吾故尝语人曰：'目录之学，读书入门之学也。'"金榜则谓："不通《汉书艺文志》，不可以读天下书。艺文志者，学问之眉目，著述之门户也。"由此可见,《汉书艺文志》等书目,不仅可以帮助我们查找古代图书,而且指导人以读书的门径,用处极大,不能等闲视之。

书目即是工具书的主要类别之一。

读什么书,怎样读法要参考书目。读书中遇到各种问题更是离不开工具书。孔子提倡"不耻下问"是对的。在校学生阅读中有了疑问可以问老师或同学,中学毕业准备报考文科或走自学成材道路的青年可以向各级图书馆咨询机构和社会上知名学者请教。问题是现在每个人的学习、工作都很紧张,如果像孔子那样"入太庙,每事问",于人于己多有不便,远不如自己动手查工具书,既不受时间、地点等条件的限制,又不必因过多地麻烦别人而产生内心的不安。所以,把工具书看成"良师益友",养成勤翻工具书的习惯,这是培养自己利用工具书进行独立工作能力的必由之路。一个人在学业上是否有成就,固然取决于能否刻苦学习和持之以恒,但读书方法也是应加注意的。俗话说:"工欲善其事,必先利其器。"文史工具书正是从事哲学社会科学工作者的一种利器。会不会使用这种利器,学习和研究的效果就大不一样。例如"殷鉴不远,在夏后之世"语出《诗经·大雅·荡》,"牝鸡之晨,惟家之索"语出《尚书·牧誓》,"举一隅,不以三隅反,则不复也"出于《论语·述而》,"得道者多助,失道者寡助"出于《孟子·公孙丑下》。假如一时急需检索这些句子的出处,不知利用《十三经索引》而一味乱翻古书,那将要浪费多少时间是完全可以想象得到的。其他问题也是一样,若能熟练地运用有关工具书,就一定能够使你的学习或科研工作得以顺利进行,并且往往收到"事半功倍"的效果。

二

工具书既然如此重要,怎样才能掌握这方面的知识,使自己较快地达到熟练地运用工具书的地步呢? 我们以为,也需要一步一步来,并没有什么捷径可走。首先,"知己知彼,百战不殆"。只有对现有文史工具书有一个大体了解,然后才能知道怎样进一步使用这些工具书。限于篇幅,这里只能对现有重要工具书的类别和作用作极简括的说明,以便帮助大家记忆和思考。

一般说来,文史工具书可以分书目、索引、字典、辞典、年鉴、手册、年表、图录、政书、类书、百科全书,等等。兹分别介如下:

(1) 书目　书目是图书目录的简称,它是记录图书的名称、作者、卷册、版本和定价,间或叙及源流以及图书流传、内容得失和收藏情况的工具书。书目的种类很多，可以从编制目的及其用途来划分，也可以从内容范围、编排方法、记载详略等方面来划分，并且给予各种不同的名称。有的书目因为兼具多种性质，从不同的角度可以同时加它几种名称，如新中国成立后编印的《全国总书目》是登记书目，又是综合性书目，也是书名和分类目录；它记录和反映每年全国各出版社公开出版和发行图书的基本情况，具有图书年鉴的性质，可供个人或图书出版发行部门参考，也可供图书馆补充图书和进行分类编目时作参考。现就查考图书的方法简单说几句。

如要查考先秦至清代的著述，了解图书的流传经过和研究古代学术发展的概况，可从以下三方面入手：其一，可以利用商务印书馆1955年起重新排印的《十史艺文经籍志》等史志书目。其中《汉书艺文志》、《隋书经籍志》分别是我国古代图书六分法和四分法的代表作，除具体地记录图书的名称、篇卷、作者以外，还有叙录用以"辨章学术，考镜源流"对于探索古代学术思想的演变特别有用。其二，元马端临的《文献通考·经籍考》，系统地记载上古至宋末的图书，因它参考了历代官私书目其中包括上述史志书目而编成，材料极为丰富。后来的《续文献通考》、《清朝文献通考》、《清朝续文献通考》中的经籍考，也都有参考价值。以上书目可与纪传体史书的艺文志、经籍志合看。其三，各省的通志或府州县志也有仿宋高似孙《剡录》的体例而兼收著述，这种方志中的艺文志或经籍志，与曹学佺的《蜀中著作记》、孙诒让的《温州经籍志》、金毓黻的《辽海书证》、项元勋的《台州经籍志》、胡宗楙的《金华经籍志》，等等，地方文献目录，往往可以补史书之不足，也是查考古书和了解地区文化发展的有用工具书。

由于历代官私书目中记录的图书，因战乱、水火灾患等原因，已有大量佚失。所以查现存古籍主要靠各图书馆的馆藏书目。馆藏书目以卡片目录最为完整，一般都编制成书名卡、作者卡及分类卡三种，读者可以从不同的角度加以查找。印成书的如《复旦大学图书馆古籍简目初稿》、《华东师范大学古籍书目第一种》、《北京师范大学图书馆中文古籍目录》，等等，虽不及卡片式书目齐备，但案头有一本翻检起来毕竟要方便得多。若是善本书目如《故宫善本书目》、《北京图书馆善本书目》、《北京大学图书馆藏善本书目》、《北京大学图书馆藏李氏书目》、《上海图书馆善本书目》、《复旦大学图书馆善本书目》，因能反映各单位的藏书特色，更具参考价值。另外，上海图书馆编的《中国丛书综录》已出古籍部分三册：第一册为《总目分类目录》，中华书局1959年出版；第二册为《子目分类目录》，1961年出版；第三册为《子目书名索引》和《子目著者索引》，1962年出版。该书共收全国四十一个图书馆所藏古籍丛书二千七百九十七种(不包括"新学"和"佛学"),计子目七万多条,去其重复,得书三万八千八百九十一种,是清代以来最为完备的丛书目录,凡是现存的重要古籍,十之七八可以通过《综录》查得,又该书附有《全国主要图书馆收藏情况表》,具有联合目录的性质,极便读者索书。

有些古书,不管是否准备借阅,如果想先了解一下它的版刻、源流、文字异同、著述体例、内容得失和作者生平,可查宋晁公武的《郡斋读书志》、陈振孙的《直斋书录解题》、清代的《四库全书总目提要》、周中孚的《郑堂读书记》、李慈铭的《越缦堂读书记》等解题书目。其中的《四库全书总目提要》共收录一万余种重要典籍,是一部内容丰富而比较有系统的研究古典文献的重要工具书。由于参加编写的人如纪昀、戴震、邵晋涵、周永年、姚鼐等又都是乾隆时候的知名学者,他们对书籍的批评考订,反映了当时的学术水平和研究成果,凡是有志于研究中国古代文学、史学、哲学乃至自然科学的人,不能不先读一读这部书。如感到卷帙浩繁,不妨先读《四库全书简明目录》(其篇幅仅占《总目》十分之一)。

此外如姚觐元编的《清代禁毁书目》(邓实补遗)、孙殿起辑的《清代禁书知见录》、姚际恒的《古今伪书考》和张心澂的《伪书通考》可查禁、伪书;邵懿辰的《增订四库简明目录标注》(邵章续录)、莫友芝的《郘亭知见传本书目》是两部查版本的重要工具书。他如胡厚宣的《五十年甲骨学论著目》、邵子风的《甲骨书录解题》、容媛的《金石书目录》、丁福保的《说文书目》、黄文旸撰的《曲海总目提要》(董康校订)、北婴的《曲海总目提要补编》、孙楷第的《中国通俗小说书目》和《日本东京所见中国小说书目》、阿英的《晚清戏曲小说目》、一粟的《红楼梦书录》、张舜徽的《清人文集别录》、谢国桢的《增订晚明史籍考》、贺次君的《史记书录》、王重民的《敦煌古籍书录》、王庸的《中国地理图籍丛考》、朱士嘉的《中国地方志综录》、邓衍林的《中国边疆图籍录》、胡文楷的《历代妇女著作考》、陈钟凡的《诸子书目》,等等,都是有名的专科专题书目,应知利用。

(2) 索引 索引或称引得和通检,它是将图书或报刊资料内容按一定方法编排起来供人检索的重要工具书。明人傅山的《两汉书姓名韵》、清人汪辉祖的《史姓韵编》是较早的书籍专名索引;此后个别学者如顾颉刚的《尚书通检》是专书逐字索引,叶绍钧的《十三经索引》(包括了《周易》、《尚书》、《毛诗》、《周礼》、《仪礼》、《礼记》、《春秋左传》、《春秋公羊传》、《春秋谷梁传》、《论语》、《孝经》、《尔雅》、《孟子》)是群书句子索引,王重民的《清代文集编目分类索引》是群书编目索引,都是极为有用的工具书。特别值得一提的是旧燕大哈佛燕京学社引得编纂处与中法汉学研究所(后改巴黎大学北平汉学研究所)先后编制了近八十种书籍索引,使四部要籍的群经诸子、前四史、各史艺文志和食货志、宋辽金元明清传记、太平御览、佛道藏子目、文选、杜诗等书,均被包罗而编制了引得、通检,深受学术工作者的欢迎。例如《毛诗引得》、《说苑引得》、《新序通检》、《世说新语引得》、《文心雕龙·新书通检》、《杜诗引得》、《全上古三代秦汉三国六朝文作者引得》、《全汉三国晋南北朝诗作者引得》等为文学研究工作者提供了方便;《春秋经传引得》、《战国策通检》、《史记及注释综合引得》、《汉书及补注综合引得》、《后汉书及注释综合引得》、《三国志及裴注综合引得》、《山海经通检》、《水经注引得》、《契丹国志通检》、《大金国志通检》、《诸史然疑校订附引得》、《食货志十五种综合引得》等为史地工作者提供了便利;《周易引得》、《论语引得》、《孟子引得》、《庄子引得》、《墨子引得》、《荀子引得》、《吕氏春秋引得》、《春秋繁露通检》、《淮南子通检》、《论衡通检》、《白虎通引得》、《申鉴通检》、《潜夫论通检》为哲学思想研究工作者提供了方便;《四十七种宋代传记综合引得》、《辽金元传记三十种综合引得》、《八十九种明代传记综合引得》、《三十三种清代传记综合引得》,等等,则是查考宋至清代人名极为有用的工具书。

新中国成立后这方面的工具书出版了一些,总的说来数量不多,应该组织力量多加编纂,以适应科学文化发展的需要。

此外,日本学者和港台地区学者也编制了一些专书索引,如《二程遗书索引》、《宋代文集索引》、《中国随笔索引》、《资治通鉴索引》、《资治通鉴胡注地名索引》、《金文诂林索引》,等等,亦可使用。

报刊索引主要供查找报刊和论文资料时使用。关于查找报刊的出版、收藏情况,可利用各图书馆的馆藏报刊目录和报刊联合目录。《上海市报刊图书馆中文报纸目录》(一八六一年到一九五八年)、《徐家汇藏书楼所藏报纸目录初稿》、《上海图书馆藏中文旧报纸目录稿》可供查阅上海地区收藏中文报纸之用;《全国中文期刊联合目录》(一八三三年到一九四九年)、《全国解放前革命期刊联合目录》则为查找全国期刊的主要工具书。文科学生要写学年论文,或是对古代人物、制度作初步的探索研究,就要搜集材料,在前人的研究基础上进一步提高。有关专著可以通过书目查到,一般不会太多,比较容易解决。若是近人撰写的论文,散见全国各种报刊,如不利用工具书,就如"大海捞针",根本无从查起;反之,能熟练地利用工具书,可以一索即得。上海图书馆的《中国近代期刊篇目汇录》《全国主要期刊资料索引》,中国科学院语言研究所的《中国语言学论文索引》(甲、乙编),北京师范学院中文系的《中国古典文学研究论文索引》,科学院考古所的《中国考古学文献目录》(一九四九年到一九六六年),历史所等编的《中国史学论文索引》(上、下编)、《中国史学论文索引》(第二编上、下册),复旦大学历史系的《中国古代史论文资料索引》(上、中、下及附册)、《中国代近史论著目录》,四川大学哲学系的《解放前全国主要报刊有关哲学类论文索引选辑》,南京大学历史系的《二十四年来中国哲学论文索引》等专科专题索引,可以帮助我们查到所需要的论文资料,请加留意。

(3) 字典和辞典　它是解释字、词的读音、意义、用法和形体构造,间或叙及源流的工具书。我国古代没有字典、辞典之名,而统称这类工具书为字书,在旧的四部分类法中属于"经部·小学类"。《四库全书总目》分为字书、韵书、训诂书三大门:一是偏重文字形体的分析,可以《说文解字》为代表;一是偏重于词音的解释,可以《广韵》为代表;一是偏重于词义的解释,可以《尔雅》为代表。由于古代的字书、韵书、训诂书对于阅读古籍、研究古汉语和探讨文字训诂关系特别重要,故这里多说几句;至于近现代编纂的字典、辞典,其性质和作用易于了解,就不一一赘述了。

据考古发现,半坡、大汶口、城子崖、二里头等陶器上均有类似文字的刻划符号,应是我国古代文字的雏形。商周的甲骨金文具备了象形、指事、会意、形声、转注、假借等"六书"特征,已是相当进步的文字,当是古文字长期发展演变的结果。西周末年平王东迁,将镐京(包括潼关以西土地)赐给秦国,秦继承了地方文化书写用籀文,与周金没有太大的区别。春秋战国以降,各国文字自由发展,有的过于艺术化,有的过于草率,形成"文字异形"的现象,故秦始皇统一后令李斯等用小篆编纂字书,大力推行"书同文字"的政策。许慎的《说文解字》即以小篆为主体,兼收古文、籀文,全书分为十四篇,共收单字九千三百五十三个,重文一千一百六十三个,保存了大部分先秦字体和汉代以前的文字训诂,用读若法注音,按文字形体及偏旁构造分隶于五百四十部,又总结战国以来的"六书"理论,创造了较为系统的解释文字的方法,"使读者可以上溯甲骨金文及造字之原,下辨分隶行草递变之迹",对我国古代语言文字的研究作出了重大的贡献。但是,由于许慎没有看到最早的文字资料,仅根据战国秦汉文字探求造字的初意,而当时恰是谶纬盛行之际,故在他的书里不免带有宗教迷信的色彩,哲学主观的意见,而他解释数目干支一类的字,简直是一套完整的阴阳五行的学说。总之,许书说解错的字是不少的,如"示"字,《说文》云:"天垂象见吉凶,所以示人也。从二,三垂,日月星也。观乎天文以察时变,示神事也。"甲骨文示作丅示,实为神主牌。卜辞有大示、小示。神主置于房子当中即成为宗(宗);祭司在神主前仰天祷告,则成为祝(祝);口带流的酒瓶,将酒倒在神主前请其赐福,即成为福(福);以手持肉献于神主之前,便是祭(祭)字;以木柴燎祭,是为叙(叙)。凡此都可以看出《说文》对示字的解释是不正确的。又如"伐",《说文》谓"击也,从人持戈";甲骨文作🗡,象用戈砍人头。"至",《说文》谓"鸟飞从高下至地也,"甲骨文作🗡,象🗡(矢)射到一个地方,表示到的意思。"疾",《说文》:"疒,病也。从疒矢声。"甲骨文作🗡,像人躺在床上冒汗。这样的例子还可以举出不少。虽然如此,学习甲骨金文仍然应该以《说文解字》为基础,这是因为:第一,如前所说,《说文》中保留了大量的小篆、籀文、古文,乃是春秋战国至秦代的通行文字,他们或是和商周的甲骨金文一脉相承,或是有所演变而仍能看出一定的因袭关系,不失为沟通古文字和后代文字的桥梁;第二,《说文》根据汉字形体及偏旁构造,分别部居,并首先运用"六书"理论系统地解说文字,便于读者了解古文字的特点、体系而加以迅速掌握。

段玉裁的《说文解字注》、桂馥的《说文解字义证》,王筠的《说文句读》和《说文释例》,朱骏声的《说文通训定声》,马叙伦的《说文解字六书疏证》、丁福保的《说文诂林》,为研究补充《说文》的名著,可以参考。

《说文》以后的字书,如梁顾野王的《玉篇》,宋司马光的《类篇》、明梅膺祚的《字汇》,明张自烈的《正字通》等均有参考作用。清张玉书等奉敕编纂的《康熙字典》,收字四万七千零三十五个,一般查不到的冷僻字在这部书里有可能查到。

随着汉字音韵的发现和研究,出现了韵书,宋陈彭年等编纂的《广韵》(又称《大宋重修广韵》),分二百〇六韵,收录二万六千一百九十四字,注文十九万一千六百九十二字,保存了古代丰富的声韵学材料,文字训诂亦多可取,是现存最早和最完整的一部韵书。周祖谟的《广韵校本》,对原书作了精细的校勘,商务印书馆和中华书局于1951年、1960年分别予以影印出版,是目前最好的本子。此后宋丁度等撰修的《集韵》、明代乐韶凤等的《洪武正韵》、清李光地等的《音韵阐微》,均是字音方面的重要工具书。

汉代学者编纂的《尔雅》,是最早解释字义的专书,因偏重训诂名物,所以是古代流传下来的第一部训诂书。所谓"训诂",就是解释词义。说明词的定义和应用范围以及它和同义词、近义词的分别叫"训";用当代普通话的词语说明古代词、方言词的意义叫"诂"。《尔雅》共十九篇,《释诂》、《释言》、《释训》所收为一般词语,《释亲》、《释宫》、《释器》、《释乐》、《释天》、《释地》、《释丘》、《释山》、《释水》、《释草》、《释木》、《释虫》、《释鱼》、《释鸟》、《释兽》、《释畜》等十六篇分释各种名物。今本为晋人郭璞注;宋邢昺据郭注作疏,即现在通行十三经注疏本《尔雅注疏》。清代学者邵晋涵的《尔雅正义》和郝懿行的《尔雅义疏》,成绩超越前人,特别有用。

东汉刘熙的《释名》、三国魏张揖的《广雅》、明方以智的《通雅》等均是仿《尔雅》的续作。

清王念孙的《广雅疏证》,对张氏《广雅》讹字五百八十、脱字四百九十、衍字三十九、次序错乱者一百二十三、正文误入音内者十九、音内字误入正文者五十七,都一一作了校补,最为精详。另有唐陆德明的《经典释文》,汇集和保存了唐以前儒家经典中大量文字的音读,唐释慧琳的《一切经音义》,对一千多部佛经中难懂词语的音义详加注释,清阮元主编的《经籍籑诂》,是我国古代训诂的材料汇编和索引,对于我们阅读古书、特别是阅读唐代以前的书籍提供了查考字音词义方面的便利。汉扬雄的《方言》、清翟灏的《通俗编》、胡文英的《吴下方言考》等对于查考汉语方言俗语也是很有用的工具书。

(4) 年鉴、手册　年鉴是系统汇集年度时事文献和统计资料的连续性出版物;手册是汇集某一方面经常需要查阅的文献资料或专业知识的工具书。前者如《中国年鉴》、《世界知识年鉴》,后者如《汉语方言调查手册》、《译名手册》,等等。

(5) 年表　年表是按年代顺序用表格形式编制的供查时间或大事的工具书。《史记》中的《三代史表》、《十二诸侯年表》、《六国年表》等十表创造了涉及范围较广的历史年表体制。其中《十二诸侯年表》起于共和元年(公元前841年),按年代编次,使我国历史从那时开始有了可靠的年代世系。刘歆造《世经》,使古书所记大事的年月日期,都用《三统历》推算并得到说明,虽然它的准确性还不大,但对古史年代的探求作出了贡献,创立了我国的年代学。晋杜预的《春秋长历》,则是专门厘定史日著作。清代万斯同的《纪元汇考》、顾栋高的《春秋大事表》、齐召南的《历代帝王年表》、叶维庚的《纪元通考》、李兆洛的《历代纪元编》、汪曰桢的《历代长术辑要》于查考我国古代年月日和历史大事都起过作用。不过,这一类工具书往往是"后出转精",已逐渐为近人编制的年表、历表和大事表所代替。

万国鼎的《中国历史纪年表》、荣孟源的《中国历史纪年》、上海人民出版社的《中国历史纪年表》,对查考我国古代的年代,包括年号纪年、干支纪年和公元年代的换算等都是有用的工具书。若要查考月日及年代,则需要查陈垣的《中西回史日历》和《二十史朔闰表》、薛仲三等的《两千年中西历对照表》、李天赐的《公元干支纪日速算盘》等历表。翦伯赞等编的《中外历史年表》(公元前5000年到公元1918年)、徐州师范学院历史系的《中国历史大事纪年》等可供查考历史大事之用。

(6) 图录　图录是用图象表现事物的工具书。它包括《世界地图》和《中国历史地图集》等地图;也包括《中国历史图谱》、《两周金文辞大系图录》等文物图录。地图是查考地名的主要工具书之一,阅读古书常会遇到一些地名,或是不知方位,或是不了解其沿革演变,应知利用杨守敬的《历代舆地全图》、《水经注图》、顾颉刚等编的《中国历史地图集(古代史部分)》、谭其骧主编的《中国历史地图集》。尤其是《中国历史地图集》,它是参考了大量历史文献、考古材料以及杨氏的《历代舆地图》与近现代大量地图,经过二十年的努力而编成,其内容之丰富、考证之精详为同类地图所不及,值得特别重视。

(7) 政书　政书是文化史专著,它汇编历代或某一朝代政治、经济、军事、文化制度方面的资料供人阅读和查考。可利用《十通》(包括《通典》、《续通典》、《清朝通典》、《通志》、《续通志》、《清朝通志》、《文献通考》、《续文献通考》、《清朝文献通考》、《清朝续文献通考》)查历代制度;利用会要(如《春秋会要》、《七国考》、《秦会要订补》、《西汉会要》、《东汉会要》、《三国会要》、《唐会要》、《五代会要》、《宋会要辑稿》、《明会要》)、会典(如《明会典》、《大清会典》)查一代制度。

(8) 类书　类书是辑录群书中各门类或某一门类的资料,分类排比,以便寻检和征引,是查考古代事物的工具书。隋虞世南的《北堂书钞》、唐欧阳询等的《艺文类聚》、徐坚等的《初学记》、宋李昉等的《太平御览》、王钦若等的《册府元龟》、王应麟的《玉海》、清陈梦雷等的《古今图书集成》、张英等的《渊鉴类函》是有名的按门类编排的综合性类书;唐林宝的《元和姓纂》、宋李昉等的《太平广记》、高承的《事物纪源》等是有名的专科性类书。另有明代的《永乐大典》(已残)、清代的《佩文韵府》与《骈字类编》乃是按字韵排列的重要类书,其中《佩文韵府》于查考辞藻或成语典故的出处特别有用。

(9) 百科全书　百科全书有综合性的,也有专科性的。前者是完备的科学文化知识的汇编,搜集各专门术语、重要名词而加以详细的、系统的说明,各条目按字母或分门别类编排。后者所收条目限于一个学科范围,只是较一般专科辞典为详备。这类工具书目前尚缺少。

以上只是对各类工具书的轮廓作一简单的勾画。近年来有一些介绍文史工具书的书籍,打破旧日体系。即根据学习和工作中经常遇到的问题而不是按上述类别进行编写,颇有实用价值。读者可以参考。

三

对目前各类工具书有了初步的了解以后。还要学会使用工具书的具体方法,即注意并掌握工具书通常的编排形式和检索方法,这样才会在拿到工具书后便能迅速查到自己需要的材料或答案。

工具书主要由于收编资料的内容不同,这就决定它编排形式和检索方法不尽相同。当然,有些工具书既可这样编排又可那样编排,而且各类排列法都有优缺点,往往采用一种排列法以后,需用它种排列法编为辅助索引,才能收到较为理想的效果。

关于工具书的排检法,大致可分为分类排检法和字顺排检法两大类。

分类排检法是编纂工具书时将汇集到的资料,按学科或事物性质加以编排。如书目、报刊索引按一定的图书资料分类法排列;政书、类书、年鉴、手册等按收录资料的内容分门别类排列。另有年表(包括历表、大事记)按时间顺序排列,行政区划表、地图按行政区域或地理位置编排,职官表按古代行政机构的系统编排,实际上也可以归入这一类。分类法的优点是把同类性质的资料集中起来,便于读者参考或查找;缺点是分类很难一致,使人难以全部掌握,需要字顺排列法编为辅助索引,才能更好地发挥工具书的检索作用。

字顺排列法是按汉字的顺序加以编排的方法。如字典按单字排列;辞典及其他一些工具书按词句的首字或末了一个字排列。由于汉字的字音和形体结构等极为复杂,所以字顺排检法也是多种多样的,一般可归纳为三种类型:即形序排列法(包括部首法、笔画法、笔顺法),音序排列法(包括韵部排列法、注音字母排列法、拼音字母排列法),号码排列法(包括四角号码法、中国字庋撷法、起笔笔形法)。

分类排列的工具书,一定要阅读它的凡例和序跋。除弄清它的收编时限、取材范围以及它所使用的符号或省略语的含义以外,还要详细了解其具体的分类原则及其变通办法。即以历表为例,如果不仔细阅读《中西回史日历》、《两千年中西历对照表》、《公元干支纪日速算盘》的序言或凡例,对于它们的排检方法没有彻底弄懂以前,就很难查到有关年月日期。

字顺排列法至少有上面提到的三种类型、九种具体的排检法。阅读古书和查考古代资料碰到最多的应是"笔画法"和"四角号码法",这里简单地说一说:

笔画法是按汉字笔画数目的多少为排列次序的一种检字法。《马克思恩格斯全集主题索引》、《十三经索引》、《室名别号索引》、《中国人名大辞典》、《中国古今地名大辞典》等均用笔画法排列。这种方法比部首简单,读者易于掌握,所以许多采用其他方法排列的工具书,一般也都有笔画检字。其不便处是数起来麻烦,特别是有些字的新旧字形不一致、印刷体和手写体不一致,笔数很难掌握。唯一的办法是在查不到时必须增减一至二笔再查,此外别无诀窍。

四角号码法是根据汉字方块形式的特点编制的。它把汉字的笔形共分为十类,用0到9这十个数字作代表,又把每个汉字分成(一)左上、(二)右上、(三)左下、(四)右下四个

角,然后根据四角的笔形取四个号码顺序联结起来,这就构成四角号码。四角号码的十种基本笔画为:

0 零头——亠

1 横——一 包括 ⌒ ㄥ \

2 垂——丨 包括 丿]

3 点——、 包括 丶

4 叉——十 包括 ×十七寸了

5 插——扌 包括 丰丯戈

6 方——口

7 角——┐ 包括 厂 」 乚 厂 一

8 八——八 包括 丷 丶 ⺈

9 小——小 包括 ⺌ 小 忄 ⺊

采用四角号码的工具书很多,如过去出版的四角号码字典、词典,商务印书馆出版的新旧工具书,多数按这种方法排列,或者附有四角号码检字。这种方法的优点是号码的位置固定,检查特别迅速;缺点是较难掌握。但奉劝诸位一定要学会它,因为如果学会这种方法,将对我们使用工具书带来极大的便利。其实认真学起来也不难,只是一学就会,一放就忘,需要反复练习才能巩固。

四

大家知道文史工具书的重要性,初步了解目前工具书的状况和各类排检方法以后,剩下来要做的事就是多接触、多翻检;只有反复使用工具书,才能"熟能生巧"和逐步达到运用有关工具书迅速解决疑难问题或找到研究资料的地步。但是,最后必须指出,工具书、特别是文史工具书一般都反映了编纂者的阶级立场和政治态度,反映了他们对客观事物的见解或认识;另外,编排印刷中的疏漏和学术水平的某些局限也是在所难免的。因此,使用文史工具书时,一是要注意其观点是否正确;二是要对材料进行核实,切不盲目地照抄照搬。

(原载《怎样学好大学文科:专家学者治学经验谈》,复旦大学出版社 1982 年版,第 222—238 页)

附 录 一

吴浩坤谈复旦历史文博系师友

郑诗亮[*]

出生于1930年的吴浩坤先生,今年虚岁87了。作为复旦大学培养的中华人民共和国最早的历史系研究生之一,吴先生经历了历次政治运动,并深深卷入其中。"文革"期间,他戴着右派帽子,参与了《中国历史地图集》的编纂工作,负责资料收集。"文革"结束之后,他参与创办复旦文物与博物馆学专业,并担任系主任,又参与筹建复旦文博学院和博物馆。在吴先生的讲述当中,周谷城、周予同、胡厚宣、谭其骧、陈守实等历史系前辈学人的形象得到了生动再现,而他同辈学人的不同遭际与命运,也令人唏嘘感慨。

郑诗亮:您是何时考入复旦的?

吴浩坤:1951年我考入东北师大中文系,系里还有穆木天这样的名师,跟他接触蛮多的。后来因为东北天气太冷,高粱米也吃出了胃病,就要求退学。1952年,我考入复旦历史系。王文楚、贺卓君这些同班同学一般比我小三岁,裘锡圭还要更小一点。我除了在东北师大耽搁一年,解放初期我还上了军政大学,在南京孝陵卫,是三野搞的。

我考进历史系的时候,系里已经过了思想改造,看看谭其骧先生1951年的日记,里面就说了一些思想改造的事情,当然,文风是含蓄的。经过思想改造之后,老师待我们这些1952级的学生特别亲切,此前师生之间是发生过矛盾的,比如学生批评老师之类。我们1952级人数多,共四十人。1951级只有十二个人,再往前的1950级倒也有二十几个,徐连达、朱永嘉都是那个班的。1950年前,有的班级只有几个人。

郑诗亮:当时复旦历史系有哪些老师?您能谈谈这些老师的情况吗?

---

[*] 郑诗亮,澎湃新闻网记者。

吴浩坤： 经过院系调整，历史系拥有周谷城、周予同、陈守实、胡厚宣、谭其骧、蔡尚思、马长寿、王造时、耿淡如、田汝康、章巽、靳文瀚、程博洪、陈仁炳、胡绳武等一大批专家学者。1953年又增聘上海博物馆馆长杨宽先生来校任教。1952年我进校的时候，马长寿先生还在，1955年"反胡风"之后就去了西北大学。1956年，胡厚宣先生也被调到中国科学院历史研究所。

历史系初次评职称，共评了一个一级教授、七个二级教授，有人戏称是"八仙过海"，一时传为佳话。周谷城先生是一级教授，学问博大精深，但是讲课照着讲稿读，有一次读到某个民族栖息在某地，他就说"栖息"这两个字用得好，"要得！"还要拿出来议论议论。耿淡如先生也是读讲稿的。陈守实先生讲元明清史，分析问题很深刻，如果顺着他的思路往下钻，能够写出好文章，可他的讲法，你要耳朵竖起来听，他讲话轻的时候轻在喉咙头，响的时候又响遍全教室，一会儿响，一会儿轻。我记得最有意思的是，他说："《文史哲》上的文章好看的啊？不好看！"他的意思是《文史哲》办得不够好。

印象最深的是胡厚宣先生的课。他一开始就给我们开了"中国通史第一段"（先秦两汉部分）和"考古学通论"这两门基础课，接着又开了"古文字学"和"甲骨学商代史"两门专业课。班上像裘锡圭、贺卓君、王文楚、崔恒昇、施勇云还有我都喜欢听他的课，他和我们接触最多，感情也最融洽。这几门课我成绩都很好。

周予同先生和蔼可亲，待人有长者之风。他上课不用讲稿，口若悬河，滔滔不绝，只有写大段板书的时候才看一下笔记本，很有个人风格。我对他开的"历史文选"很感兴趣，当时想追随他搞经学史，大三学年论文的题目就是他给我出的，叫"论墨子思想及其所代表的阶级性"，1956年稍加修改，作为毕业论文通过了。系里毕业分配，我被分配考周先生的研究生，方向是"中国古代史学"。周先生看我来自农村，经济比较拮据，为我着想，曾经两次劝我不考他的研究生而改当他的助教，这样生活比较稳定，经济也有保障，但我想多读点书，后来还是考了他的研究生。没想到1957年"反右整风"，我突然被划成了右派，周先生也爱莫能助。"文革"初期，我不仅穷，粮食也不够吃。周先生当时也困难，工资被冻结，还好几次把剩下的粮票二十斤、三十斤地塞给我，有时附上三十元钱，让我买粮食。这样的恩情，我是永记不忘的。

郑诗亮： 您当时还是研究生，怎么会一下子被划成右派呢？

吴浩坤： 我一直是各种政治运动当中历史系重点针对的学生对象，思想经常受到批判，其实我哪有什么思想，就是好讲话，爱随便发表意见，个人作风自由散漫，有时候甚至盛气凌人，但是谈不上"反动"。1955年"反胡风"运动之后搞思想批判，我受了批判，思想上总有些不痛快。1956年虽然考上了研究生，却得了肺结核，情绪更坏。所以到了1957年，党委派人来历史系召集研究生开"整风座谈会"，我第一个发言，把1955年的事情又搬了出来，当时很激动，吐了一口怨气，没想到又惹了大祸，成为被扣上"右派分子"帽子的主要根据。

我跟其他一些同学不同，我家庭成分是自耕农，自以为出身比较好，于是胆子就比较大，没有料到事情有那么严重。我还记得宣布我的罪状时说我"反苏反共"。说我反苏是因为在寝室里随便讲的一句话，被人汇报了。我说，新中国成立前，有些人说美国什么都好，相信美国的月亮比其他国家的月亮圆，这是不正确的；新中国成立后，向苏联一边倒，说苏联什么都好，我觉得也不辩证。后来中苏论战，我们的九评文章不就说苏联是大国沙文主义吗？1957年的时候，苏联就是大国沙文主义嘛，只有苏联能搞工业，其他社会主义国家只能搞农业，明显是不平等的。说我反共，也是因为我在寝室发的议论。我是农村来的，每年春节都回乡下，听说农村里一些基层干部对农民很苛刻。回到寝室，晚上闲着没事，和室友聊了一下农村的情况，又被汇报上去，说我反对农村基层干部。后来四清运动，好多基层干部不都被整得够呛吗？现在回想起来，都很可笑。

郑诗亮： 您其他同学的情况怎么样？

吴浩坤： 历史系连我在内，一共招了十个"副博士"研究生，这是模仿苏联学制，其实就是现在的硕士研究生。这里面只有三四个人太太平平毕业，几个和我比较好的同学都成了右派。一个是柏明。我们接触多，因为都喜欢打篮球。柏明还跑到华师大去听苏渊雷先生讲佛学，苏先生也是右派，最后给弄到东北去了。有人让柏明揭发我，说是可以不划右派。我从未和他说过什么反动话，他又不能生造出来。真正讲起来，他的家庭成分是没我好的，他家里开首饰铺子，很有钱。但我们从来不谈思想，就是打篮球。他发言支持我，被打成右派。一个是史书友，他是周谷城先生的研究生，发言时发了点牢骚，也是右派。后来又说他参与"反革命集团"，实际上他就是跟一个中学教师一起发发牢骚，他一直在安徽白茅岭的农场改造。还有一个是谢耀桦。他原来是中学教师，考到复旦做研究生，跟耿淡如先生读西方中世纪史。因为我在"整风座谈会"上首先开炮，谢耀桦听到我的发言之后，很激动，过去大概和我一样也受过批判，再加上他有海外背景，父母都在台湾，好像父亲还是台湾的"立法委员"，也被打成右派，后来又送去劳改。最可怜的是一个叫林光祝的同学。他是四川人,原来做过"袍哥",相当于参加过黑社会。这件事他一直隐瞒,1957 年他小心谨慎,不敢讲话,没出事,到了 1958 年就抓进去了,最后死在狱中。还有一个同学,那时候是青年团员,他没有被打成右派,生活作风上出了问题,上吊自杀了。

裘锡圭是没事的。但他告诉我说,他一直很担心。担心什么呢?我们班上有一个家庭成分不好的同学,叫柳亦农,是安徽大地主的儿子。他是公开一天到晚发牢骚,带点煽动性,说起来真有点"反动"的。他大二就被抓去坐牢,关了好几年,出狱之后到了甘肃酒泉,做中学教师。他成绩很好,大一刚进校没多久,就在《历史研究》上发表了一篇文章,讨论均田制度。裘锡圭跟柳亦农接触比较多,他们住一个寝室,天天说话,所以才会担心自己出事,而且他自认为是有问题的,实际上哪有什么事。

郑诗亮:历史系这么多教授当中,您跟胡厚宣先生应该是最熟悉的了。

吴浩坤:胡先生在复旦待了整整十年,当初是周谷城先生邀请他到复旦史地系任教的。抗战刚刚胜利,他就专程从成都大后方赶到北京、天津、南京、上海去收甲骨,买了好多流散在民间的甲骨。后来是因为铁路中断了,他才答应周先生的邀请来复旦的。他那个时候也做点甲骨买卖,解放初期思想改造的时候,这一点专门受到了批判。他出书的稿费特别多,曾经在课堂上说起,他出版的《甲骨学商史论丛》被当时的教育部颁发了科学发明二等奖(冯友兰的一本书拿了一等奖),拿了八千大洋。谭其骧先生的日记里面也讲到,历史系思想改造的时候,胡先生是重点对象,他自己做的交代主要是他当年花钱买甲骨的事情。他把甲骨视为宝贝,我们这些搞甲骨文的后辈跟他差远了,他是一心一意扑在甲骨上面。我们这一代人经历的政治运动太多了,多看一点书,就是白专道路。

郑诗亮:胡先生去北京后,您和他应该一直保持联系的吧?

吴浩坤:1954 年的时候,中科院历史研究所要调胡先生进京任职,当时的高教部部长杨秀峰明确表示反对,复旦也拒绝了这个调动要求。我听胡先生说,历史所后来又要把中山大学的容庚和商承祚这两位教授调到北京,中山大学没有同意,理由是容、商两位教授一直在南方居住,适应不了北京的气候。我心想,胡先生是河北望都人,没有办法拿这种理由当作借口,总有一天是要调离的。果然,到了 1956 年,高教部的通知就来了,说是中科院院长郭沫若找了周恩来总理,让周总理批了条子,一定要把胡先生调到北京。国务院都下了调令,复旦只能同意放人。胡先生的夫人桂琼英先生,还有他的研究生裘锡圭也就一起去了北京。回头看看，胡先生在复旦十年，经历了土改、思想改造、三反五反、"反胡风"这些政治运动，竟然发表了八篇重要论文，出版了八部著作，非常了不起。

胡先生去了北京以后，差不多每年要回一两次上海。他曾经利用寒暑假时间，两次返回复旦，钩摹墨拓历史系藏的三百多片甲骨。那时每个宿舍只有门卫安装了电话，更没有手机，他每次回来，或者写信，或者发电报，都会事先通知我去接站，让我陪他和桂师母到上海大厦、春江宾馆或永嘉路亲戚家小住。有时候他也托我买一些书刊寄往北京，收到书刊以后，他和师母总是会特意多寄点钱给我。那真是雪中送炭，我当时生活很困难。副博士每个月的补贴一开始是六十块零五毛，比助教多五毛钱。后来有人提意见说，研究生还在读书，没有理由拿这么多钱，补贴要降，于是就降掉五毛钱。等我划成右派以后，每个月就只有三十块生活费了，要养活妻子还有小孩。柏明还要低一点，只有二十五块。胡先生的日子一直比较宽裕，新中国成立后他在复旦评上了二级教授，一个月工资是三百零六块，他老是留我吃饭。我记得他家里有个保姆叫招秀，解放初，胡先生给她十五块钱一个月，也就是说，他的工资可以请二十个保姆。

胡先生还请顾颉刚先生来给我们讲过课，讲了两节，然后带我们到苏州访古。苏州是顾先生的家乡。我们到了苏州的白塔中学，一人乘一辆黄包车，拉到虎丘。四十个学生，一人一辆黄包车。一起去的教授也蛮多的，除了胡、顾两位，记得还有谭其骧与田汝康两位老师。

郑诗亮：您还参与了《中国历史地图集》的编纂工作，和谭其骧先生还有其他工作人员应该挺熟悉的吧？

吴浩坤：1958年6月份的时候，包括柏明在内的一批青年教师都下乡劳动去了，我记得里面还包括庄锡昌，读大学时他是班长，后来做复旦副校长兼文博学院院长。一共劳动了两年。我是5月份被分配到复旦图书馆编目室去工作的。工作了半年，就得了肺炎，在家里休息了半年。等我病好以后回学校，在历史系资料室遇到了王明根。他问我怎么样，我说病好了，准备回图书馆去工作。他说你不要回去了，到历史系资料室来怎么样，我就答应了。历史资料室就他一个人。1960年5月，我又被调到中国历史地理研究室（后来改名为"历史地理研究中心"）做资料员。

谭先生教过我们"中国通史第二段"（魏晋南北朝隋唐五代部分），他上课的风格和写文章一样，擅长考据分析，丝丝入扣，很受欢迎。历史地理研究室本来1955年接到中央下达的任务,是要改编清朝学者杨守敬的《历代舆地图》,搞了两年,决定抛开"杨图",另起炉灶,直接搞规模更大的《中国历史地图集》,还从历史系抽调了十个大三学生到历史地理研究室参与编图工作。

我从1960年开始,就全程为编纂《中国历史地图集》搜集参考资料,最经常去的是复旦图书馆线装部,此外还经常到上图,有时候也去华师大图书馆、上海博物馆借书。在历史地理研究室我一直待到1978年右派改正,那之后我才回到古代史教研室。所以,历史地理我搞了十八年。记得我们平时上班,不管是"文革"之前,还是"文革"当中,都是每天三班制。早晨八点钟上班,到十一点半下班,吃好饭去工作,工作到五点钟吃晚饭,然后再从晚上七点钟工作到九点半。除了"文革"初期停止工作三年,一直都是这样一天三班倒。历史地理研究室在"文革"当中是相当"左"的一个单位,历史系要批斗什么教师,都是拉到历史地理研究室去的。谭先生作为领导只是挂个名而已,负责业务,没有实权。实权掌握在赵少荃、魏嵩山和周维衍这三个学生党员手里。

在历史地理研究室做资料员时间久了,倒是搞出了几本工具书:《文史工具书的源流和使用》、《中国古代史论文资料索引》、《中国近代史论著目录》,还有《五十二种文史资料篇目分类索引》,"文革"结束之后由上海人民出版社出版。这都是王明根拉我和柏明一起编写的。说起来好玩,像《文史工具书的源流和使用》这种书,就是因为"文革"当中搞"批林批孔"、儒法斗争,工厂工人都跑到复旦来看书、找材料,有时也会向我们提问题,我们就帮忙解答一下。次数多了,想起来要编这么一本工具书。书出来以后蛮畅销的,好像印了五六次。书里面收录的一些实例,其实当初都是人家提的问题,我们做了这么久资料工作,晓得应该从什么地方找到正确答案。"文革"以后我上过一学期文献检索的课,后来就都是傅德华上。

说到《中国历史地图集》,还有一个故事,蛮好玩的。有一次杨福家校长召开中层干部会议,我作为文博系主任参加。杨校长讲到《中国历史地图集》,当场表扬了当时是史地所所长的葛剑雄,说那套历史地图集你搞得很好。其实《中国历史地图集》内部出版的时候,葛还没来复旦,他是1978年考进复旦的,"文革"后复旦第一届研究生。

郑诗亮:您和谭其骧先生接触得多吗?

吴浩坤:"文革"时,因为我是右派,"死老虎"一只,又是"小老虎",所以没受什么冲击,一直在"牛棚"劳动。我们历史系的"牛棚"就在100号靠登辉堂楼下的一间房间,睡觉打地铺。平时工作就是打扫厕所,到学生六号楼做卫生,绿化组还让我们帮助种树,要么就是看老三篇、小红书。一开始,姜义华是我们牛棚的"牛长",后来写作组把他弄去做了联络员,就叫我当"牛长",让我汇报情况。有一次谭先生和我说,老是看小红书要打瞌睡的,我来跟你下围棋。我就弄来一张纸,在上面画了十九道格子。一个人在上面画圈圈,当白子,一个人打叉叉,当黑子,两个人下棋解闷。我学围棋差不多与徐连达同时,在我毕业那一年跟我小舅子学的,他是上海交大毕业的,后来到了西安交大。西安交大一个教务长喜欢下围棋,老是拉着他下,慢慢地就会了。后来他反过来教我,开头让我九子或者让我七子,后来他赢不了我,就不跟我下了。我一直跟徐连达下围棋,保持到现在。最近几年他有哮喘,走不动了,我们在学校每个月开一次会,他已经很少来了。朱永嘉跟他同班,也是比我小一岁,他经常来约我一起去看徐连达和叶倩云(徐夫人也是历史系毕业生,比我高一班)。

郑诗亮: 当时其他不少老师也在"牛棚"吧?

吴浩坤: 很多老师都在"牛棚"里面,按理说,我这个"牛长"是要向上头汇报他们的事情的,我尽量少汇报,也少让他们劳动,我跟柏明总是尽量多做一点事情。陈守实先生临死前还跟家人说,要好好报答我和柏明。他戴了高帽子,挂了牌子,要到学生食堂吃饭,还要排队。他难为情,就不去。有一段时间,都是我跟柏明去食堂,一个给他打菜,一个给他打饭,带回来给他。我们对老师都尽量照顾,不会汇报他们什么不好的事情。红卫兵去陈守实先生家里抄书,连长叫陈连丹,后来分配到云南去了。他让我跟柏明一起去,实际上是给他劳动。我个子高一点,就负责把陈先生书房架上的书拿下来。陈先生站在一旁,陈连丹就坐在旁边看着我们。我每一本书都问陈先生,因为他夫人也是搞中文的,我说"是你夫人的,就丢在旁边"。我看到他的日记本之后,就推到他夫人那堆书里去了。我想日记本里有什么东西就不得了,怕惹出什么祸来。陈先生日记后来没有发表,不知道现在在哪里。大概有二十来本。好像历史系有人在整理,要出版他的书。徐连达出过一本他的《中国古代土地关系史稿》。

郑诗亮: 周予同先生的情况您了解吗?

吴浩坤: 周先生爱发议论,姚文元批判海瑞罢官的文章发表以后,他在《文汇报》召开的座谈会上,说"将来研究中国封建社会的历史,只好取材外国资料了",又说"吴晗我是熟的,他很爽直,文如其人,有错就认了。……吴晗是好人,是清官,但他的政治敏感性大有问题"。胡厚宣先生告诉我说,他在北京读了《文汇报》,就知道予老闯祸了。果然,《文汇报》随后发了一整版以"反共老手"为题的批判文章。从那时起,还有人在复兴中路周先生的住宅墙上用黑漆刷上"反共老手周予同"七个大字,各路红卫兵路过都要进去抄家和批斗他。"批林批孔"的时候,周先生被山东曲阜的造反派揪到孔庙去斗。他家里钟表之类的东西都给抄走了,临走之前找我借了一块旧罗马表。我就给他带去,本来没指望他拿回来。没想到,在曲阜被斗得半死不活的老人家竟然护住了这块表,等他回了上海,他儿子光彬帮他把手表送到我家里来了。

这次打击之后,周先生就此一蹶不振,不久又中风瘫痪在床,双目失明。他夫人也去世了,没人照顾他。我曾经到复兴公寓看望过老人家几次,胡子不刮,头发也不理,一个人躺在床上。晚景之潦倒凄凉,让我心酸。

郑诗亮: 历史系好像有位苏乾英老师,能谈谈他的情况吗?

吴浩坤: 苏乾英协助周予同先生一起教历史文选,等于辅助,但他不是助教,他是讲师,后来也是升副教授,但他就是愿意协助周予同先生一起上课。上了课之后,学生做的作业他也愿意批改,一直辅助周先生。比周先生年纪小一点。《历史文选》也是他一起参与的,他好像跟黄宾虹也有来往,有书信,也喜欢黄宾虹的画。他一直在马来西亚,从东南亚回来,是华侨。他那个时候也穷,老是跟我们讲,他的夫人是马路上捡来的。后来他调到中文系,参加《五代史》的标点工作,评上了教授。

郑诗亮: 关于汪伪时期的情况,吴杰老师的交代材料还在吗?如果保留下来,应该是很有意义的历史文献。

吴浩坤: 吴杰是日本史比较早的博士生导师。吴杰很可怜,汪伪时期做过驻日本使馆的参赞。汪精卫死了之后,他跟陈璧君一起坐飞机从日本回来。这是个历史问题,但是他交代清楚了。他的材料估计不在了。汪伪的材料,余子道、黄美真他们都到过监狱里采访汪伪政府的工作人员,搞了好几本书。

郑诗亮: 您什么时候摘掉的右派帽子?

吴浩坤: 1970年工宣队掌握学校的时候,看看我也没有什么大的问题,材料上就这么一点点,就给我摘帽了。我们系里当时有一个"邹吴李反革命集团"。邹就是邹万春,他是老共产党员,吴维国也是党员,还有李华兴。我摘帽和他们被打成反革命集团是同一天,叫做"宽严大会"。一个宽,一个严,搞成全校性的一个大会。当场宣布"邹吴李反革命集团"受批判的同时,我和柏明的右派帽子就摘掉了。戴了十几年右派帽子,摘掉帽子还是右派,叫"摘帽右派"。到1978年"文革"结束,一风吹,才算是彻底把帽子摘掉。

1958年到1978年二十年,我一直不能当老师,不过,"塞翁失马,焉知非福",我一直搞图书资料工作,和书本打交道,多了一点知识积累,未来倒也有了用处。我当初的想法是,劳动多了也是好事,增强了体质,有机会可以多做点事情。这样一想,也就心平气和了。我是这么想,也是这么做的。我下乡劳动的时候,挑担要挑两三百斤。最重的一次担,我是跟姜义华一起挑的。我们劳动的生产队在罗泾,伙房要我们去罗店买两百五十斤煤。两只新箩筐重二十斤,扁担吃不消,要用粗的门栓挑,门栓有三十斤,合起来正好三百斤。用船运,但河水浅,开不到我们生产队,还有两三里路,我们两人一人挑一段路。我比较注重技巧,挑在肩膀上,经常换换肩。姜义华力气大,但是没窍门,吃力又难看。我当时每顿要吃一斤半粮食,工宣队连长特别关照伙房,给我打饭打菜时多打一点。也有些好心的女同学私下常送我一些粮票。

郑诗亮:您和您的同学是新中国最早培养出的研究生,后来也都成为各自专业领域内的骨干,不知道您当年的同学、同事,现在还有哪几位健在?

吴浩坤:我同班的庄锡昌、黄瑞章、王文楚、裘锡圭、邱其彬、徐佩珍、朱新素等都还健在,上下班级如徐连达、朱永嘉、陈匡时、李春元、胡菊兴等也都健在。贺卓君走了。我老伴潘悠是我同班同学,如今也不在了。朱维铮、金重远、杨立强、沈渭滨都去世了。生肺癌的好像特别多,杨立强是肺癌,周源和是肺癌,贺卓君也是肺癌。她不抽烟,又在澳大利亚,这让我感到莫名其妙。

我们那个时候,看书是成问题的。知识分子都是老老实实,没有谁讲究过报酬,几十年不加工资。我倒霉变成右派不说,不是右派的,工作了好多年,工资一直是六十元——我们戏称"六〇炮一打几十年"。不过,与现在相比,那个时候的确不那么急功近利。我们的老师书读得都很多,有的文章多著作也多,但也有两样都不多的。像陈守实先生,文章没有多少,二三十篇最多了,著作一本也没有,却是相当有名气的教授。他的一篇文章被清华国学院包括王国维在内的教授看到了,都说不错,有见地,名气一下子响了。田汝康先生也和我们说过,荷兰有一个专家搞航海研究,写帆船史,反复调查研究,十七年才写出一篇文章来。

郑诗亮："文革"后您参与创办了复旦文博系并担任系主任,能谈谈经过吗?

吴浩坤:复旦要筹建文博专业、文博学院,最早是1981年,国家文物局、上海博物馆有关领导和当时的复旦历史系主任余子道商谈的,后来确定在1984年初先招收第一届文博干部专修班。1983年10月,汪瑞祥、庄锡昌这些系里的领导找到我,让我和张鸣环、袁樾方、王庆余一起成立文博教研室,由我担任室主任。张、袁两位都是北大考古专业毕业生,当时在历史地理研究所工作。到了1989年,已有五届干部专修班的学生毕业和一届四年制的本科生毕业,国家文物局和复旦商定成立文博学院,得到了教委批准,学院下设历史系、文博系、历史地理研究所三个单位。院长由副校长庄锡昌兼任,副院长由汤纲担任,我由主管行政和人事的副校长宗有恒任命担任文博系系主任。当时文博系的教师已经由最初的四人增加到将近二十人,其中包括从物理系、化学系调来的五位教师,专门从事文物保护专业的教学和科研工作。另外,还从国家文物局、上博、南博等单位聘请了十多名专家担任兼职教授。当时在中科院历史研究所的胡厚宣先生、上海图书馆的顾廷龙先生也是我们的兼职教授。我们还从美国请来了考古专家伦杰尔、日本的博物馆专家鹤田总一郎,他们常来做学术报告或讲课。

文博学院正式成立的那一年,上海市文管会办公室主任金阶平先生曾经陪我一一拜访上海知名的书画家征求作品,共征求到了七十余幅,这些作品现在都摆在复旦大学博物馆的一个展室里面,成为一笔宝贵的财富。另外有一个展室,专门陈列由上海博物馆无偿调拨给学院的一整套中国古代钱币;还有一个展室陈列由复旦生命科学院借调来的三百多件台湾高山族文物。这些文物连台湾都很少见了,大陆只有复旦和厦门大学人类学系有收藏。还有一个展室展出的是复旦旧藏青铜、陶瓷等古器物,其中有三百多片甲骨,最初是束世澂先生的藏品。束先生新中国成立前在暨南大学任教,把这批甲骨卖给了暨大,1950年暨大停办,文科教授包括周予同先生和在暨大兼职的谭其骧、胡厚宣先生都调到了复旦,甲骨也被暨大转给了复旦。这些甲骨成为复旦珍贵的藏品。

从1989年开始,我做了八年系主任,1991年又兼任副院长。这个时间段,开会忙,和教委、国家文物局以及各地博物馆打交道也忙。我前前后后招了十几个硕士研究生和八个博士研究生,另外还要上文博专修班的课,给历史系和文博系的本科生上课。写书写文章只能放在晚上,常常要到一两点钟,早上七点又必须起来上课。到1998年退休,二十年时间,论文发表了二十多篇,专著出版了十多种,像《古史探索与古籍研究》《中国甲骨学史》《战国会要》等。现在想想,这一点抓紧"文革"之后的时光得出的成绩,多亏了当年各位老师的指点。

(原载《东方早报》2016年4月17日 A02版)

刊载《吴浩坤谈复旦历史文博系师友》一文的《东方早报》封面

附 录 二

吴浩坤先生学术著述目录系年

傅德华编

本《系年》以《复旦大学教职员著译书目》(文科分册)、《复旦大学教授录》、《笃志集》、《切问集》、《上海高等教育系统教授录》(续集)、《中华人民共和国享受政府特殊津贴专家、学者、技术人员名录》(1992年卷·第二分册)、《中华文化名人录》、《博士生导师吴浩坤教授》(《复旦学报》(社会科学版)1996年第5期),以及吴浩坤先生生前填写的《一九八一年以来论著目录》(未正式出版者不列)、《复旦大学确定与提升教师职务名称申请表·发表论文著作情况》(1984)等为基础,兼及知网和读秀网页搜索后所得。所收目录以出版及发表时间顺序编排,疏漏及不当之处在所难免,恳请读者指教。

1980年

《文史工具书的源流和使用》,王明根、吴浩坤、柏明著,上海人民出版社1980年版

《中国近代史论著目录》(1949—1979),复旦大学历史系资料室编,上海人民出版社1980年版

1981年

《谈谈古代用干支纪年月日的问题》,《历史教学问题》1981年第4期;收入《中文工具书参考资料选辑》1983年版,第434页

1982年

《五十二种文史资料篇目分类索引》,王明根、吴浩坤、柏明编著,复旦大学出版社1982年版

《如何查考中国古代的人名地名》,《历史教学问题》1982年第4期

《文科学生必须重视工具书》,收入郭绍虞、周谷城等著《怎样学好大学文科:专家学者治学经验谈》,复旦大学出版社1982年版,第222—238页

1984 年

《中国通史自学纲要》,复旦大学出版社1984年版

《西周和春秋时代宗法制度的几个问题》,《复旦学报》(社会科学版)1984年第1期;收入叶桂生等编《中国史研究文摘》(1984年1—6月),中州古籍出版社1985年版,第174页

1985 年

《中国古代史论文资料索引》(1949.10—1979.9),王明根、吴浩坤、柏明编著,上海人民出版社1985年版

《中国甲骨学史》,吴浩坤、潘悠著,上海人民出版社1985年版、1987年第二版、1991年第三版、2006年第四版;台湾贯雅文化事业有限公司1990年(繁体字)版

1986 年

《中国通史》,徐连达、吴浩坤、赵克尧主编,复旦大学出版社1986年版

1987 年

《建设有中国特色的博物馆学》,吴浩坤、陆建松著,《文汇报》1987年5月19日;《中国博物馆》1987年第3期

《中国古代文明的基石:殷商文化述略》,收入丁守和主编《中国文化研究集刊》(第5辑),复旦大学出版社1987年版,第108—131页;《中国传统文化的再估计:首届国际中国文化学术讨论会(1986)文集》,上海人民出版社1987年版,第562—577页

1988 年

《文物研究与向外传播》,《中国文物报》1988年4月15日

1989 年

《论中国封建专权君制的发展趋势》,《学术月刊》1989年第2期

《商朝王位继承制度论略》,《学术月刊》1989年第12期;收入《复旦史学:复旦大学历史系建立七十周年纪念(1925—1995)论文集》,第48—60页

《吴越的崛兴和对长江下游的开发》,收入唐嘉弘主编《先秦史论集:徐中舒教授九十诞辰纪念论文集》,中州古籍出版社1989年版,第350—366页

1990年

《古史探索与古籍研究》,台湾贯雅文化事业有限公司1990年版

1991年

《中国历代官制词典》,吴浩坤承担先秦部分10万字,安徽教育出版社1991年版

《周处生卒年及事迹考辨》,《无锡史志》1991年总第15期

《"太伯奔吴说"不宜轻易否定》,《历史教学问题》1991年第4期;收入高燮初主编《吴文化资源研究与开发》,江苏人民出版社1994年版,第143—151页

《从青铜器铭文看西周的战争》,《学术月刊》1991年第12期;收入《笃志集:复旦大学历史系七十五年论文选》,上海古籍出版社2000年版,第256—270页;见《切问集:复旦大学历史系建系八十周年论文集》,复旦大学出版社2005年版,第255—265页

《孔子论三代礼制浅析》,收入复旦大学历史系、复旦大学国际交流办公室编《儒家思想与未来社会》,上海人民出版社1991年版,第375—392页

1992年

《文博研究论集》,吴浩坤、陈克伦主编,上海古籍出版社1992年版

《〈竹书纪年〉的发现年代及其学术价值》,收入《文博研究论集》1992年版,第89—110页;邵东方编《〈竹书纪年〉研究(1980—2000)》,广西师范大学出版社2015年版,第192—206页

1995年

《甲骨文所见商代的水上交通工具》,《陕西师范大学学报》(哲学社会科学版)1995年第4期

《吴国的改革与崛兴:读〈学术走向民间,研究面对现实〉》,收入高燮初主编《吴文化资

源研究与开发》,苏州大学出版社 1995 年版,第 25—30 页

《周厉王事迹及其评价》,收入罗世烈等主编《先秦史与巴蜀文化论集》,历史教学社 1995 年版,第 286—287 页

1998 年

《敬爱的厚宣师,您将永远活在我们心中》,收入张永山主编、中国社会科学院甲骨学殷商史研究中心编辑组编《胡厚宣先生纪念文集》,科学出版社 1998 年版,第 17—20 页

2003 年

《胡厚宣与甲骨学商史研究》,收入施宣圆主编《中华学林名家访谈》,文汇出版社 2003 年版,第 24—25 页

2005 年

《战国会要》(上、下),杨宽、吴浩坤主编,上海古籍出版社 2005 年版,2012 年第二版

2018 年 2 月 20 日春节

编 后 记

自1998年周谷城先生诞辰100周年始,迄2017年汪熙教授逝世一周年,历史系党政领导为多位有学术贡献的老教授编辑出版了纪念文集:《周谷城学术思想研究论文集》、《谭其骧先生百年诞辰纪念文集》、《世纪学人蔡尚思》、《金重远先生纪念文集》、《怀真集:朱维铮先生纪念文集》、《沈渭滨先生纪念文集》和《生命不息 求索不止:汪熙先生纪念文集》,以此对他们在职期间为历史系的教学和科研,尤其是教书育人所作的贡献,表达崇高的敬意。这似乎已成为历史系的一个传统。

2018年11月12日是原文博学院副院长、文博系原主任吴浩坤教授逝世周年纪念日,遵循惯例,2017年在送别吴老师后,吴门弟子杨志刚、周桂发以及历史系资料室原主任傅德华三人不谋而合提出要为他编一本纪念文集,以此缅怀吴老师一生为中国古代史、古文字学、文献学、目录学等学科所作的贡献。

经商议,本纪念文集由傅德华、周桂发负责编辑,共同审稿,具体事务由傅德华负责。我们曾多次与杨志刚、陈克伦、石建邦等就组稿、编辑、出版等原则,包括纪念文集的书名进行商议,达成共识。在历史系党政领导刘金华同志、黄洋教授和文物与博物学系主任陆建松教授的关心与支持下,决定将此纪念文集交由复旦大学出版社出版。此后很快得到吴老师生前亲朋好友、吴门弟子的积极响应,截至2018年7月底,稿件大抵集齐,共收到海内外30余篇文稿,这是先生在学术界影响所及的积极回应。

吴浩坤老师逝世后,原文博与博物馆学大专班的学生顾灵智同学第一个在新浪网上将她2016年9月10日教师节期间,发表在《嘉定新城》报上的《悠悠师生情》一文,修改后重新发表,接着11月15日,朱永嘉老师在他个人的微博上发表了题为《悼念吴浩坤老师》的文章。

尤其让我们感动的是四位已步入耄耋之年的资深教授徐连达、朱永嘉、王文楚、邹逸麟先生,在接到征文通知后分别撰写了纪念吴浩坤先生的文章。朱先生一人就写了三篇,最长一篇《祭吴浩坤文——读〈中国甲骨学史〉兼论商周之间》长达2万余字,三易其稿,后又续撰了近两万字的《吴浩坤画史》，图文并茂，内有不少鲜为人知的吴浩坤老师晚年的生活情景，读后令人感叹不已。还有复旦中国历史地理研究所的王文楚、邹逸麟两先生，在其纪念文章中，高度评价了吴浩坤先生在历史地理资料室工作期间，为谭其骧先生主编、曾荣获中国哲学社会科学特等奖的《中国历史地图集》所作的贡献。作为吴老师的同仁及晚年棋友的徐连达老师，在府上接受征文小组派去学生的采访，足足讲了两个小时，并将整理稿修改后，由其在校图书馆工作的女儿带回复旦，内有一些两人交往的情节是过去大家所不知道的，有的内容对编纂历史系百周年系庆具有一定的参考价值。再有原与吴浩坤先生同一教研室的同仁、现身居美国的王庆余先生，一直在关心吴老师的身体与生活情况，当他在互联网上读到朱永嘉老师《悼念吴浩坤老师》的文章后，遂与在美国的吴老师的同班同学庄锡昌、黄瑞章两先生联系，在他们的鼓励下，为此专门发来《纪念吴浩坤老师》的文章，表达了"饮水思源，作为复旦文博事业的开拓者，吴浩坤老师功不可没"的深切的思念之情。这，唯有至诚追思逝者的老友才能做到。

本纪念文集诸文，分为两个部分，第一部分是亲朋好友、吴门弟子及亲属的思念文章。所收文章既有忆及吴浩坤先生的个人经历及与每一位作者多年相互交往的经过，又有记述吴老师在学术上的造诣，既有为复旦文物与博物馆学科建设所作的贡献，又有对吴老师晚年仍在笔耕不辍，孜孜以求，更有丰富多彩的业余爱好的描述。大家从不同角度全面而又生动地反映出同仁及亲朋好友包括吴门弟子追思吴先生不平凡一生的真情实感。为真实反映各文的内容特点，我们将相同或相似的文章题目作了一定的修改，望能理解见谅。其中长者的悼念文章以年龄高低顺序排列，弟子们的文章则以进校时间为序，亲属按辈分先后编排。此外，纪念文集还收录了吴先生的亲属戎舜雨、宗敏俊先生，以及两个女儿吴靓、吴军，还有外孙女朱燕撰写的五篇纪念文章。他们从亲人的角度追忆吴先生，内有一些读后令人感动的故事。

考虑到先生生前的文字尚未结集出版，本纪念论文集第二部分，主要选录吴先生生前发表过的、有代表性的17篇文章，并按其研究领域分为古文字学研究、古代史研究、文物与博物馆学研究、治学方法四个方面，这是吴先生留给学术界的最具有学术价值的研究成果。

2018年7月14日，在初稿编好后，为确保内容及图片图文的准确性，编委会应吴浩坤先生女儿吴靓之邀，特前往吴老师的家乡宜兴召开部分编委会成员会议，再次对本纪念文集的收编原则、编排方式，以及书名进行商讨，取得一致意见，并对初稿内容进行审定，纠正了文稿中部分错误，补充了不少有价值的图片，两天的会议对提高书稿的质量，意义非同一般。

在本纪念文集付梓之际，我们要深切感谢文集的所有撰稿人和参与者。首先特别感谢吴先生的同仁，原复旦大学文博系主任、教务处处长、副校长，现任民进中央主席、全国人大常委会副委员长的蔡达锋同志，很早就将纪念吴先生的文章通过他指导的博士生、毕业后留在文物与博物馆学系工作的张政伟同志，转发给我们，字里行间满怀深情地追思其在接任吴先生担当复旦文博系主任期间，与吴先生相处的亲切感受和从吴先生处得到的关怀与帮助，并对吴先生的为人与学问给予了高度的评价；与此同时也要特别感谢接任蔡达峰继任文博系主任、现任上海博物馆馆长的杨志刚同志，在工作繁忙之际，拨冗撰文缅怀吴先生传道授业解惑，以及多年为复旦"树人·树木·树业"教诲化育的感激之情；还有复旦大学原文博系党总支副书记、原文博学院副院长、中共上海市委教育卫生工作委员会原书记、上海市教育委员会原主任薛明扬同志，他撰写的《为人、为师、为长的真实写照》，深切表达了对吴老师的怀念之情。

我们还要感谢学术界众多吴先生的好友、同事、吴门弟子，欣慕和钦佩先生道德文章的后起之秀对我们热情的支持，以及吴先生的两个女儿吴靓和吴军及其他亲属自始至终的关心与帮助，他们为本纪念文集的出版做了大量的联络工作。本系负责退管工作的李春博同志在本纪念文集的编辑过程中付出了不少辛劳，其中朱永嘉老师的一篇两万余字，内含很多原始资料及甲骨文，是他逐字录入，方最终完成的，在此一并表示衷心的感谢。在吴先生逝世后，因对吴先生表达追思情意的单位和个人众多，我们不在此一一列举，也希望谅解。

我们还要感谢复旦大学历史系分党委书记刘金华同志、系主任黄洋先生，还有文博系主任陆建松、文博系办公室的杜朝霞同志、历史系资料室主任于翠艳老师、历史地理研究中心资深教授葛剑雄先生、郑宝恒先生、赵红女士，感谢他们自始至终对本纪念文集的关心与支持，以及帮助翻译、采访和校对书稿的学生张晓婷、李元祥、刘振宝、李小玉、苗琼洁等，也感谢复旦大学出版社的领导及责任编辑胡欣轩、美编杨智仁先生为本书的及时出版所做的辛勤工作。

最后，本纪念文集由复旦大学文物与博物馆学系资助出版，谨此一并表示衷心的感谢！

编者
2018 年 7 月 1 日

图书在版编目(CIP)数据

浩志文博:坤舆甲骨:吴浩坤先生纪念文集/傅德华,周桂发主编.—上海:复旦大学出版社,2018.9
ISBN 978-7-309-13896-2

Ⅰ.①浩… Ⅱ.①傅…②周… Ⅲ.①吴浩坤-纪念文集 Ⅳ.①K825.81-53

中国版本图书馆 CIP 数据核字(2018)第 202598 号

浩志文博　坤舆甲骨:吴浩坤先生纪念文集
傅德华　周桂发　主编
责任编辑/胡欣轩

复旦大学出版社有限公司出版发行
上海市国权路 579 号　邮编:200433
网址: fupnet@fudanpress.com　http://www.fudanpress.com
门市零售: 86-21-65642857　　团体订购: 86-21-65118853
外埠邮购: 86-21-65109143　　出版部电话: 86-21-65642845
江阴金马印刷有限公司

开本 787×1092　1/16　印张 22.75　字数 381 千
2018 年 9 月第 1 版第 1 次印刷

ISBN 978-7-309-13896-2/K·671
定价: 120.00 元

如有印装质量问题,请向复旦大学出版社有限公司出版部调换。
版权所有　　侵权必究